Lothar Gall

Walther Rathenau

Portrait einer Epoche

Lothar Gall

Walther Rathenau

Portrait einer Epoche

C. H. Beck

Mit 51 Abbildungen

Satz: Fotosatz Reinhard Amann, Aichstetten
Druck und Bindung: CPI – Ebner & Spiegel, Ulm
Gedruckt auf säurefreiem, alterungsbeständigem Papier
(hergestellt aus chlorfrei gebleichtem Zellstoff)
Printed in Germany
ISBN 978 3 406 57628 7

www.beck.de

Inhalt

Einleitung

Es war eine Zeit der Gärung, eine Zeit des Umbruchs und der tiefgreifenden Veränderungen auf allen Lebensgebieten, jene Jahre zwischen dem Ende des 19. Jahrhunderts und dem Ersten Weltkrieg, den man die «Urkatastrophe des 20. Jahrhunderts» genannt hat. Viele, die in ihr lebten und wirkten, wollten etwas ganz Neues auf die Bahn bringen, wollten von der Vergangenheit radikal Abschied nehmen, einer neuen Idee folgen, einer neuen Kunst, einer neuen Literatur, einer neuen Gesellschaft, einer neuen Politik zum Leben verhelfen. Aber welcher Kunst, welcher Literatur, welcher Gesellschaft, welcher Politik? So genau wußte das von den Zeitgenossen niemand. Nur daß damit eine entschiedene Abkehr von der Welt der Väter, der bequem gewordenen, aber falschen Sicherheiten verbunden sein sollte, ja mußte – das war damals die Grundüberzeugung vieler.

Diese Zeit, die Jahre um 1900, die man rückblickend in bezug auf Deutschland in sehr einseitiger Akzentuierung das «wilhelminische Zeitalter» genannt hat, erwies sich als ein großes Laboratorium des Neuen, des absolut Neuen, der, wie es damals hieß, Moderne. Diejenigen, die sich als Parteigänger dieses Neuen, der Moderne empfanden, verband, so diffus und unklar vieles im einzelnen war, vor allem eines: eine allgemeine Aufbruchstimmung, das Bewußtsein, auf dem Weg in eine ganz neue Welt zu sein.

Damit verbunden war eine ungeheure Unruhe, die die Zeit prägte, eine Unruhe, die die einen als schöpferisch, die anderen als zerstörerisch empfanden. Überall war Bewegung, ein grundlegender Wandel aller Lebensverhältnisse und aller Lebensanschauungen, zu spüren, eine bisher unbekannte Dynamik – im Bereich der Wirtschaft ebenso wie auf gesellschaftlichem Gebiet, auf dem Feld der inneren und äußeren Politik ebenso wie auch und vor allem auf dem Gebiet der Wissenschaft und im kulturellen Leben mit allen seinen vielfältigen, sich ständig weiter auffächernden und verbreiternden Erscheinungsformen. Zwar gab es damals wie später manche, die in dieser Dynamik und Bewegung ungeachtet ihres im einzelnen vielfach disparaten Charakters eine gemeinsame Richtung, eine verbindende Tendenz ausmachen zu können glaubten.

Andere hingegen sahen in ihr, bei allen damit verbundenen schöpferischen Leistungen im einzelnen, vor allem den disparaten Charakter, die Neigung, alles Übergreifend-Verbindliche aufzulösen. Sie betonten das Ziellose dieser Dynamik und Bewegung, die den einzelnen faktisch mehr und mehr isolierte oder aber in die Arme von Demagogen trieb, sie zu Opfern letztlich haltloser Ideologien werden ließ. An der Spitze dieser Ideologien stand in jener Zeit ein übersteigerter, in vielem ganz irrationaler Nationalismus, der vieles, auf nationaler wie auf internationaler Ebene, auseinandersprengte und gegeneinander in Front brachte, was in den Antrieben und Zielsetzungen zusammengehörte.

Viele von denjenigen, die in der Kunst und in der Wissenschaft, in der Wirtschaft, in den verschiedenen Bereichen des gesellschaftlichen Lebens oder in der Politik von jener allgemeinen Aufbruchstimmung und der mit ihr Hand in Hand gehenden Dynamik und Bewegung erfaßt wurden, fanden auf ihren jeweiligen Gebieten und deren je spezifischen Anforderungen gleichzeitig ein individuelles Gegengewicht gegen die damit verbundenen Auflösungstendenzen. Andere hingegen wurden von diesen Tendenzen überspült. Ihnen hatten sie von ihrer ganzen Anlage und ihrem Charakter her nichts wirklich entgegenzusetzen. Bestimmt von dem alleinigen Wunsch, stets auf der Höhe der Zeit zu sein, lieferten sie sich den rasch wechselnden Zeitströmungen ganz aus. Sie gerieten dadurch, auch wenn sie sich teilweise bewußt und aktiv dagegen stellten, in ein Meer der Orientierungslosigkeit.

Dieser letztlich substanzlose, stets der Moderne nachjagende Typus habe, so der österreichische Schriftsteller Robert Musil, in vielem die Zeit vor dem Ersten Weltkrieg geprägt und den Durchbruch zu einer wirklichen Moderne, dem er angeblich diente, eher verhindert. Ihn hat er in seinem großen, um 1920 begonnenen, Fragment gebliebenen Roman – er erschien in drei Bänden zwischen 1930 und 1943 – mit dem Titel «Der Mann ohne Eigenschaften» geschildert und zu charakterisieren versucht. Bezogen auf die Habsburger Monarchie, aber gedanklich weit darüber hinausgreifend, entwarf er darin ein Zeitpanorama der Epoche vor dem Ausbruch des Großen Krieges. Die Hauptfigur des Romans, Ulrich, der «Mann ohne Eigenschaften», begegnet in ihm als Sekretär eines Komitees, das die Feiern zum 70jährigen Regierungsjubiläum des österreichischen Kaisers Franz Joseph 1918 vorbereiten soll, unter anderem einem Mann, der, von österreichischer Seite dazu gedrängt, in einer «Parallelaktion» Planungen zum 30jährigen Regierungsjubiläum des deutschen Kaisers Wilhelm II. im gleichen Jahr vorantreiben soll. Im Unterschied zu Ulrich, der ziel- und konzeptlos hin- und herschwankt, hat dieser Mann, ein Deutscher namens Dr. Paul Arnheim, Sohn einer höchst erfolgreichen Industriellenfamilie und auf dem Weg in eine große politische Laufbahn, scheinbar alles, was Ulrich fehlt: klare Ideen und Konzepte, unerschöpfliche Energien und charismatische Ausstrahlung auf seine Umwelt. In Wahrheit aber handelt es sich, wie nach und nach deutlich wird, bei ihm um einen Mann, der, vom Strom der Moderne erfaßt und diesen äußerlich repräsentierend, in ihr doch keinen eigenständigen Platz gefunden hat und in dem Bemühen, einen solchen zu finden, schließlich immer orientierungsloser geworden ist, von den Wellen des Zeitgeistes hin- und hergeworfen. Dr. Arnheim wird geradezu als ein Typus vorgestellt und geschildert, der die Kehrseite des Übergangs zur Moderne repräsentiert und symbolisiert, als ein Typus, der sich äußerlich ganz als ein Mann dieser Moderne und ihrer Bestrebungen darstellt, aber innerlich hohl und substanzlos bleibt.

Diese Figur war, das war schon für die Zeitgenossen ganz offensichtlich, in vielem der Person von Walther Rathenau nachgebildet. Rathenau war der Sohn eines auch in materieller Hinsicht höchst erfolgreichen Vaters, des Begründers der sich rasch zum Elektrokonzern entwickelnden AEG. Er strebte aus dessen Schatten heraus und blieb doch zeit seines Lebens an ihn und auch an das Gebiet, den Bereich der Elektroindustrie, gebunden, dem dieser seine Erfolge verdankte. Seine zahlreichen Versuche, sich jenseits jener Welt der Industrie, der Finanzen, des Handels als Publizist, als Schriftsteller einen Namen zu machen, fanden zwar im einzelnen vielfältige Anerkennung und verhalfen ihm, mehr und mehr eine der Zentralfiguren im geistig-kulturellen Leben der Reichshauptstadt, zu einem wachsenden Publikum. Aber dahinter stand vielerorts zugleich die Vorstellung, es handle sich um das Werk eines intellektuellen und künstlerischen Außenseiters, eines Mannes, dessen eigentlicher Lebensmittelpunkt woanders liege und bei dem auch eine Art intellektueller Hochstapelei eine Rolle spiele. Aus diesem Geist heraus hat vor allem der junge Robert Musil, der, nach dem Studium der Philosophie Redakteur der «Neuen Rundschau», als Autor des 1907 erschienenen Romans «Die Verwirrungen des Zöglings Törless» im literarischen Lager große Anerkennung genoß, Rathenaus 1913 erschienenes Buch mit dem Titel «Die Mechanik des Geistes» – ihm hatte Rathenau 1918 den Untertitel «Vom Reich der Seele» hinzugefügt – einst einer vernichtenden Kritik unterzogen. Das Ganze, so Musil damals, spiegele eine Pseudomystik, eine Pseudometaphysik wider, die mit der Verankerung des Denkens in wahrer Philosophie oder auch in wahrer Mystik nichts zu tun habe. Es sei, außer für die Psychologie des Autors, nur für das Entstehen einer bestimmten Geisteshaltung von Interesse. Es gründe in dem letztlich ziellos-schweifenden, auf keinem wirklichen Fundament beruhenden Verlangen, einen eigenständigen Platz und Standort in der entstehenden modernen Welt zu gewinnen.

Das war sicher ungerecht, unterschätzte die Ernsthaftigkeit von Rathenaus Bemühen, Anschluß an die Bestrebungen der Moderne und an die Milieus ihrer sehr unterschiedlichen Vertreter zu finden, sich mit anderen Worten ganz dem Geist der neuen Zeit zu öffnen. Aber es machte zugleich hellsichtig für das, was an dem Auftreten und Wirken Rathenaus bloß oberflächlich und modisch, was bloße Attitüde ohne innere Substanz war. Vor allem aber: Es öffnet, indem Musil die individuelle Figur Rathenaus zum Typus überhöht, den Blick dafür, was an dieser Figur über die individuelle Biographie hinaus in spezifischer Weise zeittypisch sein mochte.

In solcher Perspektive läßt sich eine Gestalt wie diejenige Walther Rathenaus mit allen ihren Leistungen und Schwächen tatsächlich nicht nur als individuelle Persönlichkeit, sondern zugleich als eine Symbolfigur und als Repräsentant der Ambivalenzen einer ganzen Auf- und Umbruchsepoche betrachten und darstellen, eben jener rund zwanzig Jahre vor dem Ausbruch des Ersten Weltkrieges.

Das ist der Weg, der in diesem Buch beschritten wird. Dabei soll zunächst einmal, jenseits der individuellen Biographie, die Epoche ins Auge gefaßt werden, in der Rathenau wirkte und die seine Grundaufassungen bestimmte. Im Zentrum werden hier jene Elemente stehen, die das Neue an ihr, die in ihr angelegten Elemente der Veränderung, prägten, die dann mehr und mehr die Zukunft bestimmten. Hierbei erscheint zentral vor allem die Formierung eines «neuen Bürgertums», das sich zunehmend als Repräsentant und Führungskraft auf dem Wege zu einer von Grund auf umzuformenden neuen gesellschaftlichen Ordnung verstand.

· 1 ·

Die Kräfte des Aufbruchs und der Dynamik

Das «neue Bürgertum»

Gegen Ende des 19. Jahrhunderts war an die Seite des «alten» endgültig ein «neues», eine, wenn man so will, neue Fraktion des Bürgertums getreten. Sie unterschied sich sozial und von den ökonomischen Grundlagen her, aber vielfach auch politisch und vor allem kulturell deutlich von jenem «alten» Bürgertum. Dieses «alte Bürgertum», das sozial, ökonomisch und auch politisch, wenngleich hier zunächst vielerorts in Opposition zu der in veränderter Form weiterbestehenden politischen Ordnung, seit dem späten 18. Jahrhundert emporgekommen war, war wesentlich herausgewachsen aus dem alten Stadtbürgertum, genauer den Inhabern stadtbürgerlicher Rechte. Es hatte seinen Kern vor allem im Handelsbürgertum, im weiteren auch im frühen Industriebürgertum gehabt. Es hatte aber anfangs auch den Kreis der zu Meisterwürden gelangten Handwerker und der kleinen Kaufleute und Händler einbezogen, also diejenigen, die die Vertreter des größeren, sprich des reicheren Bürgertums später dann herablassend als «Kleinbürger» bezeichneten.

In den ersten Jahrzehnten des 19. Jahrhunderts bildeten sie gemeinsam eine breite, durch gemeinsame politische Zielsetzungen und gesellschaftliche Zukunftserwartungen verbundene bürgerliche Front gegen die bestehende Ordnung, zusammengehalten durch das Leitbild der Idee einer künftigen klassenlosen Bürgergesellschaft.[1] Zu ihr gehörten auch die zunächst nicht sehr zahlreichen Vertreter des später sogenannten Bildungsbürgertums, also die akademisch gebildeten Pfarrer, Gymnasiallehrer, Ärzte, die Angehörigen der «freien Berufe», teilweise auch, sofern sie sich zu den gemeinsamen Zielen und Idealen der sich formierenden liberalen Bewegung bekannten, die Beamten und darüber hinaus manche Vertreter des Adels.

Diese breite bürgerliche Front hatte sich schon im Vorfeld und dann vor allem nach dem Scheitern der Revolution von 1848/49 aufgelöst. Waren bis dahin der stadtbürgerliche Rahmen und die mit ihm verbundenen politischen und auch sozialen und wirtschaftlichen Loyalitäten vielfach bestimmend gewesen, so formte sich nun ein engerer Kreis von

Bürgertum heraus, bestimmt und abgegrenzt im wesentlichen durch wirtschaftliche und soziale Kriterien. Es war dies ein Bürgertum, das sich mehr und mehr als soziale Klasse verstand und entsprechend agierte, auch wenn es noch lange Zeit hindurch an dem Gedanken festhielt, Repräsentant einer sozial übergreifenden und integrierenden Kulturgemeinschaft zu sein.

Dieses Bürgertum im engeren Sinne, als eine sich ausprägende und verfestigende soziale Klasse, wuchs gleichzeitig zahlenmäßig und vor allem im Hinblick auf ihr wirtschaftliches Gewicht stark an und weitete seinen gesellschaftlichen und ökonomischen Einfluß immer mehr aus. Allerdings beschränkte sich dieser Einfluß gerade in dem seit 1871 geeinten Deutschen Reich auf jene Bereiche. Politisch blieb er jenseits der Städte, in denen er durch das Zensus- und Klassenwahlrecht zusätzlich begünstigt war, eng begrenzt und erfuhr durch die neu entstehenden Massenbewegungen der Sozialdemokratie und der Gewerkschaften als Vertretungen der explosionsartig anwachsenden Industriearbeiterschaft auf der einen, des Zentrums als Repräsentant weiter Kreise des katholischen Bevölkerungsteils auf der anderen Seite eine zusätzliche Einschränkung. Hinzu kam, daß ein großer Teil der Vertreter des Bürgertums einschließlich vieler Repräsentanten des sogenannten Bildungsbürgertums, deren zahlenmäßiges wie wirtschaftliches Gewicht gleichfalls ständig zunahm, sich der bestehenden, 1871 neu befestigten traditionellen Ordnung anpaßte und sich ihr einfügte.

Diese hier nur knapp skizzierte Entwicklung ist von der Geschichtsschreibung vielfach nachgezeichnet und analysiert worden. Darüber ist freilich fast durchgängig übersehen worden, daß sich innerhalb des Bürgertums selber zunehmend eine andere Richtung ausbildete, und vor allem, daß diese Richtung ein ganz neues, sich ebenfalls ständig verbreiterndes Fundament in der Gesellschaft fand – in sozialen Gruppierungen, die in keines der bisher bekannten gesellschaftlichen Schemata paßten. Von ihnen, von diesen neuen sozialen Gruppierungen, die man summarisch und bloß äußerlich etikettierend gelegentlich als «neuen Mittelstand» bezeichnet hat, soll hier zunächst die Rede sein, wobei, anknüpfend an deren Selbstverständnis, der Ausdruck «neues Bürgertum» passender erscheint. Denn einerseits empfanden sich die Vertreter und Wortführer dieser neuen sozialen Gruppierung eindeutig als «bürgerlich» in Abgrenzung von «proletarisch». Und andererseits verstanden sie «Bürgertum» und «bürgerlich» in Absetzung von dem klassenmäßig verengten, zunehmend dominierend werdenden Bürgertumsbegriff der Zeit und in markanter und expliziter Anknüpfung an das Bürgerideal des ausgehenden 18. und beginnenden 19. Jahrhunderts als etwas Neues. Mit anderen Worten: Die Vertreter dieses «neuen Bürgertums» empfanden sich in ihrer Mehrheit als Bürger gegen die Bürger ihrer Zeit, wünschten, wie Theodor Mommsen es in seinem Testament formuliert hat[2], wirkliche Bürger zu sein oder zu werden in einer Zeit, die das offenbar nicht mehr oder noch nicht erlaubte – wobei der Akzent, erwartungsvoll und einen neuen bürgerlichen Aufbruch nach dem Vorbild des ausgehenden 18. Jahrhunderts beschwörend, auf dem «noch nicht» lag.

Wer aber war dieses «neue Bürgertum», von dem zumindest ein Teil mit Macht aus der überlieferten politischen, gesellschaftlichen und kulturellen Ordnung herausdrängte, die gerade auch von großen Teilen des «alten Bürgertums» getragen wurde? Die rein zahlenmäßig größte Gruppe bildete die Schicht der kaufmännischen und technischen Angestellten, die im Zuge des in dieser Zeit, Ende des 19. Jahrhunderts, endgültig erfolgenden Übergangs zur modernen Industriegesellschaft ständig anwuchs. Konzentriert in den gewaltig expandierenden größeren und mittleren Städten – nach 1871 wuchs die Zahl der Stadtbewohner fast doppelt so schnell wie die gleichfalls in außerordentlichem Tempo zunehmende Gesamtbevölkerung – setzte sie sich in ihrem ganzen Habitus, in ihrer Lebensweise und in ihren gesellschaftlichen Hierarchievorstellungen sehr deutlich von der Arbeiterschaft ab, empfand sich als Teil des Bürgertums. Gleichzeitig freilich betrachtete sie sich zunehmend, jedenfalls in einer großen Anzahl ihrer Wortführer und Vertreter, als einen sehr eigenständigen Teil dieses Bürgertums mit durchaus eigenen Wert-, Lebens- und Zukunftsvorstellungen; zu dieser Gruppe rechnete sich von früh auf der Sohn einer der Gründergestalten der neuen Industrien, der zweiten industriellen Revolution, Walther Rathenau – auch wenn er sich in materieller und in sozialer Beziehung sehr deutlich von der Mehrzahl ihrer Mitglieder unterschied, nicht zuletzt auch aufgrund seines sehr deutlich empfundenen Außenseitertums als Jude in der etablierten Gesellschaft. Ein ähnliches Zusammengehörigkeitsgefühl vereinigte auch, bei allen Unterschieden, die in ihrem Umfang gleichfalls rapide zunehmende Gruppe der mittleren und höheren Staats- und Kommunalbeamten, die ebenfalls eine eigene, mit den Angestellten allerdings vielfältig verbundene Fraktion des «neuen Bürgertums» bildete. Zu ihr gehörte schließlich auch, ja zentral, die gleichfalls stark expandierende Gruppe der akademisch gebildeten Intelligenz jenseits der höheren Beamtenschaft, eine Gruppe, für die sich bezeichnenderweise erst in den zweieinhalb Jahrzehnten vor dem Ausbruch des Ersten Weltkriegs die Bezeichnung «Bildungsbürgertum» durchsetzte.[3]

Dieses «neue Bürgertum» bildete freilich nur in der Betrachtung aus großer Distanz eine Einheit. Gerade in ihm setzte der Differenzierungs- und Pluralisierungsprozeß schon sehr früh ein. Anders gesagt, die Alltagswelt und die Lebensformen seiner Mitglieder unterschieden sich in starkem Maße, vor allem auch deswegen, weil zumal in den größeren Städten die normierende und regulierende, auch vereinheitlichende Klammer der stadtbürgerlichen Gesellschaft mehr und mehr fehlte, die das Leben in dieser Gesellschaft und innerhalb ihres Bürgertums im ausgehenden 18. und in den ersten Jahrzehnten des 19. Jahrhunderts in starkem Maße bestimmt hatte. Neben den einen oder die zwei bürgerlichen Vereine einer Stadt, die lange Zeit gesellschaftlich und auch politisch tonangebend gewesen waren, trat eine Fülle weiterer Vereinigungen unterschiedlicher Zielsetzung und Provenienz. Neben dem *einen* Theater und Opernhaus etablierten sich in den zahlreicher werdenden und in stürmischem Tempo wachsenden größeren Städten konkurrierende, mit eigenen Programmen werbende Bühnen. Das *eine* städtische Museum fand Ergänzung durch zahlreiche Galerien und Ausstellungen unterschiedlichster Ausrichtung. Die Medienwelt, das heißt vor allem die gedruckten Tages- und Wochenzeitungen, vervielfältigte sich in ihrer Zahl und auch in ihrem Umfang. Die Art und die Formen zu wohnen differenzierten sich mehr und mehr, von der Stadt- und Etagenwohnung über das nun Villa genannte Stadthaus bis zum Landhaus, sie alle in den unterschiedlichsten, immer stärker individualisierten Stilen. Das Reisen und die Ferien – nun erst in großem Stile wahrgenommen – nahmen die verschiedensten Formen an, gehorchten nur noch sehr begrenzt einem erkennbaren einheitlichen Schema. Selbst die Essens- und Nahrungsgewohnheiten individualisierten sich mehr und mehr, konfrontiert mit einem sich laufend vermehrenden Warenangebot. Kurz, gerade der materiell besser gestellte Teil des «neuen Bürgertums» sah sich in dem Maße, in dem sich auch die beruflichen Möglichkeiten auffächerten und erweiterten, einer großen Zahl von Möglichkeiten der persönlichen, der privaten Lebensführung, des individuellen Lebensstils gegenüber, zwischen denen es innerhalb der von Beruf und immer stärker materiell bestimmter sozialer Stellung gezogenen Grenzen frei wählen konnte.

Parallel dazu erhob sich freilich immer deutlicher der Wunsch, auch und gerade jenseits des Äußeren und des Äußerlichen wieder zu neuen einheitlichen und vereinheitlichenden Formen des Lebens und der Lebensführung zu gelangen, Formen, die sich von den erstarrten, zu bloßer Tradition verkommenden Formen der Vergangenheit deutlich unterscheiden sollten. Wie diese Lebensführung konkret aussehen sollte, darüber gingen die Meinungen freilich weit auseinander. Gemeinsam aber war der Wunsch nach einem neuen Aufbruch, nach einer gemeinsamen, eine neue Gemeinschaft stiftenden Utopie. Walther Rathenau hat das als einer unter vielen sehr deutlich empfunden und diesen Fragen dann auch seine drei literarischen Hauptwerke gewidmet, die zwischen 1912 und 1917 erschienen. Davon wird im einzelnen noch ausführlich die Rede sein. Zunächst jedoch soll von den sozialhistorischen Voraussetzungen und Bedingungen der Ausbildung und Entwicklung des «neuen Bürgertums» noch näher gehandelt werden.

Die zahlenmäßig größte Gruppe dieses «neuen Bürgertums» bildete, wie gesagt, das vor allem seit dem letzten Drittel des 19. Jahrhunderts ständig anwachsende Heer der kaufmännischen und technischen Angestellten. Sie konzentrierten sich in den größeren Städten und in den Industriezentren, bildeten aber auch in den mittleren und kleineren Städten einen überproportional zunehmenden Teil der städtischen Gesellschaft oberhalb der Arbeiterbevölkerung. Innerhalb dieser Gruppe bestanden nach ökonomischer Lage, sozialer Stellung und auch nach Ausbildung große Unterschiede. Sie reichten von den in wachsendem Maße akademisch gebildeten Vertretern des später sogenannten Managements größerer und mittlerer Firmen bis zu jenen, die sich um 1890 im wesentlichen nur durch die Absolvierung einer kaufmännischen oder technischen Lehre, nicht aber durch ihre Einkünfte von den immer noch «Meister» genannten Vorarbeitern in ihren Betrieben unterschieden. Gerade deswegen freilich betonten sie die Unterschiede in ihrer sozialen Stellung besonders nachdrücklich und setzten sich zugleich politisch deutlich von den Repräsentanten der Arbeiterbewegung, den «Sozialisten», ab. Ähnliches galt für die einfachen Angestellten in Handelsfirmen oder Banken. Diese bezeichneten sich noch bis weit ins 20. Jahrhundert hinein als «Privatbeamte» beziehungsweise als «Bankbeamte», um die Vergleichbarkeit ihrer Stellung mit den staatlichen Beamten zu betonen, die sich ihrerseits bis in die unteren Kategorien scharf von den Arbeitern abgrenzten; der Begriff eines «Angestellten im öffentlichen Dienst» setzte sich erst sehr viel später durch.

Überhaupt gewann diese Hauptgruppe des «neuen Bürgertums», die Angestelltenschaft, ihr übergreifendes Einheitsbewußtsein, ungeachtet aller ökonomischen und sozialen Unterschiede, vor allem auch aus der Distanz zu der staatlichen und städtischen Beamtenschaft, die einen ähnlichen «Esprit de corps» entwickelte und sich gleichfalls als eine eigene, wenn auch in sich stark differenzierte soziale Gruppe verstand. Diese Beamtenschaft hatte im «alten Bürgertum» und in der stadtbürgerlichen Gesellschaft immer etwas am Rande gestanden, exemt von der allgemeinen Gerichtsbarkeit und in vielem privilegiert, aber nicht wirklich integriert, es sei denn einzelne ihrer Vertreter bekannten sich ausdrücklich zu den politischen und gesellschaftlichen Zielen der bürgerlichen Bewegung.

Das hatte sich auch in der zweiten Hälfte des 19. Jahrhunderts zunächst noch nicht wesentlich geändert. Der Beamte verstand sich, wie der Offizier, vor allem als «Staatsdiener» und begriff sich, speziell in seinen Spitzen, als Repräsentant des «Gemeinwohls», des «allgemeinen Standes» im Sinne Hegels in Absetzung von den Vertretern jeweils einzelner Interessen innerhalb der «bürgerlichen Gesellschaft». Das freilich löste sich mit dem stürmischen Anwachsen der Zahl der Beamten, insbesondere des einfachen und mittleren Dienstes, schrittweise auf. Auch diese Beamten empfanden sich zunehmend als «Angestellte», wenngleich als Angestellte mit besonderen Rechten und Privilegien, und näherten sich mehr und mehr diesem Teil des «neuen Bürgertums» an. Diese Annäherung wurde symbolisiert und zugleich laufend verstärkt durch Eheschließungen zwischen den Söhnen und Töchtern beider Gruppen, allerdings meist auf der jeweiligen ökonomischen und sozialen Ebene ihrer Vertreter, also zwischen mittleren Beamten und Mitgliedern des «mittleren Managements» beziehungsweise zwischen kleinen Beamten und einfachen Angestellten.

Die Angestellten unterschiedlichster Provenienz und die mächtig expandierende Beamtenschaft, zu der neben den Staats- und Kommunalbeamten auch die Beamten bei den beiden großen staatlichen Dienstleistungsunternehmen, der Bahn und der Post, gehörten, bildeten also den Kern des «neuen Bürgertums»; unmittelbar vor Ausbruch des Ersten Weltkrieges umfasste er rund zwei Millionen Personen. Er empfand sich als Teil des Bürgertums, allerdings als sein modernerer Teil, als eine vom «alten Bürgertum» abgehobene, eigene Fraktion mit einem eigenen Selbstbewußtsein, mit einem eigenen Lebensstil und mit eigenen spezifischen Zukunftserwartungen. Zu diesem «neuen Bürgertum» rechnete sich zu einem erheblichen Teil auch das jetzt in ganz andere Größenordnungen hereinwachsende sogenannte Bildungsbürgertum, das mehr und mehr den Lebensstil und vor allem die Lebensauffassung dieses Bürgertums bestimmte. Das waren die vielfach akademisch gebildeten Angehörigen der freien Berufe, neben den Ärzten, Rechtsanwälten und Architekten, den Ingenieuren, den Geistlichen und Pfarrern das Heer der Journalisten und Zeitungsredakteure, die Verleger, Kunst- und Buchhändler, aber auch die sich in kurzen Zeitabständen vervielfachende

Zahl der Lehrer, der Volksschullehrer und der sich von ihnen scharf absetzenden Gymnasiallehrer. Auch ihre Zahl ging in den Jahren vor dem Ersten Weltkrieg in die Hunderttausende; man hat sie vor 1914 auf rund 700 000 geschätzt.[4]

Zu dieser Gruppe des «neuen Bürgertums» zählten also ganz grob geschätzt in den Jahren vor dem Ersten Weltkrieg rund drei Millionen Personen, bezogen auf die Gesamtzahl der Erwerbstätigen mithin etwas mehr als 15 Prozent, die sich allerdings ganz überwiegend in den größeren und mittleren Städten konzentrierten, hier also auch zahlenmäßig ein weitaus größeres Gewicht und daraus resultierend einen weitaus größeren Einfluß besaßen. Dieses «neue Bürgertum» zerfiel, nochmals sei es betont, um nicht den falschen Eindruck einer in sich homogenen sozialen Formation zu erwecken, in unzählige Standes- und Interessenverbindungen, die sich teilweise mit großer Schärfe bekämpften. Das hat die Vorstellung eines unaufhaltsamen Fortschreitens des Differenzierungsprozesses gerade innerhalb des bürgerlichen Lagers, ja einer schrittweise vorankommenden Auflösung, eines Zerfalls dieses Lagers verstärkt. Darüber ist freilich vielfach in den Hintergrund getreten, was es neben diesen unbezweifelbaren desintegrierenden Momenten gleichzeitig an integrierenden, an neu integrierenden Momenten gab.

Diese bestanden wie bei allen gesellschaftlichen Gruppierungen auch bei sozialen Großgruppen wie dem «neuen Bürgertum» vor allem in Abgrenzungen und Frontstellungen. Eine solche, zugleich die eigene Identität gleichsam negativ bestimmende Abgrenzung und Frontstellung war in erster Linie die Abgrenzung nach unten, gegenüber der Arbeiterschaft oder, zeitgenössisch polemischer formuliert, gegenüber dem «Proletariat». Sie wurde bei den Angestellten äußerlich symbolisiert durch die berühmte «Kragenlinie»: Der Angestellte trug Hemd und Kragen, nicht den Arbeitskittel, den Arbeitsanzug. Er legte Wert und insistierte auf die zumeist auch materiellen Vorteile seiner Stellung gegenüber den Arbeitern, auf die kürzeren und geregelteren Arbeitszeiten, den Urlaubsanspruch und vielfach, wenn auch nicht immer, das höhere Einkommen, das als Gehalt und nicht als Stundenlohn gezahlt wurde.

Vor allem aber war es der soziale Status, den die Angestellten nicht selten unter Entbehrungen gegenüber den Arbeitern verteidigten – die bessere Wohnung in besseren Wohngegenden, den anspruchsvolleren Konsum, den größeren Aufwand für Kleidung, die Bevorzugung von Gaststätten, in denen man «unter sich» war. Der ganze Lebensstil war bewußt «bürgerlich», worin ihnen die bessergestellten Arbeiter freilich mit der «guten Stube» und dem Sonntagsstaat schon bald folgten. Sie prägten in den Innenstädten und «besseren» Stadtvierteln zunehmend das Straßenbild und führten zugleich ostentativ das Bild der geordneten «bürgerlichen» Familie vor. Kurz, sie bildeten, bei allen inneren Gegensätzen und Meinungsunterschieden, deutlich ein eigenes Milieu, das sich auch politisch langsam befestigte.

Dieses Milieu grenzte sich, wie gesagt, auf der einen Seite bewußt von der Arbeiterschaft, vom «Proletariat» ab und betonte einen von diesem deutlich abgesetzten Lebensstil, eine eigene Lebensform. Auf der anderen Seite aber gab es gerade hier auch eine Abgrenzung nach oben, nicht nur vom Adel, sondern auch vom reich gewordenen großen Bürgertum, der sogenannten Bourgeoisie, die ihren wirtschaftlichen Erfolg zum Teil sehr massiv und demonstrativ zur Schau stellte. Ihr gegenüber betonte man Bescheidenheit, Sparsamkeit, Mäßigkeit als die eigentlich «bürgerlichen» Tugenden, die Zurückhaltung, den Verzicht auf unangemessenen Aufwand, sei es hinsichtlich der Kleidung, sei es hinsichtlich eines übertriebenen Aufwandes und Komforts. Teils unter dem Zwang der eigenen wirtschaftlichen Verhältnisse, teils aber auch in bewußter Entscheidung pflegte man einen Lebensstil, den man auch im Äußerlichen unter die Devise des «mehr sein als scheinen» stellte. Das verband die Lebenswelt der Angestellten mit der der Beamten und auch des größten Teils des sogenannten Bildungsbürgertums, mochte sie auch ansonsten vieles trennen. Der Historiker Friedrich Meinecke, der, früh zu großem Ansehen gelangt, über Straßburg und Freiburg 1914 mit jeweils entsprechenden Gehaltsverbesserungen nach Berlin berufen wurde, bemerkte beispielsweise rückblickend in seinen während des Zweiten Weltkriegs verfassten Lebenserinnerungen über die Anmietung eines größeren Hauses in Freiburg, die wegen der wachsenden Zahl seiner Kinder nötig geworden war: «Das ging eigentlich auch schon über unseren natürlichen, auf das Einfache gerichteten Lebensstil».[5]

Auch da, wo wie bei den Rathenaus von Einschränkungen des Lebensstils aufgrund von äußeren, materiellen Bedingungen keine Rede sein konnte, entschied man sich sehr bewußt für einen «auf das Einfache gerichteten Lebensstil». Das galt bis hin zu den äußeren Dingen des persönlichen Lebens, bis zur Wohnung, zur Kleidung, zum Konsum. Kurzum, man pflegte gezielt einen Stil, der lebensweltlich Bescheidenheit und Zurückhaltung zum Programm erhob, das Pompöse und Demonstrative mied, wie man es an dem reich und satt gewordenen älteren Bürgertum, aber auch an der Schicht der sogenannten «Neureichen» beobachten konnte. Solche Beobachtungen haben beispielsweise in Theodor Fontanes Roman «Frau Jenny Treibel» ihren zur Satire überhöhten literarischen Niederschlag gefunden.

Davon sich abzusetzen war, zumindest der Tendenz nach, ein verbindendes Kennzeichen des «neuen Bürgertums». Mit ihm distanzierte man sich in den tonangebenden Kreisen – und das waren mehr und mehr die bildungsbürgerlichen Gruppen – gezielt von den, um nochmals Meinecke zu zitieren, «Machthabern und Machthubern da oben«[6] und von den mit ihnen verbundenen, ihren Reichtum und ihren wirtschaftlichen Erfolg demonstrierenden Wirtschaftsbürgern – von denen sich Rathenau, obwohl ihnen von Herkunft und Tätigkeit zugehörend, gleichzeitig stets sehr bewußt abzusetzen suchte. Sie fanden in jenen Jahren etwa auch in der Figur des neugeadelten, die Verbindung zu den Mächtigen suchenden Herrn von Faninal in der Oper «Der Rosenkavalier» von Richard Strauss nach einem Libretto von Hugo von Hofmannsthal eine karikierend zugespitzte, ins 18. Jahrhundert zurückverlegte Verkörperung. Darin spiegelte sich zugleich die symbolisch vollzogene Trennung vom «alten», mittlerweile auf die egoistische Wahrnehmung von ökonomischen und Machtinteressen reduzierten Bürgertum. Ihm gegenüber erhob das «neue Bürgertum» seine weitläufigeren, tendenziell die eigenen engen Standes- und Berufsinteressen überschreitenden, auf eine übergreifende Einheit zielenden Ansprüche.

Der eigentliche Sprecher und Wortführer dieses «neuen Bürgertums», derjenige, der ihre Lebensanschauung und ihren Lebensstil weitgehend formte und zugleich artikulierte aber wurde, und das war der andere zentrale Faktor, das neue Bildungsbürgertum und mit ihm die von seinen Vertretern vielfach getragenen und inhaltlich geprägten linksliberalen politischen Gruppen. Diese milieuprägende und milieubestimmende Bedeutung des Bildungsbürgertums für das «neue Bürgertum» insgesamt erwies sich als die bestimmende Kraft der weiteren Entwicklung und bei der Ausprägung einer neuen Form, einer neuen Idee der «bürgerlichen Gesellschaft».

Wer aber waren diese höchst einflußreichen, das allgemeine geistige, aber mehr und mehr auch das politische und gesellschaftliche Klima bestimmenden «Bildungsbürger»? Der Begriff – nicht die Sache – ist auf den deutschsprachigen Raum beschränkt. In der angelsächsischen Welt spricht man in einem einengenderen Wortsinn von den freien Berufen, den «professions», ohne einen Kollektivsingular zu bilden. Anderswo vage-genereller von den Vertretern der «Intelligenz». Gemeint aber waren auch hier jene «Gebildeten», die in Deutschland eine so zentrale, begriffsbestimmende Rolle spielten.

Thomas und Heinrich Mann in München, um 1900

Freilich rechnete man auch hier zu den «Gebildeten» nicht nur die Inhaber von sogenannten «Bildungspatenten», also die Inhaber von akademischen Abschlußzertifikaten, wie Max Weber das spöttisch nannte.[7] Thomas Mann beispielsweise wurde selbstverständlich unter die «Gebildeten» gezählt, obwohl er nie ein reguläres Studium absolviert hatte, und das galt für viele andere. Entscheidend war das Maß an «allgemeiner Bildung», über das sie verfügten, wobei «Bildung» mehr besagte als bloßes Wissen, und sei es auch noch so ausgedehnt, mehr auch als reines Berufs- und Leistungswissen. Es meinte zugleich eine bestimmte Geisteshaltung, einen bestimmten Lebensstil und eine bestimmte Lebensform, die Hinwendung zu und das Verwurzeltsein in den Sphären von Kultur, Geisteswelt und Kunst, aber auch allgemeine Formen des Umgangs, der sprachlichen Artikulationsfähigkeit – kurz, all das, was man chiffrenmäßig mit dem Begriff des «gebildeten Menschen» bezeichnete, ein Status, zu dem prinzipiell jeder gelangen konnte, auch wenn die Wortführer dieser Idee einer «allgemeinen» Bildung, die auch in sozialer Hinsicht am Ende «allgemein» werden sollte, die Realität, die Lebenswirklichkeit durchaus sahen, die den Kreis der «gebildeten Menschen» sehr viel enger begrenzte.

Gerade im Hinblick auf das «neue Bürgertum» wurde das Ideal des «gebildeten Menschen» zu einer Art Leitfigur, zu einer Leitidee, die nicht nur abgrenzend, sondern verbindend und verbindlich wirkte. Das galt zunächst für die eigene Gruppe, eben für das sogenannte Bildungsbürgertum, das diese Idee des «gebildeten Menschen» recht eigentlich jenseits aller ganz unterschiedlichen Berufsaufgaben und Berufsziele, aber auch jenseits aller sehr verschiedenartigen ökonomischen und sozialen Stellungen konstituierte – hier verkörperte Walther Rathenau, obwohl materiell und sozial von Haus aus eher dem «alten», reich gewordenen Bürgertum zuzurechnen, von früh auf, sehr bewußt, diesen Typus. Es galt aber darüber hinaus auch für das «neue Bürgertum» insgesamt, in dem man auf diese Weise zugleich eine geistige Führungsstellung beanspruchte.

Entscheidend und höchst folgenreich wurde nun, dass dieser Anspruch nicht nur erhoben, sondern auch praktisch durchgesetzt wurde. Durchgesetzt ist dabei allerdings insofern ein falscher, jedenfalls ungenauer Ausdruck, als er das Hegemoniale des Vorgangs in unzulässiger Weise betont. Man muß wohl eher davon sprechen, daß diese Leitidee das «neue Bürgertum» auf den unterschiedlichsten Wegen mehr und mehr durchdrang, der «gebildete Mensch» zu einer Orientierungsvorstellung und Leitfigur auch bei denen wurde, deren Lebenspraxis diesem Ideal nur in geringem Maße entsprach.

Das hing vor allem damit zusammen, daß diese Idee bei den neuen, aufsteigenden sozialen Schichten der Angestellten und der Beamten die bestehenden ökonomischen und gesellschaftlichen Unterschiede und Distanzen, insbesondere auch zu den Vertretern des «alten Bürgertums», überwölbte, ja, ein neues Kriterium schuf, das die Grundlagen der bestehenden Unterschiede in den Hintergrund drängte, als platt materialistisch entwertete: Der «gebildete Mensch» stand über dem durch Besitz, Einkommen und gesellschaftliche Position Privilegierten. Dieser wurde von den meisten «Bildungsbürgern» als platt, egoistisch, als materialistischen Interessen verhaftet, als Liebediener der Macht verachtet, eben als «Bürger» im pejorativen Sinne, im dem ihn nun auch und gerade die Vertreter des «neuen Bürgertums» verwendeten und sich damit demonstrativ von ihm distanzierten. Es waren diejenigen, die, wie Theodor Mommsen es formulierte[8], «über den Dienst im Gliede und den politischen Fetischismus» nicht hinauskämen und so bisher verhindert hätten, daß sich in Deutschland der Geist freien und unabhängigen Bürgertums durchgesetzt habe.

Ein erheblicher Teil des Bildungsbürgertums wurde auf diesem Wege mit der Leitidee des «gebildeten Menschen» zum Führer der innerbürgerlichen Opposition und zugleich zum Wortführer eines neuen bürgerlichen Aufbruchs, der mit dem endgültigen Sieg der Industriegesellschaft über die alte Agrargesellschaft in Deutschland am Ende des 19. Jahrhunderts zusammenfiel und aus ihm und seinen Folgen seine gesellschaftliche Dynamik bezog. Anders gewendet: Die Vertreter des Bildungsbürgertums besetzten nicht nur in zunehmendem Maße den öffentlichen Diskurs über die Kunst, die Malerei, die Architektur, die Musik, die Literatur, sie prägten hier auch für ein breiteres Publikum die Denkformen und Urteilskriterien. Sie bestimmten darüber hinaus auch den Inhalt und die öffentlichen Debatten über die Gesellschaft und ihre Entwicklung, über die Rolle der Wirtschaft und insbesondere über den Stil, die Ziele und die Grundlinien der Politik – all das insbesondere über die großen Zeitungen, die Zeitschriften allgemeineren Inhalts und über die Veröffentlichungen des sprunghaft anwachsenden Buchmarktes und einer Literatur, die die erzählerische Erörterung von Grundfragen des Daseins wie der Gegenwart zum Inhalt hatte. Für all dies liefert das Leben und das praktische Wirken von Walther Rathenau eine Fülle anschaulicher Beispiele. Aber vielleicht noch wichtiger war, und auch dafür ist Walther Rathenau in vielem durchaus repräsentativ, die Präsentation eines neuen Lebensstils, einer neuen Lebensform, die bestimmte Eigenschaften, bestimmte Verhaltensweisen, bestimmte Normen dem Typus des «gebildeten Menschen» zuordnete, sie als für diesen charakteristisch bezeichnete und zum nachahmenswerten Vorbild erklärte. Dazu gehörte die Beherrschung von Emotionen, die Zurückdämmung des Unreflektiert-Spontanen, die Kontrolle von Stimme, von Mienenspiel, Gestik und Bewegung, sprich die Zurückhaltung im Auftreten, die Betonung des Schicklichen und Anständigen bis hin zum Essen und Trinken, der Art der Kleidung, dem Stil des Wohnens. All dies war sozial geprägt von der Idee einer mittleren, einer mittelständischen Existenz zwischen arm und reich, zwischen ganz oben und unten, wie sie der Realität des Daseins der meisten Vertreter des «neuen Bürgertums», der Angestellten und Beamten, entsprach, nun aber erhöht und zum Idealbild erklärt wurde in der Leitidee des «gebildeten Menschen».

Dazu gehörte ganz entscheidend zugleich der Gedanke, daß das eigentliche Wesen der Bildung in Bewahrung und zugleich permanenter Veränderung bestehe, daß nur der wahrhaft ein «gebildeter Mensch» sei, der ständig bereit sei, die Erstarrungen und Verkrustungen zu durchbrechen, zu denen alles Wissen, alle Bildung, alle Kultur neige, und zu neuen Ufern aufzubrechen. Friedrich Nietzsche hat diesen Gedanken, impulsgebend für die nachfolgende Generation, immer wieder umkreist, von dem toten, dem erstarrten, dem antiquarischen Wissen aller Bildung und aller Kultur gesprochen, über das hinauszukommen die Voraussetzung für das Entstehen einer erneuerten, einer lebendigen Kultur sei. Dies wirkte wie ein Signal zum Aufbruch, zur Veränderung und Erneuerung, das, getragen von großen Teilen des Bildungsbürgertums, nach 1890 vor allem die Schichten des «neuen Bürgertums» erfaßte.

Alltags- und Lebenswelt des «neuen Bürgertums»

Nichts hat, bei allen wirtschaftlichen und gesellschaftlichen Unterschieden im einzelnen, das «neue Bürgertum» in dem Maße zusammengeführt und verbunden wie die Ausprägung und Entwicklung einer gemeinsamen Alltags- und Lebenswelt, eines gemeinsamen Lebensstils. Eine verbindliche, allgemein gewordene Grundlage von kaum zu überschätzender Bedeutung bildete dabei die Tatsache, daß ihre Mitglieder fast alle, mit Ausnahme der sogenannten «freien Berufe», in ihrer Arbeit und in ihrem Beruf einem von außen bestimmten, also nicht frei gewählten, nach festen Stunden bestimmten Zeitregiment unterworfen waren.

Das galt für die kaufmännischen und technischen Angestellten in großen wie kleinen Unternehmen, in Handelshäusern wie sonstigen Wirtschaftsbetrieben aller Art. Das galt für das Heer von staatlichen und vor allem städtischen Beamten und dann auch Angestellten in diesen Bereichen einschließlich der ständig expandierenden Großunternehmen Bahn und Post. Es galt aber auch für Lehrer aller Schularten, für Journalisten und Zeitungsredakteure, für Professoren, für Musiker, aber auch für Geistliche und Pfarrer, kurz für all diejenigen, die auf der Grundlage einer oft akademischen Ausbildung, eines «Bildungspatentes», in einem fest angestellten Verhältnis ihrem Broterwerb nachgingen.

Sie alle verrichteten außerdem zumeist, wenn auch nicht immer, fremdbestimmte Arbeit und vor allem: Sie waren einer festen, nicht von ihnen selbst, sondern von anderen, meist von überindividuellen Institutionen festgelegten Arbeitszeit und Stundeneinteilung unterworfen; das galt auch im Prinzip, von dem Vater bewußt und nachdrücklich betont, für den Sohn des aus dem kleinen Bürgertum emporgestiegenen Generaldirektors der AEG Emil Rathenau, für Walther Rathenau.

Hauptkontor der Bayer-Werke, um 1906

Darin unterschieden sie sich von dem älteren, auf seine Selbständigkeit auch und gerade in dieser Beziehung pochenden Bürgertum mit dem Handelsbürgertum, aber auch den selbständigen Handwerksmeistern und kleinen Kaufleuten an der Spitze, erst recht jedoch von dem neueren Industriebürgertum der größeren und kleineren Unternehmer der unterschiedlichsten Branchen und Erwerbszweige. Zwar waren diese in vielleicht noch stärkerem Maße von den ökonomischen Zwängen und Bedingungen in ihrer Zeit abhängig. Aber sie betonten nachdrücklich ihre materielle, lebensweltliche Selbständigkeit, erklärten diese zum abgrenzenden und statusbestimmenden Merkmal des Bürgers – ganz wie das Immanuel Kant, der Sohn eines kleinen Königsberger Handwerksmeisters, Ausgang des 18. Jahrhunderts in einer noch vorindustriellen Welt getan hatte. Demgegenüber pochten die Angestellten und Beamten, die «Bildungsbürger» in den verschiedensten gesellschaftlichen Positionen und Berufen, auf ihre geistige Selbständigkeit und Unabhängigkeit, die viel wichtiger sei als die bloß materielle. Sie konstituiere den eigentlichen, den neuen Typus des Bürgers, der berufen sei, die «neue bürgerliche Gesellschaft» zu tragen und zentral zu repräsentieren.

Mit ihrer nach Zeit und Stunden regulierten, von ihrer individuellen

Entscheidung unabhängigen Arbeitszeit verkörperten diese gesellschaftlichen Gruppen in der Tat einen neuen Typus. Zwar waren ihnen die Arbeiter, vor allem die Industriearbeiter, darin mit anfangs 12- bis 14-stündigen täglichen Arbeitszeiten mit Ausnahme des Sonntags vorangegangen, Arbeitszeiten, die ihr ganzes Leben bestimmten, kaum mehr für etwas anderes Zeit ließen als für Essen und Schlafen. Aber das waren Angehörige der unterbürgerlichen Schichten, von deren Alltag und Lebenswelt man sich scharf abgrenzte. Nun aber wuchs das «neue Bürgertum» von vornherein in dieses Diktat der Uhr, der regulierten, von anderen als ihren Vertretern selber bestimmten und festgelegten Arbeitszeiten hinein.

Das bestimmte hier in entscheidender Weise das Zeitbudget, das für außerberufliche Aktivitäten zur Verfügung stand, und auch für deren Platz im Tagesablauf, also für die Familie, für außerhäusliche Tätigkeiten, für Vergnügungen, für kulturelle, für gesellschaftliche, für politische Engagements. Und das hatte weitreichende Folgen für das private und öffentliche Leben nicht nur dieser gesellschaftlichen Gruppen, sondern, zumal in den größeren und mittleren Städten, wo diese Gruppen Gestalt und Struktur des öffentlichen Lebens mehr und mehr bestimmten, für dieses Leben insgesamt. Anders gesagt: Das öffentliche Leben in den Städten orientierte sich zunehmend an den Bedürfnissen und Interessen, an den Lebensgewohnheiten dieser neuen gesellschaftlichen Schicht.

Das galt für die Opernhäuser und Theater, für die Konzertsäle, für die Etablissements der sogenannten leichten Muse, für die in der Zeit um die Jahrhundertwende überhaupt erst entstehenden Kabaretts, für Museen und Ausstellungshallen, auch für Restaurants und für öffentliche Vergnügungsstätten, die ihren Charakter in jenen Jahren grundsätzlich veränderten. Und das galt, da für all das neue, moderne Gebäude errichtet werden mußten, auch für das äußere, das architektonische Gesicht der Städte, die für diese neuen gesellschaftlichen Gruppen auch entsprechenden Wohnraum in der Nähe ihrer Arbeitsstätten, aber in deutlicher Distanz zu den Wohnstätten der unterbürgerlichen Schichten, bereitstellen mußten. Die Städte, in Größe und Zahl der Einwohner enorm anwachsend, erhielten in diesen Jahren ihr modernes, sie in ihren Zentren bis heute prägendes Gesicht. Dabei trieb die Entwicklung des innerstädtischen Verkehrswesens, vor allem durch die Straßenbahn, den inneren Differenzierungsprozeß in den Städten in Geschäfts- und in bürgerliche wie proletarische Wohnviertel noch weiter voran.

Aber zurück zu der beruflichen Existenz dieser neuen gesellschaftlichen Gruppen, die nicht nur ihr Zeitbudget, sondern auch ihre Lebensauffassung und ihren Lebensstil entscheidend prägte! Die Tatsache, daß nicht nur der zeitliche Rahmen ihrer Arbeit, sondern auch deren Inhalt, zunächst jedenfalls, im wesentlichen fremdbestimmt war, hat zumindest bei der Mehrheit nicht dazu geführt, diese Arbeit allein oder vornehmlich unter dem Aspekt ihrer Bezahlung zu betrachten. Vielmehr entwickelte sich gerade hier eine spezifische Form der Arbeitsmoral, die über die äußere Fremdbestimmung die Idee der Pflichterfüllung, den Gedanken des Einsatzes zugunsten einer übergreifenden Aufgabe, stellte. Es entwickelte sich als Leitbild das Ideal des innengeleiteten Menschen, der eine ihm von außen gestellte Aufgabe mit Fleiß, unter Einsatz aller seiner Fähigkeiten und mit Hingabe an die Sache bewältigt.

Diese Vorstellung wirkte nicht nur in der eigenen Gruppe stilbildend. Sie erfaßte auch, als eine zunächst in spezifischem Sinne neue bürgerliche Berufsmoral, weitere Gruppen der Gesellschaft, auch einen Teil der Arbeiterschaft, und verstärkte hier zugleich ganz allgemein die Verbürgerlichungstendenzen, gegen die sich ihre Vertreter offiziell so massiv wehrten. Es entstand ein im neuen Sinne «bürgerliches Menschenbild», das die Lebensanschauung und die Weltsicht einer sich auch von daher laufend verbreiternden Schicht prägte.[1]

Der Wert eines Menschen bestimmte sich danach nicht in erster Linie durch seine äußere Stellung und Position, auch wenn diese natürlich wichtig blieben und einen wesentlichen Antrieb für die Karrierehoffnungen und Karriereerwartungen gerade innerhalb des «neuen Bürgertums» bildeten. Als entscheidend wurde vielmehr angesehen und vor allem proklamiert, in welchem Geist, mit welchen leitenden Vorstellungen und Prinzipien, der einzelne seine Berufspflichten und seine außerberuflichen Aufgaben erfüllte. Viel wichtiger als die vom älteren Bürgertum so betonte äußere Unabhängigkeit und Selbständigkeit sei die innere, sei die geistige Selbständigkeit, die es dem Menschen erlaube, ein selbstbestimmtes Dasein zu führen – unabhängig von seiner beruflichen und gesellschaftlichen Stellung. Nur das entspreche dem Ideal des innengeleiteten Menschen, der in diesem Sinne zugleich, unabhängig von allen formalen Bildungsqualifikationen, ein «gebildeter Mensch» sei.

Das war die neue, übergreifende Kurzformel: Benimm und verhalte dich wie ein «gebildeter Mensch», schärfte man der heranwachsenden Generation ein. Von einem Kreis «gebildeter Menschen», in dem man sich bewege, war die Rede. Es gehöre sich dies und jenes nicht für einen «gebildeten Menschen», zu seiner Lebensart. Damit waren jeweils bestimmte, in immer weiter verbreiteten Ratgebern und Benimmbüchern fixierte Normen und Verhaltensweisen gemeint, die in der Familie, im gesellschaftlichen Verkehr, im öffentlichen Auftreten unbedingte Geltung beanspruchten und zugleich eine klare Grenzlinie zogen zwischen «Gebildeten» und «Ungebildeten». Diese Grenzlinie sei allerdings, so wurde immer wieder betont, jeder Mensch aus eigener Kraft zu überschreiten in der Lage – wenngleich, wie man einräumte, Erziehung und Elternhaus dabei, fördernd oder hindernd, eine wichtige Rolle spielten.

Immerhin erwies sich das Leitbild vom «gebildeten Menschen», das das «neue Bürgertum» zwar nicht als erste entwickelt, aber mit neuen Inhalten gefüllt hatte, in sozialer Hinsicht als prinzipiell offen. Es dynamisierte die gesellschaftlichen Aufstiegshoffnungen und Aufstiegserwartungen in den unteren sozialen Schichten, insbesondere mit Blick auf die eigenen Kinder, also die nächste Generation, noch zusätzlich. Gleichzeitig steckte in dem Leitbild vom «gebildeten Menschen» auch eine politische und gesellschaftliche Dynamik gegenüber den bisher führenden sozialen Gruppen des Adels und des «alten Bürgertums», indem es auch hier erlaubte, zwischen «Gebildeten» und «Ungebildeten» zu unterscheiden. Befanden sich «Ungebildete» in politischen, gesellschaftlichen oder auch wirtschaftlichen Spitzenpositionen, so war das ein Indiz dafür, daß etwas im System nicht in Ordnung war und es dringend entsprechender Reformen bedurfte. Hier verknüpfte sich die Deutungs- und Interpretationsfrage, wer wirklich zu den «Gebildeten» zu rechnen sei, zugleich mit der politischen Machtfrage. Rathenau beispielsweise hat in seinen Schriften immer wieder aus diesem Geist heraus argumentiert und daraus seine verschiedenen Reformforderungen beispielsweise auch hinsichtlich der Vererbung von Eigentum und allein daran geknüpfter Machtpositionen abgeleitet: Solange das Erbrecht nicht strikt auf ein Minimum begrenzt werde, werde sich an den gesellschaftlichen Verhältnissen, die immer mehr von plutokratischen Eliten bestimmt würden – zu denen er von der Position des Vaters her ja selbst gehörte – nichts ändern.[2]

Wie aber sahen die Normen und Verhaltensweisen aus, die mit dem Begriff des «gebildeten Menschen» formelhaft evoziert wurden und den Lebensstil der Vertreter des «neuen Bürgertums» weithin prägten? «Gebildet» meinte dabei, um das vorwegzuschicken, soviel wie «geformt», die Verpflichtung auf einen bestimmten Verhaltenskodex und eine bestimmte Grundhaltung, die nicht nur äußerlich anerzogen waren, sondern auf schrittweise erlangter innerer Überzeugung beruhten.

Das fing beim Äußerlichsten an, bei der Kleidung, die vor allem bei den Männern mit Anzug, Hemd und Krawatte, in meist gedeckten Farben, einen geradezu uniformmäßigen Charakter annahm – nur die

Frauen erlaubten sich größere Variationen, auch sie allerdings in den Kreisen des «neuen Bürgertums» in einem eher begrenzten Rahmen. Das setzte sich fort im Stil des Wohnens, bei dem, nicht zuletzt natürlich auch aus ökonomischen Gründen, im Stil der Zeit das Sparsame, das Einfache und Zweckmäßige, vorherrschte und zugleich das auf längere Dauer Angelegte, das Solide, zumindest auf die eigene Lebenszeit Berechnete dominierte. «Bürgerlich wohnen» meinte zu diesem Zeitpunkt wie «bürgerlich essen» bescheiden wohnen und essen, in ostentativer Distanz zu großbürgerlichen und aristokratischen Lebensformen.

Der gleiche Geist der Zurückhaltung und Bescheidenheit, der Mäßigung und des Maßhaltens, der zum Lebensstil des «gebildeten Menschen» erklärt wurde, prägte sich auch im Verhalten gegenüber den eigenen Kindern aus, die ihrerseits zu Bescheidenheit und Zurückhaltung angehalten wurden. Zum Vorbild wie zur Spiegelung wurden hier die insbesondere auch durch Zeitschriften wie die «Gartenlaube» weit verbreiteten neuen Bildungsromane, die die schrittweise Herausformung der innengeleiteten Persönlichkeit feierten. All das läßt sich an der Lebensweise und am Lebensstil Walther Rathenaus, obwohl bei dem schließlich vielfachen Millionär in keiner Weise ökonomisch bedingt, mit seiner Tendenz zum Einfachen, zum «Preußischen», zum bewußt Zurückhaltenden, zum «Klassischen» anschaulich nachvollziehen.

Innerhalb der Familien selber, und das galt schichtenübergreifend vom Adel bis zur Arbeiterschaft, herrschten gleichzeitig, in der Welt der Angestellten und Beamten besonders betont, streng patriarchalische Verhältnisse: Die Frau war dem Mann, dem Ernährer, nachgeordnet, auf das Haus und die Kindererziehung beschränkt, rechtlich, auch vermögensrechtlich – was alles das neue Bürgerliche Gesetzbuch von 1900 noch einmal bekäftigte – deutlich benachteiligt. Das spiegelte sich auch im gesellschaftlichen Verkehr, im Vereinsleben, bei Einladungen und bei öffentlichen Auftritten. Die Frau als Einzelperson trat hier fast nie in Erscheinung, nur in Begleitung und gewissermaßen unter Bedeckung ihres Mannes erschien sie in der Gesellschaft. Diese Gesellschaft war, gerade auch in den Kreisen des «neuen Bürgertums», dezidiert eine Männergesellschaft. Und auch im Berufsleben bildeten Frauen, gerade bei den neuen Mittelschichten, eine unbedingte Ausnahme. Der Zugang zu höheren Formen des Bildungswesens und der Universität blieb ihnen noch lange, bis ins erste Jahrzehnt des 20. Jahrhunderts, ja weithin bis zum Ende des Ersten Weltkriegs verwehrt.[3]

In dieser ausgeprägten Männergesellschaft aber herrschte gleichzeitig gerade in den Kreisen des «neuen Bürgertums», getragen von ähnlichen

Wohn- und Lebensverhältnissen, von einer ähnlichen Lebensauffassung und einem ähnlichen Lebensstil, auch von einem ähnlichen Geist, der zwischen Beruf und individueller Existenz immer deutlicher unterschied, ein Bewußtsein prinzipieller Gleichheit. Und wenn man sich auch nach unten, von der Arbeiterschaft und den unterbürgerlichen Schichten im allgemeinen, deutlich abschottete, eigene Vereine, in den Betrieben eigene Kasinos besaß und eigene bürgerliche Lokale frequentierte – die Tendenz zur Annäherung an jene, die ihrerseits für sich und insbesondere ihre Kinder den gesellschaftlichen Aufstieg erstrebten und sich in ihren Lebensformen und ihrem Lebensstil an dem kleinen Bürgertum orientierten, war doch unübersehbar. Es entstand zumindest die Perspektive einer sich nach unten öffnenden Mittelstandsgesellschaft, die schließlich, wenngleich sicher in einem langwierigen und schwierigen Prozeß, die bestehenden Klassengrenzen sprengen und die alten Klassen in sich aufnehmen werde.[4]

Der Bereich, in dem dieser Prozeß schon früh, in dem Verhältnis zwischen dem Handels- und dann dem Industriebürgertum auf der einen und dem alten Mittelstand der Handwerker und kleinen Kaufleute auf der anderen Seite, sichtbar und gleichzeitig vorangetrieben wurde, war der Bereich der Kultur, des kulturellen Lebens. Hier, wo mit der Unterhaltung und Zerstreuung zugleich «Bildung», bürgerliche Bildung in der ursprünglichen Bedeutung des Wortes, erworben wurde, verbanden sich die einzelnen gesellschaftlichen Kreise und Gruppen auch räumlich in der unmittelbarsten Weise: in den Konzertsälen, in den Theatern, in den Opernhäusern, in den Museen und Ausstellungen.[5]

Der Besuch von Theateraufführungen, von Konzerten, von Museen und Ausstellungen, auch von Unterhaltungsveranstaltungen aller Art führte die verschiedenen sozialen Schichten bis hinein in die Arbeiterschaft zusammen. Die großen Firmen, etwa die viele tausend Menschen umfassenden Betriebe der chemischen Industrie wie die BASF, Hoechst oder Bayer oder auch die AEG, Siemens oder Krupp, organisierten für ihre Arbeiter und Angestellten jeweils entsprechende Freizeitveranstaltungen, und bis in die kleinsten Städte entstand ein ausgedehntes Angebot dieser Art, wobei gerade der kulturelle Bereich, also Theater, Opernhäuser, Konzerte und Museen, zunehmend zugleich aus den öffentlichen Haushalten subventioniert wurde.

Das Motiv dieser vor allem städtischen Kulturpolitik wie der entsprechenden betrieblichen Anstrengungen und Aktivitäten war zugleich ein soziales: Über die Kultur, über die verschiedenartigen kulturellen Angebote und Aktivitäten sollten die gesellschaftlichen und wirtschaftlichen

Leitende Angestellte des Bayer-Werkes mit ihren Damen bei einem Betriebsausflug auf einem Rheindampfer, 1904

Gegensätze wenn nicht abgebaut, so doch gemildert werden. Es sollte ein Klima entstehen, in dem die Divergenzen des Alltags zurücktraten gegenüber dem gemeinsamen Kunst- und Kulturerlebnis: «Deine Zauber binden wieder, was die Mode streng geteilt, alle Menschen werden Brüder, wo dein sanfter Flügel weilt», hatte es in Friedrich Schillers Ode «An die Freude» geheißen, in Versen, die durch den Schlußsatz von Beethovens neunter Symphonie zusätzlich weite Verbreitung gefunden hatten.[6]

Das sollte zum Leitmotiv aller diesbezüglichen Bestrebungen werden. Kultur und Kunst sollten nicht nur einen Ausgleich schaffen für all die Belastungen, auch Zurücksetzungen und Verletzungen, denen viele Menschen in ihrem Arbeits- und Berufsleben ausgesetzt waren. Sie sollten geradezu eine Gegenwelt begründen, in der der Mensch zu sich selber kam, eine Welt, die ihn aus den Zwängen des Erwerbslebens und der ökonomischen Verhältnisse herausführte, ihn, wo immer sein Platz in der gesellschaftlichen und wirtschaftlichen Hierarchie war, zu einer sich selbst bestimmenden, sich selbst verantwortlichen Persönlichkeit werden ließ.

Das knüpfte an die Bildungsidee, ja an den Bildungsidealismus der bürgerlichen Bewegung am Ausgang des 18. Jahrhunderts an. Über die gemeinsame Teilnahme an Kunst und Kultur, an der sich ständig erweiternden, aber doch eine Einheit bildenden Wissenswelt, sollte, so hieß es damals, eine neue Gemeinschaft jenseits der Privilegienordnung der ständischen Gesellschaft entstehen. Diese Gemeinschaft werde konstituiert und zusammengehalten durch die gemeinsame Teilhabe an der Wissens- und Bildungswelt und erweitere sich durch «Aufklärung», durch, wie Immanuel Kant definiert hatte, Befreiung des Menschen «aus seiner selbstverschuldeten Unmündigkeit» – eine Befreiung, die letztlich nur durch den einzelnen Menschen selbst erfolgen könne. Das Bürgertum, das «gebildete» Bürgertum, sollte die Vorhut bei diesem Prozeß sein. In diesem Sinne haben viele seiner Vertreter in den 1850er und 1860er Jahren sogenannte Arbeiterbildungsvereine initiiert unter dem Stichwort «Volksbildung ist Volksbefreiung».

Die immer schärfere Ausprägung der Klassengesellschaft, die Formierung einer revolutionären Arbeiterbewegung auf der einen und die klassenmäßige Verengung und Abschottung des «alten Bürgertums» auf der anderen Seite, haben diese übergreifenden, auf das Volk als Ganzes zielenden Bestrebungen zunächst weithin zum Erliegen gebracht. Sie lebten aber gegen Ende des 19. Jahrhunderts wieder auf, getragen von einem inzwischen stark erweiterten und sich gleichzeitig neu formierenden Bildungsbürgertum, das sich aus den alten Klassenbindungen an das besitzende Bürgertum zu lösen begann und schrittweise in dem «neuen Bürgertum» einen Bündnispartner fand – ungeachtet der vielfach fortbestehenden Frontstellung zumal gegenüber der organisierten, ihrerseits klassenkämpferisch gesinnten Arbeiterschaft. Das Feld aber, auf dem sich diese neue Konstellation erstmals zeigte und sich dann auch in vielen Bereichen praktisch bewährte, war das Feld der Kultur, der Bildung und der Bildungspolitik im weitesten Sinne, wie ja auch hier recht eigentlich Begriff und Problem der «Moderne» beheimatet sind.

Hier waren es wie auf dem damit, wie gesagt, aufs engste verbundenen sozialpolitischen Gebiet vor allem die fachgeschulten, zum Teil akademisch vorgebildeten Beamten der Verwaltungen der großen und mittleren Städte, die vorangingen. Sie waren es, die in München und Stuttgart, in Karlsruhe und Berlin, in Breslau und Köln, in Frankfurt am Main und in Hamburg, den Aufbau und die Entwicklung auch der kulturellen Institutionen vorantrieben. Sie unterstützten die Bestrebungen, die Museen für ein breiteres Publikum zu öffnen und entsprechend umzugestalten. Sie setzten den Bau großer Konzertsäle und die Errichtung neuer Opern- und Theaterhäuser durch, die auf ganz andere Besucherzahlen als bisher üblich ausgerichtet waren. Sie förderten die Errichtung und den Umbau von Volksschulen und Gymnasien bis hin zur Begründung einer ganzen Universität wie der 1914 eröffneten, vom Frankfurter Bürgertum getragenen Frankfurter Stiftungsuniversität. Sie ließen neben der systematischen Verbesserung der städtischen Infrastruktur, die zugleich auch der Intensivierung des städtischen Kulturlebens diente, Konservatorien bauen, städtische Musikschulen, Volkshochschulen, aber auch öffentliche Bäder errichten. Kurz, sie schufen und verbreiterten planmäßig die Fundamente für ein sich in die verschiedensten Richtungen ausweitendes Kulturleben, das weit über den Rahmen hinausgriff, der bisher vom bürgerlichen Honoratiorentum in den Städten bestimmt worden war.[7]

Wie überhaupt diese stark bildungsbürgerlich bestimmte städtische Beamtenschaft ganz neuen Leitbildern folgte und sich mehr und mehr aus den Bindungen an das ältere städtische Honoratiorenbürgertum löste, ja dieses seinerseits zumindest zum Teil zu neuen Ufern führte. Hier entwickelte sich, vielfach schon in Zusammenarbeit mit reformbereiten Vertretern der Arbeiterschaft in den Städten, ein förmlicher «Munizipalsozialismus», dessen eigentliches Charakteristikum freilich nicht in der Durchsetzung wie auch immer gearteter «sozialistischer» Lebensformen bestand, sondern in dem Bestreben, die Arbeiterschaft und die Unterschichten generell in eine, allerdings neu definierte, bürgerliche Lebenswelt zu integrieren. Dieser Versuch fand, neben den entsprechenden sozialpolitischen Maßnahmen, bezeichnenderweise sein Hauptwirkungsfeld auf dem kultur- und bildungspolitischen Gebiet im weitesten Sinne des Wortes. Davon wird noch ausführlicher die Rede sein.

Dabei spielte für den Erfolg oder auch Mißerfolg dieser Bestrebungen eine große Rolle, inwieweit sich die Alltags- und Lebenswelt des «neuen Bürgertums» jener der aufsteigenden Kräfte aus den unterbürgerlichen Schichten annäherte oder sich von diesen unterschied. Das läßt sich natürlich nur schwer generalisieren. Dazu waren die Einkommensverhältnisse der einzelnen Berufszweige und Gehaltsstufen der Angehörigen des «neuen Mittelstandes» zu unterschiedlich. Auch die Lebensstile und Vorstellungen vom angemessenen und der eigenen sozialen Stellung adäquaten Leben differierten in starkem Maße. Hinzu kam gerade hier eine ausgeprägte Individualisierung der Lebensformen, der kaum noch verbindliche Modelle gegenüberstanden – auch in dieser Hinsicht erwies sich das «neue Bürgertum» als die modernste Schicht der Gesellschaft.

Sicher war all dies vor allem den insgesamt doch eher bescheidenen Einkommensverhältnissen im Kreis der meisten Angehörigen des «neuen Bürgertums» geschuldet. Aber es wirkte doch zugleich stilbildend, prägte die Lebenswelt und die Lebensansprüche der großen Mehrheit der Beamten, der Angestellten in den verschiedenen Branchen und Berufszweigen, auch der sogenannten «Bildungsbürger». «Bürgerlich leben», sich «bürgerlich kleiden», «bürgerlich wohnen» und «bürgerlich essen» bekam nun einen neuen Klang, vermittelte den Eindruck von Zurückhaltung, von Sparsamkeit, von vernünftiger Lebensführung. Und dieser neue, zugleich mit neuem Selbstbewußtsein und neuem Selbstverständnis gefüllte Lebensstil wirkte einerseits in der eigenen Gruppe sozial egalisierend und andererseits in starkem Maße anziehend auf aufstrebende Vertreter der unterbürgerlichen Schichten, da all das, was nach außen seine Inhalte ausmachte, erreichbar und mit einiger Anstrengung und Sparsamkeit nachvollziehbar erschien. Das begann mit der «guten Stube» in besser situierten Arbeiterfamilien, mit dem Kauf von zentralen Stücken «bürgerlichen» Mobiliars wie der Anrichte, dem Bücherschrank oder der Sitzecke und reichte über die Feiertagskleidung und den Sonntagsausflug in «bürgerliche Etablissements» bis zu dem Besuch kultureller Veranstaltungen der verschiedensten Art, bei denen die sozialen Unterschiede insbesondere zwischen dem «neuen Mittelstand» und den Angehörigen der unterbürgerlichen Schichten weitgehend verwischt waren.[8]

Hier bildete sich, in Ansätzen, über das «neue Bürgertum» eine neue Mittelschicht heraus, die weit in die Bereiche der ehemals unterbürgerlichen Schichten hineinreichte. Sie bildete den Kern und den Ausgangspunkt dessen, was fünfzig Jahre später der Soziologe Helmut Schelsky als «egalisierte Mittelstandsgesellschaft» bezeichnen sollte, die inzwischen zur Gesellschaft schlechthin geworden sei.

Die große Mehrheit ihrer Mitglieder bildete, unabhängig von der fortschreitenden Individualisierung und Differenzierung im einzelnen, nach Einkommen, nach Lebensstil, nach Alltagsverhalten, bezüglich Kleidung, Wohnen und Freizeitgestaltung, eine vergleichweise einheitliche Gruppe. Sie formierte sich zuerst in den großen und mittleren Städten, wo sich der «neue Mittelstand» konzentrierte, und wurde hier seit dem Ausgang des 19. Jahrhunderts Schritt für Schritt vorherrschend, zum bestimmenden Element des Prozesses der grundlegenden Veränderung, der «Modernisierung» der Lebens- und Arbeitswelt, der erst die Städte und im weiteren Verlauf das ganze Land erfaßte.

Zum eigentlichen Motor dieses Modernisierungsprozesses aber wurden in dieser Zeit, wie gesagt, die städtischen Verwaltungen. Sie trieben ihn auf vielen Ebenen und mit großer Energie voran, wobei die Mitarbeiter der einzelnen Bereiche von ihren jeweiligen Kollegen in den anderen Städten Anregungen aufnahmen und Erfahrungen austauschten, und das nicht nur regional, auf der Ebene des einzelnen Staates oder Landes, sondern vielfach international, im Falle der Vereinigten Staaten sogar interkontinental: Expertengruppen überquerten in beiden Richtungen den Atlantik und verglichen auf der Suche nach neuen Lösungen die hier wie dort zu bewältigenden Probleme und ergriffenen Maßnahmen.

Das verlieh zugleich den Reformbestrebungen und vor allem den Ergebnissen, zu denen man gelangte, ihren internationalen Charakter, gab ihnen am Ende, bei allen Unterschieden, ein vergleichbares Gesicht, erlaubte es im Rückblick, von einem in den Grundzügen einheitlichen Modernisierungsprozeß zu sprechen, der die Länder der europäisch-atlantischen Welt erfaßt habe.

In diesem hier zunächst nur abstrakt skizzierten Rahmen entfaltete sich der Lebensweg Walther Rathenaus. Unter seinen Bedingungen suchte er seinen Platz in der Gesellschaft und Lebenswelt seiner Zeit, der bürgerlichen Gesellschaft und Lebenswelt der wilhelminischen Epoche, zu der er wie weite Kreise des «neuen Bürgertums» von früh auf in Opposition stand. Es war zugleich die Welt des so erfolgreichen Vaters, Emil Rathenaus, in dessen Schatten er aufwuchs und von dem er sich, nacheinander verschiedene Möglichkeiten ausprobierend, zu befreien suchte, zunächst in der ureigensten Sphäre des Bildungsbürgertums, in der Welt der Literatur, der Kunst, des Theaters, der Wissenschaft. Hier begann, auch und nicht zuletzt in geheimer Opposition gegen die Welt des Vaters, der Lebensweg des jungen Rathenau, sobald er der Welt seiner Kindheit und Jugend zu entwachsen begann. Bevor davon jedoch im einzelnen die Rede sein wird, sei zunächst noch einmal ein Blick auf die gesamtgesellschaftliche Situation geworfen, wie sie sich seit dem Ausgang des 19. Jahrhunderts immer deutlicher abzeichnete, und auf die Perspektiven, die sich, von Seiten zumal des «neuen Bürgertums», daraus ergaben.

Um eine Erneuerung der Gesellschaft

Spätestens seit dem 18. Jahrhundert standen sich im Lager derjenigen, die den öffentlichen Diskurs bestimmten und die Meinungen der gesellschaftlichen Führungsgruppen wie breiter Bevölkerungsschichten prägten, zwei ungefähr gleich große Gruppen gegenüber: die Anhänger und Verteidiger der überlieferten, ständisch gegliederten Gesellschaftsordnung und die Wortführer einer von den ständischen, wesentlich von Geburt und Herkommen bestimmten Bindungen befreiten Gesellschaft, in der der soziale Rang und Platz des einzelnen allein von Einkommen und Bildung, vor allem aber von der individuellen Leistung abhängig sein sollte. Diese Gesellschaft sollte aus «Bürgern» im Sinne und nach dem Vorbild von Bürgern einer Stadtgemeinde bestehen. Sie sollte in diesem Verständnis, bezogen nicht mehr allein auf die einzelne Stadt, sondern auf den jeweiligen Staat, eine Bürgergesellschaft bilden, eine «societas civilis», eine «bürgerliche Gesellschaft».[1]

In dem Maße, in dem die ständische Gesellschaft auch ganz pragmatisch, von ihrer inneren Leistungsfähigkeit her, nicht zuletzt in wirtschaftlicher Hinsicht, im Verlauf zumal des 18. Jahrhunderts zunehmend brüchig wurde, wuchs auch die Bedeutung und das Gewicht der letztgenannten Gruppe. Zumal bei einem Teil der Träger des sich schrittweise ausbildenden monarchischen Anstaltsstaates, der immer mehr politische Kompetenzen an sich zog, wuchs die Einsicht, daß die alte Ordnung nicht nur in vielem ungerecht – das nahm man mehrheitlich hin –, sondern in vielem uneffektiv und unökonomisch sei, daß sie dem Staat Resourcen und damit auf die Dauer auch Legitimität entziehe.

Dieser Teil der Bürokratie drängte daher auf soziale und wirtschaftliche Reformen, die von oben, durch den monarchischen Staat eingeführt, in ihrer Konsequenz der alten sozialen und ökonomischen Ordnung schrittweise den Boden entziehen mußten. Seine Vertreter, die Wortführer des sogenannten aufgeklärten Absolutismus, konnten sich allerdings nur in einigen europäischen Staaten – und auch dort nur sehr begrenzt – durchsetzen, im Preußen Friedrich des Großen etwa oder in den habsburgischen Gebieten unter Joseph II. So erfolgte der entscheidende Durchbruch, angeführt von den Repräsentanten des Dritten Standes, von unten, auf revolutionärem Wege, in der Französischen Revolution von 1789. Sie galt seither in ganz Europa und darüber hinaus als Fanal und als Vorbild für eine neue Gesellschaftsordnung, für die fortan die «bürgerliche Bewegung» in ganz Europa kämpfte.

Allerdings brach sich deren Elan dann zunehmend an der Realität der gesellschaftlichen Entwicklung. Sie wurde weniger von der Idee der stets neu zu erbringenden individuellen Leistung, als von der familiären und gruppenspezifisch bestimmten Verfestigung der neu errungenen gesellschaftlichen Positionen, insbesondere des sich zunehmend als eine soziale Einheit verstehenden besitzenden Bürgertums bestimmt. Und aus der Kritik daran erwuchs eine neue Idee der Gesellschaft. Die bestehende Form der Gesellschaft sei ein Produkt von Klassenkämpfen, die hauptsächlich zwischen den Besitzern unterschiedlicher wirtschaftlicher Produktionsmittel ausgefochten würden. In ihnen hätten in der Gegenwart die Besitzer des mobilen, in Handel und Industrie eingesetzten Kapitals und der daran geknüpften Produktionsmittel die Oberhand gewonnen und schrittweise statt der versprochenen klassenlosen Bürgergesellschaft eine bürgerliche Klassengesellschaft errichtet. Diese könne nur durch die Übernahme der Produktionsmittel durch die besitzlosen Massen, durch das Proletariat beseitigt werden, das dann nach einer Phase der «Diktatur des Proletariats» eine wirklich klassenlose Gesellschaft aufbauen werde.

Gegen diese in ihrer Grundtendenz vielen zunehmend plausibel erscheinende Deutung, wie sie in konsequenter Weise vor allem von Karl Marx und von Friedrich Engels entwickelt und propagiert wurde, machte eine dritte Richtung Front, die seit dem letzten Drittel des 19. Jahrhunderts, getragen von der wirtschaftlichen und gesellschaftlichen Entwicklung, in wachsendem Maße Anhänger gewann. Auf der einen Seite fühlten sich ihre Wortführer dem verbunden, was man das bürgerliche Lager nannte, verkörperten eine entsprechend liberale bürgerliche Welt- und Lebensanschauung und wandten sich gegen das, was sie als sozialistische Gleichmacherei bezeichneten. Auf der anderen Seite gehörten aber auch sie zu den scharfen Kritikern des Bürgertums, der bürgerlichen Gesellschaft ihrer Zeit. Ihr warfen sie soziale Verengung, die Ausbildung und Verbreitung eines reinen Klassendenkens und zudem eine Tendenz zum krassen, bildungsfeindlichen Materialismus vor, die alle ursprünglichen Ziele der bürgerlichen Bewegung des ausgehenden 18. und beginnenden 19. Jahrhunderts desavouiere und als bloße Verbrämung nackter Interessen erscheinen lasse. Zu dieser Richtung gehörten in Deutschland etwa die beiden Soziologen Max und Alfred Weber, die Nationalökonomen Lujo Brentano und Werner Sombart, der Theologe Ernst Troeltsch, der Publizist Friedrich Naumann, der Soziologe Robert Michels, die Historiker Theodor Mommsen und Hans Delbrück, der Philosoph Friedrich Nietzsche, aber auch Schriftsteller wie Heinrich und auch Thomas Mann oder Frank Wedekind, oder eben der Unternehmer, Publizist und spätere Politiker Walter Rathenau – so verschieden die Felder waren, die sie behandelten, und so unterschiedliche Positionen sie im einzelnen vertraten.[2]

Gemeinsam war ihnen die Kritik an der bürgerlichen Gesellschaft ihrer Zeit und an deren Exponenten sowie die Berufung auf die Ideen und Grundsätze des bürgerlichen Aufbruchs seit dem ausgehenden 18. Jahrhundert. Hieran müsse man unter grundlegend veränderten politischen, gesellschaftlichen und wirtschaftlichen, auch kulturellen Rahmenbedingungen in einem neuen bürgerlichen Aufbruch anknüpfen und so, in Überwindung der gesellschaftlichen Spaltungen der Gegenwart, zu einer wahren Bürgergesellschaft gelangen.

Das war das Gemeinsame, das Verbindende hinter all der Vielfalt der Bestrebungen, Ideen, konkreten Fragen und Themen im einzelnen. In ihrem Zeichen formierte sich eine breite Bewegung. Sie fand dann zunehmend Anhänger, vor allem in der in stürmischem Tempo anwachsenden staatlichen und städtischen Bürokratie und in Teilen der Angestelltenschaft, jener ganz neuen sozialen Gruppe, die in Handel und Industrie, in Parteien und Verbänden, in Presse, Verlagen und Dienstleistungsunternehmen aller Art eine Zwischenstellung einnahm zwischen den Vertretern des älteren Bürgertums und der zahlenmäßig gleichfalls enorm zunehmenden Gruppe der Arbeiterschaft, insbesondere in der Industrie. Von ihr, von dem «neuen Bürgertum», war schon ausführlich die Rede.

Diese Bewegung formte und bestimmte in wachsendem Maße das Meinungsklima und die Themen der öffentlichen Diskussion. Dabei ging es im einzelnen um die unterschiedlichsten Bereiche und Gegenstände. Das Kaleidoskop der Fragen und Probleme, die die Öffentlichkeit beschäftigten, wurde immer vielfältiger, bunter, auch verwirrender. Eine einheitliche Richtung läßt sich in diesem vielstimmigen Chor auf den ersten Blick kaum ausmachen, und es ergibt sich zunächst der Eindruck einer nur schwer zu ordnenden Vielfalt der Meinungen zu den unterschiedlichsten Themen – ein Eindruck, der dem Zeitungsleser und Fernsehzuschauer der Gegenwart lebensweltlich durchaus vertraut ist. Sieht man freilich aus historischer Perspektive, also im Bewußtsein der jeweils weiteren Entwicklung, genauer hin, so zeichnen sich doch sehr deutlich bestimmte Meinungstrends und vor allem auch veränderte Kriterien und Urteilsmaßstäbe ab, die jene sich in den Jahrzehnten vor Ausbruch des Ersten Weltkrieges neu formierende politisch-soziale Bewegung des «neuen Bürgertums» ihren Bewertungen einzelner Themen und Komplexe zugrunde legte.

Da war zunächst einmal der neue Horizont, in dem hier die einzelnen Fragen und Probleme diskutiert wurden. Adressat jedweder Meinungsäußerung, auch zu im einzelnen oft sehr speziellen Fach- und Sachfragen, war der an der jeweiligen Diskussion beteiligte und beteiligungsfähige Bürger im allgemeinen. Das wurde seit der Aufklärung als ein Grundprinzip, als eine Grundvoraussetzung angesehen für das Entstehen einer öffentlichen Meinung und mit ihr überhaupt eines öffentlichen Raumes. Aber faktisch umfaßte dieser Raum doch nur einen sehr engen Kreis von Personen. Aus dieser lebensweltlichen Erfahrung leitete etwa

Jean-Jacques Rousseau seine Unterscheidung zwischen der «volonté générale» als dem eigentlichen Ausdruck der aus der allgemeinen Diskussion entstehenden «öffentlichen Meinung» und der «volonté de tous» ab, die für die, möglicherweise irregeleitete, Volksmeinung stand.

Zwar hatte sich seither der Kreis der an der öffentlichen Diskussion und damit an der öffentlichen Meinungsbildung Beteiligten kontinuierlich erweitert. Aber er war doch im wesentlichen auf die sogenannten «Gebildeten» beschränkt geblieben. Daneben hatten sich in zunehmendem Maße gruppenspezifische Organisationsformen und mit ihnen Diskussionsforen ausgebildet, die über die ganze Breite des sozialen Spektrums ihre jeweiligen Meinungen artikulierten. Nun aber versuchten die Vertreter der neuen bürgerlichen Bewegung gezielt beides unter einem erweiterten, tendenziell universellen Bürgerbegriff zusammenzuführen, indem sie durch die Art der Argumentation und die Verwendung einer allgemeinverständlichen Sprache wie durch die Erweiterung der Diskussions- und Publikationsforen ein immer breiteres Publikum ansprachen und an dem Prozeß der öffentlichen Meinungsbildung Anteil nehmen ließen. Es begann damit so etwas wie eine «zweite Aufklärung», die den öffentlichen Meinungsmarkt seit dem letzten Drittel des 19. Jahrhunderts grundlegend veränderte, ihn zunehmend zu einem Massenmarkt werden ließ.

Damit einher gingen Bemühungen, den Kreis derjenigen systematisch zu erweitern, die willens und in der Lage waren, an allgemeinen, nicht auf die jeweiligen fachspezifischen Fragen beschränkten Debatten und Willensbildungsprozessen teilzunehmen. Das galt für alle Formen der sogenannten Erwachsenenbildung, die einen gewaltigen Aufschwung nahm, also für Volkshochschulen, für Bildungsvereine unterschiedlichster Ausrichtung und Trägerschaft, für Institutionen der Weiterbildung auch und gerade jenseits der fachlichen Weiterbildung. Es galt für die Museen, die sich zunehmend für ein breiteres, für, wie man sagte, das «allgemeine» Publikum öffneten. Das betraf Naturkundemuseen der verschiedensten Art ebenso wie die Kunstmuseen unterschiedlichster Ausrichtung.[3] Sie alle bemühten sich, nicht nur ihre jeweiligen Gegenstände, sondern auch den geistigen und kulturellen, auch den wissenschaftlichen Zusammenhang, in dem sie standen, in, wie man betonte, «allgemeinverständlicher» Form nahezubringen, diesen Zusammenhang zu «popularisieren». Und es galt ganz allgemein für alle Bereiche der Kultur und des kulturellen Lebens, die jetzt erst wirklich für das «allgemeine» Publikum geöffnet wurden und sich gleichzeitig in Orientierung an speziellen Wünschen und Interessen dieses Publikums um neue, bisher von dem vorherrschenden Kulturbegriff ausgeschlossene oder zumindest nicht beachtete Gebiete erweiterten. Sie fanden nun als Ausdruck einer genuinen «Volkskultur» ganz neue Beachtung. In ihr sah man vielfach das Fundament und den Wurzelgrund der sogenannten Hochkultur, aus dem sich diese erneuern, aus dem sie ständig neue Lebenskraft beziehen müsse, wolle sie nicht erstarren und jede Spontaneität einbüßen. In solchen Überlegungen war nicht zuletzt das Interesse und die Hinwendung der bürgerlichen Jugendbewegung zur Volkskultur begründet.

Tragender Gedanke bei all dem aber war die übergreifende Idee einer grundlegenden Erneuerung der Gesellschaft insgesamt aus dem Geist des bürgerlichen Aufbruchs seit dem ausgehenden 18. und beginnenden 19. Jahrhundert. Anders gewendet, es war die gemeinsame Überzeugung der Wortführer dieser sich neu formierenden Richtung und Bewegung, daß die eigentlichen, die wesentlichen Ziele jenes Aufbruchs noch nicht erreicht worden seien. Sie seien nicht erreicht worden durch die klassenmäßige Verhärtung nackter materieller Interessen und durch die Preisgabe der Idee einer auf den Menschenrechten gründenden, prinzipiell klassenlosen Bürgergesellschaft. Zu einer solchen Gesellschaft müsse man gelangen. Sie müsse die Zielvorstellung sein, wobei allerdings die durch individuelle Leistung geschaffenen Unterschiede auch hinsichtlich des Einkommens und des Besitzes zu respektieren seien – strikt wandte man sich gegen alle Arten von absoluten Gleichheitsforderungen.

Speziell in dieser Hinsicht wandten sich die Vertreter dieser neuen bürgerlichen Bewegung gegen die Wortführer des Sozialismus und einer sozialistischen Gesellschaftsordnung. Das hieß andererseits zugleich, daß man mit Sozialdemokraten, die das Privateigentum und eine darauf gegründete Ordnung prinzipiell anerkannten, durchaus politisch zusammenarbeiten konnte, ja eine solche Zusammenarbeit einer Koalition mit den alten bürgerlichen Parteien und Organisationen vorzog, von einem Zusammengehen mit konservativen Gruppierungen ganz zu schweigen. Allerdings gab es auch Stimmen, die sich insofern für tiefere Einschnitte in die bestehenden Eigentums- und Besitzverhältnisse aussprachen, als sie für eine radikale Beschränkung des Erbrechts eintraten, um so eine Verewigung des sozialen und ökonomischen Status quo zu verhindern. Zu ihnen gehörte, wie bereits kurz erwähnt, zur allgemeinen Verwunderung der Sohn und potentielle Erbe des Begründers der AEG, Walther Rathenau, der mit seinen entsprechenden Vorschlägen denn auch die schärfste Kritik der Mehrheit des bürgerlichen Lagers auf sich zog.

Während man sich hier von solchen, wie man sagte, «sozialrevolutio-

Müllersches Volksbad an der Isar in München

nären» Vorschlägen distanzierte, bekannten sich die Vertreter der neuen bürgerlichen Bewegung nachdrücklich zu dem, was man als die Theorie und Praxis der bürgerlichen Sozialreform bezeichnet hat.[4] Ihre Wortführer – Soziologen, Nationalökonomen, Juristen, Ärzte, aber auch in der Sozialfürsorge, in den freien Wohlfahrtsverbänden, den Kirchen und den Gemeinden tätige Personen – strebten eine Gesellschaft eigenverantwortlicher, aber zugleich auf das Gemeinwesen bezogener Individuen an, eben eine ihre Zukunft auch politisch in die Hand nehmende Bürgergesellschaft. Sie sollte die Fesseln des Obrigkeitsstaates, aber auch die noch lähmenderen Fesseln der Klassengesellschaft sprengen.

Dazu bedurfte es freilich nicht nur eines entsprechenden Willensimpulses, einer Aktivierung des Geistes der Selbstverantwortung und der Verantwortung für das Gemeinwesen. Dazu bedurfte es auch, ja in besonderem Maße der Schaffung materieller und gesellschaftlicher Bedingungen, unter denen sich der einzelne wirklich frei entfalten können würde. Es bedurfte also gezielt einer materiellen, breiten Schichten der Gesellschaft zugute kommenden Sozialreform, und das auf den verschiedensten Gebieten.

Dazu zählten die Verbesserung der Wohnverhältnisse und der Hygiene, einschließlich des Baus von öffentlichen Badeanstalten und sogenannten Volksbädern. Dazu zählten die Sorge um die innere und äußere

Der Frankfurter Palmengarten, Gesellschaftshaus, um 1900

Gestalt vor allem der sogenannten Volksschulen, die Erleichterung und der Ausbau des öffentlichen Nahverkehrs genauso wie die Erweiterung, Differenzierung und Verstärkung des Gesundheitswesens sowie die Errichtung von Krankenhäusern und auf einzelne Bereiche spezialisierte Kliniken oder Krankenhausabteilungen samt dem dazugehörigen Pflegepersonal und den nötigen Ärzten. Dazu zählten der Aufbau von allgemein zugänglichen Fürsorge- und Wohlfahrtseinrichtungen, der Ausbau und die ständige Erweiterung der erstmals in den 1880er Jahren ins Leben gerufenen allgemeinen und öffentlichen sozialen Sicherungssysteme auf der Basis von Versicherungen im Fall von Alter, Krankheit und Unfall sowie ganz allgemein die Sorge um die, wie sie nun genannt wurden, «sozial Schwachen». Dazu zählten aber auch, davon war schon die Rede, der Aufbau und der Ausbau von kulturellen Einrichtungen, von Schulen, von Universitäten, von Forschungsinstitutionen, von Theatern, Konzertsälen und Museen, von Musikschulen und Kunstakademien, aber auch die Errichtung von zoologischen und botanischen Gärten, von öffentlichen Parkanlagen und Vergnügungsstätten.

All das firmierte, von sozialdemokratischer und sozialistischer Seite dann vielfach übernommen und mitgetragen, unter «bürgerlicher Sozialreform». Ihr gleichsam natürlicher Träger aber waren, auch davon war schon die Rede, die städtische Bürokratie, die sich in Wahrnehmung aller dieser Aufgaben gewaltig ausweitete und zugleich einen der zentralen Kerne des «neuen Bürgertums» bildete. Hier war man den Problemen der sich neu formierenden, gewerblichen und industriellen Gesellschaft am nächsten, die sich in den großen und kleinen Städten konzentrierte und die begann, die agrarisch-ländliche Gesellschaft auch zahlenmäßig zu überflügeln.

Auf sie zielte in erster Linie, ja vielfach fast ausschließlich – das war zugleich, dann auch politisch, eine ihrer Schwächen – die «bürgerliche Sozialreform». Aus ihr wollten ihre Vertreter die neue, mittelständisch konzipierte Gesellschaft freier und selbstverantwortlich handelnder Bürger formen. Anders gewendet: In ihnen steckte im Unterschied zu der älteren bürgerlichen Bewegung, die auf den Markt und die Marktgesellschaft setzte, aber damit das Entstehen und die innere Verhärtung der Klassengesellschaft begünstigt hatte, der Geist des, wie man es später nennen sollte, «social engineering», der bewußten und planmäßigen Formung einer neuen Gesellschaft.

Allerdings setzten sie dabei ganz auf die schöpferische Kraft des Individuums, des einzelnen, die man keinesfalls durch Gängelung und Bevormundung ersticken dürfe. Es gelte also stets nur indirekt einzugreifen, durch Verbesserung der Lebensumstände und der Lebensbedingungen des einzelnen, durch die Beseitigung all dessen, was nicht nur äußerlich seine Selbstentfaltung behindere oder beschränke. Das lief freilich am Ende doch leicht auf eine wohlmeinende Bevormundung hinaus, auf einen Dirigismus, der sich über das Maß der seinen «Objekten» zugemuteten Außensteuerung täuschte und in die Falle des volksbeglückenden Wohlfahrtsstaates oder besser der Wohlfahrtsgesellschaft geriet. Das war die Gefahr, der sich jede Reformbürokratie, selbst die wohlmeinendste, ausgesetzt sah. Hiergegen gab es nur ein probates Mittel: die entschiedene Politisierung der Gesellschaft auf jeder Stufe ihrer Entwicklung, selbst um den Preis, daß damit die angestrebte Entwicklung – zeitweilig – gehemmt und aufgehalten werde. Nur so könne man eine schleichende Entmündigung der Gesellschaft auf Dauer verhindern.

In diesem Sinne hat sich etwa der Heidelberger Soziologe und Nationalökonom Max Weber, einer der Hauptwortführer der neuen bürgerlichen Bewegung, in den verschiedensten Zusammenhängen ausgesprochen. Neben dem Prozeß der Rationalisierung aller Lebensverhältnisse sah Weber, eng damit verbunden, in dem, was er Bürokratisierung nannte, den vorherrschenden Charakterzug der Zeit, der Epoche des Übergangs in die moderne Welt. Er sprach von dem «ehernen», dem stählernen Gehäuse der Sachzwänge, einer neuen «Hörigkeit» in einer routinisierten bürokratischen Welt.[5]

Die dahinter wirksamen Antriebe und Motive bei denen, die diesen Prozeß vorantrieben und weiter vorantreiben, also der reformerisch gesinnten Beamtenschaft, die auf Rationalisierung, Normierung und Verbesserung aller Lebensverhältnisse setzen, bejahte Weber, nahm sie jedenfalls als unvermeidbar, als einen von der Logik der geschichtlichen Entwicklung diktierten Prozeß hin. Aber er verwies zugleich auf die Kehrseite dieses Prozesses, auf die Tatsache, daß das soziale System der Moderne, so sehr es bei denen, die es immer weiter fortentwickelten, im letzten auf die Emanzipation und Befreiung des einzelnen aus den historisch entstandenen wirtschaftlichen und gesellschaftlichen, auch kulturellen Fesseln der Vergangenheit ziele, zugleich eine spezifisch persönliche Lebensführung und eine ethisch individuell bestimmte Gestaltung des Daseins immer schwieriger mache. Die Moderne, so erklärte er, sei der Boden aller Errungenschaften und allen Fortschritts. Sie wirke auf der anderen Seite aber auch in vieler Hinsicht als Bedrohung des «Menschentums». Die Menschen liefen Gefahr, in der zunehmend sinnentleerten Berufsarbeit mehr und mehr vereinseitigt, zu «Fachmenschen ohne Geist» auf der einen oder auf der anderen Seite zu «Genußmenschen ohne Herz» zu werden. Darauf gründete Webers Haltung eines «heroischen Pessimismus», mit der der Mensch einer unvermeidlich immer stärker von Rationalisierung und Bürokratisierung bestimmten Zukunft entgegentreten müsse.

Das war freilich nicht sein letztes Wort, Resignation nicht seine Sache. Vielmehr sah Weber einen Ausweg, eine Möglichkeit, das durch Rationalisierung und Bürokratisierung immer fester gefügte «eherne» Gehäuse der Moderne aufzubrechen, darin, daß man an Stelle des von jenen Kräften favorisierten, ja allen Maßnahmen zugrunde gelegten Modells des Konsenses wieder das Modell des Konfliktes betone, das in aller Geschichte der Motor allen wahren Fortschritts gewesen sei und zugleich der wahren, der kämpferischen Natur des Menschen entspreche.

Darauf, auf dem Konfliktmodell, gründete denn auch seine ganze politische Theorie, besser gesagt sein Konzept, wie man den anstehenden und unvermeidlichen Übergang zur modernen Gesellschaft bewältigen könne, ohne in die Erstarrungen und Versteinerungen zu geraten, die von den säkularen Prozessen der Rationalisierung und Bürokratisierung drohten. Nur indem man die auch in der modernen Gesellschaft stets gleichsam genuin vorhandenen politischen, sozialen und ökonomischen Konfliktlagen nicht harmonisierend zudecke beziehungsweise sie durch rational und bürokratisch vermittelte Kompromißvorschläge auszugleichen versuche, sondern ihnen Raum in einem rechtlich abgesteckten und politisch regulierten Verfahren schaffe, könne man der auf Dauer tödlichen Entmündigung des einzelnen wie der gesellschaftlichen Gruppen entgehen.

Es war also ein leidenschaftliches Plädoyer für eine ihre Konflikte offen austragende, demokratisierte Gesellschaft, in der andere, auch vorrationale, ja irrationale Elemente zum Tragen kommen sollten als die Idee des rationalen Sachzwanges und wissenschaftlich angeblich unumstößlich begründeter Sachentscheidungen. Nach ihnen zu suchen und für ihre Durchsetzung zu kämpfen, das sei, so Weber, in einer modernen Gesellschaft die Aufgabe, das eigentliche Tätigkeitsfeld der bürokratischen Verwaltung und der Wissenschaft. Aber jenseits von ihnen liege das eigene und eigentümliche Feld der Politik, von dem in Konflikt und schließlichem Kompromiß die eigentlichen Impulse für das Leben und für die Lebendigkeit eines Gemeinwesens und mit ihm seiner einzelnen Mitglieder ausgingen.

Hier gehe es, untrennbar verbunden mit den anstehenden Sachentscheidungen, immer zugleich um Wertentscheidungen, um unterschiedliche Perspektiven auf die gesellschaftlichen Folgen dieser Entscheidungen und um die ihnen zugrunde liegenden unterschiedlichen Wertvorstellungen. Hier könne und dürfe in einer modernen, ihrem Wesen nach pluralistischen Gesellschaft weder der Wissenschaftler noch der Mann der Verwaltung das letzte Wort haben, sondern allein der Politiker, der, durch Wahlen legitimiert, im Ringen mit anderen Politikern zu seinen Entscheidungen komme, bestimmt von einer Mischung von, wie Weber das formulierte, «Gesinnungs-» und «Verantwortungsethik», wobei bei letzterer die Frage der sozialen Folgen des eigenen Handelns und die Mittel-Zweck-Relation im Sinne der jeweils eigenen Werte eine zentrale Rolle spiele.

Und genau diesen Weg ist ein Mann wie Walther Rathenau dann praktisch gegangen – vom erfolgreichen, an Sachentscheidungen und Sachzwängen orientierten Unternehmer über den über die gesellschaftlichen, die kulturellen, die wirtschaftlichen Fragen seiner Zeit öffentlich nachsinnenden und publizierenden Intellektuellen und politischen Schriftsteller bis zum aktiven Politiker, dessen Laufbahn durch die Tat zweier rechtsextremer Attentäter dann allerdings jäh abgebrochen wurde. Von diesem Lebensweg soll nun im einzelnen die Rede sein, freilich stets und ganz bewußt mit Blick auf seine paradigmatischen Züge und unter besonderer Berücksichtigung der überindividuellen Rahmenbedingungen, in denen er verlief und von denen er zugleich sehr wesentlich bestimmt wurde. Dabei wird sich die Aufmerksamkeit immer wieder von den im engeren Sinne biographischen, von dem Individuum und den individuellen Bestimmungsgründen seiner Entscheidungen in bestimmten Situationen auf das richten, was den Lauf der Epoche im Mit- und Gegeneinander der verschiedensten Kräfte, Richtungen und Strömungen insgesamt bestimmte. Dabei sollen in jener Zeit eines tiefgreifenden Umbruchs in allen Lebensbereichen jene Faktoren im Zentrum stehen, von denen in Gesellschaft und Politik, in Wirtschaft und Kultur die Bewegung und Veränderung, also die eigentliche Dynamik ausging und die das Gesicht der Epoche, positiv oder negativ, zunehmend formten und bestimmten.

· 2 ·

Sprachrohr und Repräsentant des kulturellen Aufbruchs

Lebensbeginn im Schatten des väterlichen Aufstiegs

Als Walther Rathenau am 29. September 1867 als erstes Kind Emil Rathenaus geboren wurde, da hatte der Vater gerade mit seinem Schulfreund Julius Valentin, mit dem er das Berliner Gymnasium «Zum Grauen Kloster» besucht hatte, eine kleine Maschinenfabrik im Norden der preußischen Hauptstadt übernommen. Das Startkapital dafür stammte zu einem großen Teil aus der Mitgift seiner fünf Jahre jüngeren Frau Mathilde, der Tochter des Frankfurter Bankiers Isaak Nachmann aus einer Familie bereits seit langem säkularisierter sephardischer Juden, die er, selber der Sohn eines aus Prenzlau stammenden jüdischen Getreidehändlers, im Herbst 1866, dem Jahr des preußisch-österreichischen Krieges, geheiratet hatte.

Emil Rathenau hatte zunächst eine Lehre als Maschinenbauer in dem Eisenwerk «Wilhelmshütte» in Sprottau absolviert, das seinem Großvater mütterlicherseits, Joseph Liebermann, gehörte – sein ursprünglich wohlhabender eigener Vater hatte bei dem Brand Hamburgs im Mai 1842 den größten Teil seines Vermögens verloren. Als Erbe einer größeren Summe aus der Hinterlassenschaft seines Großvaters hatte er dann Maschinenbau am Polytechnikum in Hannover und anschließend an der Eidgenössischen Technischen Hochschule in Zürich studieren können und dort 1862 den Grad eines Diplomingenieurs erworben. Danach war er, während sich die Auseinandersetzungen um die deutsche Frage zwischen Preußen und Österreich nach dem Amtsantritt Otto von Bismarcks als preußischer Ministerpräsident und Außenminister zuspitzten, nach einer kurzen Zeit bei Borsig in Berlin für zwei Jahre nach England gegangen, um seine technischen Kenntnisse in verschiedenen Maschinenfabriken zu vertiefen.

Die mit Julius Valentin, einem Jugendfreund, übernommene Maschinenfabrik, die mit dem Bau von transportablen Einheitsdampfmaschinen, mit Dampfheizungen und Einrichtungen für Gas- und Wasserwerke ihr Geld verdiente und daneben «sämtliche Apparate, die die königlichen Theater brauchten», in ihrer Angebotspalette führte, florierte zunächst im Zuge des durch die kleindeutsche Einigung zusätzlich belebten wirtschaftlichen Booms. Dem Vorschlag seines Partners, das Unternehmen in eine Aktiengesellschaft umzuwandeln, widersetzte sich Emil Rathenau allerdings und ließ sich, als dieser darauf beharrte, auszahlen. Er arbeitete fortan, im gleichen Jahr aus der Chausseestraße in unmittelbarer Nachbarschaft zur Fabrik ins Haus seiner Eltern in der Viktoriastraße im vornehmen Berliner Stadtteil Tiergarten umgezogen, als angestellter Direktor in dem Unternehmen. Als dieses 1875 im Gefolge der 1873 einsetzenden sogenannten Gründerkrise in Schwierigkeiten geriet und schließlich Konkurs anmelden mußte, blieb Emil Rathenau davon in materieller Hinsicht weitgehend unberührt – im Unterschied zu seinem Frankfurter Schwiegervater Isaak Nachmann, dessen Bankhaus noch vor der großen Gründerkrise von 1873 Bankrott machte; er beging 1870, im Alter von 54 Jahren, Selbstmord. Aber wenn der Schwiegersohn bei dem Konkurs seiner ehemaligen Firma auch materiell mit einem blauen Auge davonkam, so hatte sein Ruf als Unternehmer doch erheblichen Schaden genommen.

Während er sich in den nächsten Jahren aus dem praktischen Berufsleben zurückzog, freilich auf seinen zahlreichen Reisen zu internationalen Messen und Industrieausstellungen weiterhin vielfältige Pläne schmiedete – so beispielsweise das Projekt, ein Fernsprechnetz in Berlin aufzubauen –, wuchs sein ältester Sohn in den gesicherten Verhältnissen einer wohlhabenden jüdischen Rentiersfamilie auf, die nach Lebensstil und politisch-gesellschaftlichen Grundüberzeugungen ganz in das nationalliberal gesinnte mittelständische Bürgertum integriert war.

Das frühe Rentierdasein des noch nicht vierzigjährigen Vaters rückte freilich die Frage nach der eigenen beruflichen Zukunft in dieser, ungeachtet aller gesellschaftlichen Veränderungen noch vielfach ständisch, nach dem Beruf des Vaters bestimmten Welt, ins Irritierend-Ungewisse, ließ den Sohn früh die Frage stellen, was aus ihm werden solle.[1] Dann freilich veränderte sich für den Schüler, der nach einer Lebensaufgabe suchte, am Königlichen Wilhelms-Gymnasium in Berlin die Szene binnen weniger Jahre dramatisch. Aus dem Sohn eines gutsituierten und relativ wohlhabenden Rentiers wurde gemeinsam mit seinem zwei Jahre jüngeren Bruder Erich – 1883 folgte noch eine Schwester namens Edith – der potentielle Nachfolger und Erbe der AEG, eines industriellen Großunternehmens, das der Vater binnen weniger Jahre aufgebaut hatte.[2]

Dieser selbst in der Industrialisierungsgeschichte der zweiten Hälfte des 19. Jahrhunderts aus dem Rahmen fallende dramatische Aufstieg

Emil Rathenau am Schreibtisch.
Gemälde von Max Liebermann (undatiert)

hatte, wenn man den auslösenden Faktor ins Auge faßt, 1881 auf der Internationalen Elektrizitäts-Ausstellung in Paris begonnen. Hier hatte Emil Rathenau die Erfindung des damals 34jährigen Thomas Alva Edison, die Kohlefadenglühlampe, kennengelernt und sofort deren säkulare Bedeutung für das heraufziehende Zeitalter der Elektrizität erkannt. Er erwarb das Patent für diese Lampe und weitere Patente Edisons für Deutschland und gründete im April 1883 – sein ältester Sohn wurde in diesem Jahr 16 Jahre alt – die «Deutsche Edison-Gesellschaft für angewandte Elektrizität AG» in Berlin, deren zunächst einziges Vorstandsmitglied er wurde. Vier Jahre später – der Sohn Walther studierte mittlerweile nach seinem Abitur 1885 Physik, Chemie und Philosophie zunächst in Berlin, dann in Straßburg – wurde das Grundkapital der florierenden

DEUTSCHE EDISON-GESELLSCHAFT

Vorzugsrecht 1927 ausgeübt.

Deutsche Edison-Gesellschaft für angewandte Elektricität

ACTIE № 8720

über

Fünfhundert Mark Deutscher Reichswährung.

500 500

Der Inhaber dieser Actie ist mit dem Betrage von Fünfhundert Mark bei dem Grundcapital der „Deutschen Edison-Gesellschaft für angewandte Elektricität" als Actionär betheiligt.

BERLIN, den 20. Mai 1883.

Der Aufsichtsrath: Der Vorstand:

FÜR ANGEWANDTE ELEKTRICITÄT.

Aktie der AEG

Gesellschaft mit Hilfe der Banken von 5 auf 12 Millionen Goldmark aufgestockt, die Verbindung zur amerikanischen Muttergesellschaft gelöst und das Unternehmen in «Allgemeine Elektrizitäts-Gesellschaft» (AEG) umbenannt. Als zusätzliche Anteilseigner stiegen die Deutsche Bank und das Konkurrenzunternehmen Siemens & Halske in die Firma ein. Dabei wurde mit Siemens & Halske vertraglich eine Interessenabgrenzung vorgenommen, die der AEG vor allem freie Hand im Konzessions- und Finanzierungsgeschäft ließ.

Die Firma expandierte im Zuge einer gerade durch die Gründung ganz neuer Industrien wieder anlaufenden Konjunktur, auch international, in atemberaubenden Tempo und hatte in der ersten Hälfte der 1890er Jahre bereits mehrere tausend Mitarbeiter, die in allen Bereichen der Starkstromtechnik tätig waren. 1894 löste sich die AEG, die Siemens & Halske zunehmend dessen Rolle als führendes Unternehmen der insgesamt gewaltig anwachsenden deutschen Elektroindustrie streitig machte, von dem Konkurrenten. Allerdings kooperierten die beiden Konzerne auch weiterhin in manchen Bereichen, so 1903 bei der Gründung der «Gesellschaft für drahtlose Telegraphie» (Telefunken), die sie gemeinsam ins Leben riefen und trugen.

Emil Rathenau war von Anfang an der führende Kopf des Unternehmens und blieb es bis zu seinem krankheitsbedingten Rückzug aus der Leitung im Jahre 1912. Mittlerweile war die Firma, nicht zuletzt durch eine von ihm eingeleitete und durchgesetzte Kooperations- und Beteiligungspolitik, unter anderem mit dem amerikanischen Marktführer «General Electric», und die Angliederung der Felten & Guilleaume-Lahmeyer-Werke im Jahre 1910 zu einem der weltweit größten Unternehmen der Branche mit rund 70 000 Beschäftigten und annähernd 150 Millionen Mark Aktienkapital aufgestiegen. Emil Rathenau galt, weit über das von ihm geschaffene Unternehmen hinaus, mehr und mehr als der Prototyp des erfolgreichen Manager-Unternehmers mit einem nie versagenden Gespür für strategische Unternehmensplanung, für weitsichtige Marktbeobachtung und auch für die sich gerade erst entwikkelnde Kunst des sogenannten Marketings. Er war aber zugleich auch eine Symbolfigur für das neue, aus kleinen Anfängen aufsteigende, zum Teil jüdische Industriebürgertum, eines Bürgertums, das sich Schritt für Schritt ganz aus den traditionellen gesellschaftlichen und politischen Zusammenhängen des älteren Bürgertums löste und mit seiner Dynamik und seiner Offenheit für alles Neue zum Vorbild für das alte Standes- und Klassengrenzen, auch Konfessions- und Religionsgrenzen überschreitende und sprengende «neue Bürgertum» wurde.

Walther Rathenau aber, der Sohn, erlebte es, daß er schon in seiner Studienzeit in erster Linie eben als der Sohn des «großen» Rathenau, jenes typischen und beispielgebenden Newcomers der Zeit betrachtet wurde. Er geriet von früh auf in den Schatten des dramatischen Aufstieges und Erfolges Emil Rathenaus, wurde vor allem als Nachgeborener und Erbe angesehen. Auch wenn das Verhältnis zum Vater nicht über Gebühr belastet, freilich auch nicht besonders eng war und der Sohn dessen Autorität und Lebensleistung bis zuletzt, bis zu dessen Tode im Jahre 1915, stets anerkannte, so hatte Walther Rathenau doch schon früh das verständliche Streben, aus diesem Schatten herauszutreten, sich als Person auf ganz anderen Feldern, in anderen Bereichen zu bewähren. In dem der schwedischen Ausgabe seiner 1917 publizierten Schrift «Von kommenden Dingen» vorangestellten biographischen Abriß heißt es zum Stichwort «Berufswahl» lakonisch: «Schwanken zwischen Malerei, Literatur und Naturwissenschaft. Entscheidung für Physik, Mathematik und Chemie als Grundlagen neuzeitlicher Wissenschaft und Technik.»[3]

Was hier als bloßes anfängliches Schwanken dargestellt wird, umschrieb in Wahrheit einen sich über Jahre hinziehenden, letztlich nie wirklich überwundenen inneren Konflikt, welchen Weg er beruflich und damit in der ganzen Ausrichtung seines Lebens einschlagen solle: den so spektakulär erfolgreichen des Vaters, auf den ihn dieser, der ihn als seinen potentiellen Nachfolger ansah, sozusagen mit Selbstverständlichkeit verwies, oder einen anderen, der nicht nur seinen Neigungen mehr entsprach, sondern ihn auch aus dem Schatten des übermächtigen Vaters herausführen sollte. Gleichzeitig würde er sich damit einfügen in die neuentstehende Schicht – und Generation – des aufstrebenden «neuen Bürgertums», die unabhängig, ja teilweise, sofern sie aus dem älteren Bürgertum stammte, in deutlicher Distanz zu ihren Vätern, auf ihre Jugend pochend, nach anderen Wegen in die Zukunft suchte.

Harry Graf Kessler. Gemälde von Edvard Munch, 1906

Walther Rathenaus wenig jüngerer langjähriger Bekannter und späterer Biograph, der materiell in ähnlich bequemen Verhältnissen lebende und von daher gleichfalls von unmittelbaren, handfesten Zwängen hinsichtlich der Berufswahl befreite Harry Graf Kessler, notierte 1891 nach einer der zahlreichen Gruppenaudienzen studentischer Bewunderer bei dem ehemaligen Reichskanzler Fürst Bismarck in Friedrichsruh: «Je länger man zuhörte, um so stärker zwang sich einem die Erkenntnis auf, daß, was er sagte, sich an eine Generation wandte, die der Vergangenheit angehörte. [...] Uns, uns Jungen, hatte er offenbar nichts zu sagen. [...] Er bot uns jungen Deutschen als Lebenszweck ein politisches Rentnerdasein, die Verteidigung und den Genuß des Erworbenen; unser Schaffensdrang ging leer aus.» Genau das war die Stimmung, die Walther Rathenau in jenen Jahren zwar nicht so sehr im Hinblick auf die Zukunft des Lebenswerkes des Vaters, wohl aber auf sein eigenes Dasein beherrschte.

Nach dem Studium der Fächer Physik, Chemie und Philosophie in Berlin, in Straßburg und wieder in Berlin war er 1889 in der preußisch-deutschen Hauptstadt bei dem Physiker August Kundt mit einer Dissertation über «Die Absorption des Lichts in Metallen» promoviert worden, einer Fleißarbeit ohne besonderen wissenschaftlichen Erkenntniswert – er

Walther Rathenau als Garde-Kürassier

war Kundt von Straßburg nach Berlin gefolgt, wo dieser den Lehrstuhl des zum Präsidenten der neugegründeten Physikalisch-Technischen Reichsanstalt in Charlottenburg ernannten Hermann von Helmholtz übernommen hatte. Im Anschluß an die Promotion hatte er noch ein weiteres Studienjahr, in dem er sich neben der Chemie den Grundlagen des Maschinenbaus zuwandte, an der Technischen Hochschule München verbracht, bevor er 1890/91 seinen Militärdienst als Einjährig-Freiwilliger beim Garde-Kürassier-Regiment Königin im pommerschen Pasewalk ableistete. Hier hat er, auch in Opposition gegen den Vater,

Walther Rathenau als Student

der ihn, den ältesten Sohn und potentiellen Erben, unbedingt in eine Industrielaufbahn hineindrängen wollte, zeitweise mit dem Plan gespielt, eine Offizierslaufbahn einzuschlagen, zumindest Reserveoffizier zu werden, war aber damit, obgleich der Sohn eines höchst erfolgreichen Unternehmers, der unbestritten zur neuen Wirtschaftselite des Kaiserreichs gehörte, wegen seiner jüdischen Herkunft auf unüberwindliche Hindernisse gestoßen: Offenbar galt er in der Adels-, Beamten- und Offizierswelt des Reiches, die der junge Rathenau im Unterschied zu seinem Vater anfangs so sehr bewunderte, immer noch als jemand, der nicht wirklich dazugehörte. Später hat er dann die Offizierslaufbahn als «schlecht bezahltes Ruhekissen der Unfähigen» bezeichnet, was freilich sehr nach dem Fuchs und den Weintrauben klang.[4] Sehr viel näher an seine persönliche, ihm nicht zuletzt während seiner Dienstzeit in der preußischen Armee vermittelte Erfahrung kam, was er später, 1911, in einer Schrift zum Thema «Staat und Judentum» einmal so formulierte: «In den Jugendjahren eines jeden deutschen Juden gibt es einen schmerzlichen Augenblick, an den er sich zeitlebens erinnert: Wenn ihm zum ersten Mal voll bewußt wird, daß er als ein Mensch zweiter Klasse in die Welt getreten ist, und daß keine Tüchtigkeit und kein Verdienst ihn aus dieser Lage befreien kann.»[5]

Das war der zweite Rückschlag, den Walther Rathenau, nicht zuletzt in dem Streben, der Lebenswelt und dem Schatten des Vaters zu entfliehen und eine wirklich eigenständige Existenz aufzubauen, hinnehmen mußte. Den ersten hatte er vier Jahre vorher erlebt, als er während seines Studienjahres in Straßburg, seine literarische Begabung erprobend, ein Theaterstück verfaßt hatte, es auf eigene Kosten drucken ließ und dem Stadttheater Frankfurt am Main anbot, das für seine Bereitschaft bekannt war, auch Neuem und Unerprobtem eine Chance zu geben.

Es handelte sich unter dem Titel «Blanche Trocard» um das Drama einer jungen Frau, die, arm, von einem wohlhabenden Rechtsanwalt geheiratet und von ihm mit der Frau seines Partners betrogen wird.[6] Die junge Frau weiß das, aber nimmt es als Schicksal in einer bürgerlichen Ehe hin, bevor das Zusammentreffen mit einem ehemaligen Verehrer, der sie nach wie vor liebt, Schritt für Schritt ihre Seelenqualen und zugleich die Ausweglosigkeit ihrer Existenz enthüllt. Das Frankfurter Theater hatte allerdings die Aufführung dieses psychologischen Seelendramas einer an das bürgerliche Milieu und an bürgerliche Konventionen gefesselten jungen Frau, das im Sujet und in der Art seiner Behandlung an den damals in Deutschland noch kaum bekannten Henrik Ibsen anknüpfte, ohne nähere Begründung abgelehnt.

Ein solcher Versuch eines jungen Mannes, sich auf dem Gebiet des Theaters und der Literatur hervorzutun und hier vielleicht sogar einen Lebensberuf zu finden, war nichts Ungewöhnliches, und ebensowenig ungewöhnlich war es, daß ein solcher Versuch mißlang. Bei Rathenau aber war er weniger von der Liebe zum Theater und zur Literatur motiviert – obwohl diese von früh an ausgeprägt vorhanden und auch von der Mutter, die, aus einer süddeutschen Familie stammend, der Welt der Literatur, der Kunst, der Musik eng verbunden war, durchaus nachdrücklich unterstützt wurde – als vielmehr von dem Bestreben, der Berufs- und Lebenswelt des Vaters und den Zwängen zu entgehen, die von dessen Erfolgen ausgingen.

Dann aber hat er sich doch diesen Zwängen und den Erwartungen seiner Umwelt und vor allem seines Vaters gebeugt. Er begann, vom Vater dort untergebracht, im November 1891 eine Art Lehre als, wie es hieß, «technischer Beamter» bei der Aluminium-Industrie AG im schweizerischen Neuhausen – die Firma war Ende der 1880er Jahre gemeinsam von der AEG und der Schweizerischen Metallurgischen Gesellschaft gegründet worden und hatte mit Martin Kiliani einen Direktor, der vorher bei der Deutschen Edison-Gesellschaft bzw. der AEG tätig gewesen war.[7] Das Ziel dabei war, wie Rathenau in einem Brief an den Vater mehr dessen Intentionen als seine eigenen zusammenfaßte, «sich in der Praxis vorzubereiten teils um diese Art von Arbeit kennen zu lernen, teils um sagen zu können, daß man nicht nur die Praxis aus Büchern kenne».[8] Er stürze sich in die Arbeit mit der Begründung, so an seine Mutter, «weil ich mich den Leuten nützlich machen muß. Im Augenblick, wo ich aufhöre, würden sie mich als einen Herumsteher ansehen, der sie Geld kostet und der nicht loszuwerden ist. Ich bin gekommen, ohne daß man mich gerufen hat, darum muß ich zeigen, daß es mir wenigstens nicht ein Vergnügen ist.»[9]

Ein Jahr später klang das schon sehr viel bitterer. Er hoffe, so wieder an die Mutter, daß seine Weihnachtslektüre nicht «in ellenlangen Ermahnungsepisteln über die Themata ‹nur kurze Zeit› ‹lehrreiche Perioden› ‹Erfahrungen› etc.» bestehe. Er sei «nicht mehr neunzehnjährig genug, um dergleichen ernsthaft anhören zu können». Wozu er das alles schreibe? «Damit Du weißt, daß ich nicht gern oder freiwillig hierbleibe, und mich nicht in Briefen noch mehr über das Thema taquinierst.»[10]

Der Brief rief freilich in Berlin die größte Aufregung hervor. Die Eltern haben offenbar, obwohl der Brief allein an die Mutter gerichtet war, eingehend darüber gesprochen. Sie wolle ihm nur mitteilen, antwortete sie elf Tage später, «was Papas und unser Aller Ansicht ist. Deine Tätigkeit befriedigt Dich nicht, gib sie auf, werde Professor oder Maler, was Dir gut scheint. Du bist nicht der Erste, der nach Jahresfrist eingesehen hat, daß er sich in einen ihm angeratenen Beruf nicht hineinfinden kann, und wirst auch nicht der Letzte sein.» Sich einzuordnen, Arbeit im Team zu leisten und im Team zu organisieren, das liege ihm offenkundig nicht, und jetzt, wo er sich darüber im Klaren geworden sei, sei der Augenblick gekommen, die Weichen neu zu stellen. Es gelte, «das Eisen schmieden, jetzt wo es heiß ist. Überlege Dir, was Du willst». «Glaube ja nicht», fügte sie hinzu, Papa sei «ärgerlich, wenn Du die Sache dort aufgibst, er sieht wirklich ein, daß Du Dich mit Deiner Unzufriedenheit aufreibst und will Dich nicht unglücklich wissen. Er ist, wie ich auch, überzeugt, daß es ein Jammer wäre, wenn Du, bei Deiner sonstigen Begabung, Dich zu etwas zwingen wolltest, was Dir durchaus unsympathisch ist. Benutze also diese Strömung und sieh, daß Du Dich zum Richtigen entschließt.»[11]

Dieser anscheinend so verständnisvolle Brief der Mutter irritierte den Fünfundzwanzigjährigen allerdings aufs höchste und führte an die Grenze einer Entfremdung nun auch von der Mutter. Es gehe ihm nicht um einen anderen Beruf, also «Professor oder Maler» oder noch etwas anderes zu werden, und das wieder mit der materiellen Unterstützung des Vaters, sondern darum, aus der Abhängigkeit herauszukommen, in die ihn die vom Vater verordnete «Lehrzeit» gebracht habe. «Daß ich

Die Mutter Mathilde Rathenau, 1872/73

abhängig bin, und daß ich niemals einen Ausweg, niemals ein Ende sehe», das bringe ihn zur Verzweiflung. «Jeden Tag kontrolliert werden, Arbeiten bekommen, sich ausfragen lassen müssen, sich zu Bitten erniedrigen müssen, wo man glaubt Rechte zu haben, bisweilen zu Entschuldigungen; mit inferioren Menschen kollegial stehen – und bei allem seine Vorgesetzten zum Teil schätzen, aber nicht respektieren, zum Teil vollständig dedaignieren müssen – das macht nach Jahr und Tag verrückt, wenn man seine Freiheit höher stellt als den Rest.» «Vielleicht beruhige ich mich wieder», fügte er hinzu, «wenn ich unabhängig bin und nach meinen Ideen handeln kann. Wenn ich nicht mehr Sachen betreiben muß, weil man sie mir aufgibt und obwohl ich sie für komplette Dummheiten ansehe.»

Freiheit, Unabhängigkeit, ein selbstbestimmtes Leben – das alles mit großem Anspruch und scheinbarem Selbstbewußtsein, ja Arroganz formuliert, wobei sich dahinter massive Lebensunsicherheit verbarg. Aber, so mußte sich die Mutter und vor allem der Vater fragen, der als Mitleser des Briefes vorausgesetzt wurde: Wie sollte es konkret weitergehen? Sein Entschluß stehe fest: «Ich habe es übernommen dieses Verfahren [es ging um eine Anlage zur Sodagewinnung] fertig zu machen, und ich werde es trotz jeder Schwierigkeit fertig bringen. Denn ich will, gleichviel was ich hinterdrein anfange, keine Halbheiten auf meinem Wege liegen lassen. Darin liegt, was ich Energie nenne» – die Mutter hatte ihm vorgeworfen, es fehle ihm an Energie: «Energie ist nicht, einen Monat hindurch jede Nacht arbeiten, sondern die Sache so einzurichten, daß dies nicht nötig ist.»[12] «Bin ich hiermit zu Ende», fuhr er fort, «so will ich sehen, was sich mir bietet. Kann ich dann für andere Fabriken einrichten oder selbst eine leiten, so will ich versuchen, ob ich bei dieser Tätigkeit Unabhängigkeit und Gewissensruhe finde. Beamter» – also in heutigen Worten: Angestellter – «bleibe ich nicht, und wenn mein Leben daran hängt.»[13]

Für den Vater, der diese Mischung aus Ansprüchen und Verzweiflung kühl beiseite schob und sie dem von Anfang an schwierigen Naturell seines Ältesten zuschrieb, war klar: Der Sohn suchte nach einer halbwegs unabhängigen Stellung, die er freilich bei Lage der Dinge nur im Tätig- und Zuständigkeitsbereich des Vaters finden konnte. Wer sollte dem Fünfundzwanzigjährigen sonst die Möglichkeit einräumen, «für andere Fabriken ein[zu]richten oder selbst eine [zu] leiten»; die Bemerkung des Sohnes, «vielleicht findet sich in Amerika etwas», bestärkte den Vater höchstens noch in der Einschätzung, dem Sohn fehle es an Realitätssinn.

Auch für diesen selber mußte dies rückblickend wie ein verzweifeltes Zerren an einer Kette erscheinen, an die er in Wahrheit gebunden blieb. Ein anderer Beruf verlange, wenn er nicht Lehrer werden wolle – was er gleichfalls mit Emphase ablehnte –, ein neues Studium, hatte er der Mutter geschrieben. Und das komme nicht in Frage, «solange ich nicht genug Geld habe, um es unabhängig zu treiben». «Soll ich dreißig Jahre werden und mir alle paar Monate von Papa sagen lassen, daß ich ihn Geld koste und nichts leiste?» So hat er sich in die Verhältnisse ergeben, seine «Lehrzeit» in Neuhausen abgeschlossen und sich vom Vater Anfang September 1893 als einen der beiden Geschäftsführer der Elektrochemischen Werke in Bitterfeld installieren lassen.

Diese Werke waren von der AEG Ende Juni 1893 gegründet worden mit dem Ziel, dort die Entwicklung elektrolytischer Verfahren zur industriellen Erzeugung von Aluminium, Kalziumkarbid und Acetylengas, die zum Teil schon von der Aluminium AG in Neuhausen betrieben worden waren, weiter voranzutreiben – die entsprechenden Patente hatte Rathenau senior unter Mitwirkung seines Sohnes im Frühjahr 1893 von der Aluminium AG erworben.[14]

Das gelang ihm in den fünf Jahren, die er in Bitterfeld verbrachte – nach eigener Einschätzung auf diesem Gebiet «talentlos wie eine Kuh», wie er noch aus Neuhausen auf dem Höhepunkt seiner depressiven Stimmung an seine Mutter schrieb[15] – mehr schlecht als recht. Schließlich konnte der Konkurs des Unternehmens nur dadurch verhindert werden, daß die AEG es nach längeren Verhandlungen im November 1898 an die Ende 1892 fast gleichzeitig gegründete Konkurrenzfirma Griesheim-Elektron bei Frankfurt am Main verpachtete; im März 1921 gab die AEG das Unternehmen endgültig auf und verkaufte es an den bisherigen Vertragspartner, die Firma Griesheim-Elektron. Rathenau blieb allerdings noch bis 1907 im Vorstand der Bitterfelder Werke, nachdem er in seiner Bitterfelder Zeit elektrochemische Anlagen in Rheinfelden (Elektrochemische Werke Rheinfelden A. G.) und Tochtergesellschaften in Polen, Frankreich, Norwegen und Österreich errichtet hatte, die dann gleichfalls an Griesheim-Elektron verpachtet wurden.

Sein Antrieb in den Jahren in Bitterfeld war einmal mehr das Bestreben gewesen, sich gegenüber den Erwartungen des Vaters zu bewähren – und das auf einem Gebiet, der Elektrochemie, auf das, wie er rückblikkend schrieb, «die Unternehmungen meines Vaters noch nicht die Hand gelegt hatten».[16] «Walther hat mir zuweilen erzählt», so der später mit ihm eng befreundete Theaterkritiker Alfred Kerr in seinen «Erinnerungen eines Freundes» aus dem Jahre 1935, «daß er, der Sohn, in dem trostlosen Nest Bitterfeld schlaflose Nächte verbracht hat, weil das ihm anvertraute Fabrikunternehmen dort auf der Kippe stand. Daß es die schlimmste Zeit seiner frühen Jahre gewesen ist. Und daß die Schlaflosigkeit vorwiegend vom Gedanken an seinen Vater kam. Walther hat einen Teil seines Lebens dem schwer erreichbaren Ziel gewidmet, die Achtung dieses Mannes zu erobern [...], vielmehr seine Mißachtung zu verringern.»[17] Rathenau selber berichtete Anfang März 1895 seinem Bruder Erich, der zu diesem Zeitpunkt von der AEG zur Mitarbeit beim Bau der Straßenbahn nach Genua entsandt worden war, über seinen Zustand: «Sorjen! überall Sorjen! Nicht akut, aber um so schlimmer, chronisch. – Ich rate mir selbst noch immer so gut, wie ich sonst anderen riet. Aber Nervosität, Apathie, Müdigkeit, Abspannung, die periodisch auftreten, erschweren mir die Ausführung. Es fehlt mir die Konstitution.»[18]

Wie der Vater das Wirken seines Sohnes in Bitterfeld eingeschätzt hat, wissen wir nicht. Daß die AEG und ihre von Carl Fürstenberg geleitete Hausbank, die Berliner Handelsgesellschaft, mehrfach Kapital zuschießen mußten – Fürstenberg war auch Vorsitzender des Verwaltungsrates der Elektrochemischen Werke Bitterfeld –, wurde wohl auf Anfangsschwierigkeiten der Bitterfelder Werke mit dem elektrolytischen Verfahren zurückgeführt und nicht der Tätigkeit des Sohnes persönlich angelastet.[19] Jedenfalls wurde Rathenau nach dem endgültigen Abschluß der Verhandlungen mit Griesheim-Elektron und einer anschließenden längeren Urlaubsreise nach Italien, Ägypten, Griechenland und in die Türkei Ende Mai 1899, mit 31 Jahren, in den mit ihm nun sechsköpfigen Vorstand der AEG berufen. Er erhielt hier die Verantwortung für die «Abteilung für den Bau von Zentralstationen», womit die finanzielle Überwachung des durch die Erfindung des Wechselstroms zu Beginn der 1890er Jahre enorm gewachsenen Kraftwerkbereichs – bis zur Jahrhundertwende hatte die AEG bereits weltweit 248 Kraftwerke errichtet, darunter die großen Kraftwerkanlagen unter anderem in Amsterdam, Manchester, Buenos Aires und in Baku[20] – und des internationalen, sich ständig ausweitenden Akquisitionsgeschäfts verbunden war. In diesem Amt bezog er ein Jahresgehalt von 15 000 Reichsmark, dazu einen Anteil von 1 1/8 an der jährlichen Gewinnausschüttung.[21]

Bereits drei Jahre später wechselte er allerdings, nachdem er sich mit seinen weitreichenden Fusionsplänen, vor allem was einen Zusammenschluß der AEG mit dem Nürnberger Schuckert-Konzern betraf, gegen den Vater nicht hatte durchsetzen können, auf das Gebiet der Hochfinanz.[22] Er wurde unter Verdoppelung seines Gehalts und entsprechenden Gewinnanteilen – hinzu kamen im Lauf der nächsten Jahre noch die Beträge aus den an Zahl ständig zunehmenden Aufsichtsratsmandaten – Anfang Juli 1902 persönlich haftender Geschäftsinhaber der Berliner Handels-Gesellschaft.[23] Diese war seit langem schon die Hausbank der AEG und seit 1898 Führer des Bankenkonsortiums des Unternehmens, unter der Direktion des damals schon legendären Carl Fürstenberg. Rathenaus Aufgabe sollte es speziell sein, «die industriellen Unternehmungen der Bank zu prüfen und teilweise auch neu zu organisieren».[24]

Sachlich war er für das Auslandsgeschäft und zugleich speziell für die Kontakte zur Elektroindustrie zuständig. In dieser Funktion betrieb er etwa die Umwandlung der auf den Bau von Verbrennungsmotoren spezialisierten Firma der Gebrüder Körting in eine Aktiengesellschaft, wobei die Aktienemission bei der Berliner Handels-Gesellschaft lag und sie selber und die AEG gleichzeitig Hauptaktionäre wurden; die «elektrische Abteilung» der Firma Körting ging bei dieser Gelegenheit ganz in den Besitz der AEG über.[25] Auch sonst zeigte sich immer wieder, daß Rathenau in seiner neuen Position als Geschäftsinhaber der Berliner Handels-Gesellschaft der AEG weiterhin eng verbunden blieb. 1904 wurde er in den Aufsichtsrat der AEG berufen, dessen Vorsitz er dann

Ende 1912, dem Jahr des Ausscheidens des Vaters aus der Unternehmensleitung, übernahm, nachdem er bereits zwei Jahre zuvor, wiederum auf Vorschlag von Carl Fürstenberg, zum stellvertretenden Vorsitzenden dieses Gremiums bestellt worden war.

Als Vorstandsmitglied der inzwischen zu einer Weltfirma aufgestiegenen AEG und dann als Geschäftsinhaber der Berliner Handels-Gesellschaft zählte Walther Rathenau unzweifelhaft schon in jungen Jahren, mit eben dreißig, zur Wirtschaftselite des Kaiserreichs, zu jenen «dreihundert Männern», wie er 1909 mit Blick auf Europa einmal, bewußt provozierend, formulierte, «von denen jeder jeden kennt» und die «die wirtschaftlichen Geschicke des Kontinents» leiten.[26] Er gehörte freilich zu dieser Elite vor allem als Sohn und potentieller Erbe des «großen» Rathenau, Emil Rathenaus. Zugleich fühlte er sich als Jude sehr deutlich als Außenseiter der Gesellschaft oder besser gesagt des politisch und gesellschaftlich führenden Teils der Gesellschaft, zu dem zu zählen anfangs sein erklärtes Ziel war – nicht zuletzt um sich von seinem Vater, einem Mann der Wirtschaft ohne gesellschaftliche oder gar politische Ambitionen, zu unterscheiden. Aus diesem Zwiespalt ist seine erste größere, damals wie später leidenschaftlich umstrittene Veröffentlichung erwachsen, die er noch während der Zeit in Bitterfeld verfaßt hat: der am 6. März 1897 in Maximilian Hardens Wochenzeitschrift «Die Zukunft» mit dem Untertitel «Zeitschrift für Politik, Öffentliches Leben, Kunst und Literatur» unter dem Pseudonym «W. Hartenau» publizierte Aufsatz mit dem Titel «Höre, Israel!».[27]

Ein Jahr zuvor, 1896, war eine Schrift erschienen, die aus der Feder des langjährigen Pariser Korrespondenten und nunmehrigen Feuilletonredakteurs der Wiener «Neuen Freien Presse», Theodor Herzl, stammte. Sie trug den Titel «Der Judenstaat» und hatte weit über Wien und Österreich hinaus Aufsehen erregt und lebhafte Diskussionen ausgelöst. Unter dem Eindruck der Dreyfus-Affäre in Frankreich und dem hier zutage getretenen militanten Antisemitismus in weiten Teilen vor allem der konservativen französischen Gesellschaft hatte Herzl darin die Auffassung vertreten, daß die Juden, auch wenn sie in vielen Ländern und Staaten verteilt lebten und sich teilweise an deren Umgangsformen und an deren Kultur angepaßt hätten, im Kern wie die Franzosen, wie die Engländer, wie die Deutschen eine Nation bildeten. Sie würden daher nur Frieden und Sicherheit vor den sich seit Jahrhunderten stets aufs neue wiederholenden Anfeindungen und Verfolgungen finden, wenn sie in einem eigenen, neu zu gründenden jüdischen Staat zusammenlebten. Herzl gab damit den Anstoß zur Entstehung des sogenannten Zionis-

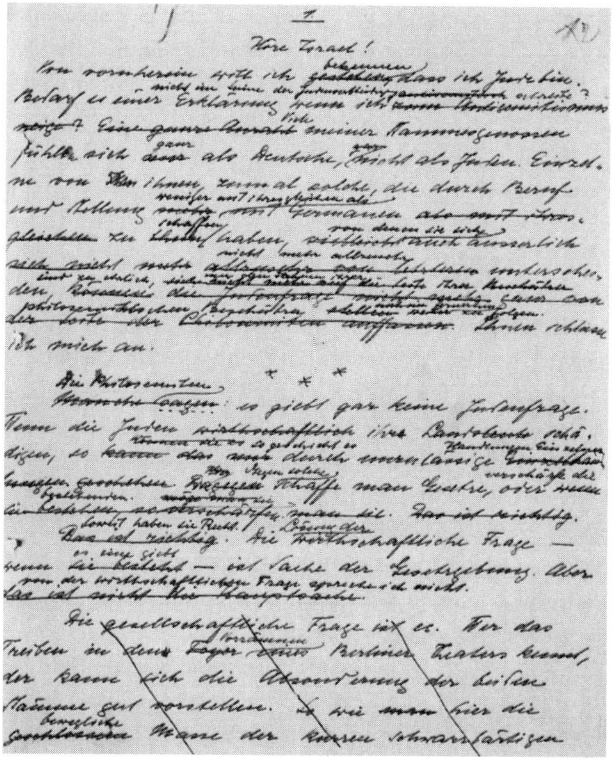

Erste Seite des Manuskripts von «Höre Israel», 1897

mus, der in den nächsten Jahren vor allem im östlichen Europa, aber auch in Deutschland und Frankreich viele Anhänger fand. Bereits ein Jahr nach dem Erscheinen seiner Schrift über den Judenstaat rief er in Basel den ersten Zionistischen Weltkongreß zusammen und wurde zum ersten Präsidenten der Zionistischen Weltorganisation gewählt.

Rathenaus Aufsatz in der «Zukunft» war gewissermaßen eine Antwort auf Herzls Analyse und die darauf gestützten Forderungen.[28] Es stimme schon, daß die Juden auch jetzt noch, am Ausgang des 19. Jahrhunderts, nicht nur in Frankreich, sondern auch in Deutschland und in vielen anderen Ländern, vielfältigen Anfeindungen und Diskreditierungen ausgesetzt seien. Mit dem ersten Satz seines Aufsatzes beschwor er die immer noch vorhandenen Ressentiments, von denen auch er selber wie viele aufgeklärte deutsche Juden nicht frei sei. «Von vornherein will ich bekennen», so begann er, «daß ich Jude bin», um fortzufahren, wie es in dem erst in den neunziger Jahren des vergangenen Jahrhunderts wieder aufgefundenen Manuskript dieses Aufsatzes[29] ursprünglich hieß: «Bedarf es einer Erklärung, wenn ich zum Antisemitismus neige?» Für die Druckfassung hat er den Satz dann zu der Formulierung abgeschwächt: «Bedarf es einer Rechtfertigung, wenn ich in anderem Sinne schreibe als dem der Judenverteidigung?» – damit ihn freilich zugleich seiner Pointe beraubt. Was er ursprünglich sagen wollte, war, auch er neige angesichts des Auftretens und des Verhaltens vieler Juden zu antisemitischen Reaktionen. Und darin spiegele sich das eigentliche Problem, das die sogenannte Judenfrage zu verewigen und die Vorurteile der übrigen Gesellschaft gegenüber den Juden immer mehr zu steigern drohe.

Die Antwort auf die immer noch vorhandenen Anfeindungen und Diskreditierungen dürfe nämlich nicht, wie bisher vielfach, Abschließung und Selbstisolation sein, sondern das Streben nach immer weitergehender Assimilation bis zum schließlichen völligen Aufgehen in dem jeweiligen Gastvolk. Dabei dürften die Juden gerade nicht «den Fahnen ihrer philosemitischen Beschützer» folgen, sondern sie müßten, planmäßig und gezielt, durch formale und inhaltliche Selbsterziehung all das ablegen, was sie als Juden identifizierbar mache und was ihre Umwelt veranlasse, sie als Fremdkörper zu empfinden.

Mit Formulierungen, die den schlimmsten antisemitischen Hetzschriften entnommen zu sein schienen, geißelte Rathenau das Auftreten und Verhalten, die ganze Erscheinungsform der großen Mehrzahl der Juden noch in seiner Gegenwart. Wer sich davon ein Bild machen wolle, der möge «an Berliner Sonntagen mittags um zwölf durch die Thiergartenstraße gehen oder abends in den Vorraum eines Theaters blicken. Seltsame Vision! Inmitten deutschen Lebens ein abgesondert fremdartiger Menschenstamm, glänzend und auffällig staffirt, von heißblütig beweglichem Gebahren. Auf märkischem Sand eine asiatische Horde.» Und Rathenau fuhr fort: «Die gezwungene Heiterkeit dieser Menschen verrät nicht, wie viel alter, ungesättigter Haß auf ihren Schultern lastet. Sie ahnen nicht, daß nur ein Zeitalter, das alle natürlichen Gewalten gefesselt hält, sie vor dem zu beschützen vermag, was ihre Väter erlitten haben.» Schließlich, in zusammenfassender Analyse: «In engem Zusammenhang unter sich, in strenger Abgeschlossenheit nach außen –: so leben sie in einem halb freiwilligen, unsichtbaren Ghetto, kein lebendes Glied des Volkes, sondern ein fremder Organismus in seinem Leibe.»

Natürlich habe das jahrhundertealte Gründe. Aber die Aufdeckung dieser Gründe allein führe nicht weiter. Man müsse nüchtern feststellen, daß die große Mehrheit der Deutschen – und, wie er wußte, der Franzosen, der Engländer, der Russen und vieler anderer Nationen – den identifizierbaren Juden mit Ablehnung und Abneigung begegne. Da Auswanderung und Zusammenfassung der Juden in einem eigenen Staat realpolitisch gesehen eine Illusion seien, so gegen Herzl, gebe es nur die Alternative der völligen Preisgabe der eigenen Identität – wolle man nicht, das stand dahinter, in eine Katastrophe hineinsteuern. Es stelle sich also für die Juden eine Aufgabe «ohne geschichtlichen Vorgang»: «die bewußte Selbsterziehung einer Rasse zur Anpassung an fremde Anforderungen».

Anpassung sei dabei, betonte Rathenau, «nicht im Sinne der Mimikry Darwins» zu verstehen, «welche die Kunst einiger Insekten bedeutet, sich der Farbe ihrer Umgebung anzugewöhnen, sondern eine Anartung in dem Sinne, daß Stammeseigenschaften, gleichviel ob gute oder schlechte, von denen es erwiesen ist, daß sie den Landgenossen verhaßt sind, abgelegt und durch geeignetere ersetzt werden». «Das Ziel des Prozesses», so Rathenau zusammenfassend, «sollen nicht imitierte Germanen, sondern deutschgeartete und -erzogene Juden sein» – in dem dann korrigierten Manuskript hieß es ursprünglich «sondern abendländisch kultivierte Juden», eine Änderung, die sich aus der ganzen Argumentation des Textes ergab und wohl kaum, wie Ernst Schulin meint, generell als Zeugnis für Rathenaus «nationalistische Haltung» zu werten ist.

Es gehe, so hat er seine Position später, unter dem Eindruck der scharfen Kritik, die an dem Aufsatz nicht nur von Herzl und den Zionisten[30], sondern generell auch aus dem Lager des «neuen Bürgertums» geübt wurde, präzisiert und auch korrigiert[31], nicht um eine Frage der Rasse, sondern um eine Frage der Gesinnung, wobei das äußere Erscheinungsbild, der Eindruck einer «Rasse», nicht zuletzt durch die dahinterliegende wirksame Gesinnung bestimmt und damit auf Dauer auch verändert werde. «Für mich entscheidet über die Zugehörigkeit zu Volk und Nation», bemerkte er später in einem Brief[32], «nichts anderes als Herz, Geist, Gesinnung und Seele.» Die – deutschen – Juden seien in diesem Sinne für ihn «ein deutscher Stamm, wie Sachsen, Bayern oder Wenden», wenn sie sich der «bewußten Selbsterziehung zur Anpassung an das Deutschtum» unterzogen hätten. Das sei ein bloßer Akt des Wollens und der Ausdauer dieses Wollens. Er halte, schrieb er im Herbst 1917 an Karl Scheffler, «alle Rassentheorien für Zeitspielerei und kenne nur eins, was Völker zu Nationen, Nationen zu Staaten macht: die Gemeinsamkeit», wie er in der Terminologie der Zeit schrieb, «des Bodens, des Erlebnisses und des Geistes».[33]

So habe er es auch im Verhältnis zu sich selber und zu seinem eigenen Judentum gehalten, bemerkte sein Biograph, Harry Graf Kessler, in diesem Zusammenhang: «Seine Schätzung junkerhafter Ideale, seine Bevorzugung altpreußischer Kunstformen, wie er sie durch den Kauf und die Wiederherstellung des Schlößchens Freienwalde betätigte, die eigenartige Kargheit, die er im Stil von 1813 um sich liebte, kurz, sein Preußentum, flossen, wenigstens zum Teil, aus dieser bewußten Anpassung an das Volk, das er mit so leidenschaftlichem Pathos als das seine begehrte.»[34]

Gleich wichtig oder noch wichtiger bei dieser unübersehbaren bewußten Formung seines Lebensstils und auch seines äußeren Erscheinungsbildes, seiner Orientierung am Preußentum dürfte freilich, wie gesagt, der Wunsch gewesen sein, sich auch in dieser Weise von der Welt des Vaters abzusetzen und damit eine eigenständige, unverwechselbare Identität zu gewinnen. Denn auch nachdem seine Bewunderung für das preußische Junkertum und seine Lebenswelt allmählich verblaßt war und sich mehr und mehr in ihr Gegenteil verkehrte, hielt er an dieser Form der Selbststilisierung fest. Er entwickelte sie zu einem eigenständigen Ausdruck sowohl seiner Distanz zum neureichen Bürgertum seiner Zeit, sei dieses jüdischer oder christlicher Provenienz, als auch zu den zunehmend als problematisch empfundenen politischen und gesellschaftlichen Anschauungen und Vorurteilen des preußischen Junkertums in seiner Gegenwart. Sie bestimmten, hob er hervor, wesentlich die preußische Politik, nicht zuletzt in ihrer Grundhaltung gegenüber den Juden. Diese Politik sei, so formulierte er in seiner Schrift über «Staat und Judentum» von 1911, «rückständig, falsch, unzweckmäßig und unsittlich».[35] Sie sei nicht zuletzt für die Fortdauer des Antisemitismus verantwortlich zu machen, da sie die Abneigung gegen die Juden «durch gegensätzliche Behandlung billigt, anpreist und rechtfertigt».[36] «Die Judenpolitik» sei, so betonte er, «nichts weiter als der letzte Ausdruck der gegen Unzünftige gerichteten Interessenpolitik der herrschenden Kasten» und ihrer «Furcht vor liberalem Wettbewerb»[37] – hier zeigte sich in aller Deutlichkeit seine inzwischen erreichte Nähe zu den politischen und wirtschaftlich-sozialen Ideen des «neuen Bürgertums», dem er sich mehr und mehr verbunden fühlte.

Wenn sich Rathenau zunächst dezidiert zu den altpreußischen Idealen, zu dem Geist des friderizianischen Preußentums, aber auch zu Bismarck bekannt hatte, so war er darin dem Weg gefolgt, den auch Maximilian Harden, der Herausgeber der «Zukunft», mit dem er seit 1897 befreundet war, anfänglich eingeschlagen hatte. Harden, der Sohn eines jüdischen Seidengroßhändlers namens Witkowski in Berlin, der der väterlichen Welt schon früh entflohen und Journalist geworden war, war von früh auf ein engagierter Wortführer des modernen Theaters und 1889

Mitbegründer der Freien Bühne in Berlin. Gleichzeitig aber war er wie dann auch der sechs Jahre jüngere Rathenau, der ihn später den «ersten Förderer» seines «literarischen Wollens» und «Taufpaten» fast aller seiner frühen Aufsätze nannte[38], politisch ein konservativer Monarchist und engagierter Anhänger Bismarcks und seiner Politik. Die von ihm 1892 begründete und herausgegebene politische Wochenschrift «Die Zukunft» trat in diesem Sinne als Kampforgan gegen den neuen Kaiser, der Bismarck aus dem Amt gedrängt hatte, und gegen seine Berater auf, die Harden beschuldigte, das Bismarcksche Erbe zu verraten und sich gegen die wahren preußischen Tugenden zu versündigen. Dabei geriet er freilich, auch wenn er bei seiner scharfen Ablehnung der Sozialdemokratie und ihrer politischen und gesellschaftlichen Zielvorstellungen verharrte, politisch zunehmend nach links und entwickelte sich im weiteren zu einem scharfen Kritiker des wilhelminischen Deutschland und seines vielfach adligen Führungspersonals zumeist altpreußischer Herkunft.

Maximilian Harden

Rathenau, der wie Harden als konservativer Monarchist begonnen hatte, aber ging dann seit dem Ausgang des 19. Jahrhunderts noch einen Schritt weiter. Er entfernte sich zunehmend von diesen konservativen, auf einer Idealisierung des Preußentums beruhenden Grundüberzeugungen, die wesentlich aus seiner kritischen Grundhaltung gegenüber der Welt des Vaters und der hier vielfach vorherrschenden pragmatisch-materialistischen Haltung, also gegenüber den Anschauungen und der Mentalität des Besitzbürgertums seiner Zeit, resultierten. Das Bild, das er sich von der bescheidenen Strenge und zurückhaltenden Selbstgenügsamkeit der alten aristokratischen Führungsschichten in Bitterfeld gemacht und zu seinem eigenen Lebensideal gewählt hatte, zerbrach Schritt um Schritt in der unmittelbaren Konfrontation mit dem Lebensstil und der auftrumpfend-arroganten Grundhaltung der Nachfahren dieser aristokratischen Führungsschichten im Berlin der Zeit der Jahrhundertwende.

Seither gewann er in wachsendem Maße die Überzeugung, weder in dieser, bisher so offenkundig idealisierten Welt noch in der Welt des

Vaters zuhause und geistig wie lebenspraktisch ein Außenseiter zu sein. Wenn er für dieses Außenseitertum in der quasi offiziellen Welt des wilhelminischen Deutschland bisher vor allem seine jüdische Herkunft verantwortlich gemacht hatte – und demgemäß in der bewußten und vollständigen Assimilation das Heilmittel erblickt hatte –, so sah er nun mehr und mehr, daß die Gründe dafür sehr viel tiefer lagen. Sie waren, so glaubte er zu erkennen, weniger individuell oder gruppenspezifisch bedingt, sondern Reflex einer allgemeinen Situation, die immer deutlicher hervortrat.

Schon in einem Aufsatz von 1898 mit dem Titel «Ignorabimus» hatte Rathenau konstatiert, daß an die Stelle des analytischen Geistes der «mechanischen Naturlehre» wieder das «Recht auf metaphysisches Denken» bzw. ein neuer Mut zur «Synthese» trete. Und er setzte sich dafür ein, «neue Ideen und Ideale», «Ziele» und «Überzeugungen» selbst zu schaffen und die Erkenntnisschranken, die das vergehende «Zeitalter des Realismus und der Naturwissenschaft» gezogen habe, durch «lebendigen Geist», durch «Erkenntnis, die freier und reicher nicht obgleich, sondern weil sie persönlicher ist», zu überwinden. Sein Appell, statt des starren «Ignorabimus», von dem der Berliner Physiologe Emil Du Bois-Reymond, mit Helmholtz ein Vertreter der ganz positivistisch-naturwissenschaftlich argumentierenden Physiologie, gesprochen hatte, mit «entschlossener Hand» ein «hoffnungsvolles Creabimus» an die «Tore der Zukunft» zu schreiben, entspreche, so war er überzeugt, dem sich regenden neuen Geist der Zeit.[39] Er lag auf der Linie der Aufforderung Nietzsches, «neue eigene Gütertafeln» zu errichten, um die zu werden, «die wir sind – die Neuen, Einmaligen, die Unvergleichlichen, die Sich-selber-Gesetzgebenden, die Sich-selber Schaffenden», nicht ehernen Naturgesetzen Unterworfenen.[40]

Anders gesagt: In vielen Bereichen des geistig-kulturellen, des sozialen, des politischen, des wirtschaftlichen Lebens wurden zunächst einzelne Individuen, und zwar unabhängig von ihrer Herkunft oder gesellschaftlichen Position, und dann zunehmend ein größerer Kreis von dem Gefühl erfaßt, Außenseiter in ihrer Welt zu sein, in innerem Widerspruch zu den vorherrschenden Anschauungen, Ideen und Überzeugungen, zu der ganzen Lebensauffassung ihrer Zeit zu stehen. Diese anfangs kleine Minderheit war in dem Gedanken verbunden, daß die Epoche selber an einer entscheidenden Weggabelung angelangt sei, daß die Zukunft, daß die Moderne, wie man nun zunehmend sagte, nicht gleichsam organisch und, wenn man so will, unmerklich aus Vergangenheit und Gegenwart herauswachse, sondern daß man vor den Geburtswehen einer ganz neuen, einer ganz anderen Welt stehe. Und die jetzigen Außenseiter würden die ersten Bürger dieser neuen Welt, die Vertreter einer wahrhaft «bürgerlichen» Gesellschaft sein.

Ein solcher Utopismus der Moderne entstand damals, Ausgang des 19. Jahrhunderts, in vielen Köpfen. Nicht linearer Fortschritt, wie die überwiegende Mehrheit der Zeitgenossen annahm, werde die Zukunft bestimmen, sondern ein radikaler Neuanfang auf vielen, ja, auf den meisten Gebieten des Lebens, getragen von der zunächst kleinen Minderheit der gegenwärtigen Außenseiter in Politik und Gesellschaft, in der Wirtschaft und vor allem auf kulturellem Gebiet.

Kaum jemand hat diesen Gedanken leidenschaftlicher ergriffen und verfolgt als Walther Rathenau, und er hat Harden damit in starkem Maße beeinflußt. Ein solches Selbstverständnis befreite ihn aus dem Schatten der Erfolgswelt des Vaters, von den quälenden Identitätsproblemen, vor die ihn seine jüdische Herkunft angesichts seiner anfänglichen Bewunderung für die konservative Welt Altpreußens gestellt hatte, und verhalf ihm in zunehmendem Maße zu einer inneren Selbstständigkeit seiner individuellen Existenz. Es war ein ganz anderer Akt der inneren Befreiung als es sein Aufruf an seine jüdischen Landsleute von 1897 gewesen war, auf ihre Herkunftsidentität zu verzichten und in der vollständigen Anpassung an die Sitten und Gebräuche, an die Ideen und Überzeugungen, an die Anschauungsweisen und die Mentalität ihrer christlich-nationalen Umwelt ihre Zukunft zu suchen. Und da dieser Akt der inneren Befreiung nicht auf einen ganz bestimmten Gegenstandsbereich zielte, also auf die Welt der Literatur, der Malerei, der Musik, der gesellschaftlichen Ordnung, der Politik oder des Wirtschaftslebens, sondern auf die individuelle Existenz insgesamt, war er zugleich in einem spezifischen Sinne umfassend, ergriff tendenziell das Gebiet der Moderne als Ganzes.

So wurde Rathenau, Außenseiter, der er war und als der er sich empfand, ein Mann der Zeit. Er verkörperte in vieler Beziehung ihre Sehnsüchte und Zukunftshoffnungen, ihre Erwartungen und ihre zum Teil noch ganz vagen kulturellen, gesellschaftlichen und politischen Zielvorstellungen. Er gab ihnen im Kontakt mit den unterschiedlichsten Personen wie vor allem in seinen im Lauf der Jahre immer zahlreicher werdenden Schriften Ausdruck, die sich den unterschiedlichsten Themen zunächst auf kulturpolitischem Felde, dann auf dem der allgemeinen Gesellschaftsanalyse zuwandten. Damit wurde er auf zahlreichen Gebieten zugleich zum Anreger und Vermittler, zu einer Art Medium, das die unterschiedlichsten Impulse und Ideen aufnahm und verbreitete.

Dies akzentuierend und zuspitzend nannte ihn Musil später verächtlich einen Mann, der ohne einen eigenen, seine Individualität bestimmenden Kern gewesen sei. Dabei übersah er freilich, daß Rathenau diese Ideen und Impulse gleichzeitig sehr deutlich und in vieler Hinsicht mit Eigenem verband und ihnen eine ganz bestimmte Richtung gab.

Rathenau führte in der Aufnahme und Einbeziehung höchst verschiedenartiger Vorstellungen und Ideen aus den unterschiedlichsten Lebenswelten gleichsam zwei oder auch drei Leben nebeneinander: das eines einflußreichen Bankiers und Industriellen mit vielen Aufsichtsratsposten, der als potentieller Erbe seines Vaters galt; das eines Publizisten, eines politischen Schriftstellers, dessen zentrales Thema die Zukunft des Gemeinwesens und mit ihm die Zukunft der europäischen Gesellschaft war; und das einer Zentralfigur der hauptstädtischen Gesellschaft, einer Zentralfigur, die sich von keiner Richtung vereinnahmen ließ und gerade dadurch, verstärkt durch den schillernden Charakter seiner Persönlichkeit, indirekt einen außerordentlichen Einfluß gewann.

In einer Besprechung des ersten seiner Hauptwerke mit dem Titel «Zur Kritik der Zeit», die er in der Wiener «Neuen Freien Presse» 1912 veröffentlichte, nannte ihn Stefan Zweig ein geradezu «amphibisches Wesen zwischen Kaufmann und Künstler, Tatmensch und Denker. Sein Lebenswerk hat eine breite äußere Fläche und eine unterirdische unsichtbare innere Kraft, viele Emanationen im Realen und eine, vielleicht noch stärkere, aber kaum faßbare in der geistigen deutschen Welt.» Und Zweig fuhr fort: «Am besten wäre es vielleicht ausgedrückt, sagte man: Er baut an der neuen deutschen Kultur, an jenem neuen Deutschland, das in Technik, Dichtung, Architektur und Sitte heute immer deutlicher aus einem Zwischenstadium der alten germanischen Staatskultur und vielen breiten Epochen der Selbstfremdheit entsteht.» Sein äußerer Beruf decke «nicht ein Zehntteil seiner wahrhaften Wirksamkeit. Rathenau ist Chemiker den Studien nach, Bankdirektor in seinem sichtbaren Werk, Künstler nach Neigung, Politiker aus nationalem Bewußtsein. Er hat als Physiker Patente erworben, als Architekt sich betätigt, heimlich wohl auch als Dichter, hat Unternehmungen gegründet, Theater begründen geholfen, er ist Berater in allen Angelegenheiten der künstlerischen Öffentlichkeit (so jetzt in der Bismarck-Denkmal-Affaire, wo er mit Lichtwark gemeinsam ein Manifest herausgab[41]) – im ganzen, er ist Zentrum aller kulturellen Bemühungen in Deutschland, Mittelpunkt vielfachster Interessen. Seine menschlichen Beziehungen zwingen die offenkundigsten Gegensätze in den Kreis seiner Persönlichkeit, die ganze Spannweite vom deutschen Kaiser zu Harden, Aristokraten und Sozialdemokraten, Diplomaten und Journalisten, Ballin, Hauptmann und Reinhardt. Es ist sein heroischer Lebensversuch, in unserer spezialisierten Zeit noch enzyklopädisch zu bleiben.»[42]

Den entscheidenden Schritt in diese neue, nun erst ganz eigenständige Existenz hatte Rathenau 1902 vollzogen, als er, wie gesagt, nach einem Konflikt über den weiteren Weg der AEG aus dem Vorstand des Unternehmens ausschied und als verantwortlicher Geschäftsinhaber in die Direktion der Berliner Handelsgesellschaft eintrat. Dieser Konflikt war natürlich ein Konflikt mit dem Vater gewesen, und mit seinem Ausgang hatte er sich endgültig aus dessen Schatten gelöst. Nicht zufällig war im gleichen Jahr eine erste Sammlung seiner «Zukunfts»-Essays unter dem Titel «Impressionen» erschienen, womit er zugleich neben dem Eintritt in ein neues Berufsfeld seine Laufbahn als politischer Schriftsteller, mehr noch als «homme de lettres», begann, eines Mannes, der im Berlin der Jahrhundertwende vielfältige Verbindungen und Freundschaften einging und unterhielt, mit Gerhart Hauptmann etwa oder mit Harry Graf Kessler, seinem späteren Biographen, mit Fritz von Unruh oder Ernst Troeltsch, mit Frank Wedekind oder Max Reinhardt, mit Martin Buber oder Stefan Zweig. Nun hatte er den langen Schatten, den die Figur des Vaters und dessen dramatischer Aufstieg über sein Leben, seine Berufswahl, sein Ringen um Eigenständigkeit geworfen hatte, endgültig verlassen, war er zu einer Persönlichkeit geworden, die, mit allen ihren Stärken und auch Schwächen, ganz für sich selbst stand.

Wortführer des kulturellen Aufbruchs

Die Essay-Sammlung, die Walther Rathenau 1902 unter dem Titel «Impressionen» erscheinen ließ, war nach dem kurzen Aufsatz «Höre Israel!» in Hardens «Die Zukunft» von 1897, der eher Befremden hervorgerufen hatte, sozusagen sein Entréebillet in die literarische Welt. Als einen Mann der Feder, der Literatur, hatte er sich von früh auf empfunden. Nicht zuletzt die Freundschaft mit Maximilian Harden[1], der anfangs vor allem als Theaterkritiker wirkte, hatte ihn in engen Kontakt nicht nur zur Welt der Literatur, sondern auch des modernen Theaters gebracht und ihm den Weg in die literarische Szene geebnet.

1889, im gleichen Jahr, in dem Rathenau an der Berliner Universität promoviert worden war, hatte Harden gemeinsam mit Theodor Wolff, Otto Brahm und anderen Interessierten wie dem Verleger Samuel Fischer den Verein «Freie Bühne» begründet, der sich insbesondere die Förderung des jungen, gesellschaftskritischen und zugleich hochrealistischen Dramas im Stile Ibsens zum Ziel gesetzt hatte. In geschlossenen Vorstellungen, die anders als die öffentlichen, die unter der Herrschaft des noch bestehenden Sozialistengesetzes der Zensur unterstanden, zensurfrei waren, sollte das Berliner Publikum durch die «Freie Bühne» gezielt mit dieser Richtung bekanntgemacht werden. Ende September 1889 hatte der neue Verein als erstes eine Aufführung von Ibsens «Gespenstern» präsentiert, ein Stück, das zwar bereits mehrfach auch in Berlin aufgeführt worden, aber offiziell immer noch verboten war.

Drei Wochen später war dann die Aufführung des Werkes eines bis dahin gänzlich unbekannten Autors gefolgt, für das sich der Vorsitzende des Vereins, Otto Brahm – anders als der dieser Richtung kritisch, ja ablehnend gegenüberstehende Maximilian Harden – besonders eingesetzt hatte und das den größten Theaterskandal auslöste, den Berlin seit Jahrzehnten erlebt hatte. Es hieß «Vor Sonnenaufgang» und markierte den Durchbruch des naturalistischen deutschsprachigen Dramas, das, ganz gegenwartsbezogen und thematisch sowie von den handelnden Personen her zumeist auf der Nachtseite der sogenannten bürgerlichen Gesellschaft angesiedelt, einen erheblichen Teil seiner Wirkung aus der drastischen und zugleich anklagenden Schilderung der Lage der Opfer, der Unterdrückten, der Geschlagenen dieser Gesellschaft bezog. Drei Jahre später ließ der Autor, der damals gerade dreißigjährige Gerhart Hauptmann, mit den «Webern» das klassische Stück dieses Genus folgen, das sogleich eine ungeheure Wirkung erzielte.

Der junge Walther Rathenau hat, wie seine Briefe zeigen, diese Geniestreiche des nur fünf Jahre älteren Hauptmann wie überhaupt den literarischen Auf- und Umbruch jener Jahre aufmerksam verfolgt. Bereits Mitte der 1890er Jahre war er, der jede freie Minute benutzte, um aus dem «trostlosen Nest Bitterfeld» (Alfred Kerr) ins heimatliche Berlin zu fahren, als förderndes Mitglied der 1894 gegründeten «Pan-Genossenschaft» beigetreten, einer Gesellschaft von Künstlern, Kunstschriftstellern, Dichtern und «Kunstforschern», die sich die Pflege der neuesten Richtungen in der Kunst und in der Literatur zur Aufgabe gestellt hatte. Redigiert wurde ihr Sprachrohr, die Zeitschrift «Pan», zunächst von dem Schriftsteller Otto Julius Bierbaum und dem Kunsthistoriker Julius Meier-Graefe, der insbesondere für die damals in Deutschland neueste Kunstrichtung, den Impressionismus, eintrat.

Vor allem durch die «Pan-Genossenschaft» kam der junge Rathenau in engeren Kontakt zu einer Reihe von Schriftstellern und Malern, die sich unter anderem in dem Haus des Malerehepaars Reinhold und Sabine

Gerhart Hauptmann. Gemälde von Lovis Corinth, um 1900

Lepsius zu treffen pflegten, in dem dann auch Rathenau verkehrte. Hier lernte er beispielsweise den anfangs dem George-Kreis nahestehenden, dann von Hugo von Hofmannsthal und den französischen Symbolisten beeinflußten Lyriker und Dramatiker Ernst Hardt kennen, der in den 1920er Jahren Generalintendant des Deutschen Nationaltheaters in Weimar und später Intendant der städtischen Bühnen in Köln und zugleich Leiter des Westdeutschen Rundfunks werden sollte. Aber auch Harry Graf Kessler, seinem späteren Biographen, ist er in der «Pan-Genossenschaft», in der der junge Graf schon bald eine führende Rolle spielte, erstmals begegnet. Bereits Ende Juli 1893 hatte Rathenau ein erstes Gemälde von dem, wie er an seinen Bruder schrieb, «armen verhungerten» Edvard Munch[2] («Regenwetter in Kristiania») erworben und mit ihm bald darauf auch eine persönliche Bekanntschaft begründet.[3] Auch zu dem Maler und Graphiker Lesser Ury, der ihn 1896 wie später, 1907, dann auch Munch malte[4], knüpfte er früh als Käufer seiner Bilder eine Verbindung. Im Dezember 1899 ersteigerte er das großformatige, quadratische Gemälde «Frau auf dem Dach (Römerin)» von Max Klinger, erwarb bei Besuchen in München, der zumindest bis 1900 führenden

Edvard Munch: Regenwetter bei Kristiania, 1892

deutschen Kunstmetropole, mehrere Gemälde französischer Maler und verkehrte regelmäßig in den Künstler- und Förderkreisen der «Moderne», der Berliner Secession. Hier begegnete er unter anderem Max Beckmann, Lovis Corinth, Auguste Endell, Georg Kolbe, Walter Leistikow oder Otto Mueller, von denen er im Lauf der Zeit auch mehrere Bilder erwarb, so von Otto Mueller das später verschollene Gemälde «Liegendes Mädchen», von Lovis Corinth das Bild «Liegender weiblicher Akt» oder von Max Pechstein die wild-expressionistische Landschaft «Märzenschnee», die er 1909 auf der Secessions-Ausstellung kaufte.[5]

Kurz, schon während der Bitterfelder Zeit war Rathenau in engen Kontakt mit der modernen Kunst- und Literaturszene der preußisch-deutschen Hauptstadt gekommen, zu der er auch über seinen Onkel mütterlicherseits, den Maler und Grafiker Max Liebermann, den Gründer der Berliner Sezession von 1899 und späteren Präsidenten der Preußischen Akademie der Künste, eine direkten Zugang hatte. Dieser Kontakt vertiefte sich in den folgenden Jahren, vor allem durch die Bekanntschaft mit Harden immer mehr. Harden brachte ihn zugleich in Verbindung mit Wedekind, mit Sternheim, mit Hofmannsthal, mit Stefan Zweig und Max

Reinhardt – an dessen Bühnen er später auch finanziell beteiligt war –, mit dem Weimarer Kreis um Harry Graf Kessler und vielen anderen Vertretern des zeitgenössischen künstlerischen, literarischen und intellektuellen Milieus.[6]

Vor allem zu Wedekind unterhielt er eine jahrelange enge freundschaftliche Verbindung, und das galt auch für Stefan Zweig. Dieser hat immer wieder betont, in Rathenau, in dessen literarischem Schaffen, habe die in Deutschland so oft geforderte, aber so selten verwirklichte Verbindung von Kunst und Leben, von echtem Künstlertum und Bewährung im praktischen Leben als erfolgreicher Kaufmann zu einer wirklichen Synthese gefunden. Sie habe ihm erlaubt, realistische, aus nüchterner Betrachtung der Wirklichkeit gewonnene Zeitdiagnosen zu formulieren und das in seltener Mischung von äußerster Kühle der Form bei innerster Glut der dahinter wirkenden Energie.

Sowohl in der Welt der Literatur als auch der Kunst und des Theaters zeichnete sich in jenen Jahren ein grundlegender Wandel, eine entschiedene Abkehr von den Grundauffassungen und von den Darstellungsformen der Vergangenheit ab, ein Aufbruch in eine ganz neue Welt. Rathenau hat diese Tendenzen begierig aufgenommen und ihnen in ersten schriftstellerischen Versuchen Ausdruck verliehen. Gleichzeitig freilich bekannte er sich politisch wie gesellschaftlich, Harden gleich, noch zu der Welt der Vergangenheit, zu einem idealisierten Preußentum, das er seiner Gegenwart gegenüberstellte. 1895 hatte er bei der jüdischen Gemeinde Charlottenburg seinen «Austritt aus dem Judentum» beantragt, ihn allerdings dann niemals rechtsgültig vollzogen, und auch zum Christentum ist er nie formell übergetreten.[7] Er wollte damit wohl vor allem bekunden, daß er sich ganz als Preuße und Deutscher fühle, darin seine Identität begründet sehe – wie er das zwei Jahre später auch seinen ehemaligen Glaubensgenossen empfahl, als er sie aufforderte, sich in jeder Hinsicht ihrer christlich-deutschen Umwelt anzupassen, ja in ihr aufzugehen. All das mußte ihn, wenn man so will, mit innerer Logik, mit einem führenden Repräsentanten der Berliner Literatur- und Theaterszene, mit Maximilian Harden, dem Herausgeber der bereits erwähnten programmatisch «Die Zukunft» genannten Wochenschrift und einem der führenden Theaterkritiker der Zeit, in engsten Kontakt bringen.

Auch Harden war, jüdischer Abstammung wie Rathenau, politisch zunächst ein konservativer Monarchist und führte in diesem Sinne unter dem Pseudonym «Apostata» scharfe polemische Attacken gegen Wilhelm II. und dessen Berater mit dem jüngeren Moltke und Philipp Fürst zu Eulenburg an der Spitze.[8] Diese Attacken gipfelten schließlich in drei

Skandalprozessen zwischen 1907 und 1910. Gleichzeitig aber war er ein entschiedener Wortführer der literarischen Moderne und setzte sich mit Nachdruck für das neue Theater ein, allerdings nicht, wie bereits dargelegt, für den Naturalismus und dessen Hauptexponenten, Gerhart Hauptmann, den er immer wieder heftig kritisierte.

An ihn wandte sich Rathenau, wie gesagt, Anfang 1897 mit seinem schon erwähnten kleinen Aufsatz «Höre Israel!», den er anonym in der «Zukunft» unter dem allerdings recht durchsichtigen Pseudonym «W. Hartenau» veröffentlichen wollte. Harden ging in seiner Antwort auf das Aufsatzangebot nicht nur ein, sondern begleitete seine Zusage mit einem Brief, der den angehenden Schriftsteller, als den Rathenau sich empfand, über die Zustimmung zu dem Inhalt des Artikels und seinen Argumenten hinaus aufs höchste ermutigte. Rathenaus Sendung habe ihm, so Harden, «eine sehr angenehme Überraschung» gebracht: «Es ist mir nicht oft passiert, daß eine so starke schriftstellerische Begabung mir entgegentritt.»[9] Er hoffe sehr, bald auch Rathenaus persönliche Bekanntschaft zu machen.

Fortan stand Rathenau nicht nur «Die Zukunft» offen. Die Freundschaft mit Harden öffnete ihm den Weg in die literarische und künstlerische, aber auch in die politische Szene Berlins und schuf wesentliche Voraussetzungen für seine künftige Doppelexistenz als einer der führenden Vertreter der deutschen Wirtschaft und als ein Schriftsteller, der sich schrittweise ein Publikum als Kommentator und Analytiker zentraler Fragen der Zeit sowohl auf künstlerischem, als auch auch auf wirtschaftlichem und gesellschaftlichem und dann zunehmend auch auf politischem Gebiet schuf.

Dabei wandelte sich Rathenau, wie gesagt, unter dem Eindruck einer auf vielen Gebieten vorankommenden Grundströmung, diese in seinen Schriften widerspiegelnd, mehr und mehr von einem konservativen Kritiker der Zeit zu einem Wortführer eines radikalen Wandels – in eine Richtung, die, obwohl weiterhin konservativ grundiert, nicht auf eine Fortschreibung und Verlängerung der bisher vorherrschenden und auch weiterhin vielfach dominierenden Tendenzen zielte. Vielmehr trat er gerade für eine Befreiung von diesen Tendenzen, für eine Sprengung der Fesseln ein, die eine von diesen Tendenzen vorangetriebene Modernisierung um den einzelnen wie um die Gesellschaft legte. Es ging ihm darum, das «eherne Gehäuse» dieser heraufziehenden Moderne, von dem Max Weber sprach, aufzubrechen und einer anderen Moderne den Weg zu bereiten, einer Moderne, die der freien Entfaltung des Individuums und seiner schöpferischen Kräfte verpflichtet war.

Damit entsprach Rathenau in seinem unter vielen Aspekten in seinen Schriften entfalteten Grundansatz einer Tendenz, die sich seit dem letzten Jahrzehnt des 19. Jahrhunderts auf vielen Gebieten geltend machte: in der Literatur und in der Kunst, in der Jugend- und Lebensreformbewegung, in dem, was man unter dem Begriff der «bürgerlichen Sozialreform» vor allem in den größeren Städten zusammengefaßt hat, in den Geistes- und Sozialwissenschaften, zumal in den neuen Disziplinen der Soziologie und der Psychologie, am Ende auch in den Parteien und in der Politik. Im einzelnen wirkte sich diese Tendenz sehr unterschiedlich aus, führte überall zu den verschiedensten Richtungen und Schulen, die sich zum Teil leidenschaftlich bekämpften. Aber gemeinsam war ihnen doch, daß sie alle auf ihren je unterschiedlichen Gebieten den Aufbruch zu ganz neuen Ufern und die entschiedene Abkehr von einer Vergangenheit propagierten, die nach wie vor die Gegenwart weithin bestimmte. Und in diesem Prozeß stand Rathenau, auch er von vielen Seiten, und zwar nicht nur von den Verteidigern des Bestehenden, bekämpft und in Frage gestellt, an zentraler Stelle. Er hat ihn in seinen Schriften und in seinen öffentlichen Auftritten mit vorangetrieben, aber insbesondere als eine Art «representative man» widergespiegelt. Darin vor allem liegt, jenseits aller Einzelheiten und jenseits der Frage nach der Originalität mancher seiner Einsichten und Kernthesen, die Bedeutung seines publizistischen Wirkens.

Das erste Feld, auf dem Rathenau hervortrat – und das entsprach in gewisser Weise der allgemeinen Entwicklung – war das der literarischen Zeitkritik oder besser gesagt der Kritik der Zeit und ihren vorherrschenden Tendenzen mit literarischen Mitteln. Ermutigt und angetrieben von Maximilian Harden begann er mit kleinen, Impressionen und zeitkritische Betrachtungen miteinander verbindenden Essays, die er in der «Zukunft» veröffentlichte. Eröffnet wurden diese literarischen Etüden mit Aufzeichnungen über eine Spanienreise, in die er, sei es in Abschweifungen, sei es in fiktiven Träumen, Bemerkungen über das Berlin seiner Zeit verwob – so wenn ihm, das «südlich überschwängliche Bild» der Kathedrale von Sevilla vor Augen, «der Blick heimwärts flüchtete» und ihm, «umsäumt von den grünen Bäumchen des Königsplatzes, das große neue Reichshaus» erschien: «Hier tobt, Gott sei Dank, keine sinnbethörende Phantasie», bemerkte er ironisch, «hier kleidet sich die nationale Begeisterung in das ansprechende Gewand baulichen Kurialstils. Nach bewährter Vorschrift stehen die offiziellen Pilaster wie Grenadiere zwischen den wohlverglasten Riesenfenstern und die massigen Eckzwinger zeigen den kriegerischen Trutzstil, in dem der öffentliche Baugeschmack des neuen Reiches gipfelt. Die Dekorationsstücke der Bedachung», so fuhr Rathenau in seiner Beschreibung des neuen Wallotschen Reichstagsgebäudes fort, «stellen handliche Petschaften und Briefbeschwerer dar und symbolisieren sehr glücklich die schriftliche Form der Gesetzgebung; selbst die an sich gefällige goldene Kuppel sieht in dieser Umgebung einem riesigen Tintenfaßdeckel nicht unähnlich – nur daß sich unter der breiten Wölbung keine richtige Tinte, sondern ein geräumiger Saal befindet, in dem die Herren Abgeordneten zeitweilig sitzen.» «Lebhaft erinnere ich mich des Eindruckes», so Rathenau weiter, «wie ich aus der pomphaften Vorhalle durch eines der nadelöhrartigen engen Thürchen in diesen Saal trat. Ich hatte eine Halle aus Erz und Marmelstein geträumt und befand mich in einer freundlichen Stube. Ein hölzernes Mittelding zwischen Konzertraum und Bahnhofrestauration, mit Renaissancesäulchen und humoristischen Thürbildern ausgeziert.» Und an diese ironische Charakterisierung des Baustils des neuen Reiches schließt Rathenau im Anschluß an die Erläuterung des Führers durch das Gebäude, das Holz sei «wegen der Akustik» gewählt worden, die Bemerkung: «Ich gedachte der alten Paulskirche in der Stadt Frankfurt am Main, darinnen der deutsche Parlamentarismus geboren und begraben wurde. Die schmucklose Rotunde dieses Hauses bestand aus Stein und das alte Parlament lebte vielleicht noch heute, wenn es hölzern genug gewesen wäre und die Volksvertreter weniger feine Ohren und gröbere Stimmen gehabt hätten.»[10]

Dieser zeitkritische Grundton wurde in den Essays, die er in den folgenden Jahren in der «Zukunft» veröffentlichte, immer deutlicher. Wenn er die Welterklärungsansprüche der modernen, positivistischen Naturwissenschaften aufs Korn nahm und dagegen «das Recht auf metaphysisches Denken» ins Feld führte «als einer ehrlichen Arbeit, die nicht mehr noch weniger in den Wolken angelt als die ‹exakte› Forschung, und die der Welt zu Zeiten nicht weniger, sondern mehr Bedürfnis hat als diese», so wollte er damit vorführen, daß die Epoche an einem Kreuzweg angelangt sei: «Wir gehen», so konstatierte er, «einer Zeit politischen Unmuthes und deshalb philosophischer Vertiefung entgegen. Das stolze letzte Zeitalter des Realismus und der Naturwissenschaft ist verwelkt», konstatierte er. «Ziehen wir die geistige Bilanz, so sehen wir uns dem Bankerott gegenüber.» Nach «neuen Ideen und Idealen lechzen Wissenschaft und Kunst».

Wurde hier eine von «neuen Ideen und Idealen» bestimmte Zukunft der geistlosen und materialistischen, von einem öden naturwissenschaftlichen Positivismus beherrschten Gegenwart gegenübergestellt, so wurde in einem anderen Essay der eklektisch aus allen möglichen Stilarten zusammengesetzten Architektur des zeitgenössischen Berlin mit seinem «kunsthistorischen Fassadenbabel mit allen seinen Erkern, Thürmen, Säulenstellungen, Balkonen und Giebeln» das preußische Berlin Schinkels entgegengehalten. «Ists eine Weltmesse in der Art von Nishnij-Nowgorod, die aus allen Himmelsstrichen die sagenhaftesten Stämme und die fremdartigsten Ansprüche zusammenströmen läßt? Ach, lieber Gott, nein: Das ist es nicht. Hier wohnen ein paar hundert Kanzleibeamte, Ladenbesitzer und Agenten. Einer von ihnen hat die selben Gewohnheiten, Ansprüche und Einkünfte wie der Andere und natürlich auch die selbe Wohnung: elf Fuß hoch, Berliner Zimmer und zwei Vorderstuben, Majolikaöfen und Goldtapete, dünne Thüren mit schlechten Schlössern und Parquetfußböden mit klaffenden Fugen. Dafür ratrappirt man sich an der märchenhaften Fassade. Alles ‹fürs Auge›.» Man könne nur schließen: «Das königlich preußische findet im kaiserlichen Reichsberlin keinen Platz mehr. Spreeathen ist tot und Spreechicago wächst heran.»[11]

Auch hier freilich geht es Rathenau nicht um bloße Beschwörung des Alten, das seinem Empfinden nach von der Ästhetik und vor allem von der dahinter stehenden Baugesinnung her der Architektur von «Reichsberlin» weit überlegen sei, sondern um eine Reorientierung der Architektur der Zukunft an solchen Vorbildern. Und auch hierin entsprach er ganz dem sich eben ankündigenden Geist einer neuen Zeit, dem er in der «Zukunft» literarisch Ausdruck verlieh.

Auch in der Architektur begann in jenen Jahren ein tiefgreifender Umbruch.[12] In Berlin war gerade, 1897, das riesige Warenhaus von Wertheim an der Leipziger Straße fertiggestellt worden, das der aus Darmstadt stammende Architekt Alfred Messel entworfen hatte. Um einen großen Lichthof gruppierten sich fünf, teilweise sechs Stockwerke, die, ohne trennende Wände, nur durch die Geschoßdecken voneinander geschieden, einen einzigen großen Verkaufsraum bildeten. Die wesentlichen Baumaterialien waren Glas, Metall und Granit, die, unter Absehung von aller historistischen Verkleidung und Ausschmückung, die Struktur des Gebäudes und seine Funktion als Warenhaus offen betonten. Das Messelsche Warenhaus wurde schon bald zu einer förmlichen Ikone des «neuen Bauens» und sein Schöpfer zu einem seiner oft beschworenen Protagonisten.[13]

Mit diesem «neuen Bauen» verband den damals Anfang dreißigjährigen Rathenau vor allem seine entschiedene und programmatisch formulierte Ablehnung der sogenannten Historienstile, des Historismus. Es

Kaufhaus Wertheim in Berlin

waren dies insbesondere die Stilarten, die die Architektur im engeren Sinne dominierten, entworfen und ausgeführt von «Künstler-Architekten», die sie vor allem in großen öffentlichen Bauten realisierten. Sie wurden dann freilich vielfach kopiert von dem Heer von einfachen Baumeistern und Ingenieuren, die die große Mehrzahl der Zweckbauten, also Fabriken und Krankenhäuser, Bahnhöfe und Ausstellungsbauten, aber auch Wohn- und Mietshäuser, Siedlungen und Villen errichteten.

Die als Vorbilder dienenden großen öffentlichen Bauten entstanden vor allem in den in außerordentlichem Tempo wachsenden Städten seit dem letzten Drittel des 19. Jahrhunderts, also in der Kaiserzeit. Es handelte sich um Parlamente, um Ministerien, um Rathäuser, um Gebäude der öffentlichen Verwaltung bis hinab zu den Postämtern, aber auch um Gerichtsgebäude und Gefängnisse. Dazu kamen Neubauten für Museen, für Konzerthallen und Theater, für öffentliche Bibliotheken, für Schulen und Hochschulen, auch für Kirchen. Das alles waren repräsentative Bauten, in denen und mit denen sich die Städte und die jeweiligen Staaten selbst darstellen wollten. Und mit ihnen wetteiferten zunehmend «private» Großbauten: Börsen, Banken, Versicherungen, Bürohäuser und die um die Zeit der Jahrhundertwende entstehenden Kaufhäuser. Auch sie waren Aufgaben für die «Architekten» im Gegensatz zu den bloßen «Baumeistern», also für jene, die sich auf den «hohen», auf den repräsentativen Stil verstanden und ihn gleichzeitig mit ihren Bauten entscheidend formten.

Dieser Stil lehnte sich, je nach spezifischer Bauaufgabe, an bestimmte historische Stile an. Sie waren in diesem Sinne alle «Neostile», angefangen mit dem zunächst, nach der Reichsgründung, dominierenden Stil der Neorenaissance über den, anfangs als Hochrenaissance bezeichneten, Neobarock bis zu der 1891–1895 von Franz Schwechten im neoromanischen Stil errichteten Berliner Kaiser-Wilhelm-Gedächtniskirche oder den neuen Regierungsgebäuden in Koblenz und Trier. Alle diese Stile existierten nebeneinander, überlagerten sich teilweise und entwickelten aus sich heraus Sonderformen wie den altdeutschen Stil der «deutschen Renaissance», der als spezifisch bürgerlicher Stil in Beschwörung der Hans-Sachs-Zeit, des reichsstädtischen Bürgertums des 16. Jahrhunderts, galt.

All das, so Rathenau in Übereinstimmung mit den Wortführern des «neuen Bauens», sei aufgelegt, sei künstlich, gebe etwas vor, was weder dem entspreche, was sich als die eigentliche Bauaufgabe präsentiere, noch dem, was in dieser Bauaufgabe bei ihrer funktionsgerechten Lösung an ästhetischen Möglichkeiten stecke. Es sei Ausdruck einer spezifischen «Seelenlosigkeit» – ein Schlüsselbegriff in Rathenaus Schriften –, die die Zeit in vielen Bereichen, in der Kunst, in der Literatur, in Wirtschaft und Gesellschaft und eben auch in der Literatur charakterisiere. Über den Bau des Kaiser-Friedrich-Museums auf der Berliner Schloßinsel, das heutige Bode-Museum, durch Ernst von Ihne höhnte er beispielsweise in einem Brief an Harden: «Die Kaiser-Friedrich-Synagoge sah ich gestern. Finis Borussiae.»[14]

In diesem Geist verfolgte er, auch wenn er in seinem persönlichen Geschmack weiterhin eher an der Schinkel-Zeit und an dem, wie er es sah, preußischen Baustil orientiert blieb, die Bestrebungen der Vertreter des «neuen Bauens» mit Sympathie, auch und gerade im Hinblick darauf, daß ihre Förderer und Repräsentanten zugleich Wortführer eines grundsätzlichen, auf die Gesellschaft der Zukunft zielenden Reformprogramms der «Moderne» waren.

Das fand in Rathenaus frühen Schriften vielfältigen, wenngleich, dem Charakter dieser Essays entsprechend, oft nur indirekten Widerhall – in Bemerkungen vor allem über den zu Ende gehenden «Kurialstil» seiner

Zeit und den Aufbruch zum Neuen, der sich gerade in der Architektur besonders anschaulich zeige.

In der Tat wird der tiefe Umbruch in der Gesellschaft und die Umorientierung eines Teils des Bürgertums nirgends so unmittelbar anschaulich und faßbar wie auf dem Gebiet der Architektur. Es entstand eine förmliche Bewegung des «neuen Bauens», deren Protagonisten sich vielleicht stärker noch als viele andere Repräsentanten der künstlerischen Moderne bewußt waren, Wegbereiter einer Aufbruchbewegung zu sein, die, getragen vor allem von einem neuen Bürgertum, auf grundlegende Veränderungen im geistig-kulturellen, im gesellschaftlichen und auch im politischen Bereich drängte. Sie bauten, so empfanden sie es, das äußere Gehäuse einer fundamental veränderten und weiter zu verändernden Gesellschaft und wirkten zugleich durch ihre Bauten an diesen Veränderungen mit.

Dieses «neue Bauen» erhielt in handwerklich-technischer Hinsicht viele Anregungen und praktische Impulse von den Hallen- und Bogenkonstruktionen des sogenannten Ingenieurbaus, der neben Eisen und Stahl als schon seit längerem eingeführten Baumaterialien zunehmend Beton verwendete – für den Brückenbau, aber dann auch für den Bau von Kuppeln. Wie schon seit längerem Eisen und Stahl – zunächst meist in verkleideter Form – nutzten die Architekten in wachsendem Maße Beton und dann auch Glas, Materialien also, die freiere und kühnere Konstruktionen erlaubten. Aber diese veränderten technischen Voraussetzungen waren doch nur eine der neuen Rahmenbedingungen, deren sich auch mehr und mehr diejenigen unter den Architekten bedienten, die an den überlieferten Formen und Stilen festhielten. Entscheidend für das Aufkommen der Architektur des «neuen Bauens» war eine neue Baugesinnung, eine neue Ästhetik, die auf die Entwicklung ganz neuer künstlerischer Formen aus dem Geist einer gegenstands- und funktionsbezogenen «Sachlichkeit» setzte.

Ihren Ausgang hatte diese neue Ästhetik der «Sachlichkeit» (Thomas Nipperdey) von England genommen, von der «Arts-and-Crafts»-Bewegung, die gegen die vielfach – gerade auch in der Anwendung auf Gegenstände und Bereiche der Alltagswelt – im Sinnlosen, bloß Dekorativen erstarrenden Manierismen des Historismus für eine neue Form der Verbindung von Kunst und Handwerk eintrat. Material- und Funktionsgerechtigkeit, Klarheit, Echtheit, Gediegenheit sollten danach die neuen Grundsätze sein und damit zugleich zur Reform des Lebens und der Gesellschaft insgesamt beitragen. Die englischen Architekten griffen, als ebenso zweckmäßige wie sachliche Wohnform, die klassischen Hausfor-

Haus Mittelhof von Hermann Muthesius, 1914/15

men des 18. Jahrhunderts auf und ließen die Funktionen und das verwendete Material auch im Äußeren sichtbar werden, bei letzterem neben den roten Ziegeln in zunehmendem Maße der bereits erwähnte Beton.

Vor allem Hermann Muthesius, der 1896 auf kaiserliche Initiative hin «zur technischen Berichterstattung» an die deutsche Botschaft in London entsandt worden war, wo er bis 1904 blieb, wirkte als höchst einflußreicher Vermittler – er trug bis zu seiner Pensionierung im Jahre 1926 als Beamter im preußischen Handelsministerium die Verantwortung für die Reform der preußischen Kunstgewerbe- und Fachschulen – zwischen der englischen und der deutschen Architekturszene.[15]

In seinem 1902 erschienenen Buch über «Stilarchitektur und Baukunst» prangerte Muthesius die sinnentleerte Verwendung architektonischer Formen und Stile vergangener Epochen an. Das Buch erregte weit über den Kreis professioneller Architekten hinaus Aufsehen; auch Rathenau hat es wohl gekannt. Diesem Buch ließ Muthesius 1904/05 ein dreibändiges Werk mit dem Titel «Das englische Haus» folgen, in dem er dessen prunklose Behaglichkeit und die sich darin aussprechende Verbindung mit der Natur als vorbildlich schilderte. In einer Reihe von Häusern, die er aufgrund von Aufträgen privater Bauherren, die durch seine Bücher inspiriert worden waren, im sogenannten Landhausstil errichtete, setzte er seine Theorien in die Praxis um und wurde rasch zu einem der gefragtesten Architekten der Zeit.

Festspielhaus Dresden-Hellerau von Heinrich Tessenow, 1910–1912

Als Muthesius im Frühjahr 1907 in seiner Antrittsvorlesung an der Berliner Handelshochschule abermals gegen die Stilimitationen und den «unechten Prunk» der zweiten Hälfte des 19. Jahrhunderts zu Felde zog und eine Abkehr von all dem forderte, rief er allerdings bei den auf diesem Gebiet engagierten Handelskreisen lebhaften Protest hervor. Der «Fachverband zur Wahrung des wirtschaftlichen Interesses des Kunstgewerbes» richtete ein Gesuch an den Kaiser, Muthesius sofort aus seiner amtlichen Stellung zu entfernen. Das Gesuch hatte zwar keinen Erfolg, aber in Reaktion auf diese Angriffe schlossen sich noch im gleichen Jahr reformwillige Künstler, Industrielle und Kunstfreunde, unter anderen Peter Behrens, der zum künstlerischen Beirat der AEG gehörte, in München im «Deutschen Werkbund» zusammen, der den abwesenden Muthesius – er war mit Rücksicht auf seine amtliche Stellung der Gründungsversammlung ferngeblieben – zum zweiten Vorsitzenden wählte.[16] Muthesius war auch einer der Gründer der gleichfalls nach englischem Vorbild ins Leben gerufenen Gartenstadt Hellerau bei Dresden, einem der Zentren des «neuen Bauens», in dem auch der gerade dreißigjährige, aus Rostock stammende Heinrich Tessenow wirkte.

Tessenow war bisher schon mit Planungen und Entwürfen für den Bau von Wohnungen für Angehörige sowohl des neuen Mittelstandes als auch der Arbeiterschaft hervorgetreten, die deren veränderten Lebensformen und Lebensbedürfnissen Rechnung tragen sollten. Er errichtete in Hellerau eine große Zahl entsprechend konzipierter und in die Umwelt eingefügter Reihenhäuser, für die er teilweise auch die Möbel entwarf. Vor allem aber baute er hier in den Jahren 1910 bis 1912 die «Bildungsanstalt Jaques-Dalcroze», so benannt nach dem schweizerischen Musikpädagogen Émile Jaques-Dalcroze, einem Schüler von Anton Bruckner und Léo Delibes, der mit seiner «Rhythmiklehre» und der darauf gründenden «Ausdrucksgymnastik» den modernen Ausdruckstanz und das Pantomimentheater inspirierte und der von 1911 bis 1914 der erste Leiter der «Bildungsanstalt» wurde; aus ihr gingen unter anderem Rudolf Bode und Mary Wigman hervor.

Mit dieser «Bildungsanstalt» war zugleich das Festspielhaus verbunden. Es wurde in seiner ganz auf Funktionalität und Praktikabilität abgestellten Schlichtheit, die doch zugleich eindrucksvoll an die klassische Formensprache anknüpfte, gleichfalls sehr rasch zu einer Ikone des «neuen Bauens». Tessenow wurde 1911 an die Kunstgewerbeschule in Wien, 1920 an die Kunstakademie in Dresden berufen und wechselte 1926 als Professor an die Technische Hochschule in Berlin-Charlottenburg, wo er überall als Lehrer großen und weitreichenden Einfluß gewann. Zu seinen wichtigsten Werken gehören neben dem Festspielhaus in Hellerau unter anderem die Neugestaltung des Innenraums von Karl Friedrich Schinkels «Neuer Wache» in Berlin aus dem Jahre 1930. Sie baute er im Auftrag des Reiches zu einem durch seine Schlichtheit und Würde beeindruckenden Ehrenmal für die Gefallenen des Weltkrieges um, das die Nationalsozialisten dann in «Reichsehrenmal» umbenannten, ansonsten aber ungeachtet der inzwischen als Protagonist des «neuen Bauens» beiseite geschobenen Person seines Schöpfers unangetastet ließen.

Ein weiterer wichtiger Impuls für die Architektur des «neuen Bauens» war noch vor Muthesius von Darmstadt ausgegangen. Hier hatte Großherzog Ernst Ludwig von Hessen-Darmstadt, ein entschiedener Förderer der modernen Kunst, 1899 auf der Mathildenhöhe der Residenzstadt eine eigene Künstlerkolonie gegründet, die schon bald ein weit ausstrahlendes Zentrum des «art nouveau», des im deutschsprachigen Raum dann sogenannten Jugendstils wurde. Sie sollte einer Erneuerung der Kunst und in ihrem Gefolge der Gesellschaft in allen Bereichen dienen, also ein exemplarisch wirkendes Gesamtkunstwerk unter Beteiligung von Architekten, von Malern, von Bildhauern, von Innenraumgestaltern, von Gartenarchitekten und von, modern gesprochen, Designern schaffen.

Mit diesem Ziel war eine Reihe von Künstlern aus den verschiedenen Gebieten berufen worden, die sich durch ihre Werke im Sinne des neuen Kunststils, des Jugendstils, hervorgetan hatten.[17] Es waren dies vor allem der Architekt Peter Behrens, der, bei seiner Berufung Anfang drei-

Mathildenhöhe in Darmstadt

ßig, als Maler und Designer begonnen hatte und eines der Gründungsmitglieder der Münchener Sezession von 1892 gewesen war, sowie der nur wenige Monate ältere Joseph Maria Olbrich, Mitarbeiter von Otto Wagner in Wien und eines der Gründungsmitglieder der dortigen Sezession von 1897. Beide waren auch als Innenarchitekten und Gestalter von Gebrauchsgegenständen hervorgetreten. Ähnliches gilt für die fünf übrigen Künstler, die gemeinsam mit Behrens und Olbrich berufen wurden: für den Ende zwanzigjährigen Ludwig Habich aus Darmstadt, für den gleichaltrigen Rudolf Bosselt und den fünf Jahre älteren Hans Christiansen sowie für die beiden Jüngsten, Paul Bürck und Patriz Huber, beide eben zwanzig, alle also auch dem Lebensalter nach Repräsentanten des Aufbruchs, des Neuen.

Unter Federführung von Olbrich entwarfen diese sieben ein Programm sowohl für die Errichtung und die Ausstattung von Ateliers, von

Wohnhäusern für die Künstler und ein Ausstellungsgebäude als auch für eine große Ausstellung auf der Mathildenhöhe, die unter dem Titel «Ein Dokument deutscher Kunst» bereits 1901 stattfand. Durch diese Ausstellung sowie die Präsentation der in jeder Hinsicht, was Architektur, innere Ausformung, Ensemblebildung bis zur Einrichtung und Ausstattung anging, modellhaft gestalteten Wohnhäuser, Ateliers und Ausstellungsräume wurde Darmstadt neben München zu einem Zentrum des Jugendstils. Vor allem Olbrich prägte das Gesicht des Ganzen, ergänzt durch Peter Behrens, der sein Haus von Grund auf selbst gestaltete. Schon 1906 allerdings wurde die Idee der Künstlerkolonie aufgegeben, und mit dem frühen Tod von Olbrich im Jahre 1908 verlor das ganze Unternehmen seine treibende Kraft.

Aber nicht nur in München und Darmstadt prägte der neue Stil Architektur und Innenarchitektur, Kunstgewerbe und Design. Fast gleichzeitig wurde in Weimar unter dem Protektorat des dortigen Großherzogs der noch nicht vierzigjährige Henry van de Velde zum künstlerischen Berater und dann zum Direktor der neugegründeten Kunstgewerbeschule berufen, der zu einem der Hauptrepräsentanten des neuen Stils in Deutschland wurde, vor allem durch seine Arbeiten für den Sammler und Mäzen Karl Ernst Osthaus in Hagen, der dort in Hohenhagen ein Künstlerzentrum nach dem Darmstädter Vorbild gegründet und van de Velde mit dessen Gestaltung wie mit dem Bau seines Wohnhauses beauftragt hatte. Auch Rathenau, der sich inzwischen als Publizist und als Kenner zeitgenössischer Kunst und Architektur einen Namen gemacht hatte, gehörte wie Tschudi, Liebermann, Klinger, Richard Dehmel, den er im Herbst 1909 persönlich kennenlernte, wie Gerhart Hauptmann, Graf Kessler, von Bodenhausen, Hugo von Hofmannsthal oder Max Halbe zu denjenigen, die man zur Unterzeichnung eines Aufrufs an Max Reinhardt aufforderte, van de Velde den Entwurf eines geplanten Festspielhauses in Salzburg zu übertragen – eines Aufrufes, der zugleich ein Manifest der ästhetischen Opposition gegen den Wilhelminismus darstellte.

Rathenau freilich lehnte es dann doch ab, sich an einem solchen Aufruf zu beteiligen. Er lasse van de Velde, schrieb er an Maximilian Harden, zwar als «Propagandisten» der neuen Richtung gelten, als «Maler-Architekten-Schreiner-Decorateur» aber schätze er ihn weniger. Da sei Messel – der nach dem Tod von Erich Rathenau Anfang 1903 eine Grabstätte für die Familie Rathenau und dann auch das Hauptverwaltungsgebäude der AEG entworfen hatte – mit seinem Bekenntnis zu Klarheit und Funktionsgerechtigkeit doch ein anderes Format, «ein

Turbinenfabrik der AEG von Peter Behrens, 1908/9

wahrer Künstler und eine andere Persönlichkeit, als der bewegliche ‹Ersatz Goethe›».[18]

Ungleich wichtiger wurde dann allerdings für Rathenau und für das «neue Bauen» und die Architektur in Deutschland insgesamt Peter Behrens, der führende deutsche Architekt der Jahre unmittelbar vor 1914 und eigentliche Exponent des Aufbruchs der Architektur in die Moderne. Sein Wirken im Rahmen der Darmstädter Künstlerkolonie hatte ihn zu einem der Exponenten des Jugendstils werden lassen mit seiner dekorativ-pretiösen und zugleich am Naturhaften orientierten Formensprache, die eine entschiedene Abkehr von den als künstlich und konventionell empfundenen Bauformen der Vergangenheit bedeutete. Auch hiervon allerdings wandte er sich in den nächsten Jahren ab und wurde zum Wortführer eines streng rationalen und zugleich ganz auf die Funktion des jeweiligen Gebäudes oder Gegenstandes bezogenen Stils. 1907 stellte ihn die AEG als Chefarchitekten, Kunstberater und Designer ein.

In dieser Eigenschaft revolutionierte Behrens in den folgenden Jahren den Industrie- und Fabrikbau. Mit der Berliner Turbinenfabrik an der Huttenstraße von 1908/9, mit der Hochspannungsfabrik von 1910 und dann 1911/12 mit der Maschinenhalle in der Brunnenstraße schuf er weithin wirkende, exemplarische Monumente des «neuen Bauens». Sie verbanden Sachlichkeit, Funktionalität und Materialgerechtigkeit mit einem Stil der auf Einfachheit und Klarheit abhebenden Monumentalität, der das, wozu das Gebäude diente, nicht verkleidete, sondern betonte. Dabei dominierten neben den vielfach offen gezeigten Ziegeln moderne Materialien wie Glas und Stahl. In diesem Stil, wenngleich auf die ganz andere Funktion ausgerichtet, errichtete Behrens in der gleichen Zeit wie die Maschinenhalle in der Berliner Brunnenstraße den Neubau der deutschen Botschaft in St. Petersburg und das Verwaltungsgebäude von Mannesmann in Düsseldorf.

Diese Bauaufgaben ließen sich nur durch ein großes Büro bewältigen, und dieses Büro wurde zu einer Art Pflanzschule des «neuen Bauens». Die großen Architekten der Zeit nach 1920, Walter Gropius, Mies van der Rohe, Le Corbusier, sind durch dieses Büro gegangen und haben daran anschließend den neuen Baustil zum weithin vorherrschenden gemacht.

Behrens war freilich nur einer unter mehreren, die in dieser Zeit einen ganz neuen Baustil prägten. Auch der wesentlich ältere Alfred Messel gehörte, wie schon gesagt, mit seinen späteren Werken dazu, mit dem Kaufhaus Wertheim in Berlin, mit dem Darmstädter Landesmuseum, mit dem Verwaltungsgebäude der AEG von 1905. Dazu kamen mit Bruno Taut, mit dem schon genannten Hermann Muthesius, mit Heinrich von Tessenow und mit Hans Poelzig in Breslau eine Reihe von Architekten, die jeder für sich sehr eigenständig waren und im einzelnen ganz unterschiedlich gestaltete Bauwerke errichteten, aber in der Betonung von Funktionsbezogenheit und Formwille doch zu einer gemeinsamen Richtung gehörten.

Diese ganze Entwicklung hat Rathenau aufmerksam und engagiert, wenn auch in manchem kritisch verfolgt und sich auch immer wieder zu Fragen der Architektur und auch der Stadtgestaltung geäußert. Auch der Stil seines im wesentlichen von ihm selbst entworfenen, 1910 gebauten Hauses an der Königsallee in Grunewald zeigt deutlich den Einfluß des «neuen Bauens», vor allem auch der Landhausarchitektur von Muthesius. Das Engagement von Peter Behrens bei der AEG ging zwar in erster Linie auf den AEG-Direktor Paul Jordan zurück. Aber Rathenau, der seit 1907, seit seinem Ausscheiden aus der Leitung der Berliner Handelsgesellschaft, wieder eine sehr viel aktivere Rolle bei der AEG spielte – nach dem Tod seines jüngeren Bruders Erich im Jahre 1903 und seinem Eintritt in den Aufsichtsrat der AEG ein Jahr später gewann seine Position als «Kronprinz» zunehmend wieder an Bedeutung –, hat sich der

Walther Rathenaus Wohnhaus in Berlin, 1922

Verpflichtung von Peter Behrens, auch wenn er der ästhetischen Aufwertung und Überhöhung der Maschine und der maschinellen Massenproduktion eher kritisch gegenüberstand, sicher nicht widersetzt.[19] Er war mit Behrens als förderndes Mitglied der «Pan-Genossenschaft» – Behrens war seit 1898 Mitarbeiter des «Pan» – persönlich befreundet und begleitete sein Wirken trotz mancher Kritik im einzelnen, mit Aufmerksamkeit und Sympathie.

Das galt im übrigen damals für viele Vertreter der Bankenwelt und der Industrie wie Franz von Mendelssohn, Carl Fürstenberg, Felix Deutsch (von der AEG), den Sohn eines Oberkantors der Breslauer Synagoge und engagierten Anhänger etwa auch der Musik von Richard Strauss – der über viele Jahre während seiner Berlinaufenthalte im Hause von Deutsch wohnte –, für Fritz Andreae, die Gebrüder Hansemann, Beckerath, Ravené oder Borsig, um nur einige Berliner Namen zu nennen; auch der spätere Krupp-Direktor Eberhard von Bodenhausen gehörte zu diesem Kreis, der die damalige ästhetische Avantgarde gezielt, auch materiell, förderte.

Ebenso intensiv wie mit der neuen Architektur beschäftigte sich der Neffe Max Liebermanns, selber ein begabter Zeichner, mit den neueren Richtungen in der Malerei[20], zu denen ihn seine Mitgliedschaft in der «Pan-Genossenschaft» schon früh zugleich in engere, auch persönliche

Verbindung gebracht hatte. Ungeachtet seiner individuellen Bevorzugung der einen dieser verschiedenen Richtungen und der Ablehnung einer anderen sah Rathenau freilich wie in den verschiedenen Richtungen und Hervorbringungen des «neuen Bauens» vor allem, wie viele an den künstlerischen Entwicklungen im wesentlichen nur passiv beteiligte Zeitgenossen, eines: den alle Gebiete des künstlerischen Lebens erfassenden Aufbruch und die in ihm verkörperte Oppositionshaltung gegen das Bestehende, gegen die immer noch weithin vorherrschenden Tendenzen der jüngeren Vergangenheit, gegen das also, was man dann als «wilhelminisch» und als «Wilhelminismus» bezeichnete.

Walther Rathenau. Gemälde von Edvard Munch, 1907

Dafür hatte sich seit Ausgang der 1880er Jahre der Ausdruck «die Moderne» eingebürgert, und als Vertreter, ja als Vorkämpfer einer so verstandenen künstlerischen, aber auch gesellschaftlichen und politischen und nicht zuletzt wirtschaftlichen «Moderne» verstand sich Rathenau, unbeschadet persönlicher Vorlieben und Abneigungen, von früh auf, und als ein solcher Parteigänger wurde er weithin angesehen. Zur genaueren Klärung dieser grundsätzlichen Ortsbestimmung und damit zugleich zur Verständigung über seinen Platz in jenem schrittweisen Prozeß der Durchsetzung der «Moderne», der die Epoche wie kaum etwas anderes charakterisiert, bedarf es einiger allgemeinerer, zugleich historisch zurück-, zeitlich wie sachlich weiter ausgreifender Bemerkungen.

Dabei ist zunächst einmal die zentrale, ja überragende Stellung dessen ins Auge zu fassen, was mit dem Begriff der «Kultur» in einem Zeitalter gemeint war, das in immer stärkerem Maße vom Bürgertum bestimmt wurde, das also mehr und mehr ein «bürgerliches Zeitalter» war – unbeschadet des fortdauernden gesellschaftlichen und vor allem politischen

Einflusses des Adels und der traditionellen Führungsschichten insbesondere in Deutschland und hier speziell im Reich und in Preußen.

Von früh auf hat sich das aus dem Stadtbürgertum hervorgegangene moderne Bürgertum vor allem über die gemeinsame Kultur definiert, die es zu einer übergreifenden, zu einer höheren Einheit zusammenschloß, jenseits der nach wirtschaftlicher Lage und sozialer Position sehr unterschiedlichen Stellung seiner einzelnen Vertreter.[21] Das Bürgertum verstand sich also von Anfang an wesentlich als Kulturgemeinschaft, und die Mitgliedschaft erwarb man sich, zumindest in der Theorie, mit der Teilhabe an dieser Kultur. Sie galt als Entreebillet in die bürgerliche Gesellschaft, in das Bürgertum im engeren Sinne, und Rathenau hat seine aktive Teilnahme am kulturellen Leben, seine Tätigkeit als Schriftsteller sehr bewußt auch in dieser Weise verstanden. Zugleich begriff man – und das galt auch für Rathenau ganz persönlich – die bürgerliche Kultur im Unterschied etwa zur höfischen, zur geistlichen, zur Adelskultur oder dann auch zur sogenannten Arbeiterkultur als die allgemeine Kultur, als das, was Schichten, Klassen, auch, jedenfalls im europäischen Raum, Nationen übergriff und zugleich verband.

Kaum etwas hat in der Geschichte des modernen Bürgertums eine festere und zugleich längere Tradition als der Gedanke, daß das Bürgertum auch und vor allem eine Kulturgemeinschaft sei, Träger und Wortführer einer über das Bürgertum weit hinausreichenden, einer allgemeinen Kultur. Bürgerliche Kultur, das war nach Anspruch und zunehmend auch nach Inhalt gleichbedeutend mit «allgemeiner» Kultur, so wie die «bürgerliche Gesellschaft», die «societas civilis», die «Zivilgesellschaft», wie man später sagen sollte, das Modell, das Vorbild der Gesellschaft der Zukunft schlechthin werden sollte. Die gemeinsame Teilhabe und Teilnahme an allen Hervorbringungen und Werten der Kultur, einer erneuerten, von allen engen ständischen Grenzen befreiten Kultur – das sollte das übergreifende, zusammenführende und zusammenhaltende Band sein, weit über das Bürgertum im engeren Sinne hinaus.

Dabei verstanden sich die geistigen Führer und Repräsentanten durchaus als Schöpfer und Träger dieser erneuerten, der «allgemeinen», eben der «bürgerlichen Kultur». «Wo käm die schönste Bildung her/ und wenn sie nicht vom Bürger wär», formulierte der Frankfurter Bürgersohn Goethe schon im 18. Jahrhundert und feierte die stände- und völkerverbindende Kraft der allgemeinen, der «bürgerlichen» Kultur. Diese sollte die geistliche, die höfische, die Adelskultur, auch die bäuerliche Kultur übergreifen, manche ihrer Elemente in sich aufnehmen und in einer höheren Einheit verschmelzen. So sollten gerade auf dem kulturellen Feld unter dominantem Einfluß der sogenannten Hochkultur und des Stadtbürgertums die verschiedenen gesellschaftlichen Gruppen und Traditionen zusammengeführt und miteinander verbunden werden. Von daher kam allen Aktivitäten auf diesem Gebiet eine weit über den Bereich der Kultur hinausreichende Bedeutung zu. Sie waren für den gesellschaftlichen Zusammenhalt ebenso wichtig wie für die politische Mobilisierung größerer sozialer Gruppen.

Der Schwerpunkt all dessen lag, wie gesagt, zunächst in der Stadt. Hier entwickelte das städtische Bürgertum nicht nur von den Inhalten, sondern auch von den Institutionen her zunehmend eine Konkurrenz zum Hof und zu den an ihn gebundenen staatlichen, aber auch zu den entsprechenden kirchlichen Einrichtungen, die sich ihrerseits im wachsenden Maße den bürgerlichen Initiativen und Bestrebungen, dem spezifisch bürgerlichen Kunst- und Kulturverständnis, öffneten.

In einer Stadt wie Mannheim beispielsweise, ursprünglich als eine Residenzstadt emporgekommen und ganz vom kurfürstlichen Hof bestimmt, hatte sich seit dem Weggang des Hofes ein solches sehr wesentlich zugleich von gemeinsamen Kultur- und Bildungsvorstellungen zusammengehaltenes und getragenes bürgerliches Gemeinwesen, eine «Stadt der bürgerlichen Gesellschaft» entwickelt.[22] In ihr war Lili Kahn, die Tochter eines jüdischen Unternehmers und Bankiers aufgewachsen, der sich 25 Jahre lang im Mannheimer Stadtrat betätigte, daneben sozial- und kunstpolitisch wirkte und unter anderem dem dortigen Brahms-Club angehörte, der für einen Exponenten der damals neuesten Musik eintrat. Die 1869 geborene Lili Kahn, eines von acht Geschwistern, die in vielfältiger Weise Karriere machten, heiratete 1893 den bereits erwähnten elf Jahre älteren AEG-Direktor Felix Deutsch und machte ihr Haus in Berlin und dann auch den luxuriösen Landsitz Mittelschreiberhau im Erzgebirge, den sich die Deutschs ganz in der Nähe der Grundstücke von Gerhart Hauptmann und Werner Sombart 1907 hatten bauen lassen, zu einem Treffpunkt von Kunst, Wissenschaft und industriellem Großbürgertum. In ihrem Berliner Haus verkehrten unter vielen anderen Gerhart Hauptmann und Richard Strauss und eben auch der zwei Jahre ältere Walther Rathenau, mit dem die viel gerühmte Schönheit seit Anfang 1906 eine lang andauernde, aber bis zuletzt platonisch bleibende Liebesbeziehung verband, an der ihr Mann offenbar nur geringen Anstoß nahm.[23]

Aber zurück zu den übergreifenden Zusammenhängen, in denen dieses Kulturbürgertum wurzelte und von denen es seinen Ausgang nahm, zu den es tragenden Ideen und Leitbildern! Eine große Rolle spielten

Lili Deutsch

hier schon früh die Bildungsreformen des sogenannten Neuhumanismus, die vom Staat und vom städtischen Bürgertum gemeinsam vorangetrieben wurden. Aber auch von der Entwicklung des Theaters und der Resonanz, die dieses in der stadtbürgerlichen Gesellschaft fand, gingen starke Einflüsse aus. Die Bühnen der Hoftheater öffneten sich inhaltlich und auch hinsichtlich des Zugangs zunehmend dem städtischen Publikum, und ganz neue Theater wurden mit entsprechenden Ansprüchen als «Nationaltheater» konzipiert – nicht nur in Hamburg, sondern auch im kurfürstlichen Mannheim, wo unter der Intendanz des kurfürstlichen Intendanten, des Reichsfreiherrn Wolfgang Heribert von Dalberg, beispielsweise 1782 Schillers «Räuber», dann auch «Kabale und Liebe» uraufgeführt wurden.

Und ähnliches galt im weiteren dann auch für die Oper, die sozusagen höfischste Kunstgattung von allen, die dann zu einer Domäne spezifisch bürgerlichen Kunst- und Musikverständnisses wurde. Auch die ursprünglich höfischen Kunstsammlungen und Museen wurden mehr und mehr der Öffentlichkeit, und das hieß erst einmal der bürgerlichen Öffentlichkeit, geöffnet; in Frankreich wurde diese Öffnung, beispielgebend, im Fall der königlichen Kunstsammlungen des Louvre in einem revolutionären Akt erzwungen. Parallel dazu traten bürgerliche Stiftungen wie das Städelsche Kunstinstitut in Frankfurt am Main und entsprechende städtische Einrichtungen in Erscheinung.

Auf breiter Front bildete sich in der gleichen Zeit ein öffentliches Konzertwesen heraus, das einer großen Zahl von Musikern und Komponisten unabhängig vom Hof und von großen Adelshäusern Arbeit und Brot verschaffte. Zugleich begünstigte diese Entwicklung hier wie in vielen anderen kulturellen Bereichen das Entstehen eines neuen Künstlertypus, der, relativ unabhängig von konkreten Aufträgen, auf seine künstlerische Autonomie pochte und mit wachsendem Selbstbewußtsein auf der Selbständigkeit seines Werkes beharrte.

An die Stelle des Urteils der meist sehr kunstverständigen höfischen und adligen, auch geistlichen Auftraggeber, das über Erfolg oder Mißerfolg der künstlerischen Hervorbringungen entschied, trat etwas anderes: das durch die öffentliche Kritik vermittelte Votum des «allgemeinen Kunstgeschmacks», das einen zunehmenden Druck auf die Künstler ausübte. Es stellte sie vor die Wahl, sich entweder diesem Votum anzupassen und ihm zu folgen, auch wenn es in wachsendem Maße kurzlebigen Moden mit einem Hang zum Banalen entsprach, oder sich mit der – auch materiell beengten – Existenz des nur von wenigen Kennern anerkannten Künstlers mit entsprechender Distanz zu der Gesellschaft, eben der nun von hier aus zunehmend negativ akzentuierten «bürgerlichen Gesellschaft» abzufinden.

Das allerdings war eine Entwicklung, die erst in der zweiten Hälfte des 19. Jahrhunderts deutlicher hervortrat. Über die Gründe wird noch ausführlicher zu reden sein. Zunächst, im ausgehenden 18. und in den ersten Jahrzehnten des 19. Jahrhunderts trat all das wohltätig in Erscheinung, was mit der Emanzipation der Kunst und der Kultur im allgemeinen aus den höfischen, adligen, geistlichen, mit einem Wort den ständischen Fesseln im Zeichen des allgemeinen, des «bürgerlichen» Kunst- und Kulturverständnisses verbunden war.

In den Städten entfaltete sich, das Bürgertum jenseits der je speziellen Berufe und Interessen integrierend, eine breite Kulturszene auf den unterschiedlichsten Gebieten bis hin zu einem weit gefächerten Unterhaltungsangebot. Bücher und Zeitschriften wandten sich zunehmend nicht mehr allein an den Fachmann, den Theologen, den Mediziner, den Juristen, sondern an ein allgemeines Publikum, dem es mehr als ein fachspezifisches Wissen zu vermitteln suchte. Dieses Wissen wurde zwischen den auf diese Weise «Gebildeten» in den zahlreich entstehenden Lesegesellschaften und den gleichzeitig begründeten allgemeinen bürgerlichen Vereinen ausgetauscht, die sich «Casino», «Harmonie» oder «Concordia» nannten und als erste Bedingung der Mitgliedschaft stets die «Bildung» aufführten. Diese Bildung wurde, auch in verkürzter Form, in den sogenannten «Conversationslexika» vermittelt, die in dieser Zeit entstanden und bald in kaum einem bürgerlichen Haushalt fehlten. Hier war Wissen aus allen Lebensgebieten und aus allen Kulturbereichen zusammengetragen, und zwar ausdrücklich nicht für den Spezialisten, den Fachmann, sondern für den gebildeten Laien, der durch Teilhabe an diesem allgemeinen Wissen erst zu einem vollgültigen Mitglied der bürgerlichen Gesellschaft wurde, mit ihm aber auch zugleich ein Entreebillet zu dieser Gesellschaft erwarb – zumindest in der Theorie weitgehend unabhängig von seinen gesellschaftlichen und ökonomischen Verhältnissen, aber auch seiner jeweiligen politischen Einstellung.

Dieser Grundtendenz entsprach, daß auf dem Gebiet der literarischen Produktion, also dem Gesamtbereich der gedruckten Schriften und Werke, die Fachliteratur vornehmlich theologischen Inhalts, was ihre Zahl und den Grad ihrer Verbreitung anging, mehr und mehr abgelöst wurde durch die allgemeine, die sogenannte «schöne Literatur», durch Romane, Erzählungen, auch Gedichtbände. In dieser «schönen Literatur» spiegelten sich zugleich die Lebensverhältnisse, die Lebensanschauungen und die Lebenserwartungen vornehmlich der bürgerlichen Schicht, die aber zugleich ins Allgemeinmenschliche übersetzt wurden und beanspruchten, die «conditio humana» wiederzugeben. Auch und gerade die «schöne Literatur» war zwar in ihren Stoffen und insbesondere in dem, was sie an Grundvorstellungen und Anschauungen, auch schlicht an Lebensumständen vermittelte, vom bürgerlichen Milieu geprägt, aus dem die Mehrzahl der Autoren stammte. Aber sie reichte weit über dieses Milieu hinaus, wandte sich an ein «allgemeines Publikum», zu dem jeder zählte und sich rechnen konnte, der als Leser in diese Welt eintrat.

Einen vergleichbaren Aufschwung verzeichnete das Museums- und Ausstellungswesen, wobei das Interesse des Publikums zunächst hier wie in der Musik, in der Literatur, auch in der Architektur mit Einschluß der Innenarchitektur vor allem der zeitgenössischen Kunst galt. Die Kunstvereine, die vielerorts in den 1830er und 1840er Jahren entstanden, spielten hier zusätzlich eine belebende Rolle, da sie ihre Aufgabe anfangs vornehmlich auch in der Verbreitung und Förderung der damals neuen, der in diesem Sinne modernen Kunst sahen und entsprechende Ausstellungen veranstalteten sowie in den sogenannten Jahresgaben für ihre Mitglieder in spezieller Weise auf die neuesten Produktionen hinwiesen.

Eine starke Belebung des Kulturlebens und der kulturellen Aktivitäten ging auch von den zahlreichen übrigen städtischen Vereinen aus, die in jenen Jahren entstanden, von den naturkundlichen Vereinen, von den Geschichtsvereinen, von den archäologischen Vereinen, von den Heimatvereinen unterschiedlichster Zielsetzung und Provenienz. Sie bündelten und lenkten die entsprechenden Interessen und belebten sie zugleich durch die regelmäßige Veranstaltung von Vorträgen, von Exkursionen, von fachmännisch geführten Besichtigungen. Auch die Institutionen der Erwachsenenbildung blühten auf und zogen immer mehr Menschen an. Parallel dazu rückten öffentliche Einrichtungen wie Museen, die sich, wie gesagt, schon seit Beginn des 19. Jahrhunderts dem allgemeineren Publikum geöffnet hatten, seit den 1870er und 1880er Jahren, ihren allgemeinen Bildungsauftrag zunehmend in den Mittelpunkt ihrer Arbeit. Das galt auch hinsichtlich der Präsentation ihrer Objekte. Diese wurden, soweit sie von allgemeinerer und exemplarischer Bedeutung waren, jetzt in speziellen Schausammlungen vorgeführt, während die Fülle des Gesammelten in Magazinen und Spezialkabinetten der Besichtigung und wissenschaftlichen Bearbeitung durch den Spezialisten und engeren Fachmann zur Verfügung stand.

Hier wie vielerorts wurde deutlich, in wie starkem Maße Kultur und alle kulturellen Aktivitäten zugleich auf ein allgemeines, sich ständig verbreiterndes Publikum ausgerichtet waren. Dahinter stand die Überzeugung, daß über und mit der Kultur in allen ihren Erscheinungsformen nicht nur die Bildung des einzelnen und wachsender gesellschaftlicher Gruppen vorangetrieben werde, sondern daß durch diesen Bildungsprozeß gleichzeitig der gesellschaftliche Integrationsprozeß breiter Kreise zunächst des Bürgertums im engeren Sinne, dann aber auch weit darüber hinaus vorankommen werde, Kultur also jenseits aller ökonomischen und sozialen Unterschiede und Differenzen gemeinschaftsbildend wirke.

Das war sicher eine instrumentelle, wesentlich auch politisch akzentuierte Auffassung von Kultur und vor allem von kulturellen Aktivitäten aller Art. Aber sie spiegelt zugleich eine ideellere Grundvorstellung von der Rolle der Kultur und ihrer Bedeutung im Leben der Gemeinschaft. Erst über die Vermittlung von kulturellen Werten, von Bildung und damit von gemeinsamen Grundüberzeugungen, wachse eine Gruppe von Menschen, ja schließlich eine ganze Gesellschaft von Individuen zu einer Gemeinschaft zusammen. Sie forme am Ende, zumindest in Grundfragen, einen gemeinsamen Willen und werde so schließlich gemeinsam handlungsfähig.

Aus dieser Vorstellung ist das dann viel verwendete Schlagwort erwachsen: Volksbildung ist Volksbefreiung, nämlich der Gedanke, daß über die Bildung, allgemeiner gesagt über die Vermittlung übergreifender Kulturgüter, der einzelne geistig selbständig und gleichzeitig in die Gemeinschaft integriert werde. Hierin steckte zugleich das dynamische, soziale Grenzen, Schichten wie Klassen übergreifende Element dieses Bildungsgedankens.

Gerade hieran allerdings, an der Erfahrung, daß die historische Realität ganz anders aussah, spaltete sich dann, definitiv seit Ausgang des 19. Jahrhunderts, die bürgerliche Bewegung. Während die einen sich auf den bürgerlichen Bereich im engeren Sinne zurückzogen, in ihm, in dem wirtschaftlich und gesellschaftlich etablierten «alten Bürgertum», den eigentlichen Träger aller Kultur sahen, beharrten die anderen auf dem Gedanken, daß über die Verbreitung von Bildung und Kultur eine ganz neue Form der Gemeinschaft entstehe und diese Gemeinschaft prinzipiell jedem offenstehen müsse. Ja, sie sahen in der Verbreitung von Bildung und Kultur zugleich ein Mittel, die Gesellschaft insgesamt zu «zivilisieren», also eine ganz neue Form der Zivilgesellschaft zu schaffen.

Kultur wurde von daher, so verschwommen die damit verbundenen Vorstellungen und Erwartungen auf den ersten Blick erscheinen mochten, zu einer Schlüsselkategorie in den Diskussionen und Zukunftskonzeptionen des ausgehenden 19. Jahrhunderts, und zwar weit über den Kreis der in diesem Bereich unmittelbar Tätigen hinaus. Man müsse ausbrechen aus den traditionellen Formen wie Einrichtungen, sich im Geist einer neuen Zeit neuen Möglichkeiten des Gestaltens, des Sehens, des Hörens zuwenden, sich neue Publika erschließen und mit ihnen zu neuen Ufern aufbrechen. Der hier gepredigte kulturelle Aufbruch wurde als ein gesamtgesellschaftlicher Aufbruch verstanden, bei dem die Erneuerung des kulturellen Selbstverständnisses des Menschen im Mittelpunkt stehen müsse. Von ihm aus werde dann der entscheidende Impuls für die Veränderung und Neugestaltung des gesamten gesellschaftlichen Lebens, in der Politik, in der Wirtschaft, in den sozialen Beziehungen, ausgehen.

Das war eine zunächst in vielem vage Stimmung, eine fin-de-siècle-Haltung verbunden mit der Erwartung, an der Schwelle einer neuen

Epoche zu stehen. Diese Stimmung und Erwartung teilte sich jedoch in überraschend kurzer Zeit einer großen Zahl von Menschen nicht nur in Deutschland, sondern in weiten Teilen Europas mit. Sie bildete das Fundament einer kulturellen und lebensweltlichen Aufbruchsbewegung, die Teile des Bildungsbürgertums und, von hier ausstrahlend, zunehmend größere Bereiche der Gesellschaft erfaßte. Von dieser Aufbruchsbewegung, an der Rathenau, anders als sein Vater, sehr bewußt und aktiv teilnahm, soll nun die Rede sein.

Träger, Zielsetzung und Schwerpunkte der Aufbruchsbewegung

Gleichsam an der Basis dieser allgemeinen Aufbruchsbewegung standen zwei besondere Bewegungen, die auch mit diesem eher unbestimmten, aber zugleich Dynamik und Veränderungswillen signalisierenden Begriff bezeichnet und charakterisiert wurden: die Lebensreform- und die Jugendbewegung. Beiden gemeinsam war zunächst einmal die Frontstellung gegen die Vergangenheit, gegen all das, was man als verstaubt, verkrustet, auch vielfach – das wurde nun zu einem pejorativen Ausdruck – als «bürgerlich» bezeichnete. Davon wollte man sich, pochend auf das Recht einer neuen, jungen Generation, lösen, eine neue Welt errichten.

Zunächst zur Lebensreformbewegung:[1] Der Begriff bündelte, in den 1890er Jahren entstanden, eine große Zahl unterschiedlicher, nur locker oder auch gar nicht miteinander verbundener Bestrebungen und Initiativen. Da war einmal, als Kern, die Forderung nach einer «naturgemäßen» Lebensweise und vor allem Ernährung, die man speziell in der fleischlosen, also vegetarischen Kost verwirklicht sah. Neben die Vegetarier traten, sich nur in Teilbereichen personell mit ihnen überschneidend, die Anhänger der Naturheilverfahren – zahlenmäßig von allen Untergruppen die umfangreichste mit 1913 148000 Mitgliedern in 885 lokalen Vereinen.[2] Ferner die Siedlungsbewegung mit dem Ziel der Errichtung von Landkommunen auf der Basis von Gemeineigentum sowie die von England ausgehende Gartenstadtbewegung mit der Gründung von Gartenstadtgesellschaften; ein erstes Modell zur Errichtung einer solchen Gartenstadt wurde, wie erwähnt, 1906 in Hellerau bei Dresden ins Leben gerufen. Auch die Bodenreformbewegung gehört ebenso in diesen Zusammenhang wie die Antialkoholbewegung und die Bewegung der Nudisten, die zu Beginn des 20. Jahrhunderts entstand. Auch die Natur- und Heimatschutzbewegung fügt sich in diesen Kontext, die, durchaus unter Bejahung der landschaftlichen Veränderungen durch Industrie und Technik, dafür eintrat, daß diese Veränderungen planvoll, unter Berücksichtigung der Bedürfnisse und Interessen der jeweiligen Bevölkerung und den Traditionen der betreffenden Regionen, vorgenommen wurden und sich nicht wildwüchsig entfalteten. Ähnliches müsse auch für die Gestaltung der menschlichen Ansiedlungen, insbesondere für die in außerordentlichem Tempo wachsenden Städte und für die Architektur gelten.

Was alle diese Bewegungen jenseits ihrer jeweiligen konkreten Ziele und Schwerpunkte verband und es überhaupt erlaubt, sie trotz ihrer Heterogenität und mangelnden gemeinsamen Organisation als Einheit, eben als Lebensreformbewegungen, zu fassen, war ihr grundsätzlicher Ansatz, mit dem auch Rathenau sympathisierte: daß es einer grundlegenden Veränderung der durch Industrialisierung, Urbanisierung und wachsende soziale Spannungen verformten Existenzweisen bedürfe, die beim einzelnen Individuum und seiner bisherigen Lebensweise ansetzen müsse.

Auch in dieser Hinsicht hat sich der 1904 gegründete «Bund Heimatschutz» unter seinem Vorsitzenden Paul Schultze-Naumburg besonders profiliert. Seine guten Kontakte zu staatlichen Stellen eröffneten ihm einen starken Einfluß auf neue Bauordnungen, da auch viele in den Bauverwaltungen Tätige mit diesen Ideen sympathisierten, und die zahlreichen Bauberatungsstellen des Bundes entwickelten sich gleichzeitig zu einer Macht in der Baubranche. Ganz ohne Ironie sprach Rathenau in einem Brief an den Schriftsteller und Maler Hermann Burte-Strübe von dem «Verbrechen», das mit dem Bau des Kraftwerks Laufenburg «gegen die Stadt und den Rhein» in Burte-Strübes engerer badischer Heimat «verübt» werde, ein Verbrechen, an dem er, Rathenau – «ohne eigene Schuld» – beteiligt sei, da er dem Direktorium bzw. dem Verwaltungsrat der Züricher Elektrobank und der Berliner Handels-Gesellschaft angehöre, die das Kraftwerk mitfinanzierten.[3]

Von unterschiedlichen Ausgangspunkten her suchten alle diese Bewegungen einen prinzipiellen Neuanfang in die Wege zu leiten, den sie als eine Art Rückkehr zur Natur umschrieben – allerdings mit einer Einschränkung, die schon Jean-Jacques Rousseau in seinem «Discours sur les arts et les sciences» formuliert hatte. Es handle sich nicht darum, so hatte Rousseau betont, «in die Wildnis zurückzukehren, um dort mit den Bären zu leben, noch darum, die Bibliotheken zu verbrennen». Vielmehr gehe es darum, dem Leben seine Spontaneität und Ursprünglichkeit zurückzugewinnen und den Menschen von falschen Traditionen und Konventionen zu befreien – bei grundsätzlicher Bejahung der durch

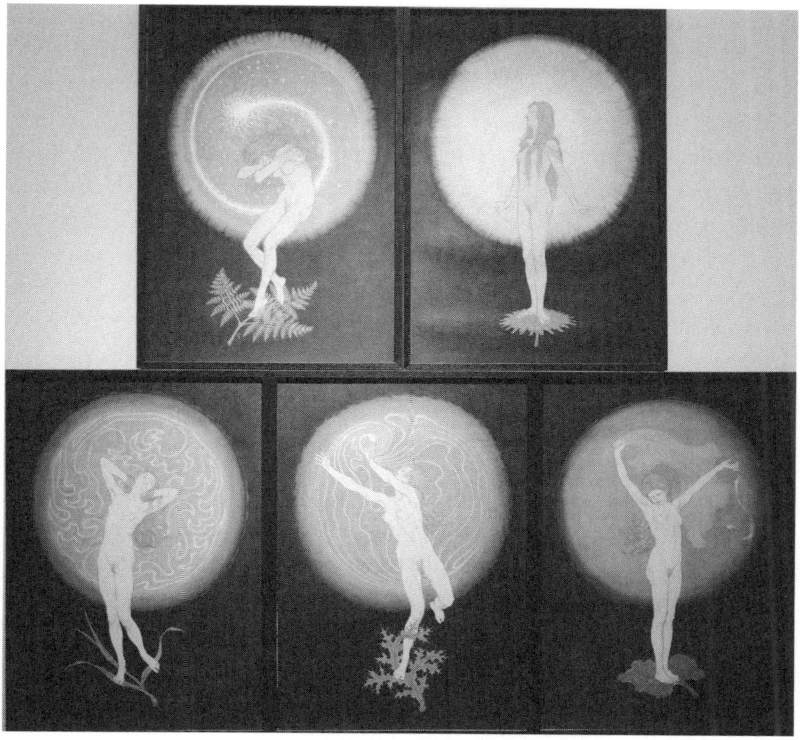

Tempeltanz der Seele von Fidus

die Industrialisierung und Technisierung herbeigeführten Veränderungen. Schlagwortartig verkürzt: Man lehnte mehrheitlich nicht die wesentlich von Industrie und Technik getragene Moderne als solche ab, sondern man wollte, wie Rathenau, den grundsätzlich als unvermeidlich betrachteten Prozeß der Modernisierung mit Blick auf die, wie man sagte, «wahre Natur des Menschen» und seine tatsächlichen Bedürfnisse gestaltet und gelenkt wissen. Dadurch sollte eine «andere Moderne» entstehen als die sich gleichsam naturwüchsig entfaltende Moderne der Zeit des ausgehenden 19. und beginnenden 20. Jahrhunderts.[4]

Bei den Anhängern der verschiedenen Lebensreformbewegungen war zwar weniger von der Kultur im weiteren Sinne und ihrer Bedeutung für die Gesellschaft die Rede als von der natürlichen Lebensweise, bezogen in erster Linie auf die «Kultur» des Körpers, auf den Bereich dessen, was man dann «Körperkultur» nannte. Aber im Hintergrund stand doch auch bei ihnen – und das verlieh der Gesamtheit der Bewegungen ihre allgemeinere Bedeutung – der Gedanke, daß die naturgemäßere Lebensweise auch dem ganzen Bereich der Kunst und Kultur, ja des geistigen Lebens generell einen anderen Charakter verleihen werde, und zwar für alle, die daran, sei es aktiv oder auch nur passiv, teilnähmen und teilhätten.

Auf diese Weise wurden von Seiten der verschiedenen Reformbewegungen und weit über diese hinaus kulturelle Aktivitäten in den Mittelpunkt gerückt und nahmen gleichzeitig als Vermittler, ja als Stifter von Lebenssinn den Platz ein, den bisher Kirche und Religion eingenommen hatten. Man sprach von einer förmlichen «Kulturreligion» und betonte den quasi kultischen Charakter der Kultur.

Das galt beispielsweise in ausgeprägtem Maße für Rudolf Steiner und seine Theosophie. In ihr gingen aus christlichen und buddhistischen Bestandteilen synkretistisch vermischte religiöse und lebensreformerische Elemente eine Verbindung ein, die sich vor allem auch in kultischen Mysteriendramen und Weihfestspielen sowie im theosophischen Ausdruckstanz als eine neue Weltanschauung präsentierte. Körper und Seele sollten danach in Reaktion auf den naturwissenschaftlichen Positivismus, der Leib und Seele getrennt hatte, zu einer neuen Einheit finden, wobei dem Körper, seiner naturgemäßen Ernährung und seiner, durch die Eurythmie gestärkten, natürlichen Harmonie eine zentrale Rolle zugeschrieben wurde.

Hier knüpften Steiner und seine Jünger zugleich an Friedrich Nietzsche an, dessen Schriften in der gesamten Lebensreformbewegung eine zentrale Rolle spielten. So sehr Nietzsche freilich im Hinblick auf die Leib-Seele-Problematik die Rolle des Leibes, des Körpers betont hatte – «Leib bin ich ganz und gar, und Nichts außerdem; und die Seele ist nur ein Wort für ein Etwas am Leibe», hieß es im «Zarathustra»[5] –, sein Denken blieb beherrscht von der Idee, daß der Mensch und die menschliche Gesellschaft nur durch die Kunst befreit und zu neuem Leben geführt werden können. «Sie ist die große Ermöglicherin des Lebens, die große Verführerin zum Leben, das große Stimulans des Lebens.»[6]

Lebensreform wurde in diesem Sinne zugleich als Kulturreform verstanden oder jedenfalls als ein Weg zu einer solchen umfassenden und grundlegenden Reform. Wie diese Kulturreform im einzelnen aussehen sollte, welche Wege die einzelnen Lebensreformbewegungen dazu konkret beschreiten wollten, braucht uns in diesem Zusammenhang nicht näher zu beschäftigen. Vieles an diesen Reformplänen war utopisch, manches auch verstiegen oder naiv. Es geht nur darum, die Unruhe, die Erwartungshaltung und den grundsätzlichen Reformwillen deutlich zu machen, der von den Lebensreformbewegungen ausging und das allgemeine Klima sehr stark prägte – bis hinein in die literarischen und intellektuellen Kreise einer Großstadt wie Berlin, in denen sich der junge Rathenau bewegte.

In diesem Zusammenhang muß von einem noch kurz die Rede sein: von den Verbindungsgliedern, die den, wenngleich indirekten, Zusammenhang zwischen den für sich betrachtet sehr unterschiedlichen und weit voneinander entfernten Milieus stifteten, also von den sozialen Kräften, die auch diese Bewegungen im wesentlichen trugen und ihr Gesicht, auch ihren Einflußbereich bestimmten. Es handelte sich dabei einerseits vor allem um Angehörige der neuen Bildungsschicht, des neuen Bildungsbürgertums, und zum anderen um Angestellte aus den verschiedenen Berufs- und Lebensbereichen, meist um Bezieher mittlerer Einkommen mit einem entsprechenden Lebensstil, und um Beamte des gleichen gesellschaftlichen Zuschnitts. Es waren hier also im wesentlichen Vertreter des «neuen Bürgertums» vereinigt, die von einer einschneidenden Veränderung der gesellschaftlichen Verhältnisse und der von ihnen bestimmten kulturellen Situation am meisten zu erwarten hatten und dementsprechend mehrheitlich auf die Zukunft setzten. Hingegen waren Repräsentanten des «alten Bürgertums» in ihren Reihen nur spärlich vertreten, und auch die Arbeiterschaft spielte anfangs nur eine marginale Rolle.

Ähnliches gilt auch für die Anhänger und Wortführer der anderen, das gesellschaftliche Klima und die zeitgenössischen Diskussionen stark bestimmenden Basisbewegungen in den zweieinhalb Jahrzehnten vor 1914, für die sogenannte Jugendbewegung – nur daß diese, wie der Name sagt, vor allem die Jugendlichen, also Menschen in ihrem zweiten und dritten Lebensjahrzehnt, umfaßte und erfaßte[7] und daß in ihr auch Kinder aus Familien des «alten Bürgertums» in größerem Maße vertreten waren.

Vielleicht noch stärker als die Lebensreformbewegung war die Jugendbewegung eine Bewegung des Aufbruchs, eine Bewegung, die einen grundlegenden Wandel in allen Lebensbereichen unter Voranstellung des geistig-kulturellen Bereichs auf ihre Fahnen geschrieben hatte.[8] Zugleich war sie in ausgeprägter Weise eine Protestbewegung gegen die «bürgerliche Welt», aber auch gegen die Folgen der vielerorts von ganz einseitigen, egoistischen Interessen gesteuerten Verstädterung, der Urbanisierung und der Industrialisierung mit ihrer immer schärferen Trennung und Frontstellung zwischen den verschiedenen sozialen Schichten und Klassen. Hiergegen setzte man das freie, ungebundene Leben in der

Zeltlager der Pfadfinder, um 1930

Natur und hieran anknüpfend und hierauf aufbauend einen ganz neuen Lebensstil. Dessen künstlerische Ausformung wurde dann verallgemeinernd und auch viele andere Elemente einbeziehend als «Jugendstil» bezeichnet. Hand in Hand ging damit die Forderung nach einer neuen «Beseelung» des gesellschaftlichen Lebens, von der dann auch Rathenau im zweiten seiner Hauptwerke unter dem Titel «Zur Mechanik des Geistes», erschienen 1913, handeln sollte, dem er später, in seinen 1918 erschienenen «Gesammelten Schriften», den Untertitel «Vom Reich der Seele» hinzufügte.

Die Anfänge dieser Jugendbewegung datieren aus der Zeit des ausgehenden 19. Jahrhunderts. 1896 schlossen sich Gymnasialschüler in Steglitz, einem erst später eingemeindeten Ort im Süden Berlins, zum gemeinsamen Wandern zusammen. An dieses Vorbild anknüpfend oder auch unabhängig davon kam es vielerorts zur Bildung ähnlicher Gruppen mit vergleichbaren Zielen. Seit 1901 nannten sich diese Gruppen, ihre lockere Gemeinsamkeit betonend, nach dem Steglitzer Beispiel in verschiedenen Abwandlungen «Wandervogel» – der Name stammte von einem der Führer der Steglitzer Gruppe, dem damals zwanzigjährigen Karl Fischer, und wurde 1912/13 zur reichsweiten Sammelbezeichnung der mittlerweile in einer großen Organisation, in einem eingetragenen Verein mit rund 25 000 Mitgliedern verbundenen einzelnen Gruppierungen. Zu ihnen gehörten inzwischen auch, Bildungs- und

Wandervogel

Geschlechtergrenzen bewußt überschreitend, sowohl Volksschüler als auch Mädchen.

Im Zentrum ihrer Aktivitäten stand die sogenannte «Fahrt», das gemeinsame Wandern in freier Natur und unter Verzicht auf jeden zivilisatorischen Komfort. Man wanderte bei jedem Wetter und übernachtete in Scheunen, im Freien oder in Zelten. Man sorgte selbst für das Essen, für die Kleidung, die «Kluft», beteiligte sich am gemeinsamen Lagerleben mit Holzsammeln und Feuermachen, pflegte gemeinsam «Volkstänze» und «Volksmusik» und ließ sich von dem Ideal eines einfachen, naturverbundenen Lebens in der Gemeinschaft Gleichaltriger leiten. Diese sich spontan bildenden, von frei gewählten gleichaltrigen Jugendlichen geleiteten Gemeinschaften jeweils überschaubarer Dimension nannten sich «Horden», schon im Namen die Distanz zu den Geselligkeits- und Organisationsformen der Erwachsenenwelt betonend. War man nicht auf «Fahrt» so versammelte man sich in einem gleichfalls von der Erwachsenenwelt abgeschirmten «Nest», wo man für sich und unter sich war. Hier schuf man sich gezielt einen Freiraum, fern von den Zwängen von Schule und Elternhaus, von deren Normen und Konventionen, den Raum eines alternativen, von den spezifischen Bedürfnissen und Interessen der Heranwachsenden geprägten Lebens. Es war zugleich ein Raum des Protestes, ja der Rebellion gegen die in vielem verkrustet und erstarrt erscheinende sogenannte «bürgerliche

Welt», ein Ort des Aufbruchs zu ganz neuen, spontanen Lebensformen.

Neben den Bewegungen des «Wandervogel» mit ihrer speziellen «Kluft», ihrem Jargon, ihrer Ritualisierung der «Fahrt» und des nächtlichen Lagerfeuers, ihrem eigenen, etwa im «Zupfgeigenhansl» gesammelten Liedgut und ihrem geradezu zum Symbol erhobenen Musikinstrument, der «Klampfe», entstanden in jenen Jahren noch zahlreiche andere Jugendbünde und Jugendbewegungen. So etwa der 1905 gegründete Hamburger Wanderverein, auch er eine Schülergründung, die den Akzent stärker auf eine grundlegende Veränderung der Kultur- und Bildungswelt legte, also sozusagen intellektueller, akademischer war. Sie alle waren verbunden in einer Grundstimmung des Aufbruchs, des Protestes gegen die Welt des Etablierten, ja einer grundsätzlichen Kritik an vielen Erscheinungsformen der Welt, in die sie hineinwachsen sollten: an der autoritären Lernschule, dem formalisierten Leistungsdruck, dem Karrieredenken, der Nichtberücksichtigung der Elemente des Spontanen, des Spiels, des Körperlichen, der Kritik an den, wie man es empfand, «unnatürlichen» Geschlechterverhältnissen, auch an dem «Kulturbetrieb» im allgemeinen mit seiner Degradierung der Musik, des Theaters, der Kunst zum bloß Dekorativen und Unterhaltenden. Das verdichtete sich zu einem förmlichen Aufstand der Jugend, die für sich ein Leben «aus eigener Bestimmung» und in «innerer Wahrhaftigkeit» forderte, wie es in der berühmtgewordenen Formel hieß, auf die sich die verschiedenen Bünde 1913 auf ihrer Versammlung auf dem Hohen Meißner verständigten.[9]

Solche Jugendbewegungen, die im Protest gegen das Herkömmliche, gegen die Tradition eine grundlegende Erneuerung zunächst ihrer eigenen unmittelbaren Lebenswelt forderten und sich dabei erst einmal auf sich selbst, auf ihre unmittelbaren Altersgenossen bezogen und auch zurückzogen, hat es in der Geschichte immer wieder gegeben. Man denke nur, hier konzentriert vor allem auf die akademische Jugend, an die Studentenbewegung in Deutschland Anfang des 19. Jahrhunderts, in der Zeit der Freiheitskriege und der Jahre unmittelbar danach, die dann von den Einzelstaaten und vom Deutschen Bund massiv unterdrückt wurde. Stets gab es dabei ein gewissermaßen überschießendes, die Grenzen der eigenen Generation überschreitendes, auf die Gesellschaft als Ganzes, auf ihre Reform insgesamt zielendes Moment. Ja, dieses Moment nahm in dem Maße, in dem sich die Bewegung verbreiterte und etablierte, immer mehr zu. Was als Jugendbewegung, als Jugendkultur, als Jugendstil auftrat, nahm den Charakter der Kultur der Zukunft schlechthin an, ganz wie einst der Begriff der «bürgerlichen Kultur», der bürgerlichen Lebensweise, zunächst nach Anspruch und dann auch in der Realität gleichbedeutend geworden war mit der allgemeinen Kultur und Lebensweise, in Absetzung und Frontstellung zu den ständisch beschränkten und verengten traditionellen Lebensformen.

Sicher dominierte im Fall der sogenannten Jugendbewegung zunächst sehr viel stärker das auf eine, auf die neue, die heranwachsende Generation bezogene Element. Aber schon in ihrer Entstehungs- und ersten Blütephase in den zwei Jahrzehnten vor 1914 überschritt sie diese Grenze. «Jugend» wie der «Jugendstil» wurden, parallel und weitgehend unabhängig von der sich locker organisierenden sogenannten Jugendbewegung, in der Kunst, in der Literatur, auch in der Architektur und, wenn man so will, auch in der Musik zu einem das Neue, das Moderne, die Zukunft schlechthin charakterisierenden Begriff. Über die Propagierung und Etablierung einer eigenen Jugendkultur wollte beispielsweise der Schulreformer Gustav Wyneken eine Erneuerung der Gesamtkultur auf den Weg bringen. Und ganz ebenso setzten Maler und Bildhauer, Architekten und Schriftsteller, zunehmend auch Politiker und sonstige Vertreter des öffentlichen Lebens auf die erneuernde Kraft der Jugend, und zwar gerade dieser so mächtig in Bewegung geratenen Jugend, die neben der im Ablauf der Generationen gewissermaßen üblichen Kritik am Alten und Hergebrachten den Aufbruch in eine ganz neue, alle Verhältnisse grundlegend verändernde Zukunft signalisierte.

Hier reichten sich zugleich Jugend- und Lebensreformbewegung die Hand, wenn sie auch sonst nur wenig miteinander verband. Beide trugen dazu bei, eine Stimmung des Aufbruchs, der Veränderung zu fördern und zu verbreiten, die immer breitere Kreise erfaßte und den Eindruck vertiefte, an einer einschneidenden Epochenzäsur angelangt zu sein, die von jedem einzelnen eine klare Stellungnahme und Entscheidung für das eine oder andere Lager verlangte: für die Welt des Herkommens, der etablierten Ordnung oder für das ganz Neue, für die Welt der «Moderne», wie der 1886 von Eugen Wolff geprägte, von Hermann Bahr dann weit verbreitete, aber zugleich anders akzentuierte Begriff lautete. Eine ganz neue «Querelle des anciens et des modernes» entfaltete sich hier, die immer grundsätzlichere Züge annahm und immer weitere Bereiche nicht nur der Kultur im engeren Sinne, sondern der Gesellschaft, der Politik, des ganzen Lebensstils erfaßte.

Festzuhalten freilich bleibt, daß Ausgangspunkt, Träger und Vermittler dieser Aufbruchsbewegung zwar nicht ausschließlich, aber doch vornehmlich das «neue Bürgertum» mit dem Bildungsbürgertum als Zentrum war; auch die Vertreter der Jugendbewegung rekrutierten sich vornehmlich aus jenen Schichten, waren Kinder aus diesem Milieu.[10] Und von diesen Kreisen ging auch neuerlich, anknüpfend an ähnliche Vorstellungen im Bürgertum des ausgehenden 18. und beginnenden 19. Jahrhunderts, die Idee und Botschaft aus, daß das Bürgertum, insbesondere das «neue Bürgertum» sich bei aller wachsenden wirtschaftlichen und gesellschaftlichen Heterogenität seiner Mitglieder vor allem als Kulturgemeinschaft konstituiere und von hier aus eine übergreifende Einheit bilde. Dadurch erhielt alle Kultur, erhielten alle kulturellen Aktivitäten zugleich einen eminent politischen Charakter. Ihre Bedeutung wurde auch von jenen nicht in Frage gestellt, die als Individuen an diesen kulturellen Aktivitäten kaum oder gar nicht teilhatten, weder passiv noch gar aktiv. Unbeschadet aller divergierenden Einschätzungen im einzelnen wurde die Kultur insgesamt als integrierende und vereinigende Klammer betrachtet, und zwar nicht nur für einzelne soziale Gruppen, sondern für die Nation als Ganze.

Das war das Neue. Dieses Bürgertum mit dem sogenannten Bildungsbürgertum an der Spitze verstand sich zwar als Kulturgemeinschaft, als Träger und wichtigster Repräsentant aller kulturellen Aktivitäten. Aber gleichzeitig empfand es sich wie schon das städtische Bürgertum zu Beginn des 19. Jahrhunderts wieder als Vorhut der Gesellschaft der Zukunft insgesamt, die von der gemeinsamen Kultur zusammengehalten und getragen sein würde. In ihr würde die sozial zerklüftete, von tiefen gesellschaftlichen und wirtschaftlichen Spannungen durchzogene und erfüllte Bevölkerung gleichsam von innen her zur Nation oder, wie man nun gern sagte, um das Neue gegenüber dem bereits in manchem abgenutzten Nationsbegriff zu betonen, zu einem einheitlichen, von gleichen Werten und Idealen bestimmten Volk werden.[11]

In diesen Volksbegriff gingen viele, zum Teil auch diffuse und in manchem problematische Elemente ein. In ihm schwang schon früh die Idee einer alle Gegensätze überbrückenden und überwindenden «Volksgemeinschaft» mit, die dann so schrecklich mißbraucht werden sollte. Auch völkische und chauvinistisch-fremdenfeindliche Faktoren spielten von Anfang an eine Rolle, in die auch der neue, rassistische Antisemitismus Eingang fand.

Aber all das lief zwar mit, dominierte aber zu Beginn des 20. Jahrhunderts den Volksbegriff noch nicht. Vielmehr verband die Mehrheit derjenigen, die ihn benutzten und sich auf ihn beriefen, damit, in Anknüpfung an die Ideenwelt Herders, den Gedanken einer höheren, von geistig-kulturellen Werten gestifteten Einheit, die aber gleichzeitig tiefer, fundamentaler verankert war als nur in den Traditionen und Konventionen einer inzwischen vielfach erstarrten, auf, wie Max Weber sagte, «Bildungspatente» reduzierten bürgerlichen Bildungswelt. Gerade jene, die einen kulturellen Aufbruch, einen kulturellen Neuanfang propagierten sprachen gerne von einer erneuerten, von einem neuen Geist erfüllten «Volkskultur». Man denke etwa nur an das Theater, wo bewußt von «Volksbühne» die Rede war, wo Max Reinhardt Theater für mehrere tausend Besucher plante, wo Gerhart Hauptmann gezielt «Volksstücke» schrieb, die das wahre Leben auf die Bühne bringen wollten und sollten. Oder auch an Gustav Mahlers «Symphonie der Tausend», in der riesige Chöre und Orchester als Ausdruck zugleich einer neuen Massen-, einer Volkskultur agierten, oder an die bewußte Einbeziehung des Volksliedes in sein musikalisches Schaffen.

Auf einer anderen Ebene bemühte sich auch die Jugenbewegung gezielt um die Volksmusik als Ausdruck einer allgemeinen, die Traditionen bürgerlichen Musiklebens hinter sich lassenden «Volkskultur», um damit ihrerseits zu demonstrieren, daß man zu einer höheren, das Volk als Ganzes umfassenden kulturellen und gesellschaftlichen Einheit gelangen wollte. Auch die gezielt angestrebte Gleichberechtigung der Geschlechter unter der Parole einer neuen, höheren Volkseinheit gehört in diesen Zusammenhang, auch wenn die Vereinigung der bürgerlichen und der sogenannten proletarischen Frauenbewegung, die beide für die politische und gesellschaftliche Gleichberechtigung der Frau eintraten, zunächst nicht gelang.

Das «Volk» und nicht mehr die mittlerweile sozial und kulturell verengte «bürgerliche Gesellschaft» war also der oberste Bezugspunkt der breiten Reformbewegung seit dem ausgehenden 19. Jahrhundert. Das «Volk» wurde dabei freilich immer als eine Idealgemeinschaft der Zukunft gesehen, geführt und repräsentiert von einer neuen bürgerlichen Elite, die ihm das Ideal dieser künftigen Gemeinschaft vorlebte, als deren Vorhut und Modell sie sich empfand. Es war dies eine spezifische Form von Idealismus, die zugleich einen erheblichen Teil der realpolitischen Schwäche seiner Wortführer ausmachte. Man sprach vom «Volk», man wandte sich an das «Volk», man beschwor den Geist und den Willen des «Volkes» und hatte dabei doch meist nur eine ganz abstrakte, vielfach idealistisch überhöhte Vorstellung von diesem «Volk». Man benutzte den Begriff als Projektionsfläche für die eigenen Hoffnungen, Erwartungen und Wunschbilder, ohne sich allzu viel um die realen Hoffnungen, Erwartungen und Wünsche dieses «Volkes» beziehungsweise seiner einzelnen Gruppen zu kümmern. Es gelte, so das Argument, bei dem Begriff des «Volkes» zwischen dem Akzidentiellen und dem Substantiellen zu unterscheiden, zwischen dem «Volk» wie es sich im Augenblick, wesentlich bedingt durch die zeitabhängigen äußeren Umstände, präsentiere, und dem, was in diesem «Volk» angelegt sei. Alle Anstrengungen müßten sich darauf konzentrieren, diese gleichsam naturgemäß gegebenen Anlagen zu entwickeln und gezielt zu fördern.

Die mit vielen anderen von August Julius Langbehn, dem «Rembrandtdeutschen», ausgegebene Parole «Zurück zum Volk» findet sich auch bei Walther Rathenau, so etwa in der Betonung des «undeutschen» Charakters mancher moderner Kunstrichtungen, denen er bei aller formalen Perfektion eine spezifische Seelenlosigkeit vorwarf – hier ganz im Banne seiner reichlich vagen, ja in vielem abstrusen Idee der «Seele» als Gegengewicht und als Rettung vor den Folgen der «Mechanisierung». Dabei sollte man sich allerdings gerade bei ihm davor hüten, ihn allzu rasch, unbeschadet seiner Kontakte zu Heimatschriftstellern mit zum Teil völkischen Gedankengut wie Gustav Frenssen, Hermann Burte, Wilhelm Schäfer oder Hermann Stehr, selber mit völkischen Ideen im problematischen Sinne in Verbindung zu bringen.

Dahinter steckte bei Rathenau vielmehr wie bei vielen anderen eine Art volkspädagogischer Idealismus. Dieser bildete, so abstrakt und in manchem verstiegen er erscheinen mag, ein wesentliches Element der kulturellen und kulturpolitischen Reformbestrebungen des ausgehenden 19. Jahrhunderts. Die Nation, das «Volk» sollte durch die Verbreitung von Bildung und unter dem Einfluß einer mit neuem Leben erfüllten, «modernen» Kultur gewissermaßen zu sich selbst gebracht und sich gleichzeitig seiner Einheit bewußt werden. In diesem Sinne war, mit einem neuen Akzent, Volksbildung gleich Volksbefreiung, nämlich Befreiung von alten Vorurteilen, Anschauungsweisen und Lebensauffassungen. Man predigte einen neuen, nicht mehr auf einzelne Schichten und soziale Gruppen, sondern auf das ganze Volk bezogenen Humanismus, wie er, in direkter Anknüpfung an die Ideen eines Wilhelm von Humboldt, in einem Sinnspruch über einer Gewerbeschule zum Ausdruck kam, in dem es hieß: hier würden nicht Menschen zu Schreinern, sondern Schreiner zu Menschen gebildet.

Was in der Pädagogik an neuen Leitbildern entwickelt und erörtert wurde, was die Debatten der Schul- und Bildungsreformer bestimmte und bis in die Diskussionen von Ethnologen, Anthropologen und Volkskundlern ausstrahlte, bestimmte in starkem Maße auch die öffentliche Debatte und das weite Feld aller kulturpolitischen Diskussionen über die Rolle und Funktion des Theaters, der Musik, der Museen, auch der bildenden Kunst und der Architektur, über die allgemeinen Bildungseinrichtungen, über die Literatur und über die Medien der Unterhaltung und der Information mit der sich breit auffächernden und erweiternden Presse an der Spitze. Auf allen diesen Gebieten entfaltete sich neben dem Traditionellen, dem Herkömmlichen in Inhalt, Form und Präsentation, oft in schroffer Frontstellung gegen das Alte etwas, was schon die Zeitgenossen als etwas grundsätzlich Neues, als einen förmlichen Bruch mit der Vergangenheit empfanden, und zwar nicht nur in einzelnen Bereichen und in einzelnen Erscheinungen, sondern in seinem Zusammenhang, in dem sich darin ausdrückenden neuen Geist.

Dafür bürgerte sich, wie schon gesagt, bereits Ausgang der 1880er Jahre in Deutschland sehr rasch der Begriff der «Moderne» ein, zunächst für die Literatur und das Theater, dann aber bald, von Freunden und Gegnern als Feldzeichen verwendet, für viele Gebiete des Kulturlebens, ja des Lebensstils und der Lebensauffassung generell. Schließlich wurde der Begriff von den Kultur- und Geschichtswissenschaften rückblickend vielfach als Epochenbegriff verwendet. Man spricht hier vom Weg in die «moderne Welt» oder von einer immer weitere Lebensbereiche erfassenden und durchdringenden «Modernisierung», von einer Zeit des Übergangs in die «Moderne» als einer eigenen, von der vorangegangenen Zeit deutlich abgehobenen Epoche.

Dieser Übergang in die «Moderne» war freilich, man kann das gar nicht nachdrücklich genug betonen, in dieser Epoche, den Jahrzehnten vor Ausbruch des Ersten Weltkrieges, keine spezifisch deutsche, sondern eine gesamteuropäische Erscheinung, deren Schwerpunkt in West- und Mitteleuropa lag. Seine Träger und vorantreibenden Elemente waren überall die gleichen: die vornehmlich aus dem «neuen Mittelstand» stammenden Schichten des städtischen Bürgertums unter Führung des sogenannten Bildungsbürgertums. Sie bestimmten nicht nur das äußere Gesicht der Städte, formten nicht nur ihre Institutionen, prägten nicht nur ihre Einrichtungen einschließlich der sich rasch ausweitenden Bildungseinrichtungen der unterschiedlichsten Art. Sie gewannen auch einen immer stärkeren Einfluß auf das geistige und politische Klima. Und aus ihrer Mitte entwickelte sich gleichzeitig eine Fraktion, die immer nachhaltiger auf grundlegende Reformen in Politik und Gesellschaft drängte und zugleich zum eigentlichen Träger der «Moderne» und ihrer Bestrebungen wurde.

In Deutschland ist diese Fraktion politisch, vor allem auf der Ebene des Reiches, bis 1914 viel weniger vorangekommen als im Westen Europas, in England, in Frankreich, auch in Italien. Das hat den Eindruck begünstigt, daß Deutschland auch in geistig-kultureller Hinsicht und in gesellschaftlicher Beziehung hinter Westeuropa zurückgeblieben und die Moderne hier erst verspätet, in der Zeit nach 1918, der Zeit der Weimarer Republik, zum Durchbruch gekommen sei. Dies freilich ist das Ergebnis einer lange Zeit auf die Politik und auf das Reich verengten Betrachtungsweise. Sieht man genauer hin, so lassen sich auch in Deutschland die gleichen Tendenzen erkennen wie in den Staaten und Regionen Westeuropas. Ja, auf manchen Gebieten, der Musik etwa oder in bestimmten Bereichen der Wissenschaft, traten sie hier noch markanter hervor als anderswo. In der bildenden Kunst, in der Architektur, auf dem Feld des Theaters, der Oper, im Museumswesen, in der Wissenschaft, bei den Formen und Institutionen der Bildungsvermittlung, in der Literatur, auch bei den neuen Formen und Institutionen der Unterhaltung – überall standen diejenigen, die auf diesen Gebieten in Deutschland einen Aufbruch, eine grundlegende Neuerung propagierten, in engstem Zusammenhang und Austausch mit gesamteuropäischen Strömungen, empfanden sich als Wortführer einer ihrem Wesen nach internationalen Moderne.

Dem widersprach nur scheinbar, daß viele von ihnen, ja die Mehrheit auch und gerade der Kultur eine hohe integrative, identitätsstiftende Kraft im Hinblick auf die eigene Nation, das eigene Volk zuschrieb: wie im Hinblick auf die einzelnen Individuen und ihr Zusammenwirken auf dem jeweiligen Feld sah man auch hinsichtlich der Völker und Nationen die Einheit in der Vielheit begründet. Ja gerade die ausgeprägte Mannigfaltigkeit der nationalen Identitäten schaffe in wechselseitigem Austausch zugleich eine übergreifende Einheit. Die Kultur stifte also national wie im internationalen Kontext jeweils eine Gemeinschaft, die konkurrierend und sich gegenseitig befruchtend zusammenwirke, so wie das auch im Leben der einzelnen Individuen der Fall sei. Erst mit dem Ausbruch des Ersten Weltkriegs wurde diese Idee in den Hintergrund gedrängt und durch einen militanten und aggressiven Nationalismus ersetzt, unter dessen Herrschaft die Aufbruchsbewegung der vorangegangenen zwanzig Jahre, die auf den verschiedensten Gebieten sich vollzogen hatte und kurz vor dem Siege zu stehen schien, abrupt und auf breiter Front an Boden verlor. Auch und gerade in diesem Sinne wurde der Krieg zur «Urkatastrophe des zwanzigsten Jahrhunderts».

Nicht nur in der Perspektive der unmittelbaren Zeitgenossen, sondern auch rückblickend veränderte der Ausbruch des Ersten Weltkriegs für lange Zeit, ja vielfach bis heute das Bild der vorangegangenen Epoche und verschob den Blick auf sie. Die auf breiter Front auf dem Rückzug befindlichen Kräfte der Vergangenheit, die immer mehr an Boden verloren hatten, erschienen nun plötzlich als die nach wie vor dominierenden und vorherrschenden und ihre Kritiker, die für eine grundsätzlich zu erneuernde, moderne Kultur und Gesellschaft eingetreten waren, als eine kleine, letztlich zum Scheitern verurteilte Minderheit, die sich auch in der Weimarer Republik nur begrenzt und, wo überhaupt, für kurze Zeit habe durchsetzen können.

Nicht nur wurde so rückblickend die Stärke und Breite dieser Gruppe falsch eingeschätzt, sondern auch im Zeichen eines nun in ganz Europa für Jahrzehnte vorherrschenden militanten Nationalismus vielfach übersehen, daß der Nationalgedanke auf Seiten der Anhänger der Idee einer grundlegenden Veränderung der politischen, gesellschaftlichen und kulturellen Ordnung eingehegt gewesen war durch den Gedanken, daß die Mannigfaltigkeit der nationalen Identitäten doch zugleich durch eine übergreifende, internationale Einheit überwölbt werde.

Diese hatte ihre Basis in der gemeinsamen Grundrichtung, in der gemeinsamen Frontstellung der Wortführer der Moderne gegen eine allgemein, jenseits nationaler Grenzen als abgelebt eingeschätzte Vergangenheit. Das begründete den gesamteuropäischen, ja im Fall der Vereinigten Staaten Kontinente übergreifenden Charakter der Bewegung, ungeachtet ihrer nationalen Besonderheiten und auch Divergenzen und Gegensätze. Er verband Künstler, Gelehrte und Schriftsteller, die sogenannte «Intelligenz», aus dem autokratisch regierten Rußland mit Angehörigen des, wie es dann bezeichnet wurde, «Bildungsbürgertums» im in vieler Hinsicht noch obrigkeitsstaatlich geprägten kaiserlichen Deutschland. Gemeinsam mit ihren westeuropäischen Pendants waren sie in dem Bewußtsein verbunden, eine internationale kulturelle Elite zu bilden, die angetreten sei, über und mit Hilfe der Kultur zugleich grundlegende politische und gesellschaftliche Reformen in ihren Ländern einzuleiten. Davon wird im weiteren noch die Rede sein. Zunächst aber ist von dem Auf- und Umbruchprozeß in den einzelnen Bereichen der Kultur zu handeln, also davon, wie sich in Kunst und Architektur, in Wissenschaft und Literatur, in der Museumslandschaft und beim Bildungswesen das durchsetzte, was man zusammenfassend und länderübergreifend die «Moderne» genannt hat.

In solchem Verständnis wurden beide Begriffe, Bürgertum und bürgerliche Kultur, gewissermaßen universalisiert, zwar nicht mit Blick auf die Gegenwart, aber mit Blick auf die anzustrebende und durch immer weitere Verbreitung von Wissen und Bildung zu erreichende Zukunft. Die Verbreitung von Wissen, von Bildung, ganz allgemein von Kultur erschien als die höchste Aufgabe, die dem Bürgertum gestellt sei. Je erfolgreicher es auf diesem Wege sei, desto stärker würden eines Tages Bürgertum, Volk und Nation zu einer alle Gegensätze übergreifenden Einheit verschmelzen und die Begriffe praktisch miteinander identisch werden und dies in gleicher, sie verbindender Weise in allen modernen Nationen.

Das war eine idealistische Utopie, die nicht nur mit der realen Gegenwart, sondern auch mit aller absehbaren Zukunft wenig zu tun hatte. Aber es war eine Ziel- und Zukunftsprojektion, deren idealistisch-utopischer Charakter ihrer praktischen Wirksamkeit nicht entgegenstand. Und an diese Zielprojektion knüpften viele Vertreter des Bürgertums wieder an, unter ihnen auch Walther Rathenau – in scharfer Frontstellung gegen den platten Realismus der führenden Repräsentanten der bürgerlichen Klassengesellschaft, die mittlerweile entstanden war. Sie operierten erneut mit einem universalisierten Bürgerideal, dem Idealbild eines Bürgers, der Träger einer von Grund auf erneuerten bürgerlichen Gesellschaft oder besser gesagt einer Bürgergesellschaft sein sollte. Diese Bürgergesellschaft aber sollte zugleich eine Staatsbürgergesellschaft sein in einem gleichfalls grundlegend veränderten Staat, in einem als Volksstaat konzipierten Nationalstaat.

Staat, Bürgertum und Nation wurden damit in einen engen Zusammenhang gebracht, wobei die Kultur, die nun zunehmend als nationale Kultur verstanden wurde, als übergreifende Kategorie angesehen wurde, mit deren Hilfe eine höhere, umfassende Einheit vermittelt und gestiftet würde. Das Volk, die Nation erschien nun, in vieler Hinsicht noch vorgreifend, als Zukunftsvision, als Kulturgemeinschaft, in Ausweitung und zugleich Beschränkung des älteren, übergreifenden, idealistisch gefüllten Bürgerbegriffs. Der Historiker Friedrich Meinecke hat die Anfänge dieser Entwicklung damals rückblickend auf die Goethezeit und den beginnenden Wandel der leitenden Kategorie unter dem antithetischen Buchtitel «Weltbürgertum und Nationalstaat» gefaßt, der beide Begriffe zugleich in Beziehung zueinander setzte.

Dieser innerlich zusammenhängende Wandel des Bürger- wie des Nations- und Kulturbegriffs bot manche Anschlußfläche für irrationale, völkische Übersteigerungen.[12] Das aber waren zunächst, vor 1914, eher marginale Nebenlinien. Viel bezeichnender für die ja nicht auf Deutschland beschränkte Tendenz, die der Nationalisierung des Kulturbegriffs und der Kultur im allgemeinen zu Grunde lag, ist die Vorstellungswelt eines Mannes wie des Soziologen Max Weber. Aus dem Geist eines sozial ins Universale gewendeten Bürgerbegriffs nannte er die Nation den obersten Bezugspunkt nicht nur allen politischen und ökonomischen

Denkens, sondern auch und vor allem aller Kultur. In der Kultur komme das zum Ausdruck, was die Nation verbinde, was sie an Werten und Überzeugungen trage, was sie an Idealen leite und damit zugleich ihre Zukunft bestimme. Mit einem Wort, in seiner Kultur stecke gleichsam die Seele eines Volkes, das, was seine Individualität ausmache. In diesem Sinne sprachen andere von der «Volksseele», von der «Volkskultur», die aus den Tiefen der Geschichte des jeweiligen Volkes und seiner naturhaften Existenz schöpfe. Von ihr müsse jede wirkliche Erneuerung des kulturellen Lebens ausgehen.

Hierein fügt sich, was Rathenau, von vielen damals wie später un- bzw. mißverstanden, freilich auch sehr verklausuliert, mit seinem Zentralbegriff der «Seele» umschrieb: als den Kern von Werten und zweckfreien Überzeugungen eines einzelnen und einer Gemeinschaft, die hinter und über dem zweckbestimmten individuellen und kollektiven Leben wirkten und ihren Ausdruck vor allem in dem fänden, was man mit Kultur im emphatischen Sinne bezeichne. In diesem Sinne sei «Seele» der «Kernpunkt unseres inneren Inventars» und «das Zentralereignis unseres Geisteslebens», oder, wie er an anderer Stelle schreibt, der «Inbegriff der höchsten Geisteskräfte, die uns bekannt sind».[13] Hieran gemessen sei die gegenwärtige Epoche allerdings «trotz aller hoffnungsvollen Kräfte, die in ihrem Schoße keimen», noch eine «seelenlose» Epoche.[14]

So haben viele damals argumentiert, wenngleich meist nicht in dem messianischen Ton, den Rathenau in seinen beiden größeren Schriften vor 1914, «Zur Kritik der Zeit» von 1912 und «Zur Mechanik des Geistes» von 1913 – später dann ergänzt durch den zweiten Untertitel «Vom Reich der Seele» – anschlug und der deren Erfolg und Wirkung beim Publikum, zunächst jedenfalls, entgegenstand. Es waren nicht nur die Vertreter der Jugendbewegung und ihre Wortführer sowie manche der sogenannten Lebensreformer, die solche Argumente vorbrachten. Auch viele derjenigen, die für eine kulturelle Erneuerung, für einen neuen künstlerischen Aufbruch eintraten, haben Ideen dieser Art geäußert, sind für eine Verbindung von Volks- und sogenannter Hochkultur eingetreten, haben sich von ihr eine Befreiung aus der zunehmenden Sterilität des etablierten Kunst- und Kulturbetriebes erhofft. Neoromantische Ideen feierten hier fröhliche Urständ, für die der Maler und Zeichner Hugo Höppner, der unter dem Pseudonym «Fidus» hervortrat, mit seinen zahlreichen, vielfältig wiederholten und gedruckten Malereien und Zeichnungen einen geradezu symbolisch gewordenen Ausdruck schuf.

Hugo Höppner, alias «Fidus», spiegelte die Stimmung in weiten Kreisen, und ähnliches fand auch in der Kunst im engeren Sinne seinen Nie-

Lichtgebet von Fidus

derschlag, etwa bei den Malern der «Brücke» oder des «Blauen Reiter», zweier Künstlervereinigungen, die die Malerei seit der Jahrhundertwende stark beeinflußten. Davon wird noch im einzelnen die Rede sein. Hier ist zunächst von dem Untergrund, von einer Grundstimmung zu sprechen, die den «Zeitgeist» mitprägte und beeinflußte. In ihr steckte unter Berufung auf ursprünglichere, in anderen Tiefenschichten des Menschen angelegte Kräfte, die durch die «Volkskultur», den «Volksgeist», aber auch durch die anthropologische Grundstruktur vermittelt würden, zugleich eine weitverbreitete Kritik an dem, so sahen es viele, vorherrschenden Positivismus, dem Empirismus und Nützlichkeitsdenken, auch dem Materialismus des zu Ende gehenden 19. Jahrhunderts. Von ihnen, so die Parole, müsse man sich befreien und zu neuen individuellen wie kollektiven Lebensformen gelangen.

Aus dieser Stimmung, die sich in einer Art verändertem «Zeitgeist» verdichtete, erklärten sich der außerordentliche Erfolg lebensphilosophischer Ansätze und die Breitenwirkung der Schriften Friedrich Nietzsches um die Jahrhundertwende, die weit über das eigentliche Fachpublikum hinausgingen, ja jenseits dieses Publikums überhaupt erst ihren spezifischen Einfluß entfalteten. Auf sie geht das außerordentliche Interesse zurück, auf das der Ansatz und die psychoanalytischen Erklärungsmodelle eines Sigmund Freud, auch und vor allem jenseits der Fachwelt, stießen. Ähnliches gilt für die Lehren und Theorien der sich nun breit entfaltenden Gesellschaftswissenschaft, der Soziologie, oder auch für die Versuche, eine wissenschaftliche «Weltanschauung» zu entwickeln und zu propagieren.

An der Spitze stand hier der Jenenser Zoologe Ernst Haeckel, dessen 1899 erstmals erschienenes Buch mit dem Titel «Die Welträthsel» bereits zwei Jahre später in siebter Auflage erschien und eine Gesamtauflage von mehr als 400 000 Exemplaren erreichte. Ausgehend von den Prinzipien Darwins und des sogenannten Darwinismus, die er auf alle Lebensbereiche erweiterte und zum Grundprinzip aller Entwicklung erklärte, begründete er ein förmliches, Welt und Leben umgreifendes System, das er «Monismus» nannte. Gemeinsam mit dem Chemiker Wilhelm Ostwald gründete er 1906 in Jena den Deutschen Monistenbund, der eine naturwissenschaftlich begründete einheitliche «Weltanschauung» propagierte.

Sachlich paßte schon hier, bei den genannten wenigen Beispielen, vieles nicht zusammen, zielte in ganz unterschiedliche Richtungen. Aber charakteristisch war es doch für das Suchen nach neuen, möglichst umfassenden Welterklärungsmodellen, die über den, wie man sagte, öden und letztlich nichtssagenden Positivismus und Empirismus der Vergangenheit hinausgingen. Das konstituierte die Einheit in der – oft verwirrenden – Vielheit, begründete in großen Teilen dieser Generation eine Aufbruchstimmung, die zunehmend in die Öffentlichkeit ausstrahlte und das geistige, dann auch das politische und gesellschaftliche Klima bestimmte. Rathenau war einer der Wortführer und Exponenten, ja, eine Art Symbolfigur dieser Aufbruchstimmung. Darauf beruhte zu einem wesentlichen Teil, jenseits seines Wirkens als Schriftsteller und jenseits seines konkreten Einflusses in Wirtschafts- und Finanzwelt, von dem noch die Rede sein wird, das Gewicht seiner Person im öffentlichen Leben seiner Zeit, die ohne diesen Faktor, die ihn zu einem Mann der Zeit machte, nicht recht verstanden werden kann.

Diese allgemeine, für die Epoche charakteristische Aufbruchstimmung wurde zunächst und vor allem auf dem Gebiet der Kultur, genauer gesagt in der Literatur, im Theater, in der Musik, in der Architektur und in der Malerei erkennbar, so unterschiedlich und individuell-spezifisch das war, worin sich diese Stimmung im einzelnen manifestierte. Damit einher ging der sich rasch verbreitende allgemeine Eindruck, in eine ganz neue Phase der kulturellen Entwicklung eingetreten zu sein, die sich von allen vorangegangenen prinzipiell unterscheide und zugleich zu einer grundsätzlichen Parteinahme herausfordere. Es entstand, wie schon erwähnt, die Stimmung einer neuen «querelle des anciens et des modernes», die stärker als alle bisherigen dazu zwinge, eindeutig Stellung zu beziehen. Bezeichnenderweise kam schon früh als übergreifender Begriff für alle diese in sich zwar höchst verschiedenartigen, aber doch offenkundig von einem gemeinsamen Geist geprägten Bestrebungen und Erscheinungen zunächst auf kulturellem Gebiet der Begriff der «Moderne» schlechthin auf. Und als ein solcher Mann, als «representative man» der «Moderne» konnte Walther Rathenau, so umstritten vieles von dem war, was er schrieb und was er in seinem ganzen Lebensstil verkörperte, von früh auf gelten und als solcher wurde er dann auch weithin angesehen.

Geprägt hat den Begriff «die Moderne» für den deutschsprachigen Raum 1886 der Literaturhistoriker Eugen Wolff in dem Berliner Literaturverein «Durch», also in der Zeit, in der Rathenau neben seinem Studium, das er gerade begonnen hatte, sein schon vom Geist des Naturalismus geprägtes Theaterstück verfaßte. Wolff bezeichnete mit dem Begriff programmatisch das Anliegen des Naturalismus als Literatur des geistigen Ringens um moralisch-kulturelle und gesellschaftliche Erneuerung. Vier Jahre später, 1890, griff Hermann Bahr den Begriff als Titel der von ihm herausgegebenen gleichnamigen Monatsschrift auf, gab ihm aber gleichzeitig unter Einbeziehung antinaturalistischer Strömungen im Impressionismus, im Symbolismus, in der sogenannten Décadence und in der Neoromantik, die er als die eigentliche Moderne bezeichnete, eine gegen den literarischen Naturalismus gerichtete Tendenz. Die eigentliche «Moderne» sei, so Bahr, getragen von einem aristokratisch-elitären Individualismus – das war genau die Position, die Rathenau von früh auf vertrat und in deren Geist er seine Schriften verfaßte.

Bahr eröffnete damit, zunächst auf literarischem Feld, die Debatte über das Eigentliche, über den Grundcharakter der «Moderne», die den Begriff von Anfang an begleitete und zu vielfach schroffen Auseinandersetzungen führte. Unberührt davon blieb freilich, ungeachtet aller inneren Gegensätze, die gemeinsame Frontstellung gegen das Alte, gegen die Tradition, gegen das Etablierte aller derjenigen, die sich in diesem Sinne zur «Moderne» bekannten und zu einem Aufbruch in eine neue Welt nicht nur des Ästhetischen, sondern allgemein des Geistig-Kulturellen und zunehmend auch des Gesellschaftlichen und Politischen aufriefen. Es handelte sich also mit dem Anspruch, die «Moderne» schlechthin zu repräsentieren, um eine übergreifende Aufbruchs- und Protestbewegung, die seit den 1880er Jahren und dann vor allem seit der Zeit um die Jahrhundertwende nicht allein, ja nicht einmal vornehmlich Deutschland, sondern weite Teile Europas erfaßte und sich hier jeweils gemeinsame Ausdrucksformen schuf, in der Literatur, in der Malerei, in der Architektur, auch in der Musik, flankiert und kommentiert von einer sich ständig erweiternden Presse und Publizistik.

Die «Moderne» war, so vielfältig und gegensätzlich sie sich im einzelnen darstellte, ein übernationales Phänomen. Zugleich aber entwickelte sie doch sehr spezifische und auch miteinander konkurrierende nationale Züge und Elemente. Das galt etwa, auch wenn die wechselseitige Beeinflussung auf allen Gebieten stark blieb, für den Impressionismus, für den das Werk Max Liebermanns in Deutschland eines der wohl bekanntesten Beispiele liefert, dann für den Expressionismus in der Malerei und für die Musik, die im wesentlichen von deutschsprachigen Künstlern bestimmt wurden, für den insbesondere von Italienern und Russen entwickelten Futurismus, für den in der Tradition Cézannes speziell in Frankreich zur Blüte gelangenden Kubismus und Orphismus oder die sich zunächst in Westeuropa – in England, in Belgien und in Frankreich – ausbildende Richtung des «art nouveau» auf dem Gebiet der Innenarchitektur und des Design, aus der sich dann in Deutschland die spezifische Form des «Jugendstils» entwickelte. Ihnen allen blieb gemeinsam, daß sich ihre Wortführer und Vertreter als Repräsentanten avantgardistischer Strömungen verstanden, immer neue sogenannte Sezessionen bildend, untereinander vielfältig verfeindet, aber zugleich auch verbunden.

Ebenso deutlich aber war ihre jeweilige nationale Prägung und auch Ausrichtung, bis hin in die Wahl der Themen und ihrem jeweiligen, in der kritischen Auseinandersetzung mit der je eigenen nationalen Tradition entwickelten spezifischen Stil. Kultur und Nation standen nach wie vor trotz aller Internationalität der Strömungen und Richtungen der «Moderne» in einem engen Zusammenhang. Ja, dieser Zusammenhang vertiefte und verstärkte sich noch angesichts der zunehmenden Bedeutung von Presse und Publizistik und angesichts vor allem der auf den jeweiligen nationalen, aber auch regionalen und lokalen Bereich ausgerichteten institutionellen Kulturträger – der Opernhäuser, der Konzertsäle, der Galerien und Museen, der Theater, der Auftraggeber der Architekten und nicht zuletzt der Verlage.

Der insbesondere im protestantischen bürgerlichen Publikum seit langem tief verankerten Buch- und Lesekultur und der breit aufgefächerten Theaterlandschaft entsprechend begann die «Moderne» in Deutschland zunächst auf dem Gebiet der Literatur und des Theaters, und zwar mit dem sogenannten Naturalismus, der in Gerhart Hauptmann seinen frühesten und zugleich bekanntesten Protagonisten fand. Sein Kennzeichen war die radikale Infragestellung des bisher vorherrschenden «bürgerlichen» Dichtungsverständnisses. Es sollte in der Literatur und auf dem Theater nicht mehr so sehr um das Schöne und Vorbildliche und um die Realität in poetischer Verklärung gehen, wie noch im Realismus, sondern um die schonungslose Darstellung vor allem der Großstadtwirklichkeit. Die Schilderung von Armut und Krankheit, von Ausbeutung, Alkoholismus und Prostitution sowie Alltagsszenen aus Fabrik und Mietskaserne, aus Hinterhof und Kneipe – das waren nun die Hauptgegenstände dieser neuen Literatur. Man verwendete Dialekt und umgangssprachliche Ausdrucksformen und konzentrierte sich auf die minutiöse Beschreibung von alltäglichen Geschehensabläufen. Damit wollte man zugleich die programmatische Forderung nach authentischer Gestaltung des Stoffes erfüllen.

Anknüpfend an die Milieuschilderungen eines Émile Zola, die dieser vor dem Hintergrund der dahinter wirkenden sozialen und psychischen Mechanismen darstellte und analysierte, und der ähnlich ausgerichteten Dramen Henrik Ibsens und August Strindbergs wurde in Deutschland Hauptmann zum Herold und Hauptprotagonisten der neuen literarischen Richtung. Mitglied des literarischen Vereins «Durch» in Berlin und des Friedrichhagener Dichterkreises löste er mit seinem ersten Drama «Vor Sonnenaufgang» wie schon erwähnt einen der größten Theaterskandale der deutschen Theatergeschichte aus. Wilhelm II. verließ während der Aufführung seine Loge im Theater. Diesem milieuorientierten und zugleich drastisch realistischen sozialkritischen Stück folgten in rascher Folge ähnlich angelegte, höchst publikumswirksame weitere, wie «Die Weber» (1892) und «Der Biberpelz» (1893).

In die gleiche Richtung bewegten sich in diesen Jahren Stücke von Johannes Schlaf («Meister Oelze», 1892), von Arno Holz («Die Familie Selicke», 1890, gemeinsam mit Schlaf), von Max Halbe («Freie Liebe», 1890, «Jugend», 1893) und von Hermann Sudermann («Die Ehre», 1889). Sie alle gründeten wie die parallel dazu publizierten Romane und Erzählungen dieser und weiterer Autoren wie Max Kretzer («Meister Timpe», 1888) oder Wilhelm von Polenz («Der Büttnerbauer», 1895) auf der schroffen Anklage der korrumpierten und korrumpierenden bürgerlichen Gesellschaft ihrer Zeit – freilich getragen von zutiefst bürgerlichen Wert- und gesellschaftlichen Zielvorstellungen und bejubelt von einem neuen bürgerlichen Publikum, das sich damit von dem engen Klassengeist und den geistigen und sozialen Verengungen des noch weithin vorherrschenden zeitgenössischen Bürgertums distanzierte.

Es war jener Geist, der den Althistoriker und späteren Literaturnobelpreisträger Theodor Mommsen bestimmte, als er in einer Testamentsklausel von 1899 notierte: «In meinem innersten Wesen, und ich meine, mit dem Besten was in mir ist, bin ich stets ein animal politicum gewesen und wünschte ein Bürger zu sein» und fortfuhr: «Das ist nicht möglich in unserer Nation, bei der der Einzelne, auch der Beste, über den Dienst im Gliede und den politischen Fetischismus nicht hinauskommt.»[15]

Theodor Mommsen war, als er das schrieb, ein sehr alter Mann, der zunehmend zur Resignation neigte. Die neue Generation aber, die die Theaterstücke eines Henrik Ibsen und August Strindberg, eines Gerhart Hauptmann, Johannes Schlaf, eines Arno Holz, Max Halbe und Hermann Sudermann sah, die Romane eines Émile Zola, eines Guy de Maupassant oder auch eines Detlev von Liliencron oder Michael Georg Conrad las, empfand sich als eine Generation, die einen neuen bürgerlichen Aufbruch propagierte, die die ursprünglichen und seither teils vergessenen, teils pervertierten Ziele ihrer Großväter und Urgroßväter in Politik, Gesellschaft und Kultur in einem neuen Anlauf durchsetzen wollte.

Dieser Generation und ihren Bestrebungen fühlte sich der junge Rathenau unmittelbar verbunden. Ihr wollte er auch, nachdem sein erster Versuch gescheitert war, sich als Autor und Theaterschriftsteller zu etablieren, und er beruflich den Weg des Vaters eingeschlagen hatte, bewußt und aktiv angehören. Er begann jene Doppelexistenz als zunehmend erfolgreicher Mann der Wirtschaft, der Industrie wie des Bankwesens und als ein Vertreter des geistigen, des kulturellen und künstlerischen Lebens, in dem er sich durch seine schriftstellerische Tätigkeit zunehmend einen Namen machte – eine Doppelexistenz, die sein ganzes weiteres Leben charakterisierte, ihn freilich hier wie dort zugleich zu einer vielfach umstrittenen Figur werden ließ. Daß er im weiteren beide Bereiche dieser Doppelexistenz aufeinander zu beziehen und miteinander in Einklang zu bringen versuchte, machte ihn interessant, aber zugleich für die Zeitgenossen in beiden Lagern, dem der Wirtschaft und dem des kulturellen Lebens, auch verdächtig, wobei der in vielem spekulative Grundzug seines Denkens und seiner Ideen das darin angelegte Mißtrauen noch verstärkte. So wurde er zugleich zum Repräsentanten und Außenseiter seiner Epoche, einer Epoche des säkularen Wandels in fast allen Lebensbereichen.

Dieser Wandel fand seinen frühesten und stärksten Ausdruck im kulturellen Bereich, in der Literatur, in der bildenden Kunst, in der Architektur, in der Musik, in den Wissenschaften, aber auch, damit aufs engste zusammenhängend, im gesellschaftlichen Leben der Zeit insgesamt. Die Stoßrichtung, die seine Wortführer verfolgten, war sehr klar und eindeutig. Es war die Welt des Bestehenden, des Etablierten, die man für innerlich morsch, für abgelebt, für zukunftslos erklärte, gegen die man aufbegehrte und gegen die man eine ganz neue Ordnung, eben die Welt der «Moderne» setzte.[16] Wie diese Welt im einzelnen aussehen, welche Tendenzen in ihr vorherrschen, welche Grundrichtung sie bestimmen sollte, darüber bestand allerdings alles andere als Einigkeit. Auch diese Ambivalenz charakterisiert die Epoche, und auch dafür ist eine Gestalt wie die Walther Rathenaus ein Repräsentant und eine Symbolfigur.

So erhoben sich im Lager derjenigen, die in Abkehr vom Etablierten, von den noch weithin vorherrschenden erstarrten Traditionen der Vergangenheit für einen grundsätzlichen Neuanfang eintraten, also in diesem Sinne prinzipielle Anhänger der «Moderne» waren, Gegenstimmen und Gegenpositionen, die diesen Neuanfang nicht auf eine kollektivistische, tendenziell sozialistische Basis stellen wollten, sondern wie Maximilian Harden und eben Walther Rathenau einem aristokratisch-elitären Individualismus aus bürgerlichem Geist den Vorzug gaben.

Solche Tendenzen verfolgte schon Hermann Bahr mit seiner 1890 gegründeten Monatsschrift «Die Moderne», indem er den Begriff der Moderne auf die antinaturalistischen Strömungen des Impressionismus, des Symbolismus, der Décadence und der Neoromantik ausweitete. Damit aber zog er sich seinerseits die Kritik von Autoren wie Michael Georg Conrad oder Samuel Lublinski zu. Sie warfen der von Bahr favorisierten literarischen Gruppe im weiteren bloßes ästhetisierendes Epigonentum vor, durch das, so Lublinski, die literarische Bewegung der Moderne «in einer durchaus politischen und von den heftigsten Kämpfen um die Macht erschütterten Zeit zum vollständigen Stilleben heruntergekommen» sei.[17]

In der Literatur der Zeit dominierte freilich gegenüber dem Naturalismus der späten 1880er und der 1890er Jahre dann doch, zumindest in Deutschland, jener aristokratisch-elitäre Individualismus aus bürgerlichem Geist, von dem Bahr gesprochen hatte. Rainer Maria Rilke, Hugo von Hofmannsthal und Thomas Mann waren hier, alle drei 1905 eben dreißig Jahre alt, die herausragenden Namen von schon bald auch gesamteuropäischer Bedeutung. Auch sie standen der bürgerlichen Welt und der bürgerlichen Gesellschaft ihrer Zeit in vielem kritisch gegenüber, empfanden sich aber gleichzeitig als Erben ihrer besseren Traditionen und dessen, was davon, wenngleich vielfach verstümmelt und beschädigt, in ihre Gegenwart hineinragte.

Den von den Bannerträgern des Naturalismus propagierten Vorstellungen einer nachbürgerlichen, gar einer sozialistischen Moderne standen sie eher skeptisch gegenüber. Sie waren in diesem Sinne, bei aller Kritik an den vorherrschenden politischen, den gesellschaftlichen und den geistig-kulturellen Verhältnissen ihrer Gegenwart, tendenziell konservativ insofern, als sie für die bestehenden Zustände nicht ein zuviel, sondern ein zuwenig an echter – dabei gleichzeitig ideal überhöhter – Bürgerlichkeit verantwortlich machten. Sie meinten, man müsse versuchen, diese an der Wende vom 18. zum 19. Jahrhundert als Lebensform und als Ideal ausgebildete Idee der Bürgerlichkeit in einem neuen Anlauf zum wirklich gestaltenden Prinzip von Staat, Gesellschaft und Kultur werden zu lassen. Auch die literarische Moderne, der sie unzweifelhaft zugehörten, verstanden sie in solchem Sinne als Vehikel auf diesem Wege. Thomas Manns Geschichte des «Verfalls einer Familie», die «Buddenbrooks», aus dem Jahre 1901 bildete, so verstanden, zugleich eine Apotheose des Anfangs und des Aufstiegs einer bürgerlichen Familie, an deren einst leitende Ideen und Zielvorstellungen man in einer historisch grundlegend veränderten Situation wieder anknüpfen müsse.

Ähnliche Richtungskämpfe unter den Anhängern der «Moderne» lassen sich auch auf dem Gebiet der bildenden Kunst, der Musik, der Architektur, des Kunstgewerbes und des Designs beobachten. Vor allem in der bildenden Kunst formten sich aus der zunächst gemeinsamen Opposition gegen die von der Mehrheit der vor allem in den Akademien versammelten, von der staatlichen Kunstpolitik geförderten Kunstauffassung und Stilrichtung des sogenannten Historismus mit dem Schwerpunkt auf Historienbildern eine Fülle von unterschiedlichen Schulen und Gruppen heraus. Neben die zunächst in den verschiedenen Sezessionen führenden Impressionisten – der Onkel Rathenaus, Max Liebermann, ist dafür das herausragende Beispiel – traten, oft von französischen Vorbildern inspiriert, die verschiedensten Richtungen und Programme. Ihnen gemeinsam war, neben der immer schrofferen Abgrenzung von der in ihrer Zeit vorherrschenden Richtung, die Betonung nicht nur der Autonomie des Künstlers – das war durch das ganze 19. Jahrhundert hindurch schon Programm –, sondern der Kunst als solcher, die man Schritt für Schritt aus aller Bindung an eine sogenannte Wirklichkeit löste, die immer ungreifbarer wurde, ja letztlich unfaßbar erschien. Der Künstler erschien als Schöpfer einer eigenen Wirklichkeit,

Max Liebermann. Selbstportrait, 1909/10

der Wirklichkeit der reinen Farbe, der Geometrie der Flächen und der daraus entwickelten Form und Ordnung des Bildes. Und diese Wirklichkeit war die Wirklichkeit des einzelnen Künstlers, von ihm geschaffen und an ihn, an seine Person, gebunden und insofern eine Art «höhere Wirklichkeit».

Hier entfaltete sich der aristokratische Individualismus in gleichsam reiner Form, nicht nur alle Bindung an die in ihrer Zeit noch vorherrschenden Richtungen, sondern letztlich alle Bindungen außer an das Material, die Form und die eigene Individualität abstreifend. In Wahrheit bildeten sich freilich doch Gruppen von Gleichgesinnten, und diese Gruppen entwickelten, stärker als alle Vorgänger, weitausgreifende Programme, die über die Kunst und von der Kunst ausgehend die gesamte Lebenswelt zu revolutionieren beanspruchten.

Das gilt etwa für die Dresdner Gruppe der «Brücke». In ihr schlossen sich, 1905 gegründet, Absolventen und Schüler der Technischen Hochschule in Dresden zusammen. Zu ihr gehörten Ernst Ludwig Kirchner,

Straßenszene von Ernst Ludwig Kirchner

Fritz Bleyl, Erich Heckel, Karl Schmidt-Rottluff, später Otto Mueller. «Alle revolutionären und gärenden Elemente an sich zu ziehen, das besagt der Name ‹Brücke›», so bezeichnete Schmidt-Rottluff in einem Brief an Emil Nolde von 1906 Programm und Zielsetzung der Gruppe. Und es gilt in etwas anderer Weise auch für die Münchener Gruppe des «Blauen Reiter», so genannt nach dem von ihr herausgegebenen Almanach. Ihre führenden Vertreter waren Wassilij Kandinsky, Franz Marc und August Macke. Sie gingen stärker als die Dresdner, die sich nicht in der Form – hier waren auch sie dezidiert antinaturalistisch – aber im Geist am literarischen Naturalismus mit seiner Entlarvung der Nachtseiten des Menschen und der Gesellschaft orientierten, von den Formproblemen der intensiv rezipierten französischen Moderne aus, der Autonomie der Bildmittel von Farbe und Formen. Aber auch sie zielten, in oft

Paula Modersohn-Becker. Selbstportrait, 1907

romantischer, mystischer Überhöhung, auf eine grundlegende Veränderung des Menschen wie der Gesellschaft, auf eine Neubegründung der ursprünglichen Harmonie von Mensch und Natur, für die das Tier symbolisch als «beseelte» Natur stehe – Tierbilder, insbesondere Pferde, wurden zu einem der beliebtesten Motive, zu einer Art Merkzeichen der gesamten Gruppe, freilich Tiere, die in Farbgebung und malerischer Abstraktion von allem platt Naturalistischen befreit waren.

Gemeinsam war ihnen mit der Worpsweder Malergruppe um Paula Modersohn-Becker, mit Christian Rohlfs, mit Emil Nolde, mit Oskar Kokoschka, Lyonel Feininger und Carl Hofer neben der Betonung der Autonomie von Farbe und Form die Akzentuierung der individuellen Autonomie des Künstlers, wie sie in seinem Werk zum Ausdruck komme. Dafür bürgerte sich rasch der Name Ausdruckskunst, Expressionismus, ein, die im Unterschied zum je individuellen Eindruck äußerer Vorgänge und Wirklichkeiten, die im Impressionismus ins Zentrum gerückt waren, die schöpferische Kraft des Künstlers in Auseinandersetzung mit seiner Umwelt in den Mittelpunkt stellte. Der Künstler schuf, so hieß das, in Abkehr von einer verderbten Wirklichkeit, die Welt gleichsam neu und wurde so zugleich zum Führer in diese neue Welt. Ein missionarischer, geistig-spirituell begründeter Charakter beseelte den deutschen Expressionismus, wie er auf literarischem Gebiet in Person und Werk Stefan Georges seinen Ausdruck fand. Seinerseits inspiriert durch das Werk Vincent van Goghs und Edvard Munchs und auch durch die Plastiken der sogenannten Primitiven entwickelte der Expressionismus mit seiner Betonung des Ursprünglichen und zugleich des Individuell-Aristokratischen in der Kunst und dem Künstler auch manche, meist unbewußte Affinität zu Kräften und Bewegungen, die dann einen ganz anderen Weg in die Moderne zu bahnen versuchten. Zunächst aber war der deutsche Expressionismus Teil, ja Speerspitze des Aufbruchs in die Moderne im engeren Sinne, in eine von den Zwängen der Tradition und des Althergebrachten befreite Welt.

Hier zeigte sich in unmittelbar anschaulicher Weise der grundlegende Veränderungs- und Aufbruchsprozeß, der die deutsche Gesellschaft in den zwei Jahrzehnten vor 1914 erfaßte. Aber auch auf einem Gebiet der Kunst, das sich scheinbar dem direkten Bezug auf die Gegenwart entzog, das gleichsam einer anderen Sphäre angehörte, wurde dieser Wandlungsprozeß erkennbar, ja, hier war er in seinen Folgen besonders deutlich spürbar und führte zu den entschiedensten Lagerbildungen: auf dem Gebiet der Musik.[18]

Ungeachtet aller persönlichen Vorlieben für die eine oder andere Gattung, für die Kammermusik, für das Konzert, für die Chormusik, für die Oper oder die Operette, auch für das Werk einzelner Komponisten war die breit aufgefächerte und gepflegte Musikkultur bisher die große, verbindende und vereinigende Kraft in der Kulturwelt des bürgerlichen Zeitalters gewesen. Der Bau von Opern- und Konzerthäusern nicht nur in den großen, sondern auch in den mittleren und kleinen Städten gehörte stets, von den zahllosen örtlichen Musikvereinen vorangetrieben, zu den am wenigsten umstrittenen Bauvorhaben. Konservatorien und Musikschulen erfreuten sich des allgemeinen Zuspruchs, und um Komponisten, Dirigenten und Solisten entfaltete sich schon früh ein Starkult, der es ihren herausgehobenen Vertretern erlaubte, auch materiell eine großbürgerliche Existenz zu führen. In hunderten von Reden und Gedichten wurde die versöhnende, völker- und insbesondere die eigene Nation verbindende Kraft der Musik gefeiert. Aber auch hier trat gegen Ende des 19. Jahrhunderts, zunächst schleichend und dann immer deutlicher, eine Spaltung des Publikums in Anhänger und Gegner der sich schrittweise entfaltenden neuen Tendenzen innerhalb der Musik zu Tage.

Gewissermaßen noch auf der Schwelle zwischen Tradition und Moderne verharrten die beiden großen musikalischen Protagonisten der Zeit, Richard Strauss und Gustav Mahler, wobei Strauss in musikalischer Hinsicht sicher der Modernere war – was freilich durch die Wahl und die formal-äußerliche Behandlung seiner Stoffe und die spätromantische Imprägnierung seines Werkes auch musikalisch versierteren Zeitgenossen teilweise verborgen blieb.

Wurde Strauss beispielsweise nach seiner «Salome» von 1905 und seiner «Elektra», die vier Jahre später in Dresden Premiere hatte, von deren Anhängern und Wortführern als Mann der musikalischen Moderne gefeiert, so meinten die gleichen Kreise nach seinem wiederum in Dresden uraufgeführten «Rosenkavalier» von 1911, er sei doch ein Mann der musikalischen Tradition, des Verharrens in der Vergangenheit. Da-

Richard Strauss: Salome

bei bewegte er sich hier wie da an der Grenze zur Auflösung aller Tonalität, trieb die Expressivität und Dissonanzschärfung bis zum äußersten. Insofern war er, so sehr er in formaler Hinsicht zugleich der Vergangenheit verpflichtet blieb, in seinen gern als «Tondichtungen» bezeichneten Orchesterwerken wie «Tod und Verklärung», wie «Also sprach Zarathustra» oder «Don Juan» und «Don Quixote» wie auch in seinen Opern ein unmittelbarer Vorläufer der Neuen Musik eines Arnold Schönberg oder Igor Strawinski. Strawinskis Musik zu dem Ballett «Der Feuervogel» erlebte ein Jahr nach Strauss' «Elektra» in Paris ihre Uraufführung, der ein weiteres Jahr später die Musik zu «Petruschka» und weitere zwei Jahre darauf der große Pariser Theaterskandal, die Aufführung von «Le sacre du printemps», folgte. Hier war das, was bei Strauss hinsichtlich der Motivik, der Klanglichkeit, der Linearität («Nervenkontrapunktik») und Harmonik angelegt war, durch emphatische Motivwiederholung, herbe Akkordik, fremdartige Instrumentenbehandlung und collageartige Schnittechnik bis ins Äußerste getrieben.

Aber auch bei dem Wiener Komponisten Arnold Schönberg, der, zehn Jahre jünger als Strauss, seit 1911 wie vorher schon 1902 als Kompositionslehrer am Stern'schen Konservatorium in Berlin wirkte, läßt sich eine ähnliche musikalische Entwicklung beobachten, die dann bis zur Aus-

Richard Strauss: Elektra

bildung einer freien Atonalität fortschritt. Auch er begann («Gurrelieder», «Verklärte Nacht») im Anschluß an Wagner und Brahms mit einer letzten Steigerung und Differenzierung der spätromantischen Musiksprache, um dann in den George-Liedern und vor allem in dem Monodram «Erwartung» und den 21 Gedichten für Sprechstimme und Kammerensemble «Pierrot lunaire» zu einer zunehmend atonal-expressionistischen musikalischen Sprache überzugehen. In der gleichen Zeit betätigte sich Schönberg in engem Kontakt mit Wassilij Kandinsky und der Münchener Künstlervereinigung «Blauer Reiter» auch als Maler; rund 60 Gemälde und etwa 200 Zeichnungen und Aquarelle in einem Stil zwischen Symbolismus und Expressionismus sind von ihm überliefert. Seit den 1920er Jahren entwickelte Schönberg dann die Zwölftontechnik und bildete mit seinen Schülern Alban Berg und Anton Webern die «Zweite Wiener Schule».

Eng verbunden mit dem malerischen und musikalischen Expressionismus, der sich in den wenigen Jahren vor 1914 herausformte, entwickelten sich auch das neue Ballett und der Ausdruckstanz. Sie wurden einerseits verkörpert durch Serge Diaghilew und das russische Ballett mit dem berühmten Waclaw Nijinsky an der Spitze, für die Igor Strawinski in Paris sein «Sacre du printemps» schrieb – das Bühnenbild und die Kostüme dafür entwarf Pablo Picasso. Und zum anderen vor allem durch den schon erwähnten Schweizer Émile Jaques-Dalcroze, einen Schüler von Anton Bruckner und Leo Delibes, der mit seiner «Rhythmiklehre» und der darauf gründenden «Ausdrucksgymnastik» den mo-

Der Turm der blauen Pferde von Franz Marc, 1913

dernen Ausdruckstanz und das Pantomimentheater inspirierte. Er wirkte von 1911 bis 1914 als erster Leiter der «Bildungsanstalt» in der Gartenstadt Hellerau bei Dresden, aus der dann unter anderem die ebenfalls bereits erwähnte Choreographin und Tänzerin Mary Wigman hervorging, die zu Beginn der 1920er Jahre den, wie sie es nannte, «absoluten Tanz» kreierte, der in tänzerisch gesteigerter Expressivität mit eigens für sie komponierter Musik bestimmte thematische Vorgaben («Hexentanz», «Raumgesänge», «Schwingende Landschaft», «Ekstatische Tänze») rein bewegungsdynamisch umsetzte.

All das waren auf den verschiedenen künstlerischen Gebieten Versuche, der Aufbruchs- und Umbruchsstimmung, dem Streben nach dem ganz Neuen verbunden mit der entschiedenen Absage an das Etablierte, an das Alte und die Tradition Ausdruck zu verleihen. «Aber noch liegt das weite Land voll Trümmer, voll alter Vorstellungen und Formen, die nicht weichen wollen, obwohl sie schon der Vergangenheit gehören», notierte Franz Marc 1912 in dem als Programm konzipierten Almanach «Der Blaue Reiter»: «Die alten Ideen und Schöpfungen leben ein Scheinleben fort, und man steht ratlos vor der Herkulesarbeit, wie man sie vertreiben und freie Bahn schaffen soll für das Neue, das schon wartet.» «Die ersten Werke einer neuen Zeit sind», betonte er im weiteren, «unendlich schwer zu definieren – wer kann klar sehen, auf was sie abzielen und was kommen wird? Aber die Tatsache allein, daß sie *existieren* und heute an vielen, oftmals voneinander ganz unabhängigen Punkten entstehen und von innerlichster Wahrheit sind, läßt es uns zur Gewißheit werden, daß sie die ersten Anzeichen der kommenden neuen Epoche sind, Feuerzeichen von Wegsuchenden.»[19]

Diese künstlerische Aufbruchbewegung, die den Beginn eines ganz neuen Zeitalters beschwor, stand in engem Zusammenhang mit einer allgemeinen Aufbruchstimmung in der Gesellschaft, in der Politik, auch in der Wirtschaft. Sie verlieh dieser Aufbruchstimmung nicht nur unmittelbaren Ausdruck, in der Architektur, in der Malerei, in der Literatur, in der Musik, sondern verstand sich zugleich als das eigentlich vorantreibende, als das dynamische Element, als Speerspitze des Veränderungsprozesses. Von ihr gingen, so das Selbstverständnis der Künstler, entscheidende Impulse aus auf das Gesamtleben der Nation, gaben ihr Richtung und inneren Zusammenhalt. In der Kultur, so vielgestaltig und oft verwirrend sie sich darstelle, komme die Nation zu sich selber, gewinne sie ihr Gesicht und forme sich zu einer überindividuellen Gesamtpersönlichkeit. Ihr in politischer, in gesellschaftlicher, in wirtschaftlicher Hinsicht ein entsprechendes modernes Gehäuse zu schaffen – das sei die große, nur gemeinsam zu lösende Aufgabe der Zeit.

Zwar sahen diese Künstler, die sich im Aufbruch in die Moderne verbunden wußten, die Elemente der Auflösung, der Zerstörung etablierter Zusammenhänge in allen Lebensbereichen, die in ihrer Epoche am Werk waren. Ihre Werke spiegelten diesen Auflösungsprozeß nicht nur, sondern trieben ihn ihrerseits voran. Aber gleichzeitig waren sie doch überzeugt, daß er nur das Alte, das längste Überlebte, nicht mehr Zukunftsfähige betreffe, vergleichbar mit der Häutung einer Schlange, aus der diese verjüngt, in erneuerter Form hervorgehe. Die Krise, so war man überzeugt, bedeute zugleich einen grundsätzlichen Neuanfang, und zu Verzweiflung und Resignation sah niemand von ihnen einen Grund.

Die berühmte «fin-de-siècle-Stimmung» herrschte bei den Verteidigern des Alten vor, nicht bei ihnen. Wo sie diese in ihren Werken wiedergaben, trat sie als Zeichen des Verfalls, des Niedergangs der etablierten und zugleich erneuerungsunfähigen Ordnung des Bestehenden in Erscheinung, die abzureißen und durch eine ganz neue zu ersetzen sie angetreten waren. In diesem Sinne empfand sich der Künstler als der wahre Bürger in Abhebung von dem bürgerlichen Philister seiner Zeit, als Repräsentant einer im Werden begriffenen neuen bürgerlichen Ordnung, einer bürgerlichen Gesellschaft neuen Typs.

Rathenau hat diese ganze Entwicklung in sich aufgenommen, sie in vielfältiger Hinsicht und in den unterschiedlichsten Bereichen kommentiert, sie vielfach in den handelnden Personen, in Gerhart Hauptmann, in Hugo von Hofmannsthal, in Frank Wedekind, in Alfred Messel und Peter Behrens, in den Malern, Bildhauern und Musikern, den Theaterleuten und Journalisten der Zeit begleitet, mit denen er vielfach näher bekannt, ja befreundet war – eine Verkörperung zugleich des neuen Typus des Intellektuellen, der sich als Repräsentant und Interpret des kulturellen und künstlerischen Lebens seiner Zeit verstand und entsprechend auftrat.

Gleichzeitig freilich war er – und das irritierte viele in zunehmendem Maße – ein höchst erfolgreicher Vertreter des modernen Wirtschaftslebens, der Welt der Banken und der Industrie, und von daher zugleich ein wohlhabender, ja, reicher Mann mit der entsprechenden materiellen und auch gesellschaftlichen Unabhängigkeit, jemand also, der nicht von seiner schriftstellerischen und publizistischen Tätigkeit lebte und von den materiellen Nöten der vielbeschworenen «freischwebenden Existenz» des typischen Intellektuellen frei war. Von dieser materiellen Rückbindung und Verankerung seines Daseins, also von seiner Tätigkeit als Bankier und Industrieller, seiner Fundierung in der praktischen Lebenswelt soll jetzt die Rede sein. Denn sie bestimmte nicht nur in vieler Hinsicht sein persönliches Dasein, sondern auch seine Stellung im gesellschaftlichen und im politischen, aber auch im kulturellen Leben.

· 3 ·

Grenzgänger zwischen zwei Welten

Industrieller, Bankier und kulturpolitischer Publizist

Nachdem er zwischen 1893 und 1898 Geschäftsführer der von der AEG gegründeten Elektrochemischen Werke Bitterfeld gewesen war, trat Rathenau wie gesagt nach dem Verkauf dieser nie richtig florierenden, aber am Ende doch einigermaßen in die schwarzen Zahlen kommenden Werke 1899 als Leiter der Abteilung für den Bau von Zentralstationen in den Vorstand der AEG ein. Er hatte diese Stellung, wie er nur zu gut wußte, vor allem der Tatsache zu verdanken, daß er der Sohn und mögliche Erbe des Firmengründers war. Es war zu erwarten gewesen, daß es über kurz oder lang zu einem Konflikt mit diesem kommen werde. Und in der Tat verließ Rathenau junior bereits drei Jahre später, im Mai 1902, nach einem Streit über die weitere Firmenpolitik die väterliche Firma: Er war für eine kartellartige Organisation der gesamten Elektroindustrie und für eine Fusion mit der Schuckert-Gesellschaft eingetreten, hatte sich aber nicht durchsetzen können. Wenig später wechselte er, nachdem er bis dahin die Expansionspolitik der Firma auch auf der internationalen Ebene – etwa durch den Erwerb der «Società di Ferrovie Elettriche e Funicolari» in Genua, wo er sich längere Zeit aufhielt und nebenbei Italienisch lernte – erfolgreich vorangetrieben hatte, in den Vorstand der Berliner Handels-Gesellschaft, die seit dem Rückzug der Deutschen Bank im Jahre 1897 die für die AEG entscheidende Berliner Großbank war. Das führte nicht nur zur Emanzipation vom Vater, sondern schuf auch die Grundlage für seinen eigenen, schon bald gleichfalls spektakulären Erfolg in der Welt der Unternehmen und Banken.

Auch der siebzehn Jahre ältere Carl Fürstenberg, der führende Mann der Berliner Handels-Gesellschaft und stellvertretende Vorsitzende des Aufsichtsrats der AEG, hatte sich für die Fusion der AEG mit der Schuckert-Gesellschaft eingesetzt, nicht zuletzt um durch gezielte Förderung des jeweils Stärkeren die Konzentrationstendenzen in der Industrie und mit ihnen zugleich den Einfluß der großen Banken als denjenigen zu fördern, die die dafür nötigen Kapitalmengen bereitstellten. So fanden sich Kapitalinteressen und industrieorganisatorische

Tendenzen in der Verbindung von Carl Fürstenberg und Walther Rathenau zusammen.

Beide trieben gemeinsam den Prozeß der Konzentration und zugleich Kartellbildung der deutschen Industrie, vornehmlich der neuen Industrien, der chemischen und der Elektroindustrie, aber auch der Kohleindustrie, voran. So gelang es ihnen beispielsweise 1904, den Versuch der preußischen Regierung abzuwehren, über den Erwerb der Aktienmehrheit der Bergwerksgesellschaft Hibernia das 1893 von Emil Kirdorf gegründete und mittlerweile stark erweiterte Rheinisch-Westfälische Kohlensyndikat wenn nicht zu sprengen, so doch erheblich zu schwächen. Unter der Führung Kirdorfs gründeten damals mehrere Großbanken, darunter an führender Stelle Fürstenbergs Berliner Handels-Gesellschaft, gemeinsam mit dem Rheinisch-Westfälischen Kohlensyndikat die Herne-Vereinigung von Hibernia Aktionären GmbH.[1] Durch die Erhöhung des Aktienkapitals der Hibernia unter Ausschluß des Bezugsrechts der bisherigen Aktionäre, also vor allem des Staates, gelang es, eine Mehrheitsbeteiligung und damit die Kontrolle des Staates über die Hibernia zu verhindern – wobei die Berliner Handels-Gesellschaft sich selbst einen erheblichen Anteil sicherte.

Man hat den hier wie an vielen anderen Stellen seit dem Ende des 19. Jahrhunderts zutage tretenden Prozeß mit Rudolf Hilferding im weiteren als Durchsetzung eines Systems des «organisierten Kapitalismus» bezeichnet und weitreichende Schlüsse für das gesamte politisch-gesellschaftliche System der Zeit daraus abgeleitet. Davon ist man im weiteren wieder abgekommen. Unbestreitbar aber bleibt, daß diese Phase gekennzeichnet war durch eine immer stärkere Verbindung von Finanzkapital und Industrie unter Führung und organisatorischem Einfluß der großen Banken. Und hierbei spielte Walther Rathenau, sozusagen als Mittelsmann zwischen Industrie und Bankenwelt, von früh auf, seit seinem Eintritt als «Geschäftsinhaber» der Berliner Handels-Gesellschaft im Sommer 1902, eine immer größere Rolle, während der Vater dem wachsenden Einfluß der Banken eher skeptisch gegenüberstand und sich gegen ihn zur Wehr setzte.

Walther Rathenaus Rolle stützte sich, neben seinem unbestreitbaren Verhandlungsgeschick und seinen mittlerweile erworbenen Kenntnissen insbesondere hinsichtlich der Organisation von industriellen Großbetrieben, vor allem auf zweierlei. Einmal auf die Tatsache, daß ihn, als «Geschäftsinhaber» leitendes Mitglied einer der Berliner Großbanken und zugleich potentieller «Erbe» seines Vaters bei der AEG, immer mehr Firmen in ihren Aufsichtsrat beriefen; in der Wirtschaft erhielt er schon

Erich Rathenau, um 1900

bald den Spitznamen des «Aufsichtsrathenau». Und zum anderen darauf, daß er nach wie vor, auch nach seinem Wechsel zur Berliner Handels-Gesellschaft, als einer der führenden Repräsentanten der weiter mächtig expandierenden AEG galt, in deren Aufsichtsrat er 1904 berufen worden war. Schon im Dezember 1902 hatte er hier in Verfolgung seiner Fusionsbemühungen ein Interessengemeinschaftsabkommen zwischen der AEG und der Loewe Union-Elektrizitätsgesellschaft zustande gebracht und war damit entsprechenden Bestrebungen von Siemens zuvorgekommen; allerdings gelang Siemens im Gegenzug die Verbindung mit dem Schuckert-Konzern, die Rathenau ursprünglich gemeinsam mit Fürstenberg für die AEG angestrebt hatte.

Noch entscheidender für seine zukünftige Stellung in der AEG aber wurde ein schwerer Schicksalsschlag, der die Familie einen Monat später traf: Am 17. Januar 1903 starb Walther Rathenaus vier Jahre jüngerer Bruder Erich im ägyptischen Assuan, wohin ihn der Vater im Anschluß an eine schwere Erkrankung des Sohnes – Erich Rathenau litt von Jugend an an einem Herzfehler – auf eine Erholungsreise begleitet hatte. In Erich hatte dieser schon seit längerem seinen eigentlichen «Erben» als

Generaldirektor der AEG gesehen, und sein Tod ließ ihn für längere Zeit fast geschäftsunfähig werden. «Da sprang Walther Rathenau für ihn ein», so seine nachgeborene Schwester Edith, die damals gerade zwanzig Jahre alt war, später rückblickend, «begleitete ihn, führte für ihn die nötigen Verhandlungen, stattete die Berichte in den Versammlungen in seinem Namen ab, wurde sein zweites Ich.»[2]

In der Folge veränderte sich das Verhältnis zwischen Vater und Sohn. Bisher war es, um es milde auszudrücken, eher distanziert und spannungsreich gewesen, und Spannungen traten auch im weiteren, oft aus geringfügigem Anlaß, immer einmal wieder zutage, vor allem wenn der Sohn sich durch den Vater bevormundet fühlte. So teilte er dem Vater im Herbst 1904 nach einem nicht weiter wichtigen Streit, bei dem es um eine von diesem errichtete Stiftung ging, schriftlich mit, er werde «in der nächsten Zeit etwas weniger häufig nach dem Sch[iffbauer]damm [dem Sitz der Firma] kommen». «Wenn ich, wie das in den letzten 1 ½ Jahren der Fall war, sozusagen ein Teil des Hausstandes war, so habe ich mir klargemacht, daß Du daraus das Recht herleiten kannst, Konsequenzen zu ziehen, die mit meinem Alter und meiner Gewohnheit an Selbständigkeit kollidieren können.» Der Vater wich sofort zurück und beteuerte, der Sohn irre, wenn er glaube, «daß ich aus Deinem Aufenthalt in diesem Hause irgend welche Konsequenzen ziehe». Und er fuhr fort: «Was mir gehört ist Dein Eigentum; ich habe kein Geld, kein Vermögen, keinen Sinn, kein Verständnis, ausgenommen für Euch. Eine Grenze zwischen mein u. Dein gibt es für mich nicht; ich hätte längst zu arbeiten aufgehört, wenn nicht die Rücksichten auf Euch für mich bestimmend wären.»[3]

Der Grund für diesen bei Emil Rathenau seltenen Gefühlsausbruch war freilich vor allem – und das wußte der Sohn nur allzu gut –, daß dieser für ihn mehr und mehr unentbehrlich geworden war. Nach dem Tod seines jüngeren Sohnes Erich war Walther zunehmend zum engsten Berater des Vaters geworden, mit dem er sich in den meisten Fragen schnell und unkompliziert verständigte – er war und blieb eben, unbeschadet mancher Gegensätze, das nächste (männliche) Mitglied seiner Familie, und Familie bildete die engste, emotional begründete Vertrauensgemeinschaft, auch wenn Walther Rathenau die darin begründete Beziehung des öfteren zugleich als Belastung empfand. Alois Riedler, der selber zur Führungsebene der AEG gehörte, urteilte in seiner Biographie Emil Rathenaus, die ein Jahr nach dessen Tod, 1916 erschien, «daß das Handeln Rathenaus in wichtigen Fragen von seinem Sohne mitbestimmt wurde». Und er fuhr fort: «Vieler Worte brauchte es [...] nicht; sie verstanden sich beide vollständig, auch durch bloße Andeutungen, und dabei handelte es sich immer, soweit ich Zeuge solcher Besprechungen war, um wichtigste Angelegenheiten.»[4]

Zu ihnen zählte vor allem auch der weitere Kurs der AEG, der sich nicht zuletzt unter Walther Rathenaus Einfluß in enger Abstimmung mit Fürstenberg immer stärker in Richtung auf kartellmäßige Organisation und Absprachen der gesamten Elektroindustrie hin bewegte, national und mehr und mehr zugleich weltweit. Bereits 1903 verhandelte der Konzern mit der «General Electric Company» über die Absatzgebiete auf dem Weltmarkt, getragen von dem Bestreben, praktisch die ganze Welt zwischen sich und der «Company» aufzuteilen.

Den internationalen Bestrebungen in diesem Bereich diente auch die bereits 1895 von der AEG und Carl Fürstenberg als Holding- und Finanzierungsgesellschaft begründete Züricher Bank für elektrische Unternehmungen, die sogenannte Elektrobank. Ihr Berliner Büro in den Räumen der AEG, das eine Art Clearingstelle der weltweiten Aktivitäten des Konzerns bildete, leitete seit Anfang 1904 Walther Rathenau – ein Indiz für die auch nach 1902, nach seinem Ausscheiden bei der AEG, nach wie vor enge Verbindung zu der Firma, aber auch für das Bestreben, die Bank, wie es schon bei ihrer Gründung vorgesehen und in ihren Statuten festgeschrieben war, «zu einem allgemeinen Finanzierungsinstitut für die elektrische Industrie auszugestalten», wie es in der Parlaments-Ausgabe des Berliner Tageblatts vom 16. Januar 1904 hieß. Hierfür bot sich Rathenau als für das Auslandsgeschäft und für die Kontakte zur Elektroindustrie zuständiges Mitglied des Direktoriums der Berliner Handels-Gesellschaft und zugleich als Sohn des Gründers der AEG förmlich an. Er wurde denn auch sogleich zum Mitglied des Verwaltungsrates der Elektrobank gewählt.

Rathenaus schon früh deutlich bekundeter Wunsch, eines Tages die Leitung des Konzerns in die Hand zu bekommen und als Generaldirektor in die AEG zurückzukehren, erfüllte sich dann freilich, wie später noch eingehend dargestellt werden wird, nicht. Zwar war er nach dem Tode seines jüngeren Bruders noch als Geschäftsinhaber der Berliner Handels-Gesellschaft mehr und mehr zur rechten Hand des Vaters geworden. Aber einer der frühesten und engsten Mitarbeiter Emil Rathenaus, Felix Deutsch, meldete, gestützt auf seine längere Erfahrung, seine unbestreitbaren Verdienste um den Aufstieg des Unternehmens und seine Verwurzelung in der Organisation des Konzerns, zunehmend ähnliche Ansprüche an und konnte sich mit ihnen schließlich durchsetzen. Dabei spielte auch eine Rolle, daß Deutsch wie Emil Rathenau sich gegen die

Felix Deutsch

immer dominierender werdende Rolle der Banken wandte und für die Unabhängigkeit des Konzerns auch in finanzieller Hinsicht eintrat, während Walther Rathenau, geleitet von der Idee des volkswirtschaftlichen Gesamtinteresses, der wesentlich von den Banken vorangetriebenen Kartellierung zumindest weit weniger skeptisch gegenüberstand. Wohl wurde Walther Rathenau 1910 stellvertretender Vorsitzender des Aufsichtrats der AEG und übernahm 1912, nach einer schweren Erkrankung des Vaters, dessen Vorsitz. Als Emil Rathenau jedoch 1915 starb, wurde nicht er, sondern Felix Deutsch dessen Nachfolger als Generaldirektor. Der Titel «Präsident der AEG», den Walther Rathenau sich selbst als Aufsichtsratsvorsitzender bei dieser Gelegenheit gab, kaschierte nur mühsam seine endgültige Niederlage im Kampf um die Nachfolge.

Sie hatte sich schon seit längerem abgezeichnet. Zwar war Rathenau seit 1903/04 als einflußreiches Mitglied des Aufsichtsrates der AEG und in vielen Bereichen als Sprecher seines Vaters zum wichtigsten äußeren Repräsentanten des Konzerns, gleichsam zu dessen Außenminister, geworden. Gleichzeitig war er als einer der Geschäftsinhaber der Berliner Handels-Gesellschaft der wichtigste Verbindungsmann zu der immer einflußreicher werdenden Welt der Großbanken, die er zugleich in zahlreichen Aufsichtsräten industrieller Unternehmen repräsentierte. In dieser doppelten Funktion hatte er beispielsweise die Fusion der AEG mit der Union Elektrizitäts-Gesellschaft (UEG) entscheidend vorangetrieben. Aber die Fülle der Aufgaben, vor die ihn all dies, zunehmend auch international, etwa bei der Vermittlung staatlicher Anleihen, stellte, verhinderte, daß er sich um die inneren Verhältnisse des Konzerns und um das praktische Geschäft in gleicher Weise kümmerte.

Hinzu kamen noch seine vielfältigen Engagements im kulturellen und gesellschaftlichen Bereich, seine zahlreichen Kontakte zu Vertretern des künstlerischen und literarischen Lebens und vor allem auch seine eigenen schriftstellerischen Ambitionen. Hier erwies sich die «Doppelexistenz», die er als Bankier und Industriemanager einerseits und andererseits als aktiver Vertreter und Repräsentant des kulturellen Lebens führte, zunehmend als Hindernis. So hat ihm Felix Deutsch mehr und mehr den Rang abgelaufen und die Stelle des «Kronprinzen», die Walther Rathenau zunächst nach dem Tod des jüngeren Bruders zugefallen schien, definitiv besetzt.

Das war ein langwieriger Prozeß gewesen, und der schließliche Ausgang hatte sich erst gegen Ende abgezeichnet. Dabei spielte sicher eine Rolle, daß Rathenau selber hinsichtlich seiner eigenen Rolle und Stellung immer wieder schwankte. Sollte er sich auf eine Zukunft als Konzernherr oder als industriepolitischer Organisator an der Schnittstelle zwischen Bankenwelt, Industrie und Politik einstellen? Sollte er, getreu der alten napoleonischen Maxime, die Politik sei das Schicksal, sich auf den politischen Bereich im engeren Sinne, wenn auch sicher auf ganz neuen Wegen konzentrieren, oder sollte er sich gar vollständig aus der Welt der Wirtschaft und der Politik zurückziehen, sich seinen literarischen und kulturphilosophischen, seinen künstlerischen und kulturellen Neigungen widmen? Zwischen all dem schwankte er in den Jahren vor dem Ersten Weltkrieg ständig hin und her und vermittelte seiner auf feste Rollen, Berufsfelder und Zukunftserwartungen eingestellten Umwelt den Eindruck eines unentschiedenen, schwankenden, unberechenbaren – oder auch eines in keiner Richtung festgelegten, spezifisch «modernen» Menschen. Und dieser Eindruck verstärkte sich durch die drei Hauptschriften, die er in diesen Jahren zu Papier brachte und nach 1912 veröffentlichte, zwei in den Jahren unmittelbar vor dem Ausbruch des Ersten Weltkrieges, eine wenige Monate vor seinem Ende.

Sieht man freilich näher hin, so spiegelt dieses Schwanken zugleich die tiefen Umbrüche wider, die sich in der Politik und der Wirtschaft, in der Gesellschaft und im kulturellen Leben in dieser Zeit vollzogen und in denen nicht nur Rathenau seinen Platz neu finden und bestimmen mußte. Überall setzten sich, getragen von tiefgreifenden Strukturwandlungen in vielen Bereichen, ganz neue Tendenzen durch, die ihrerseits höchst widersprüchlich waren und vorerst keine klare und eindeutige Richtung erkennen ließen.

Das galt insbesondere auch für die Politik, wo, zumal in Preußen und auf der Reichsebene, den nach wie vor vorherrschenden Mächten der alten, von der Monarchie, dem Adel und der Bürokratie getragenen Ordnung sehr verschiedene, aber an Gewicht ständig zunehmende Kräfte entgegenstanden: die Sozialdemokratie, in der ein sogenannter revisionistischer Flügel, der zu schrittweisen Reformen im Bündnis mit anderen Parteien bereit war, mit einem anderen um den Vorrang kämpfte, der auf einem radikalen Umsturz der bestehenden Ordnung beharrte; der traditionell in zwei Richtungen aufgespaltene Liberalismus, dessen stärker werdender linker Flügel zunehmend zu einem Reformbündnis mit dem revisionistisch eingestellten Teil der Sozialdemokratie neigte; und schließlich das katholische Zentrum, in dem in jenen Jahren ein seinerseits zu Reformen und Veränderungen bereiter Teil laufend an Gewicht gewann.

Dazu parallel kam es zu tiefgreifenden Wandlungen auf dem sogenannten politischen Massenmarkt, in Presse und Publizistik. Nicht nur die Zahl der Zeitungen verdreifachte sich in dem halben Jahrhundert vor Ausbruch des Ersten Weltkrieges, vor allem ihr Inhalt und Gesicht wandelten sich in dieser Zeit entscheidend. Es entstand auf der Basis der Intensivierung des Anzeigengeschäfts vor allem in der Form des «Generalanzeigers» die Massenpresse, verkörpert etwa in dem Aufstieg der großen Berliner Pressekonzerne – Mosse, Ullstein und Scherl –, deren Vorbild dann die sogenannte «Milieupresse», die katholischen und die sozialistischen Zeitungen, folgte.

All das spiegelte einschneidende Veränderungen im Gefüge der Gesellschaft. Hier verschoben sich seit dem Ende des Jahrhunderts endgültig die Gewichte. Der Wandel erfolgte einerseits zugunsten der Städte, die durch den millionenfachen Zuzug vom Lande mächtig expandierten, und andererseits zugunsten sowohl des Bürgertums als auch der, vor allem in der Industrie, aber auch in den Dienstleistungsberufen und im städtischen Gewerbe geradezu explosionsartig anwachsenden Arbeiterschaft. Hinzu kam das Heer der Angestellten neuen Typs, die, sozial zwischen dem «alten Bürgertum» und der Arbeiterschaft angesiedelt, um ihren gesellschaftlichen Status rangen.

Auch in der Wirtschaft vollzogen sich in dieser Zeit, in ständiger Wechselwirkung mit den gesellschaftlichen Veränderungen, in vieler Hinsicht einschneidende Wandlungen. Einerseits entstanden neben den alten, auf Kohle und Eisen bzw. Stahl gegründeten Industrien ganz neue, dynamische, meist großbetrieblich organisierte Industrien wie die chemische und die Elektroindustrie; Emil Rathenaus AEG liefert hier eines der herausragenden Beispiele. Viele ihrer Vertreter neigten im Zusammenwirken mit den ihrerseits stark anwachsenden und laufend an Einfluß gewinnenden Banken zu Kartell- und Konzernbildungen immer größeren Umfangs, eine Tendenz, der sich die «alten» Industrien dann zunehmend anschlossen.

Andererseits entfaltete und differenzierte sich in dieser Zeit die mittelständische Wirtschaft in Industrie und Gewerbe in bisher unbekanntem Maße. Ihre Vertreter beharrten, schon weil hier die Möglichkeiten zu Zusammenschlüssen und Kartellbildungen, zunächst jedenfalls, relativ begrenzt blieben, auf dem System des sogenannten Konkurrenzkapitalismus, also auf einer Ordnung des freien Wettbewerbs. Mit anderen Worten: Auch hier gingen tiefgreifende Veränderungen im Gefüge und in der Gewichtverteilung zum einen generell auf Kosten der bisher vielfach vorherrschenden Landwirtschaft – und damit gesellschaftlich vor allem auf Kosten des Adels – und zum anderen innerhalb der verschiedenen Wirtschaftszweige mit einem Ringen um die Grundprinzipien der neuen wirtschaftlichen Ordnung einher. Und gerade hier geriet Walther Rathenau, der Wortführer einer kartellartigen Organisation möglichst weiter Teile der Wirtschaft – davon wird noch ausführlicher die Rede sein –, in Widerstreit und Widerspruch zu seinen sich immer klarer ausprägenden politischen und gesellschaftlichen Grundüberzeugungen, daß nämlich die alte, adlige und bürokratische Führungsschicht abgelöst werden müsse durch bürgerliche Kräfte und zwar vornehmlich durch solche, die aus dem neuen, linksliberalen Bürgertum stammten. Dieser Grundwiderspruch bewirkte unter anderem, daß er sich nicht früh parteipolitisch dem linken Flügel des Liberalismus anschloß und von hier aus etwa versucht hätte, eine politische Karriere zu starten – wie er es dann nach 1918, nach der Revolution, unternahm.

Daß er ein Mann der bürgerlichen Linken war, hatte sich immer deutlicher auf dem kulturellen und kulturpolitischen Gebiet gezeigt, wo sich der tiefe Umbruch, dem alle Verhältnisse in Deutschland seit dem ausgehenden 19. Jahrhundert unterworfen waren, am frühesten und nachdrücklichsten gezeigt hatte. Davon war schon die Rede und auch von der Stellung, die Rathenau zu diesem Umbruch einnahm. Ob in der Architektur, in der bildenden Kunst, auf literarischem Gebiet, überall erschien er als Parteigänger und Wortführer der neuen Tendenzen, als ein Mann der «Moderne» – so sehr damals wie später über das Wesen und die darin begründete Richtung dieser «Moderne» auch und gerade unter denen gestritten wurde, die sich ihr grundsätzlich zurechneten. Thomas Rohkrämer hat die glückliche Formel von der «anderen Moderne» geprägt, die, aus Zivilisationskritik und einem neuen Bild von Natur und Technik erwachsen, in Deutschland nach 1880 als Ziel propagiert wurde. Einer ihrer Hauptrepräsentanten vor 1914 sei, so Rohkrämer, Walther Rathenau gewesen.[5]

Rathenaus Grundposition zeigte sich auch in seinem persönlichen Lebensstil, an seinem größtenteils von ihm selber entworfenen Haus im Grunewald, das in seiner Rückorientierung an den preußischen Klassizismus des ausgehenden 18. Jahrhunderts zugleich die Erinnerung an die Aufbruchsphase des Bürgertums in dieser Zeit beschwor. Sie zeigte sich an seiner Bekanntschaft mit Gerhart Hauptmann, mit dem ihn seit 1905 eine enge Freundschaft verband[6], und mit Frank Wedekind, mit Richard Dehmel und Stefan Zweig, mit Max Reinhardt und dem späteren Krupp-Direktor und Mitherausgeber des «Pan», Eberhard von Bodenhausen, mit dem Kunstkritiker Julius Meier-Graefe, dem Architekten Henry van de Velde, dem Maler Edvard Munch, den Schauspielern Alexander Moissi und Tilla Durieux, mit Hugo von Hofmannsthal und natürlich mit Maximilian Harden und Harry Graf Kessler, seinem späteren Biographen.

Mit einem Wort, mit allen, die damals in Berlin den kulturellen Aufbruch, die künstlerische Moderne repräsentierten, pflegte Rathenau nicht nur vertrauten Umgang, sondern wurde als Autor und zugleich Anreger und Mäzen mit Selbstverständlichkeit zu diesem Kreis gezählt – auch wenn er persönlich zu vielem, was da, etwa in der Malerei, hervorbrach und nach neuen Ausdruckformen suchte, innere Distanz behielt. «So sehr ich das Gewaltsame in der Kunst oder vielmehr das Gewaltsame, durch Kunst gebändigt, dankbar hinnehme», schrieb er einmal an eine Freundin, «gewaltsame, aufgeregte, steile Kunst ist mir nicht gemäß.»[7]

Dem Expressionismus stand er entsprechend fern und verharrte auch hier auf einem am Klassizismus orientierten Kunstgeschmack, eines Klassizismus, den er in den Werken Adolph Menzels und im Impressionismus seines Onkels Max Liebermann weiterentwickelt sah. Das galt auch für sein Verhältnis zum literarischen Expressionismus. Seinen Vertretern sei es «nicht um die Sache zu tun, sondern um ein apartes, literarisch verwertbares Gerede von der Sache. Sie glauben die Welt zu ändern, wenn sie Artikel weglassen, Satzglieder umstellen und im Kaffeehaus neue Zeitwörter ausdenken», warf er einmal verächtlich hin.[8] Umgekehrt hingegen sahen viele aus diesem Kreis in Rathenau jemand, in dessen Schriften sich Gedanken und Gesinnungen spiegelten, die in ihrer Kritik an der Gegenwart und dem alles überwölbenden und durchdringen Geist der «Mechanisierung» ihren eigenen Vorstellungen und ihrem eigenen

Weltbild entsprachen. Armin Theophil Wegner und Franz Werfel übersandten ihm ihre literarischen Werke, Else Lasker-Schüler bat ihn um seine Schriften und Ivan Goll übersetzte eine Auswahl aus seinem Werk ins Französische.[9]

Rathenaus meist an eher versteckter Stelle geäußerte Kritik an jüngsten Tendenzen und Entwicklungen in Kunst und Literatur – deren Wortführer sich gleichzeitig vielfach auf ihn beriefen – darf freilich nicht in den Hintergrund drängen, daß er sich prinzipiell als Mann der künstlerischen, der kulturellen Moderne verstand und als solcher auch ganz allgemein angesehen wurde. Gleichzeitig freilich galt er als ein Mann der Großindustrie und der mit ihr aufs engste verbundenen Banken und damit in gewisser Weise als ein Mann der Fortentwicklung und des Ausbaus des Bestehenden.

Die inneren Ambivalenzen dieser Doppelexistenz beschäftigten und belasteten zwar weniger seine Freunde aus der kulturellen Szene, wohl aber ihn selber. Und er gewann mehr und mehr die Einsicht, daß er sich für einen der angesprochenen Wege entscheiden müsse, ohne allerdings bis zum Ausbruch des Ersten Weltkriegs wirklich zu einem entsprechenden Entschluß zu gelangen. Zwar schied er, wie er Fürstenberg schon im Juni 1906 angekündigt hatte, zum 1. Juli 1907 aus dem Direktorium der Berliner Handels-Gesellschaft aus; vierzehn Tage später brach er mit dem neuen Staatssekretär des eben errichteten Reichskolonialamtes zu einer monatelangen Informationsreise nach Deutsch-Ostafrika auf. Aber er blieb nach wie vor eine zentrale Figur in der Wirtschafts- und Finanzwelt, Mitglied zahlreicher Aufsichtsräte, darunter desjenigen der AEG und des Verwaltungsrats der Berliner Handels-Gesellschaft, dem er von 1908 bis 1921 angehörte.

Gleichzeitig freilich unternahm er eine weitgespannte kultur- und geschichtsphilosophische Bestandsaufnahme, die er 1912 und 1913 in zwei größeren Werken unter den Titeln «Zur Kritik der Zeit» und «Zur Mechanik des Geistes» veröffentlichte. Sie sollte zugleich die Grundlage bieten für eine endgültige Entscheidung über seinen weiteren Lebensweg. Über ihn bestimmte dann freilich nicht er selber, sondern, wie bei unzähligen anderen seiner und der nächsten Generation, der Ausbruch des Ersten Weltkriegs, der alle Perspektiven grundsätzlich veränderte, die gerade von den Vertretern des «neuen Bürgertums» mit so großen Erwartungen eröffnet worden waren.

Im Wartestand

Anfang Juli 1907 war Rathenau als «Geschäftsinhaber», als Mitglied der Direktion der Berliner Handels-Gesellschaft ausgeschieden, ohne eine neue feste Aufgabe, ein festes Amt zu übernehmen – ein Schritt, den er schon ein Jahr vorher fest eingeplant hatte.[1] Natürlich konnte man das von außen als Vorbereitung auf künftige Funktionen deuten: Er war seit 1903 mehr und mehr zur rechten Hand seines Vater geworden, galt vielerorts als sein möglicher Nachfolger als Generaldirektor der AEG. Seit 1904 wirkte er als einflußreiches Mitglied im Aufsichtsrat der AEG und übte die gleiche Funktion bei zahlreichen anderen Industrieunternehmen aus; er soll schließlich mehr als hundert in- und ausländische Aufsichtsratsmandate wahrgenommen haben. Zudem betrieb er mit großer Energie die weitere Vernetzung der mächtig expandierenden Elektroindustrie, national und mehr und mehr auch international, und propagierte deren staatsähnliche Organisation. Aber für ihn selber waren andere Motive maßgebend. Er war ständig auf der Suche nach neuen Aufgaben, nach neuen Tätigkeitsfeldern und schwankte dabei gleichzeitig zwischen seinen Aufgaben im unternehmerischen und industriepolitischen Bereich, die ihn vor allem in strategischer Hinsicht, mit Blick auf die wirtschaftliche Entwicklung insgesamt und ihre fortschreitende Vernetzung zunehmend beschäftigten, und seinen literarischen, seinen künstlerischen und kulturellen Interessen, denen er sich in verstärktem Maße publizistisch, bis hin zur Inangriffnahme größerer Werke, widmete.

Und noch ein drittes Feld beschäftigte ihn, der in jenen Jahren nach der Mitte des ersten Jahrzehnts des neuen Jahrhunderts mehr und mehr zu einer Zentralfigur der deutschen und auch der internationalen Wirtschaft geworden war, in dieser Zeit in wachsendem Maße: das der Politik.[2] In engem persönlichen Kontakt mit den entscheidenden Personen im Reich und in Preußen, vor allem mit dem Reichskanzler Bülow, verfolgte er die politische Entwicklung seit der Reichstagsauflösung von 1906 und der Bildung des sogenannten Bülow-Blocks aus Konservativen und Nationalliberalen, der Zuspitzung der internationalen Situation und vor allem den sich anbahnenden innenpolitischen Umbruch mit großer Aufmerksamkeit.

Sofort nach der Reichstagsauflösung vom 13. Dezember 1906 hatte er ein Manifest mit dem Titel «Die neue Ära» entworfen, das freilich zunächst, wesentlich aufgrund kritischer Gegenargumente Hardens[3], nicht gedruckt wurde und erst in veränderter Fassung – das Original des

Walther Rathenau, 1905

ursprünglichen Textes ist verloren – nach den Reichstagswahlen vom 12. Februar 1907 erschien, allerdings nicht in Hardens «Zukunft», sondern in einer Hannoverschen nationalliberalen Zeitung und in deutlicher Distanz zu Hardens kritischen Einwänden und zu dessen ganzer, nun sehr viel konservativeren Position. Deutschland sei «nicht mehr das Land der Träumer und Professoren», betonte er darin: «Der wirtschaftliche Weltkampf zeigt die Deutschen im Erfolge an dritter, intellektuell an erster Stelle. Es wird schwer zu motivieren sein – auch vor dem Auslande, das uns respektieren soll –, daß dem Deutschen so viel weniger konstitutioneller Einfluß auf seine Staatsgeschäfte gegönnt ist als dem Schweizer, dem Italiener, dem Rumänen.» Aufgerufen sei jetzt vor allem die «bürgerliche Intelligenz». Denn ihre Vertreter, «nicht Ackerbau, nicht Feudalismus, noch auch der katholische Klerus schaffen uns die enorme Zunahme wirtschaftlicher Werte». Die Hoffnung müsse sich daher auf das Auftreten und auf den auch politischen Erfolg einer breiten «bürgerlich-nationalen Bewegung» richten.

Es war dies sein erster im engeren Sinne politischer Artikel, der zugleich einen ersten Schritt der Abwendung von der bisher von ihm gemeinsam mit Harden verfolgten Grundlinie darstellte. Bis dahin hatte er, in weit größerer Distanz zum aktuellen politischen Geschehen als

Harden, die Politik der Regierung und den gesamten politischen Kurs eher von rechts kritisiert, als Abweichung von der Linie, die von der älteren, aristokratischen Oberschicht, von den Repräsentanten des alten Preußentums verfolgt worden war, wie sie Otto von Bismarck, bei allen taktischen Zugeständnissen an die Kräfte des Neuen, verkörpert habe. Er war in diesem Sinne mit Harden ein «Bismarckianer» gewesen, auch wenn er wie jener die schon unter Bismarck immer deutlicher hervortretenden Elemente einer Abkehr von der altpreußischen Staatsgesinnung und dem gesellschaftlichen Ethos seiner Vertreter, den Übergang zu dem, was man den Wilhelminismus nannte, kritisch registriert hatte. Nun aber vollzog er Schritt um Schritt eine Kehrtwende, die ihn im weiteren in immer größere Distanz zu Harden brachte und ein wichtiger Grund für den schließlichen Bruch war.[4]

Es werde immer deutlicher, konstatierte Rathenau, daß es nicht mehr die alten aristokratischen Führungsschichten seien, die das Gemeinwesen, den Staat inhaltlich trügen, die ihn wirtschaftlich und gesellschaftlich voranbrächten. Die Initiative sei in den meisten Bereichen seit längerem an die neuen, politisch vom Liberalismus repräsentierten Kräfte, an das Bürgertum übergegangen – und hier, wie er implizit betonte, vor allem an das «neue», auf einen grundsätzlichen Wandel auf allen Gebieten zielende Bürgertum. Das habe in England, in Frankreich, in Italien mit innerer Logik dazu geführt, daß der Liberalismus, insbesondere wieder dessen linker Flügel und die mit ihm verbündeten Kräfte, auch politisch die dominierende Stellung erlangt hätten; das gelte auch für Skandinavien, und selbst in Rußland zeichne sich seit 1905, seit der Revolution, eine grundsätzliche politische Wende ab.

In der Tat vollzog sich in vielen Staaten Europas nach der Jahrhundertwende ein entschiedener politischer und, eng damit verzahnt, ein gesellschaftspolitischer Kurswechsel, getragen vor allem von den Gruppen des «neuen Bürgertums»: in Frankreich, in England, in Italien, in den skandinavischen Staaten, in Österreich-Ungarn, am Ende auch in Rußland. Nur in Deutschland halte die Aristokratie, so Rathenau, unterstützt von großen Teilen der staatlichen Bürokratie, zäh an der Macht fest und sei nicht einmal bereit, diese mit den in Wirtschaft und Gesellschaft, in Kultur und Wissenschaft mächtig und unaufhaltsam vorankommenden bürgerlichen Kräften zumindest zu teilen. Vor allem «die bürgerliche Intelligenz» werde ungerechterweise und zum Schaden für das Gemeinwesen politisch zurückgesetzt.

In einem «Eumenidenopfer» überschriebenen Artikel, der sechs Jahre später erschien, nannte er es neben der Benachteiligung der Juden auf vielen Lebensgebieten, das, wie er sich ausdrückte, «reifste Unrecht unserer Zeit», «daß das fähigste Wirtschaftsvolk der Erde, das Volk der stärksten Gedanken und der gewaltigsten Organisationskraft, nicht zugelassen wird zur Regelung und zur Verantwortung seiner Geschicke. Abgespeist mit kommunaler Verwaltung und wirtschaftlicher Gesetzgebung erblickt es die Staatsgewalt in den Händen einer kleinen, aber mächtigen Klasse, die zugleich das wichtigste der einzelstaatlichen Parlamente [das preußische] beherrscht.» So gewöhne es sich «zwangsläufig an den Gedanken, daß eine Regierung nicht anders als konservativ sein darf».

Vom «Volk» ist hier die Rede. In Wahrheit aber ging es Rathenau wie vielen anderen politischen Publizisten der Zeit aus dem liberalen Lager um den sich immer schärfer ausprägenden Gegensatz zweier konkurrierender Eliten, einer ländlich-agrarisch-aristokratischen und einer bürgerlich-städtisch-industriellen, ein Gegensatz, in dem Rathenau, bei aller scheinbar nüchtern-unabhängigen Analyse, immer deutlicher Partei ergriff. Er stand auf Seiten der neuen, der bürgerlich-städtischen Eliten und ihres Anspruchs auf eine ihrer wirtschaftlichen und sozialen Stellung entsprechende Beteiligung am politischen Leben und an den bisher hier vorherrschenden gesellschaftlichen Milieus. «Der beispiellose wirtschaftliche Aufschwung» habe «das Land intellektualisiert und Respekt vor bürgerlicher Kraft geschaffen, die heute andere Armeen kommandiert als ein Leutnant der Reserve», schrieb er Anfang 1908 an den langjährigen Reichstagsabgeordneten und dann auch, seit 1907, des Preußischen Abgeordnetenhauses von der Deutschen Freisinnigen Partei, Hermann Pachnicke, der gerade ein Buch über «Liberalismus als Kulturpolitik» veröffentlicht hatte. Es gehe nicht darum, «den linkspolitischen Liberalismus», wie Pachnicke meine, vom Nationalliberalismus – wie auch von der Sozialdemokratie – abzugrenzen, sondern um eine Vereinigung aller bürgerlich-liberalen Kräfte, um «dem Liberalismus eine Stellung als Kulturfaktor und dem Staat eine Regierungspartei zu geben». Das sei es, was nottue.[5]

Rathenau wurde in diesem Sinne wie Max Weber, wie Werner Sombart, wie Hugo Preuß und viele andere mehr und mehr zu einem Wortführer der Bildung einer großen und geschlossenen, allerdings nach links tendierenden bürgerlichen Partei, die das enorm gestiegene Gewicht der bürgerlich-städtisch-industriellen Eliten repräsentieren solle. In diesem Sinne beteiligte er sich zunehmend an der Formulierung von Entwürfen für eine neue bürgerliche Gesellschaft. Aber gleichzeitig war doch unübersehbar, daß er, ohne Amt und Mandat und auch ohne ein entsprechendes berufliches oder politisches, speziell auch ohne ein immer wichtiger werdendes parteipolitisches Netzwerk, weiterhin ein Außenseiter blieb – ungeachtet seiner herausragenden Stellung in der Wirtschaft und seines Einflusses im gesellschaftlichen Leben der Hauptstadt, ungeachtet auch seiner wachsenden Bedeutung als Publizist.

Rathenau war nun über vierzig Jahre alt, und ihm drohte, gleichsam auf einem höheren Niveau, das gleiche Schicksal wie einst seinem Vater vor dessen spektakulärem Aufstieg: als ein wohlhabender, ja, reicher Rentier seine Tage zu verbringen, als ein vielseitig interessierter, angenehmer Gesprächspartner und Gastgeber, der nicht zuletzt seinen schriftstellerischen Neigungen huldigte, als ein kenntnisreicher, auf wirtschaftlichem Gebiet sehr erfolgreicher Ratgeber, der vielfältige, oft kühne Ideen entwickelte, als jemand, der kommentierend den Gang der öffentlichen Dinge in Politik und Gesellschaft, auch in der Kultur begleitete, ohne sie inhaltlich wirklich zu gestalten – auch in dieser Hinsicht typisch für weite Kreise der bürgerlichen Intelligenz in Deutschland.

Rathenau hat diese Situation sehr deutlich empfunden in dem Bewußtsein, immer noch keinen wirklichen, seinen Ansprüchen und Begabungen entsprechenden Platz im Leben gefunden zu haben. «Ich überblicke eine willkürlich zerschnittene, ja zerbrochene Existenz und erkenne keine Brücke in die Zukunft, kein Ufer, kein Festland», schrieb er schon Ende September 1906 an Maximilian Harden: «Man hat mir den schönsten Tand in meinen Koffer gepackt, aber keine Wintersachen. Es gibt kein Land, das meine Waren braucht und dafür Heimstätte gibt. Ich bleibe mein Lebtag ein Hausierer, dem jeder gern im Kasten herumwühlt; mancher findet ein Stückchen, das ihm gefällt, handelt's herunter und schimpft mir nach.»[6]

Im September 1909 erwarb er aus hohenzollernschem Besitz für gut eine Viertel Million Goldmark ein Schlößchen in der Mark, das 1798/99 von David Gilly für Friederike Luise, die Witwe Friedrich Wilhelms II., errichtet worden war, ließ es restaurieren – es hatte fast ein Jahrhundert praktisch leer gestanden – und teilweise umbauen. Gelegen inmitten eines englischen Gartens, den Peter Joseph Lenné, der berühmte preußische Gartenarchitekt, 1822 umgestaltet hatte, war der Kauf von Freienwalde gleichsam ein Symbol dafür, daß Rathenau gedachte, künftig die Existenz eines seinen Neigungen lebenden Landedelmanns des 18. Jahrhunderts, der friederizianischen Zeit, zu führen. Schon kurz nach seinem Rückzug aus der Bank hatte er zu Alfred Kerr geäußert: «Ich kaufe mir eine Klitsche – und treibe Philosophie. Mein Plan steht ganz fest. Ich habe das längst beschlossen. Vielleicht in Mecklenburg.»[7] Kerr habe ihm aller-

Schloßgarten Freienwalde

dings darauf erwidert: «Wo ist die Klitsche? Wo ist die Philosophie? Wo ist Mecklenburg …? Ich sehe keinen Plato und keinen Descartes – sondern eine Handelsgesellschaft und einen Konzern … Wissen Sie, daß die Leute Sie schon ‹Aufsichtsrathenau› nennen?»

Wenig später ließ sich Rathenau, der sich von Berlin und vom Geschäftsleben hatte verabschieden wollen, dann nach eigenen Entwürfen im Grunewald, in der Koenigsallee 65, eine Villa in einem an den Klassizismus anknüpfenden Landhausstil bauen, die ein Zentrum der hauptstädtischen Geselligkeit wurde und auch so konzipiert war.[8] Die Sommermonate verbrachte er allerdings weiterhin in Freienwalde, das ihm so etwas wie ein Zufluchts- und Rückzugsort aus dem heißen Berlin wurde, auch wenn, wie er in einem Brief schrieb, «Verhandlungen und Reisen» den Aufenthalt in Freienwalde immer wieder «zersplitterten».[9]

Gleichzeitig unternahm er seit 1907 wiederholt Versuche, im öffentlichen, im politischen Leben Fuß zu fassen. Als Bülow, mit dem er dann auch persönlich bekannt wurde, 1906 mit seiner Koalition aus Konservativen und Zentrum brach und scheinbar eine Linksschwenkung zu einem «Block» aus Konservativen, Nationalliberalen und Freisinnigen vollzog, ließ Rathenau in der Presse Meldungen lancieren, die von ihm als «kommendem Mann» sprachen. Offenbar hoffte er, in offizieller

Bernhard Dernburg und Walther Rathenau in Daressalam, Ostafrika-Reise 1907

Funktion, vielleicht sogar als Mitglied der Regierung, zum Promotor einer neuen Wirtschafts- und Finanzpolitik im Zeichen und im Interesse einer zugleich gesellschaftsverändernden modernen industriellen Entwicklung werden zu können. Daraus freilich wurde nichts.

Immerhin nahm er, wenn auch nur als zweiter Mann und ohne formellen staatlichen Auftrag, an der neuen Kolonialpolitik teil.[10] Er begleitete, wie bereits kurz erwähnt, den Staatssekretär des neuerrichteten Kolonialamtes, den politisch den Linksliberalen nahestehenden jüdischen Bankier Bernhard Dernburg – auf diese Stelle hatte sich Rathenau ursprünglich selbst Hoffnungen gemacht – auf zwei monatelangen Informationsreisen zunächst vom 13. Juli bis 30. Oktober 1907 durch Deutsch-Ostafrika und dann vom 10. Mai bis Mitte September 1908 nach Deutsch-Südwestafrika.[11]

Ursprünglich mit Dernburg eng verbunden, der ihn 1907 bei Bülow eingeführt hatte, entwickelten sie allerdings vor allem auf der zweiten Reise eine sich immer deutlicher ausprägende wechselseitige Abneigung. Rathenau, so Bülow in seinen Memoiren, habe sich nicht genug tun können, «in Spott und Hohn über den Kolonialminister, der in Wildnis und Wüste seinen Bratenrock getragen habe und über dem Bratenrock das weiß und rot geränderte Band des Zanzibarischen Ordens vom ‹Strahlenden Stern›». Ungekehrt versicherte Dernburg jedem, der es hören wollte, daß sich Walther Rathenau «durch unausgesetzte Selbstbespiegelung und fortwährendes Selbstlob allen Mitreisenden unausstehlich gemacht habe».[12]

Über die beiden Reisen hat Rathenau, auch das wohl zum Mißvergnügen Dernburgs, der auch in dieser Hinsicht die Federführung beanspruchte, zwei, in vielem recht kritische, Denkschriften verfaßt.[13] Vor allem in der zweiten dieser Denkschriften unter dem Titel «Über den Stand des südwestafrikanischen Schutzgebietes», die das Datum vom 10. September 1908 trug, rechnete er mit der bisherigen deutschen Kolonialpolitik in Afrika scharf ab. Er erklärte sie im Ansatz für verfehlt und in ihren Konsequenzen für verheerend. Die angewandten Methoden seien eines Kulturvolkes unwürdig.

Das gelte, so Rathenau, vor allem für das militärische Vorgehen gegen die Hereros. Nicht nur seien unter der Devise, es sei von höchster Stelle verboten worden, Pardon zu geben, «alle Friedensverhandlungen abgelehnt und Ordres ausgegeben» worden, «keine Gefangenen zu machen». Vielmehr habe man das Volk der Hereros in die Wüste gedrängt, «und es ereignete sich die größte Atrozität, die jemals durch deutsche Waffenpolitik hervorgerufen wurde: daß nämlich eine ganze Nation mit Weib und Kind in wochenlangem Todeskampf verschmachtete». Auch das «System der Deportationen und Konzentrationslager» habe unter den Hottentotten schwere Opfer gefordert. «In Anlehnung an die phantastische Idee einer vermeintlichen panafrikanischen Bantugefahr» sei auf die «völlige Vernichtung des einzigen wertvollen Besitzes der Kolonie, seiner eingeborenen Bevölkerung, hingearbeitet» worden.

Anfang Oktober 1908 hatte Rathenau seine Denkschrift an Bülow gesandt, der sie seinerseits Wilhelm II. vorlegte. Wenn er freilich gemeint hatte, mit seiner Denkschrift zu einer Abkehr von dieser Politik beitragen, hier einen entschiedenen Kurswechsel bewirken zu können, so sah er sich rasch eines besseren belehrt. Dem Vorschlag, ihm nach seiner zweiten Reise einen weiteren, nicht sehr hohen Orden zu verleihen, wurde erst nach einiger Verzögerung unter der Bedingung stattgegeben, daß er seinen Bericht nicht veröffentliche. Dieser wurde am Ende schlicht zu den Akten genommen, ohne daß Rathenaus Überlegungen und Vorschläge irgendeinen erkennbaren Einfluß auf die deutsche Kolonialpolitik gewonnen hätten. Und nach dem Sturz von Bülow im Zusammenhang mit der Daily-Telegraph-Affäre war seine mit den Afrikareisen verbundene anfängliche Hoffnung, als Berater, etwa gar in offizieller Funktion, bei einer Revision und Neuformulierung der deutschen Kolonialpolitik eine Rolle spielen und so zugleich einen Platz auf der sich, wie er hoffte, neu formierenden politischen Szene gewinnen zu können, endgültig der Boden entzogen.

In wirtschaftlicher Hinsicht hatte jedoch die zweite Afrikareise Rathenaus, die ihn nach Deutsch-Südwestafrika führte, einen Nebeneffekt, den er zumindest zum Teil seinem Konto gutschreiben konnte. In Folge der von ihm 1904 eingeleiteten und durchgeführten Fusion der AEG mit der Union-Elektrizitätsgesellschaft war die AEG in Verbindung zum englischen Bankhaus Wernher, Beit & Co. getreten, das seinerseits in Geschäftsbeziehung zur British South Africa Company stand. Da die englische Bank zugleich Mehrheitsaktionär der größten Goldbergwerke in Transvaal war, die noch nicht auf elektrischen Betrieb umgestiegen waren, lag es für die AEG nahe, über das englische Bankhaus in Südafrika Fuß zu fassen. Und diese Bestrebungen hat ihr Aufsichtsratsmitglied Walther Rathenau im Zuge seiner Deutsch-Südwestafrika-Reise, die ihn mit entsprechenden Verhandlungen über London und Britisch-Südafrika führte, sehr intensiv begleitet – mit dem Ergebnis, daß am Ende die große Mehrheit der in Transvaal errichteten Großkraftwerke von der AEG gebaut und betrieben wurde.[14] Parallel dazu hat er sich auch an der Begründung einer zentralen Organisation für den Diamantenhandel in dem südwestafrikanischen deutschen «Schutzgebiet» auf privatwirtschaftlicher Basis, aber unter Aufsicht des Reichskolonialamtes beteiligt, der sogenannten «Diamantenregie», die unter Leitung eines Aufsichtsrates mit Carl Fürstenberg an der Spitze und mehreren hochrangigen Bankenvertretern stand.[15]

Einen weiteren Versuch, mit Hilfe seines vielfach erprobten Verhandlungsgeschicks zugleich auch politisch ins Geschäft zu kommen, unternahm Rathenau ungeachtet der Enttäuschung, die ihm seine beiden Afrikareisen in dieser Beziehung gebracht hatten, und der neuerlichen innenpolitischen Verhärtung ein Jahr später, im Jahre 1910. Es ging um einen Ausgleich der konkurrierenden Interessen der Firma Mannesmann – in deren Aufsichtsrat er seit 1909 saß – und der französischen «Union des Mines» im Hinblick auf die marokkanischen Erzlager.[16] Obwohl er ausdrücklich, wenn auch mit großem diplomatischem Geschick, als, wie er betonte, «Vertrauensmann der deutschen Interessen» agierte, scheiterte der Ausgleichsversuch an der, wohl von der deutschen Regierung stillschweigend unterstützten, harten Haltung der Brüder Mannesmann, die sich, anders als die französische Seite, zu keinem Kompromiß bereit fanden. Am Ende stand, auch von hier aus befördert, die zweite Marokkokrise, in der sich Deutschland und Frankreich schroff gegenüberstanden und die schließlich mit einem mühsam ausgehandelten Kompromiß endete, einem Kompromiß, der nicht zu einem wirklichen Ausgleich zwischen beiden Seiten führte.

Rathenau hatte an seine vorangegangenen Verhandlungen, die in einem Teilbereich eine Verständigung herbeizuführen suchten, nicht zuletzt die Hoffnung geknüpft, ein Erfolg werde seine Aussichten auf eine ins Auge gefaßte Reichstagskandidatur bei den Nationalliberalen entscheidend verbessern. Als das Gegenteil eintrat, zerschlug sich auch diese Erwartung. Rathenau zog im weiteren seine Kandidatur, zu der ihn Ernst Bassermann, der Führer der Nationalliberalen, schon Anfang Februar 1911 ermuntert hatte, im Mai 1911, im Vorfeld der Wahlen von Anfang 1912, die die Mehrheitsverhältnisse dann so radikal veränderten, wieder zurück.[17]

Das hing nicht zuletzt damit zusammen, daß ihn in dieser Zeit eine industriepolitische Frage intensiv beschäftigte, die er wesentlich mit angestoßen hatte und für die er sehr grundsätzliche Lösungsvorschläge entwickelte, für die er sich persönlich stark engagierte. Es handelte sich dabei um den Versuch, die gesamte deutsche Elektroindustrie in neuer Form zu organisieren und dabei gleichzeitig die Elektrizitätserzeugung und Elektrizitätsverteilung durchgehend auf bestmögliche Weise zu rationalisieren.

Ein erster großer Schritt auf diesem Wege war es in seinen Augen gewesen, daß es der AEG wesentlich auf seine Initiative hin 1910 gelungen war, sich die Aktienmehrheit von Felten & Guilleaume-Lahmeyer, dem drittgrößten elektrotechnischen Konzern in Deutschland, zu sichern. Das Aktienkapital des AEG-Konzerns erreichte damit 100 Millionen Mark und die Zahl der Beschäftigten stieg auf über 60 000. Als Siemens zwei Jahre später seinerseits die Bergmann-Elektrizitätswerke unter seine Kontrolle gebracht hatte, damit sie, wie es hieß, nicht auch noch «der AEG in den Rachen fielen», beherrschten beide Großkonzerne in einer Art Duopol praktisch die gesamte deutsche Elektroindustrie.

Das nächste, was sich nun anbot, war die Begründung eines förmlichen «Elektrobundes» mit dem Ziel, auf diese Weise ein durchorganisiertes und durchrationalisiertes System der deutschen Elektrizitätswirtschaft zu schaffen. Dabei ging es vorerst um eine übergreifende Regelung der Produktion und des Verkaufs von Strom. Zwar kam bereits 1911 fast die Hälfte der produzierten elektrischen Energie aus Kraftwerken, die im Besitz der öffentlichen Hand waren. Aber Siemens und die AEG verfügten ihrerseits über rund 40 % der Gesamtkapazität, und beide waren darüber hinaus faktisch die einzigen Lieferanten für Installationsmaterial auch der anderen Kraftwerke.

Das war ein besonders eklatantes Beispiel für die in dieser Zeit vielerorts zu beobachtende Kartell- und Monopolbildung. Darauf angesprochen, erklärte der Staatssekretär des Inneren, Clemens von Delbrück, in einer Reichstagsdebatte im März 1911, grundsätzlich könne die Reichsregierung «zur Zeit mit keinem gesetzlich zulässigen Mittel» die Bildung von Monopolen verhindern. Er gab jedoch gleichzeitig zu verstehen, daß zumindest im Bereich der Produktion und Verteilung von Strom an die Einrichtung eines Reichsmonopols gedacht werden könne, wie das ja schon seit einigen Jahren erörtert werde. Da solche Pläne allerdings in engem Zusammenhang mit der geplanten Reichsfinanzreform standen, die das Reich durch Erschließung neuer Einnahmequellen aus der Abhängigkeit von den Bundesstaaten befreien sollte, drängte sich für viele Abgeordnete der Verdacht auf, die Errichtung eines derartigen Monopols werde Hand in Hand mit einer Steuererhöhung gehen. So war abzusehen, daß sich für ein solches Reichsmonopol keine Mehrheit finden werde.

In diesem Zusammenhang entwickelte Rathenau seinen Plan eines auf das Zusammenwirken von Staat und Privatwirtschaft gegründeten «Reichselektrizitätsmonopols», der zugleich das Reich von zusätzlichen Kosten entlasten und die Befürchtungen einer damit verbundenen Steuererhöhung bannen sollte.[18] In zwei Briefen an den Staatssekretär des Reichsschatzamtes, Adolf Wermuth, schlug er vor, alle Kraftwerke zu verstaatlichen, aber ihren Betrieb Pachtgesellschaften zu überlassen, an denen das Reich als Aktionär angemessen zu beteiligen sei. Der Gewinn sollte jeweils zwischen dem Reich und den Pachtgesellschaften geteilt werden. Die Grundlage sollten also private Pachtgesellschaften bilden, allerdings unter Kapitalbeteiligung des Reiches und unter Kontrolle eines «Reichsindustrialamtes». Dieses sollte im weiteren auch andere, in Rathenaus Formulierung, «Monopolobjekte» wie Brennstoffe und Bodenprodukte verwalten und damit eine Mischform zwischen privat- und staatswirtschaftlicher Leitung und Organisation darstellen[19] – ein Modell, das Rathenau ja dann in einer ganz anderen Situation und unter ganz anderen Bedingungen in der Organisation der «Kriegsrohstoffversorgung» zu Beginn des Ersten Weltkrieges federführend verwirklichte.

In den Jahren unmittelbar vor 1914 aber kamen Rathenaus Überlegungen und Pläne hinsichtlich der Errichtung eines «Reichselektrizitätsmonopols», das sich vor allem auf einen «Elektrobund» zwischen Siemens und der AEG stützen sollte, wie so vieles andere über den Charakter einer bloßen Ideenskizze nicht hinaus. So kann man auch nur vermuten, daß Rathenau hinsichtlich der Person, die an die Spitze dieses neuzuschaffenden «Reichsindustrialamtes» treten sollte, in erster Linie an sich selbst dachte. Er hielt sich zweifelsohne, bei der AEG nicht unmittelbar in das operative Geschäft eingebunden, aber mit den Problemen vertraut, für hinreichend interessenunabhängig und gleichzeitig für einen Mann, der keinem der verschiedenen politischen Lager fest zugerechnet werden konnte, also nicht als ausgesprochener «Parteisoldat» gelten würde.

Ob das freilich auch andere so sahen, sei dahingestellt. Denn es war sehr deutlich, daß Rathenau über die monopolartige Organisation der gesamten deutschen Elektroindustrie hinaus noch weiterreichende Pläne verfolgte und dabei sehr klar sowohl industriepolitisch als auch allgemeinpolitisch einen dezidierten Interessenstandpunkt verfolgte. Er stellte damit nämlich zugleich die Führungsrolle der westdeutschen Schwerindustrie in Frage. Seine Ideen und Pläne bedrohten nicht nur das von Stinnes und Thyssen kontrollierte Rheinisch-Westfälische Elektrizitätswerk, RWE, sondern sie unterstützten gleichzeitig die Bemühungen von Felten und auch von Mannesmann, sich durch Kauf von Zechen und ausländischen Stahlwerken von Krupp und der übrigen deutschen Schwerindustrie unabhängig zu machen.

In die gleiche Richtung zielten Pläne einer mitteleuropäischen Wirtschaftsgemeinschaft, die Rathenau 1912 entwarf und die, zumindest teilweise, im Gegensatz zu den Ambitionen der deutschen Schwerindustrie und ihrem Rüstungsinteresse standen. Hier zeichnete sich eine weit ins Allgemeine und Grundsätzliche reichende Rivalität zwischen Rathenau und vor allem Stinnes ab, die den Weltkrieg überdauern und als Grundsatzstreit über den einzuschlagenden wirtschafts- und allgemeinpolitischen Weg die Anfänge der Weimarer Republik und ihr Verhältnis zu den Alliierten schwer belasten sollte.

In alle diese weit ausgreifenden Aktivitäten, die ihn schon vor 1914 zu einer Zentralfigur in den Auseinandersetzungen um die künftige Industrieorganisation und Industriepolitik Deutschlands werden ließen, mischte sich 1912 die ganz konkrete, pragmatische Frage, wer die Nachfolge seines schwer erkrankten Vaters – ihm mußte im Mai 1912 ein Fuß amputiert werden, im September des gleichen Jahres folgte eine schwere Lungenentzündung – übernehmen solle. Seit 1910 war Rathenau junior stellvertretender Vorsitzender des Aufsichtsrats der AEG, und es stand außer Frage, daß sein Ziel nicht der Vorsitz in diesem Gremium, sondern die Stellung des Generaldirektors der AEG in Nachfolge des Vaters war.

Auf dem Weg zu diesem Ziel versuchte er seit längerem, in das Direktorium des Unternehmens zurückzukehren, aus dem er 1902 im Konflikt über den künftigen Kurs der AEG ausgeschieden war, den er vor allem auch mit seinem Vater ausgefochten hatte. Und er fand dabei, zunächst jedenfalls, auch die Zustimmung des Vaters. «Es wäre mir die größte Unterstützung und Beruhigung», schrieb dieser Ende Oktober 1912 an Carl Fürstenberg, «wenn mein Sohn sich entschließen könnte, sich von seinen übrigen Geschäften soweit wie erforderlich zu entlasten» und seine «Stellvertretung für meine Ressortgeschäfte» zu übernehmen. «Ich denke mir das Verhältnis so, daß er in gleichem Rang mit den übrigen Direktoren sofort in den Vorstand einträte und alle durch eine eventuelle Behinderung meinerseits frei werdenden Geschäfte mit Ausnahme derjenigen der Generaldirektion übernähme.»[20]

Der Plan scheiterte jedoch an dem entschiedenen Widerstand der großen Mehrheit des Direktoriums unter Führung von Felix Deutsch, der, neun Jahre älter als Walther Rathenau und seit 1888 Mitglied des Direktoriums der AEG, eine solche quasi Vorentscheidung über die Nachfolge Emil Rathenaus unbedingt vermieden wissen wollte. Dabei wurde Deutsch unter anderem auch von Maximilian Harden unterstützt, dessen langjährige Freundschaft mit Walther Rathenau darüber, nicht zuletzt weil dieser ihm, nicht ganz zu Unrecht, ein intrigantes Verhalten unterstellte, einen entscheidenden Bruch erhielt.[21] Statt, wie der Vater das gewollt hatte, ins Direktorium berufen zu werden, wurde Walther Rathenau Anfang Dezember 1912 zum Vorsitzenden des Aufsichtsrates der AEG gewählt, was angesichts seiner deutlichen Ambitionen auf die Nachfolge des Vaters unübersehbar ein Trostpreis war und auch allgemein so verstanden wurde.

Es zeigte sich nun mit aller Deutlichkeit, daß Walther Rathenau in dem Unternehmen, dessen Führung er jetzt nach der schweren Erkrankung seines Vaters zu erlangen suchte, weitgehend isoliert war – sowohl persönlich aufgrund seiner wenig einnehmenden, kühl und arrogant wirkenden Art als auch im Hinblick auf den von ihm verfolgten industriepolitischen Kurs, der, wie gesagt, auf ein «Reichselektrizitätsmonopol» zielte, unter Einbeziehung des Reiches und unter Kontrolle eines «Reichsindustrialamtes», an dessen Spitze er, wie viele annahmen, selber treten sollte. Die AEG sollte also langfristig eingeschmolzen werden in einen größeren Zusammenhang und ihre privatkapitalistische Selbständigkeit verlieren.

Eben das aber wollte die Führungsspitze des Unternehmens auf keinen Fall. Und damit war die Entscheidung gegen ihn bereits gefallen, von allen ins Persönliche spielenden Aktivitäten, die ihn freilich tief verletzten, abgesehen, die in einer Intrige von Deutschs Frau Lili gegen den ihr seit vielen Jahren so eng verbundenen Rathenau gipfelten: Sie spielte Maximilian Harden einen an sie gerichteten Brief Rathenaus aus dem Jahre 1908 zu, in dem dieser sich im Zusammenhang mit Auseinandersetzungen über den Kurs der deutschen Kolonialpolitik kritisch-abwertend über den Freund geäußert hatte – offensichtlich wollte sie Harden in der Auseinandersetzung zwischen ihrem Mann und Rathenau gegen diesen in Stellung bringen.

Zwar gelang es Rathenau 1915/16, bei der definitiven Regelung der Nachfolgefrage, das Amt des Vorsitzenden des Aufsichtsrates mit einigen besonderen Rechten gegenüber dem Direktorium auszustatten. Auch nannte er sich, wie sein Vater Leiter der Generalversammlung, fortan «Präsident der AEG», was nach außen den Eindruck vermittelte, er sei der eigentlich leitende Mann des Unternehmens. Aber das war reine Schaufensterdekoration. Die Führung des Konzerns lag fortan auch über das operative Geschäft hinaus bei Felix Deutsch. «Seitdem», bemerkte dieser Mitte Oktober 1915 leicht ironisch in einem Privatbrief, «geht alles seinen glatten Gang, er hat sich bei uns das Zimmer seines Vaters bewilligen lassen und macht einen glücklicheren Eindruck wie je; ich glaube, er hat befürchtet, daß man sich nach dem Tode seines Vaters ganz von ihm trennen wollen würde.»[22]

So war auch dieser Anlauf, als künftiger Generaldirektor der von seinem Vater gegründeten AEG sozusagen einen festen Platz im Leben zu gewinnen, gescheitert. An Lili Deutsch, die ihn gerade im Zusammenhang mit den Auseinandersetzungen mit ihrem Mann so sehr enttäuscht hatte, ohne daß er von ihr loskam[23], schrieb er in jenen Tagen voller auf sein eigenes Leben bezogener verklausulierter Andeutungen: «Heute schicke ich Ihnen gegen alle Gewohnheit ein Buch, und was schlimmer ist, ein trauriges» – es handelte sich um den Roman «Anton Reiser» von Karl Philipp Moritz. «Ich glaube, Sie lesen es nicht, und die zweite Hälfte verlohnt vielleicht kaum. Goethe hat dies Buch der Stein geschickt und gesagt, es sei wie von einem jüngeren Bruder, aber einem unglücklichen. Ich habe nicht das Recht, etwas Ähnliches zu sagen; aber das Buch würde Ihnen manches erklären können. Sie würden sehen, in welcher Gefahr der schwebt, bei dem die Jugend Unterdrückung bedeutet. Aus solchem Labyrinth ins Freie zu finden ist schwer, fast übermenschlich. Und wem es gelingt, der hat, glaube ich, durch diese Befreiung mehr geleistet als durch alle Wirkung nach außen.»[24]

So erratisch das formuliert war – es bezeichnete nicht nur seine Grundstimmung, sondern auch sein Verhältnis zu der Frau, an der er in seltsamer Gebrochenheit hing. Und beides gehörte zusammen: Das wieder einmal gescheiterte Ringen um einen festen Platz in der Welt des Vaters und das Scheitern der Liebesbeziehung zu der Frau, die in dieser Welt über ihren Mann fest verankert war, der sich mittlerweile die Nachfolge des Vaters definitiv gesichert hatte. «Ich habe mich gefreut, Sie endlich wiederzusehen, und in einer Welt, der Sie angehören und die Ihnen gerecht wird», so schloß er seinen Brief an Lili Deutsch. In einer Welt, so hieß das, der er selber nach wie vor, ja in zunehmendem Maße, nur sehr begrenzt zugehörte.

Nun, glücklich war Rathenau nach der definitiven Entscheidung über die Nachfolgefrage fraglos nicht. Er stand also jetzt, 1912, praktisch mit leeren Händen da. Und im Hinblick auf seine literarischen und kulturpolitischen Bestrebungen mußte er sich, wenn er nüchtern Bilanz zog, eingestehen, daß sie ihm viele Bekanntschaften und Kontakte eingebracht, auch auf ganz verschiedenen Feldern ein gewisses Renommee und einiges Ansehen verschafft hatten, daß er aber auch hier nicht wirklich in den Kreis der Tonangebenden und Bestimmenden gelangt war. Er galt als ein geistreicher, vielfältig interessierter, anregender Mann, den man freilich, gleichsam in seinem Hauptberuf, in der Welt der Wirtschaft und der Banken ansiedelte, als ein begabter Außenseiter auf dem jeweils eigenen Feld, das man auch bei den sogenannten freien Berufen und bei den Publizisten, Journalisten, Schriftstellern, Theaterleuten, bei den Architekten und bildenden Künstlern, von den Musikern ganz zu schweigen, als Teilbereich einer durch und durch professionalisierten, beruflich verfestigten Welt ansah.

In ihr war selbst der vielbeschworene «homme de lettres» eine Figur, von der man allgemein annahm, daß er vom Ertrag seiner Feder lebe beziehungsweise sich durch einen Beruf ernähre, der für seine wahre geistige Existenz ohne Belang sei, einen reinen, wie man sagte, Brotberuf darstelle. Daß jemand eine wirkliche Doppelexistenz führe, schien, wenn auch nicht undenkbar, so doch zumindest verdächtig. Man begegnete einer solchen Person hier wie dort mit Mißtrauen, stellte sich die Frage, worauf sie mit ihren Aktivitäten und Initiativen, mit ihren Vorstößen und Überlegungen im Letzten hinauswolle, was am Ende ihr Ziel sei – eine Frage, die um so dringlicher schien, als ein solches Ziel nicht mehr oder weniger klar erkennbar war und diese Tatsache alle möglichen Spekulationen nährte.

Das hat er im übrigen selber sehr genau so gesehen und beschrieben. Was seine Freunde aus Bankenwelt und Industrie angehe, so schrieb er Ende November 1911 an den rund fünfzehn Jahre jüngeren Stefan

Zweig, so verzeihe man ihm «die krausen Schrullen» seiner literarischen Arbeiten «in Anbetracht dessen, daß man mich in der Verwaltung meiner Industrien brauchbar fand». Und von seinen «literarischen Freunden» habe «kaum einer auch nur einen Aufsatz von mir gelesen. Sie duldeten mich als jemand, der dank heterogenen und dilettantischen Interessen auf ‹ihre› Ideen anregend wirkte, und dachten einigermaßen verächtlich vom industriellen und finanziellen Leben, weil Einer, der mit bescheidenen Mitteln in Architektur, Naturwissenschaft und Schreiberei dilettierte, auf diesem, sonst ernst betrachteten Gebiet Erfolge haben konnte. Wo Sie (außerhalb der Finanz, Industrie und Politik) nach mir fragen, antwortet man Ihnen: ‹gescheut, vielseitig, nicht ganz seriös›.»[25]

Charakteristisch für die Haltung ihm gegenüber ist die rückblickende Beschreibung, die Hugo von Hofmannsthal in einem Brief an Harry Graf Kessler von seinen Zusammentreffen mit Rathenau und dem Eindruck gab, die diese bei ihm hinterließen. «Die Begegnungen waren sehr gleichförmig und mehr erschwerend als erfreulich. Sein ängstliches und zugleich spähendes Auge, die nicht ganz wahre Haltung des Körpers, das Wortreiche seiner gern gescheiten, aber nie frappierenden Ausführungen; die (vollständige?) Abwesenheit des primären Qualitätssinnes bei fortwährendem Gerede über das Qualitative auf allen Gebieten; sein mühsames Draufkommen auf alle Dinge, die durch die Intuition gegeben sein müssen, und das plumpe Insistieren, nachdem er endlich darauf gekommen war, kurz der völlige Mangel an Spontaneität, haben mich veranlaßt, seine Gesellschaft weniger zu suchen als zu meiden»[26] – eine Charakterisierung der Person Rathenaus, die Robert Musil dann später in seinem «Mann ohne Eigenschaften» noch verstärkend und zuspitzend aufnahm.

Gerade weil diese Charakteristik ganz vage und in vieler Hinsicht emotional blieb, vermittelt sie das, was sich dahinter bei vielen, nicht nur bei Hofmannsthal verbarg: ein tiefes Mißtrauen gegenüber der Person, die nicht recht einzuordnen, zu etikettieren war und die ihrerseits, bei aller äußeren intellektuellen Brillanz, die ihr die Mehrheit zugestand, in der Unsicherheit des Außenseiters verharrte – trotz oder gerade weil Rathenau so sehr betonte, auf den unterschiedlichsten Gebieten bis in alle Einzelheiten eingeweiht und informiert zu sein, überall dazuzugehören.

Das freilich verband ihn gerade in dieser Zeit mit vielen anderen, spiegelte ein allgemeines Lebensgefühl wieder, das in jener Zeit eine wachsende Zahl von Menschen erfaßte und auf die Suche nach neuen Ufern drängte. Dieser Suche nicht nur Ausdruck zu verleihen, sondern zugleich neue, übergreifende Lösungen zu präsentieren, darin sah er fortan sein eigentliches Lebensziel, Lösungen, die zugleich den herandrängenden wirtschaftlichen, den gesellschaftlichen und politischen wie den geistig-kulturellen Problemen Rechnung tragen sollten. Nicht als Mann an der Spitze eines großen Industrieunternehmens, nicht als Industriereorganisator großen Stils, nicht als Bankier und nicht als international operierender Wirtschaftspolitiker und schon gar nicht als Politiker im allgemeinen Sinne sah er künftig seine eigentliche Aufgabe –, obwohl ihn sein weiterer Lebensweg speziell in diese Funktionen drängen sollte. Auch nicht auf kulturellem und in spezifischem Sinne kulturpolitischem Gebiet, auch wenn er nach wie vor mit dem Gedanken liebäugelte, sich auf dieses Feld quasi zurückzuziehen. Als seine eigentliche Mission empfand er es vielmehr, in einem weitausgreifenden, grundsätzlichen Ansatz Wirtschaft, Gesellschaft und Staat in neuartiger Form theoretisch und mit praktischen Handlungsanweisungen miteinander zu verknüpfen, also ein umfassendes Reformkonzept im Stile so unterschiedlicher Geister wie Charles de Montesquieu, der französischen Physiokraten und der sogenannten Enzyklopädisten des 18. Jahrhunderts, wie Adam Smith, wie Karl Marx, wie Saint-Simon und vieler anderer vergleichbaren Anspruchs und Formats zu entwickeln. Diesem Ziel widmete er unmittelbar vor und dann im Ersten Weltkrieg seine drei Hauptwerke, die freilich insgesamt ein sehr unterschiedliches Echo fanden und in ihrer praktischen Wirkung äußerst begrenzt blieben. Immerhin verschafften sie ihm den Ruf, einer der zwar umstrittensten, aber zugleich bemerkenswertesten und, bei allen Seltsamkeiten und Verstiegenheiten, originellsten Köpfe der Epoche zu sein, weit weg von seinem ebenso pragmatischen wie erfolgreichen Vater – ein Ruf, den er immer in speziellem Maße erstrebt hatte.

Der politische Schriftsteller

Bis zum Jahre 1912, dem Jahr, in dem endgültig die Entscheidung über die Nachfolge seines Vaters bei der AEG gegen ihn fiel, hatte Walther Rathenau, nun 45 Jahre alt, zwei eher schmale Aufsatzbände veröffentlicht, die, meist in der «Zukunft» seines Freundes Maximilian Harden erstmals veröffentlicht, Essays über Themen aus den unterschiedlichsten Gebieten zusammenfaßten. Der erste, 1902 erschienen, enthielt unter dem Titel «Impressionen» neben seinem «Höre Israel»-Aufsatz von 1898 unter anderem «Talmudische Geschichten», Beschreibungen einer

Reise durch Spanien, eine «Physiologie der Geschäfte» und eine «Physiologie des Kunstempfindens». Der zweite mit dem Titel «Reflexionen» aus dem Jahre 1908 enthielt neben einer Fülle von aphoristischen Überlegungen zu den unterschiedlichsten Themen, zusammengefaßt unter der Rubrik «Ungeschriebene Schriften», Betrachtungen zu Gegenständen der Ethik, der Ästhetik und der Wirtschaft, darunter die schon erwähnte Denkschrift über Deutsch-Ostafrika als Frucht seiner Afrikareise mit Dernburg. Mit beiden Bänden hatte er sich in der literarischen Welt einen gewissen Namen erworben, freilich meist unter dem Aspekt, hier pflege ein Mann der Wirtschaft, gleichsam nebenberuflich, seine schriftstellerischen Neigungen.

Nun aber, im Januar 1912, ließ er, als erste seiner im Abstand von fünf Jahren veröffentlichten Hauptschriften, ein Werk erscheinen, das einen allgemeineren, grundsätzlichen Anspruch erhob, nicht mehr als Nebenfrucht eines auf die Praxis, auf unternehmerische Tätigkeit, auf Industrieorganisation und Industriepolitik konzentrierten Lebens wirkte. Oder besser gesagt, das sich über diese Tätigkeit in einem weitausgreifenden und prinzipiellen Sinne erhob. Es handelte sich um ein nicht allzu umfangreiches, aber den Deutungshorizont und den Deutungsanspruch auf den, wesentlich europäischen Teil der Menschheit der Gegenwart ausweitendes Buch, das den bewußt ganz allgemein gewählten Titel trug: «Zur Kritik der Zeit»; in einem Brief an Moritz Heimann, den Lektor des S. Fischer Verlags, dem er das Buch anbot, charakterisierte er den Gegenstand, um den es dabei im Kern gehe, mit der Formel «die Genesis der Neuzeit».[1]

Der Ausgangspunkt war die sich jedermann vor allem in den großen Städten Europas aufdrängende Beobachtung einer fortschreitenden Angleichung aller Lebensverhältnisse, die etwa seit der Mitte des 19. Jahrhunderts eine ganz neue Stufe erreicht haben. Was aber sei die eigentliche Ursache, die «prima causa» dieser Entwicklung, die in ihren Folgen alle Bereiche des Lebens erfasse und zunehmend bestimme? Es sei nicht die, modern gesprochen, industrielle Revolution, die er die «Mechanisierung» nannte, und die damit aufs engste verbundene immer weitergehende Durchsetzung des «kapitalististischen Systems», des vielbeschworenen «Geistes des Kapitalismus». Beides sei nur die Antwort auf eine grundlegend veränderte Situation, die die Entwicklung dann freilich immer rascher und immer dramatischer vorantrieb. Die eigentliche Ursache sei vielmehr die alle bisherigen geschichtlichen Erfahrungen übersteigende, geradezu explosionsartige Bevölkerungsvermehrung und der davon ausgehende Zwang, ihre Folgen zu bewältigen, also für Ernährung und Kleidung, für Wohnung und Gesundheit, für Ausbildung und Beschäftigung, auch für Unterhaltung und Möglichkeiten der Freizeitgestaltung der vor allem in den größeren Städten zusammenströmenden Menschenmassen zu sorgen, ihren Mobilitätsbedürfnissen Rechnung zu tragen und öffentliche Einrichtungen in bisher unbekanntem Ausmaß zur Verfügung zu stellen.

All das erzeuge einen gewaltigen Sog, der nur durch eine immer weitergehende «Mechanisierung», also den Einsatz von «Technik» nicht nur in den meisten Bereichen der Produktion, der Herstellung und Verteilung vieler Güter des Lebens, sondern auch aller Lebensverhältnisse bewältigt werden könne, die dann ihrerseits, jedenfalls in einer noch unabsehbaren Zeit, den Prozeß der Bevölkerungsvermehrung immer weiter vorantreibe.[2]

Das Ganze werde angetrieben von «Ehrgeiz» und «Warenhunger». «Der eine zwingt den Menschen, sich immer fester in das Joch der Mechanisierung einzupressen; er steigert seine Erfindungskraft, seinen produktiven Willen. Der andere erhöht sein Verbrauchsbedürfnis und läßt ihn doch gleichzeitig empfinden, daß nur ein emsig schaffendes Organ die Lust des Kaufens dauernd genießen darf.» «Von der Zweckhaftigkeit geboren», formulierte er in seinem zweiten Buch «Zur Mechanik des Geistes», das er, wie er später einmal schrieb[3], als seine «Hauptarbeit» betrachtete, noch schärfer, «treibt Mechanisierung den Menschen aus der lebendigen Gegenwart in wesenlose Zukunft [...]. Sie erscheint als eine ungeheure, nie endende Vorbereitung; Geschlechter werden erzeugt, ernährt, vermehrt und ins Grab geworfen, ohne Aufschauen, ohne Ausblick, und die Bewegung schreitet weiter, zu vergrößerten Zahlen, erhöhten Abmessungen und gesteigerten Kräften.»[4] Das sei die «Grundbewegung», die, modern gesprochen, den Prozeß der Modernisierung ausgelöst und vorangetrieben habe, «die ich in der Verdichtung der Bevölkerung erkannt und aufgedeckt zu haben glaube», wie er im Mai 1914 selbstbewußt an Wilhelm Solf, den Staatssekretär im Reichskolonialamt, schrieb.[5]

Rathenau hat diesen Gedanken in allgemeine und abstrakte Formulierungen gefaßt, sich deutlich absetzend von Max Weber und Werner Sombart, die in der Religion und im Kapitalismus eine «Ur- und Grundvariable» dieses Prozesses gesehen hätten. Aber es ist unübersehbar, daß er seine Ideen vor allem anhand jenes Bereiches gewonnen hat, der ihm von seiner beruflichen Tätigkeit als Leiter der elektrochemischen Werke in Bitterfeld und dann als für den Bereich des Baus von Zentralstationen zuständiges Mitglied des Vorstandes der AEG von früh auf vertraut war und mit dem er sich auch im weiteren in erster Linie beschäftigt hat: dem der neu entstehenden und der gesamten Wirtschaft nachhaltige Impulse verleihenden Elektroindustrie und Elektrotechnik. Hiervon muß daher zunächst die Rede sein, ehe von Rathenaus allgemeineren Schlußfolgerungen zu handeln sein wird.

In der Elektroindustrie und Elektrotechnik hatte sich, so Rathenau, wie in kaum einem anderem Bereich die weit ausgreifende und weit wirkende, die nicht nur die Wirtschaft, sondern die gesamte Gesellschaft verändernde Kraft von «Technik», von technischen Neuerungen und Entwicklungen gezeigt. Mit der Erzeugung von elektrischem Strom und vor allem mit dessen Verbreitung mußte zugleich ein ganz neues großes technisches System eingeführt und durchgesetzt werden – mit in der Konsequenz weitreichenden Folgen für Wirtschaft und Gesellschaft. In einem Brief von Ende November 1907 sprach Rathenau von einer «Umgestaltung eines großen Teils aller modernen Lebensverhältnisse» durch die Elektroindustrie – ähnliches hätte er auch von der chemischen Industrie, der anderen Schlüsselindustrie der sogenannten zweiten industriellen Revolution, sagen können, oder auch von der entstehenden Autoindustrie, der er als von früh auf begeisterter Autofahrer und Präsident des Berliner Automobilclubs auch sozusagen lebensweltlich eng verbunden war.

In der Elektroindustrie, und das unterstreiche die schöpferische Kraft der neuen Technik, sei diese Umgestaltung «nicht vom Konsumenten» ausgegangen, sondern sie mußte «vom Produzenten organisiert und gewissermaßen aufgezwungen werden». Die Elektroindustrie, die, in der Formulierung Rathenaus, «angewandte Elektrotechnik», schaffe nicht nur ein ganz neues Wirtschaftsgebiet. Sie greife «in nahezu alle vorhandenen, bekannten Industrialgebiete über». Dabei habe sie sich «nicht darauf beschränken» können, «lediglich Produkte zu Markte zu tragen, sie mußte ihre eigenen Bedürfnisse schaffen und ihre eigenen Anwendungen unter eigener Verantwortlichkeit, unter Schaffung und Kontrolle neuer, manchmal außerordentlich fernliegender Unternehmungen erweitern; sie mußte Zentralstationen bauen und betreiben; sie mußte Kraftübertragungsnetze ausbauen – kurzum sie mußte sich auf einer großen Anzahl von nicht fabrikatorischen Gebieten als Unternehmerin betätigen».[6]

Mit anderen Worten: Die Entwicklung – der Fortschritt der Technik und die damit ermöglichten praktischen Anwendungen – habe nicht nur einen ganz neuen technischen Bereich, die Elektrotechnik, hervorgebracht, sondern führe schrittweise zu einem ganz neuen wirtschaftlichen und in ihrem Gefolge auch gesellschaftlichen System. Die Technik, in diesem Fall die Elektrotechnik habe sich hier, mit Thomas Hughes zu sprechen, als ein «evolving cultural artifact» erwiesen. Es habe nicht mehr allein Maschinen, Kraftwerke, Kabel und dergleichen umfaßt, sondern als großes technisches System in die verschiedensten Bereiche menschlicher Existenz hineingewirkt und diese Zug um Zug umgestaltet.[7]

Rathenau hat von hier und von seiner intimen Kenntnis und Erfahrung mit dem Aufbau und der Entwicklung der Elektroindustrie ausgehend in den Fortschritten der Technik und der Eroberung und Umgestaltung immer weiterer Bereiche des Lebens durch sie einen entscheidenden Faktor des historischen Prozesses gesehen, der Gegenwart und Zukunft bestimme. Sie sei zugleich die Antwort auf die rapide, alle bisherige historische Erfahrung in den Schatten stellende Bevölkerungsvermehrung seit dem Ausgang des 18. Jahrhunderts. Diese Bevölkerungsvermehrung sei das Grundphänomen, von dem alle seitherige Entwicklung ausgehe und sie in immer rascherem Tempo vorantreibe. Durch sie sei die «Mechanisierung», man kann auch sagen «Technisierung» immer weiterer Lebensbereiche ausgelöst worden, die das Gesicht, den Grundcharakter der Epoche präge – Max Weber sprach in solchem Zusammenhang, den Bereich der «Technik» in weitläufigem Sinne miteinbeziehend, aber zugleich übergreifend, von einem Prozeß der fortschreitenden Rationalisierung immer weiterer Gebiete des Lebens. Die «Mechanisierung», so Rathenau, bestimme in zunehmendem Maße das Dasein und die Daseinsformen sowohl des einzelnen als auch der Gesellschaft insgesamt.[8]

Wie Weber begegnete freilich auch Rathenau diesem Prozeß, so folgerichtig und unvermeidbar er sei, mit großer Skepsis. Damit sei eine fortschreitende «Entseelung» – das Stichwort für sein nächstes Werk – des Lebens verbunden, eine Entleerung von allen höheren Idealen und Zielen, eine Banalisierung der menschlichen Existenz, die die Menschheit, ungeachtet aller materiellen Fortschritte, in ein Fellachendasein führe. Max Weber hat die hier drohende Entwicklung in die berühmte Formel gekleidet, am Ende würden als «letzte» Menschen im Sinne Nietzsches «Fachmenschen ohne Geist, Genußmenschen ohne Herz» stehen.[9]

Das war der Grundton der zeitgenössischen Kultur- und auch Zivilisationskritik, den Rathenau hier mit so vielen anderen, mit Ernst Troeltsch und Max Weber[10], mit Werner Sombart, mit Georg Simmel oder Ferdinand Tönnies anschlug – sie alle in der Tradition und Nachfolge Friedrich Nietzsches. Das düstere Bild, das er dabei von der «mechanisierten Welt» und ihren Erscheinungsformen zeichnete und vor allem aus den von der Bevölkerungsvermehrung ausgehenden Zwängen begründete, war in seiner Anschaulichkeit und scheinbar logischen Stringenz eindrucksvoll und traf sehr genau die Stimmung der Zeit. Hierauf beruhte der Erfolg des Buches, zumal es im Fischer-Verlag erschien, einer der ersten literarischen Adressen, unter der zunehmend auch Werke und Essays politisch-sozialen und ins Allgemeine, Zeitkritische gewendeten Inhalts publiziert wurden.

Bereits im Jahr des Erscheinens kamen zwei Auflagen mit insgesamt 7000 Exemplaren heraus, und bis zu Rathenaus Tod elf Jahre später waren es zwanzig mit insgesamt mehr als 20000 Exemplaren. Durch den Verlag und vor allem durch Samuel Fischer persönlich, der kurz zuvor das 25jährige Bestehen seiner Verlagsgründung gefeiert hatte und in dessen Haus Rathenau seit dem Erscheinen seines Buches verkehrte, kam er über seinen schon ausgedehnten Bekanntenkreis in der literarischen Szene zusätzlich in direkten oder indirekten Kontakt mit weiteren Vertretern der literarischen Moderne wie Gabriele Reuter, Annette Kolb, Oskar Loerke, Jakob Wassermann und Richard Dehmel, mit Otto Flake, Hermann Bahr, Emil Ludwig oder Franz Bahr, die allesamt zum Fischer-Kreis gehörten. Viele von ihnen lasen sein Buch oder nahmen es doch zur Kenntnis. Manche schrieben Kritiken darüber, und er wurde erst jetzt, trotz seiner beiden Aufsatzbände von 1902 und 1908, auf dem literarischen Parkett richtig wahr- und auch ernstgenommen.

Gleichzeitig freilich blieben seine Thesen vielfach umstritten. Das galt weniger für seine zuspitzende Beschreibung der «Mechanisierung der Welt» und für seine Deutung, daß diese vor allem auf die sprunghafte Bevölkerungsvermehrung und auf die Zwänge, die von ihr ausgingen, zurückzuführen sei. Die Formel von der «mechanisierten Welt» wurde rasch zum Schlagwort. Das Ganze entsprach der verbreiteten kulturkritischen Perspektive der Zeit, in sich scheinbar wenig originell, wenn man den realhistorischen Erfahrungshintergrund ausblendete, von dem Rathenau ausging, den er aber nicht im einzelnen explizierte. Wohl aber erregte die damit verbundene geschichtsphilosophisch-soziologische Interpretation vielfältigen Widerspruch.

Rathenau knüpfte mit dieser Interpretion an die von ihm bereits mehrfach formulierte Idee einer horizontal «geschichteten» Gesellschaft an, die in Deutschland ursprünglich aus einer kleinen Gruppe von «Mutmenschen», der aristokratisch-germanischen Oberschicht, bestanden habe, und einer großen Gruppe von «Furchtmenschen» der Unterschicht, die sich vor allem an «Zwecken» orientiere; zu diesen hätten auch, als im Bereich der «Zwecke» besonders erfolgreiche und dynamische Menschen, die Juden gezählt.

Arbeiter der AEG nach der Mittagspause, Zeichnung von H. Kley

Diese historisch gewachsene, gleichsam organische Schichtung der Gesellschaft – sie entsprach dem, was man gemeinhin, in historischer Perspektive, als deren ständische Gliederung bezeichnet – aber löse sich, so Rathenau, im Zusammenhang mit der «Mechanisierung der Welt» und der in dieser Hinsicht, insbesondere auch ökonomisch, in speziellem Maße erfolgreichen «Zweckmenschen» mehr und mehr auf. Sie mache einer ganz auf diesseitige und materielle Zwecke orientierten Gesellschaft Platz, in der die reinen «Zweckmenschen» zunehmend den Ton angäben. In ihr verlören die idealistischen, auf höhere Ziele ausgerichteten, aristokratisch-germanischen «Mutmenschen» mehr und mehr an Bedeutung und Einfluß. Man könne also auch von einem Prozeß der «Entgermanisierung» und zugleich der Egalisierung sprechen, bei dem die soziale Hierarchie nur noch von materiellen Faktoren, von den Unterschieden in Besitz und Einkommen bestimmt werde. «Wie ein brünstiges Tier stürmt die Epoche in die Sklaverei des Plutokratismus», schrieb er einmal an Wedekind.[11]

Dahinter stand, ideologisch überhöht und zugleich in vager Anknüpfung an Rassevorstellungen, die vielerorts vorgetragene und im Kern eher banale kulturkritische Klage über den Verfall höherer Werte, den vordringenden Materialismus und die Dominanz rein erfolgsorientierten Handelns, eine Grundhaltung, wie sie etwa auch, mythisch überhöht, der George-Kreis einnahm. Indem Rathenau das Ganze aber, zumindest scheinbar, in Zusammenhang brachte mit den aktuellen Auseinandersetzungen zwischen der nach wie vor wesentlich von der preußischen Aristokratie bestimmten vorherrschenden staatlichen Führungsschicht und ihren ständig, vor allem in wirtschaftlicher, aber auch in gesellschaftlicher und geistig-kultureller Hinsicht, an Gewicht zunehmenden, wesentlich bürgerlichen Herausforderern, öffnete er bestimmten Deutungen bzw. – aus der Sicht und Intention des Autors – Fehldeutungen Tür und Tor.

Der zweifellos in der ganzen Schrift vorhandene geistesaristokratische Gestus konnte als schlichte Parteinahme für den zäh behaupteten und verteidigten Machtanspruch der alten aristokratischen Führungsschicht gedeutet werden, garniert noch dazu mit rassenideologischen Elementen. Und die kulturkritischen Äußerungen über den «Geist der Zeit» konnten interpretiert werden als prinzipielle Kritik nicht nur an negativen Begleiterscheinungen, sondern an allem, was die bürgerliche Welt heraufgeführt hatte und die Geltungsansprüche ihrer Vertreter begründete. Daß diese – angenommene – Kritik gewissermaßen von innen kam, von einem gerade in dieser Hinsicht höchst erfolgreichen Repräsentanten jener Welt der ganz an den vorwiegend materiell bestimmten «Zwecken» orientierten «Furchtmenschen», steigerte diese Verwirrung womöglich noch, ließ ihn bei manchen als einen Menschen erscheinen, der sich vom bürgerlichen Saulus zum aristokratischen bzw. pseudoaristokratischen Paulus gewandelt habe. Diese Einschätzung stand etwa hinter der scharfen Kritik an dem Buch, die Alfred Kerr am 19. September 1912 im «Pan» veröffentlichte, in der er im übrigen den Vorwurf eitler Selbstbespiegelung und «Selbstbeseelung» erhob. Noch in seinen Memoiren kritisierte Kerr Rathenaus angebliche «Adelsmystik, Germanenmystik, Rassenmystik» und die für «Aristojuden» typische «Herabsetzung des eigenen Werts».

Allerdings übersah diese Kritik, daß es Rathenau in Wahrheit um etwas ganz anderes ging, nämlich um die drohenden Folgen des durch die «Mechanisierung» ausgelösten und vorangetriebenen Prozesses. Offenbar besäßen diejenigen, die durch diesen Prozeß in materieller Hinsicht so offenkundig begünstigt würden, zu wenig innere Substanz, zu wenig ethische Werte, um diesen Prozeß zu steuern und in für den einzelnen wie für die Gemeinschaft gedeihliche Bahnen zu lenken. Daß er sich dabei auf das Wertsystem der älteren, der ständischen Gesellschaft und ihrer Repräsentanten berief, ohne diese freilich für seine Zeit zu proklamieren, erzeugte, zumal herausgelöst aus dem Zusammenhang, zusätzlich Verwirrung. Dabei ging es ihm nur darum zu zeigen, daß man sich dem vor allem durch die fortschreitende «Mechanisierung» vorangetriebenen und im Faktischen unvermeidlichen Prozeß nicht ausliefern dürfe, daß es eines Fundaments von ethischen Werten und Normen bedürfe, wolle man von ihm nicht völlig überwältigt und bestimmt werden.

Es bedürfe also erneut eines bestimmten Menschentypus, den er als «Mutmenschen» bezeichnete, um die große Mehrheit der «Furchtmenschen», die sich im wesentlichen an materiellen «Zwecken» und Zielsetzungen orientiere, auf Wege zu leiten, die der wahren Bestimmung des Menschen entsprächen. Diese Grundhaltung brachte Rathenau neben der, allerdings kritisch-distanzierten, Beziehung zum George-Kreis[12], auch in direkten Kontakt zu dem 1914 gegründeten Forte-Kreis, einer Gruppe von acht geistesaristokratisch orientierten Intellektuellen – zu ihm zählten unter anderen Martin Buber, Gustav Landauer oder Theodor Däubler –, der in «bewußt gewählter esoterischer Distanz zur Gesellschaft» die Idee «einer überstaatlichen ‹geistigen Organisation›» vertrat und sich von der Vision eines neuen Menschen der Zukunft beseelen ließ.[13]

Die Verwendung der Begriffe «Mutmensch» und «Furchtmensch» verwirrte damals wie später manchen Leser noch zusätzlich. Hatte Rathenau diese doch unter Verweis auf die ständisch gegliederte Gesellschaft der Vergangenheit historisch zu untermauern versucht, ohne gleichzeitig einer Rückkehr zu dieser oder einer Wiederanknüpfung an sie das Wort zu reden. Im Gegenteil. Späteren Geschichtsschreibern werde es «schwer verständlich sein, wie in unserer Zeit zwei Schichtungssysteme sich wechselseitig durchdringen konnten: das erste ein Überrest der alten Feudalordnung, das zweite, das Kapitalistische, eine Nebenerscheinung der Mechanisierung selbst». Und noch seltsamer müsse es berühren, «daß die neuentstandene kapitalistische Ordnung zunächst dazu beitragen mußte, den Bestand der Feudalordnung zu stützen».[14]

Dies gelte es zu überwinden, zu einer neuen «Homogenisierung» der Gesellschaft zu gelangen. Diese werde schon durch den auf breiter Front zu beobachtenden «Ausgleich der Lebensbedingungen», durch die voranschreitende «Homogenisierungs- oder Mittelstandstendenz» gefördert, die, so prophezeite er, «nicht nur das Bürgertum erfassen, sondern auch einen bedeutenden, und zwar den wertvollsten Teil des Proletariats assimilieren» werde. Der entscheidende Impuls zu einer solchen politischen und sozialen Homogenisierung aber müsse und werde, dies der entscheidende Satz in diesem Zusammenhang, aus dem Lager der bürgerlichen Intellektuellen kommen, wenn dieses die Art und die Aufgabe ihrer Führungsrolle erkenne: «Von der ideenbildenden Fähigkeit des deutschen bürgerlichen Intellektualismus aber hängt es ab, ob und wann er berufen ist, die Verantwortung für das kulturelle und politische Leben zu übernehmen, die ihm nach Lauf der mechanischen Entwicklung beschieden ist.»[15]

Der nach vorne, auf die Überwindung der allein von einem öden Materialismus und Pragmatismus bestimmten Gegenwart zielenden bürgerlichen Intelligenz komme also die natürliche Führungsrolle auf dem Weg in die Zukunft zu. Diese ihrerseits werde bestimmt werden durch den «Ausgleich der Lebensbedingungen» bzw. durch eine «Homogenisierungs- oder Mittelstandstendenz», die «weit über die Grenzen der bürgerlichen Gesellschaft hinausgreifend, einen bedeutenden, und zwar den wertvollsten Teil des Proletariats assimiliert haben wird».[16] Mit der «Entfaltung des Seelischen» werde schließlich auch das «Unrecht» der «dreifachen Erblichkeit des Besitzes, des Standesvorrechts und der Bildung», «das die Stammesreihen gegeneinander vereinsamt» habe, schwinden und eine «Solidarität der Geschlechterreihen» entstehen, hieß es, hieran anknüpfend, wenig später.[17]

Die Stoßrichtung von Rathenaus Argumentation erscheint also ganz klar. Er verband dabei allerdings anthropologische, mit Beispielen aus der ständischen Welt historisch untermauerte Argumente («Mutmenschen») mit solchen einer (neuen) sozialen Schichtung («bürgerlicher Intellektualismus») und der Idee einer ethisch-moralischen Elitebildung in durchaus verwirrender Weise.

Noch größere Irritation löste Rathenaus zweites Buch aus, das anderthalb Jahr später, im Herbst 1913, erschien und zunächst den reichlich erratischen Titel trug: «Zur Mechanik des Geistes»; erst 1918, in der Ausgabe seiner «Gesammelten Schriften», fügte er als zweiten, sehr viel deutlicheren Titel hinzu: «Vom Reich der Seele». Von «Entseelung» des modernen Menschen, ja der ganzen Epoche seiner Gegenwart war in dem ersten Buch die Rede gewesen. Das zweite Buch versuchte nun unter anderem eine Antwort auf die Frage zu geben, was damit gemeint sei. Die erste, noch ganz an der Oberfläche bleibende Antwort lautete: Es gehe um die innere Sinngebung und Sinnerfülltheit der menschlichen Existenz, unabhängig von allen äußeren Bedingungen, Bestrebungen, Erfolgen und Mißerfolgen, von allen Zwecken, also um das, was die eigentliche Substanz des Menschen ausmache – oder eben, bei «seelenlosen Menschen», fehle. «Seele» bezeichnet für ihn im Unterschied zu dem stets auf Zwecke, auf konkrete Ziele gerichteten Verstand das zweckfreie innere Erleben, das nur inneren, nicht äußeren Antrieben folgt. Sie finde ihren Ausdruck, materialisiere sich gleichsam in dem von keinem speziellen Interesse getrübten Anschauen und Erleben der Natur, im künstlerischen Schaffen und in der hingebenden Liebe. In allen diesen Bereichen finde der Mensch zu sich selbst, werde er wesentlich, gewinne er wahre innere Freiheit.

Darin spiegelte sich, wie Harry Graf Kessler in seiner Rathenau-Biographie eindringlich gezeigt hat[18], vor allem das Erlebnis und die Erfahrung einer Griechenlandreise, die Rathenau im Mai 1906 unternommen und bei der sich die Begegnung mit den Zeugnissen der antiken Geschichte und der sie umfassenden Natur verbunden hatte mit dem Bewußtsein und dem gleichzeitigen Verzicht auf seine Liebe zu Lili Deutsch. In beides habe sich der von keinen unmittelbaren Interessen und Erwartungen angetriebene und motivierte Drang nach künstlerischem, nach literarischem Schaffen und nach geistigem Austausch mit entsprechend angelegten und gestimmten Naturen gemischt.

An diesem «Urerlebnis» hat der damals knapp vierzigjährige dann zeit seines Lebens festgehalten und darauf auch die Theorie gegründet, die er sieben Jahre später in seinem Buch über «Die Mechanik des Geistes» weitläufig entwickelte. Es ist von daher eine nachvollziehende und abstrahierende Beschreibung des inneren Erlebens, das wenn nicht zu der, wie er es nennt «Geburt der Seele», so doch zu deren Bewußtwerdung führe, und es ist zugleich ein Bekenntnisbuch, besser gesagt die Darlegung einer philosophisch begründeten Weltanschauung. Sie erreicht, genährt aus so unterschiedlichen Quellen wie der christlichen Überlieferung, der jüdischen Mystik in Gestalt vor allem des Chassidismus und insbesondere den Schriften Spinozas, in der Berufung auf die Ethik Fichtes, der für ihn zugleich den Geist Spartas wie des alten Preußentums verkörperte, ihren Höhepunkt. «So gewiß der Mensch Vernunft hat», hieß es bei Fichte, «ist er sein eigener Zweck; das heißt, er ist nicht, weil etwas anderes sein soll – sondern er ist schlechthin, weil Er sein soll: sein bloßes Sein ist der letzte Zweck seines Seins.» Und weiter: «Der Mensch ist Selbstzweck; er soll sich selbst bestimmen und nie durch etwas Fremdes sich bestimmen lassen.» Im Unterschied zu dem kategorischen Imperativ Immanuel Kants könne man daher, so Fichte, den «Grundsatz der Sittenlehre» in die Formel fassen: «Handle so, daß du die Maxime deines Willens als ewiges Gesetz für *dich* denken könntest. – *Die letzte Bestimmung aller endlichen, vernünftigen Wesen ist demnach absolute Einigung, stete Identität, völlige Übereinstimmung mit sich selbst.*»[19]

Das war die Botschaft, die Rathenau in seinem zweiten Buch, das er bis zuletzt als sein wichtigstes überhaupt ansah, in vielfachen Wendungen und mit zahlreichen Beispielen darlegte und förmlich verkündete. Er verband sie mit meist, außer im Falle Nietzsches, nur angedeuteten und versteckten Verweisen auf neuere philosophische Werke und Theorien, so auf den Neoidealismus und insbesondere auf die Lebensphilosophie, wie sie in seiner Zeit insbesondere Henri Bergson und Wilhelm Dilthey, vor allem aber Georg Simmel und Ludwig Klages entwickelt hatten und den «Zeitgeist» in starkem Maße auch jenseits eines unmittelbaren Einflußes auf einzelne Zeitgenossen prägten.

Das war für ihn freilich nur zusätzlich begründendes Beiwerk. Zentral blieb für ihn der Gedanke, daß nicht aus der weitgehend auf Zwecke, und zwar auf Zwecke außerhalb des einzelnen, orientierten Vernunft, sondern aus der tieferen Schicht individuellen Erlebens und individueller Erfahrung die persönliche Identität und damit das Gefühl der Übereinstimmung mit sich selbst erwachse. Dies sei der Wurzelgrund für das, was er die «Geburt der Seele» nannte: den Akt der bewußt, in spontanem Erleben vollzogenen inneren Annahme der persönlichen Individualität, die über diesen Akt und das individuelle Erlebnis zugleich an höhere, ideale Werte gebunden werde.

Das war ein komplizierter, verschlungener Gedankengang, der viele seiner Leser eher verwirrte denn überzeugte oder gar mitriß. Viele der Kritiken blieben wohlwollend-oberflächlich. Andere sprachen, wie der Rezensent der «BZ am Mittag» unter dem Titel «Walther Rathenaus mystische Sehnsucht», von der «Stimme eines Predigers in der Wüste» «mitten aus unserem als nüchtern, materialistisch, idealhassend verschrienen Berlin W» und vom «ethischen Pathos des Vertreters des neuen Berliner Idealismus». Karl Joël, ein Baseler Philosophieprofessor und damals Rektor der Baseler Universität, der mit Rathenau befreundet war, würdigte das Ganze als Beitrag eines philosophischen Laien. Gewiß, es fehle dem Werk «die fachliche Strenge der Termini und Definitionen, der Dispositionen und Konklusionen, es fehlt die Verarbeitung der Schultraditionen. Und gewiß, die Philosophie muß von ihrer eigenen Arbeit lernen und darum immer wieder akademisch werden, wie sie es in ihren höchsten Höhepunkten nun einmal war. Denn die Philosophie gibt sich selbst auf, wenn sie es aufgibt Wissenschaft zu sein; aber sie ist Wissenschaft an der Schwelle des Lebens: sie atmet Leben ein, um Denken auszuatmen. Sie braucht die Schule, die ihr drinnen das Denken ausbildet, und sie braucht die ‹Laien›, die ihr von außen das Leben zutragen.» In diesem Sinne begrüße er das Werk eines Autor, «der aus dem Leben kommt, wo es am reichsten quillt». Dieses «Leben» enthalte aller-

Robert Musil

dings, wie gerade das Beispiel Rathenaus lehre, beides: «Das Göttliche ist nicht nur das Ende, sondern auch der Anfang, und die Seele ist das Heil, weil sie die Heimat ist, zu der wir zurückkehren sollen aus der Arbeitsfremde, aus der Mittelswelt des praktischen Verstandes.»[20]

Die grundsätzlichste Kritik aber kam von dem jungen Robert Musil, und zwar ausgerechnet in der «Neuen Rundschau», dem Hausorgan des Fischer-Verlages. Das sei, so Musil, ein merkwürdiges, in manchem bemerkenswertes, aber im Kern, in der Argumentation und in den Schlußfolgerungen verfehltes Buch. Der Autor gehe aus von dem «Erlebnis der Seele oder der Liebe», wie man das «mit einem in der Essayistik heimisch gewordenen Ausdruck» nenne. Es sei «das Grunderlebnis der Mystik»: «Von daher, wenn man sich nachfühlend in den Bann solcher Stimmungen versetzt, kann man die Abneigung gegen Verstand und Analyse begreifen, die vermeinte Einfachheit, die Laienfrömmigkeit, die kinderäugigen Ideale, die Geringschätzung alles Häkichten; sie gehören nicht notwendig dazu, aber verständlich, und schon die Griechen nannten solchen Zustand mit einem Wort der Liebe die große Ein-Falt. Man erkennt den Umkreis dieser Behauptungen bis zu den vollkommenen Unhaltbarkeiten hinunter, wie er in den Augenblicken solcher Eingebungen aufleuchtete, hier deutlich, dort verdämmernd, und flüchtig abgesteckt ward.»

Die Aufgabe, die sich der Verfasser gestellt habe, sei es gewesen, «aus diesem Zustand heraus eine Philosophie zu schreiben». Man könne hierbei prinzipiell drei Wege beschreiten. Man könne das Erlebnis «als ein seltenes und fragiles betrachten», seine Entstehungsbedingungen untersuchen, seinen Gehalt an anderen Lebensgehalten erproben. Oder man könne versuchen, «den Zustand des inneren Schauens zum Lebenszustand zu verlängern» und die «Normalität für ihn preiszugeben». «Die religiösen Mystiker» – zu denen der Autor sicher nicht gehöre – «hatten dafür die Konvention Gott. Sie sanken in Gott hinein und wurden aus ihm wieder hinausgeworfen, aber Gott blieb als ständige Möglichkeit, als manchmal erreichte Wirklichkeit und der Zustand erhielt durch die Anknüpfung an seine Existenz Breite und Stete.» Es bleibe aber ein dritter Weg: Weil man auf den Höhepunkten des inneren Erlebens das «Treiben des Verstands als wertlos» erkenne, daraus «die Konsequenz zu ziehen und zu trachten, daß man aus dem einen Erlebnis heraus den Geist des dazugehörenden Menschen konstruiere und mit diesem Geist dann statt mit dem Verstande die Welt denke». Das versucht zu haben, sei offenkundig der «Vorsatz des Buches» gewesen.

Bei der Ausführung dieses Vorsatzes, und damit kam Musil zu seiner Fundamentalkritik, «fehlte jedoch – das Erlebnis, und an Stelle der Gefühlsmystik» sei eine rationale Mystik getreten. Diese Verschiebung sei «absolut typisch für alle systematischen Versuche auf diesem Gebiet. Von der seelischen Berührung bleibt dann nur das anstrengende Festhalten einiger in intimsten Augenblicken gebildeter Begriffe, zwischen die alles übrige mit einem Geist interpoliert wird, der naturgemäß außer trance ist und sich von dem wissenschaftlichen Verstand eigentlich nur dadurch unterscheidet, daß auf dessen Tugenden der Methodik und Genauigkeit verzichtet wird. Die Evidenz der Intuition entgleitet zur Unverbindlichkeit des Aperçus; was eben noch als Aphorismus, als esprithafter Einfall daherkam, gilt wenige Zeilen später als gefestetes Material für neuen Weiterbau, und es entsteht eine außerordentlich merkwürdige Pseudosystematik, eine Art erbittertes Ordnungsspiel, bei dem es aus einer Anzahl bestimmter Steine vorausbestimmte Figuren zu formen gilt.» Es entstehe darüber «ein gewisses Vakuum der Gefühle». «Immer aber treten dann an die Stelle innerer Verluste äußere Gefühlshilfen;

Metaphysik als Nobilitierung und heraldische Spekulation, die die entleibte Haut des Erlebnisses an die Sterne hängt.» Auch Rathenaus Buch mache «von diesem Schicksal keine Ausnahme; es läßt sich das nicht im einzelnen erweisen, denn es ist das Verhängnis des Ganzen.»[21]

Schärfer konnte man es kaum sagen. Hier wurden nicht nur Zweifel an einigen Thesen und Argumentationsketten angemeldet, Kritik an einigen Weitschweifigkeiten und dem gelegentlich aperçuhaften Charakter des Ganzen geübt. Hier wurde dem Verfasser bescheinigt, daß er, auf diesem Gebiet ein Laie, ja, im modernen, absprechenden Sinne ein Dilettant, seinem Thema und Gegenstand in keiner Weise gewachsen gewesen sei. Der Autor präsentiere in Form einer Pseudomystik eine Pseudometaphysik, mit der niemand gedient sei. Also, so mußte der Leser schließen, ein verworrenes und unnötiges Buch, bedeutsam nur für den, der an der Psychologie des Autors und an dem Entstehen einer bestimmten Geisteshaltung interessiert sei. Der tief verletzte Rathenau sprach noch Monate später, auf dem Höhepunkt der Julikrise, die alles Denken der Zeitgenossen beschäftigte, von einer «kassanten Ablehnung einer Existenz», von einer «tiefen Geringschätzung meiner Lebensarbeit», die hinter der ganzen Kritik stehe.[22]

Die übrigen Kritiken waren, wenn sie sich überhaupt tiefer auf das Anliegen des Verfassers einließen, sehr viel freundlicher. Emil Ludwig etwa sprach davon, daß hier «ein Mann, gewiß nicht als Mystiker geboren», seinen «aufsteigenden mystischen Drang vor sich selbst durch seinen Intellekt» rechtfertige: «Mag er auch einleitend und später wiederholt auf den Gefühlswert alles Seelenhaften hinweisen, so wird er doch nicht müde, mit hundert Schlüssen und Vergleichen des Verstandes zu erweisen, daß der Verstand nichts nutze und nur das Seelenleben wahres Leben sei.» Allerdings mache «die Heftigkeit, mit der das Seelische hier überall gefordert und gepredigt wird, den stutzig, der nie Gefahr gelaufen ist, ‹Zweckmensch› zu werden.»[23]

Insgesamt blieb ein Gefühl der Ratlosigkeit, was man von dem Ganzen zu halten habe. Das Buch kam jahrelang im Unterschied zu seinem ersten, der «Kritik der Zeit», nicht über die Startauflage von 3000 Exemplaren hinaus. Vor allem aber erfüllten sich Rathenaus Hoffnungen und Erwartungen nicht, damit über die Position des Außenseiters endgültig hinausgelangt zu sein.

Vor allem war es die Auseinandersetzung Robert Musils mit dem Buch, die ihm diesen Eindruck vermittelte. Er empfand sie als einen «feindseligen Angriff», der ihn «tief verstimmte». Tief verstimmt vor allem deswegen, weil er bei Musil sein eigentliches Anliegen in, wie er glaubte, geradezu bösartiger Weise nicht ernstgenommen fand. Hatte doch gerade Musil sieben Jahre vorher in «Die Verwirrungen des Zöglings Törleß» das Problem einer autonomen Ich-Findung des Subjekts im Spannungsfeld von Rationalität und Intellekt einerseits und Emotionalität und mystischer Welterfahrung andererseits scharf herausgearbeitet, ein Problem, um das, ins Allgemeine gewendet, Rathenaus «Zur Mechanik des Geistes» zentral kreiste. Nun aber sah er in seinem Fall das Problem ideologiekritisch beiseitegeschoben als Entfremdungsphänomen bürgerlicher Intellektueller gegenüber der modernen Industriegesellschaft und der eigenen Subjektivität, verbunden noch dazu mit dem Vorwurf flacher, laienhafter Philosophie.

In seinem Hauptwerk, «Der Mann ohne Eigenschaften», hat Musil dies später wieder aufgegriffen und ausgeführt. Er konnte sich hier gar nicht genugtun mit der ausführlichen imaginären Auseinandersetzung mit der Figur Paul Arnheims, des unablässig von der Seele redenden und mit musterhaften Eigenschaften ausgestatteten Kaufmanns, der unübersehbar der Person Rathenaus nachgebildet war.

Das war in dieser hier noch gesteigerten Schärfe der Kritik eher ein Einzelfall. Aber vielerorts vermeinte Rathenau die kritische Grundhaltung zu spüren, die ihm, dem reichen und unabhängigen Unternehmer, von Seiten derjenigen entgegenschlug, an deren Adresse sich seine prinzipiellen Erwägungen und Reformüberlegungen in erster Linie richteten: an die Schriftsteller und Sozialwissenschaftler, an die Publizisten und Philosophen, an die Vertreter der einschlägigen Presseorgane und allgemein an die sogenannten Intellektuellen, an alle diejenigen also, die in solchen Fragen die kritische Öffentlichkeit bildeten.

Auf der einen Seite war Rathenau fraglos selber das, was man als einen Intellektuellen bezeichnete. Aber gleichzeitig war er ein Vertreter der «Bourgeoisie» und wurde als solcher vielfach mißtrauisch beäugt, wie ihn auf der anderen Seite seine schriftstellerische Tätigkeit, seine Nähe zur künstlerischen und literarischen Szene und natürlich viele seiner Reformideen im wirtschaftlichen und sozialen Bereich, auch wenn er sie zunächst in vielem nur andeutete, bei seinen eigenen gesellschaftlichen Gruppen und innerhalb seiner Schicht verdächtig machten. Kurz, er blieb hier wie dort nach wie vor ein Außenseiter, wobei noch hinzukam, daß er sich als Jude dem wachsenden Antisemitismus in der Gesellschaft ausgesetzt sah. Ohne Familie war er überall ein großer Einzelgänger, der allerdings dieses Einzelgängertum, innerlich tief unsicher, nicht genoß, sondern darunter von früh auf litt und es durch ständig neue Aktivitäten auf den unterschiedlichsten Gebieten zu kompensieren suchte.

In dieser Grundstimmung, die sich durch die kritische Aufnahme seines zweiten Buches noch zuspitzte und verschärfte, traf ihn der Ausbruch des Ersten Weltkriegs, der ihn persönlich, aber mit ihm eine ganze Generation von Intellektuellen vor allem aus dem sogenannten bürgerlichen Lager, in eine völlig neue Lage brachte. Die so oft beschworene, herbeigesehnte oder auch befürchtete Zeitenwende kündigte sich, so schien es vielen, nun schlagartig an. Alle Erwartungen, es werde gleichsam auf evolutionärem Wege mit der definitiven Überwindung der Mächte des Alten, der Vergangenheit zu einem neuen, wahrhaft bürgerlichen Zeitalter kommen, in dem sich die politischen, die gesellschaftlichen und kulturellen Ideale des «neuen» und erneuerten Bürgertums endgültig durchsetzen würden, erwiesen sich sehr rasch als Illusion.

Gleichzeitig freilich begann, und das ist, wenn man so will, eine weitere Paradoxie in seinem an inneren Widersprüchen und Ambivalenzen so reichen Dasein, mit dem Ausbruch des Krieges für Rathenau die Zeit seiner größten öffentlichen Wirksamkeit: als Organisator der Kriegswirtschaft in Deutschland, als Wortführer einer Neuformierung der deutschen Wirtschaft, als einflußreicher Publizist und Autor eines Bestsellers mit dem Titel «Von kommenden Dingen» und dann auch als aktiv handelnder Politiker, der es bis zum Reichsaußenminister brachte, bevor ein politischer Mord seinem Leben ein Ende setzte. Alle diese Stationen, von denen im weiteren die Rede sein wird, waren freilich überschattet von einem tiefen Pessimismus, in dem sich die Überzeugung spiegelte, daß der Aufbruch des «neuen Bürgertums», der in den letzten Jahren, trotz aller inneren Gegensätze, so deutlich vorangekommen war, endgültig gescheitert sei an äußeren Umständen, die in dieser Form von kaum jemandem vorausgesehen worden waren. Ein Zeitalter endete, bevor es noch richtig begonnen hatte.

·4·

Der Erste Weltkrieg: Das Ende aller Erwartungen und Versuch eines pragmatischen Neuanfangs

Der Organisator der Kriegswirtschaft

Wenige Monate nachdem Rathenau sein zweites Buch über die «Mechanik des Geistes» abgeschlossen hatte, begann er sein drittes größeres Werk, das nach Diagnose und Analyse nun die praktischen Schlußfolgerungen für die künftige Gestaltung des politischen, des wirtschaftlichen und des sozialen Lebens der Gemeinschaft zu ziehen beabsichtigte. Es sollte, als es schließlich 1917 in einer grundlegend veränderten politischen Situation erschien, sein erfolgreichstes und einflußreichstes Buch werden und zugleich den eher zwiespältigen Eindruck in den Hintergrund drängen, den das zweite über die «Mechanik des Geistes» hervorgerufen hatte: Hier sprach, in einer tiefgreifenden Umbruchsituation, ein Mann der politischen und wirtschaftlichen Praxis und nicht mehr ein philosophischer Laie mit mystischem Welterrettungspathos – auch wenn er selber immer daran festhielt, daß die Theorie und die jetzt präsentierten Ratschläge, die er für die künftige politische, wirtschaftliche und gesellschaftliche Praxis formulierte, aufs engste zusammenhingen.

Die Zwänge der vielfach bedrängenden unmittelbaren Zeiterfahrungen hatten hier jemand, so schien es vielen, aus dem Feld der müßigen Spekulationen, verworrener Erlebnisse und mystischer Verstiegenheiten in die Realitäten des praktischen Lebens zurückgeführt und ihn veranlaßt, über zwar kühne, aber doch konkrete und praxisnahe Reformvorschläge für das politische, das wirtschaftliche und das gesellschaftliche Leben nachzudenken. Wie dem auch sei – jedenfalls ist unübersehbar, daß das Jahr 1914, der Ausbruch des Ersten Weltkriegs, auch in Rathenaus persönlicher Existenz und in seinem ganzen Denken einen tiefen Einschnitt markierte.

Anders als viele seiner Zeitgenossen, und zwar auch und gerade in der sogenannten Bildungsschicht, sah Rathenau in dem Krieg schlechthin ein Verhängnis. Von Anbeginn an habe er sich «von der Denkweise meines Volkes [...] schmerzlich getrennt» gefühlt, «soweit sie den Krieg als ein erlösendes Ereignis wertet». «Dieser Krieg ist nicht ein Anfang, sondern ein Ende; was er hinterläßt sind Trümmer», konstatierte er in seinem kurz vor Kriegsausbruch begonnenen und in den nächsten Monaten und Jahren fortgeführten Buch, das im März 1917 unter dem Titel «Von kommenden Dingen» erschien. Und er betonte wiederholt: «Ich glaube nicht an unser Recht zur endgültigen Weltbestimmung.»[1]

Das Verhängnis sei auf deutscher Seite, unabhängig von allen Einzelheiten, herbeigeführt worden durch eine fatale und grundsätzliche Fehleinschätzung der politischen Gesamtsituation. Es sei dies eine Fehleinschätzung, die nicht nur auf Seiten des Kaisers und der vorherrschenden aristokratisch-konservativen und militärischen Kreise festzustellen gewesen sei, sondern auch auf Seiten der in Industrie und Wirtschaft, teilweise auch bereits auf Seiten der in den Parlamenten dominierenden bürgerlichen Kräfte. Man habe, so Rathenau, hier wie dort verkannt, daß sich seit Jahrzehnten, im Zeichen grundlegender Veränderungen der wirtschaftlichen Verhältnisse und aller Lebensbedingungen vor allem in Europa und in den Vereinigten Staaten, grundlegende Wandlungen vollzogen hätten, die praktisch zu bewältigen die alten, ausschließlich auf den Staat, den Nationalstaat bezogenen politischen Weltbilder nicht mehr ausreichten. Nicht die auf den traditionellen Staat, seine Institutionen und Machtmittel bezogene Politik werde künftig die Geschicke der Menschen bestimmen, sondern die Wirtschaft und eine ihren Gesetzen und ihrer Dynamik folgende Politik. In diesem Sinne hat er später, Napoleons Wort von der schicksalsbestimmenden Kraft der Politik aufgreifend, die Formel geprägt: Nicht die Politik, sondern die Wirtschaft werde künftig die schicksalsbestimmende Kraft sein.

Konkret hieß das für ihn, daß es vor allem darum gehen müsse, die nationalen Grenzen, auf deren Absicherung und machtpolitische wie militärische Befestigung man sich bisher nahezu ausschließlich konzentriert habe, zu relativieren, wie das im Bereich der Wirtschaft schon seit längerem und in ständig zunehmendem Maße der Fall sei; die internationale Kooperation der neuentstandenen Elektrizitätswirtschaft bildete dabei für ihn das beste Beispiel. Daran müsse sich das neue politische Weltbild orientieren, das gleichzeitig innenpolitisch von dem Gedanken bestimmt sein müsse, alle Kräfte der Nation nicht nur passiv, sondern aktiv, durch Beteiligung an der Auswahl und Bestimmung ihrer Führungsorgane zusammenzufassen.

Nur so werde man, hatte er bereits am 23. März 1913 in der Wiener «Neuen Freien Presse» geschrieben, «das doppelte Unrecht und die doppelte Gefahr unseres Landes» beseitigen: die «Klassenherrschaft, ausgedrückt durch mangelhafte Selektion und schwache Politik; Konservativismus der Führung, ausgedrückt durch Ungleichheit der Lasten». «Das reifste Unrecht unserer Zeit» bestehe darin, «daß das fähigste Wirtschaftsvolk der Erde, das Volk der stärksten Gedanken und der gewaltigsten Organisationskraft, nicht zugelassen wird zur Regelung und Verantwortung seiner Geschicke». Innenpolitische Demokratisierung und außenpolitische Vernetzung im Sinne einer großen, institutionell befestigten europäischen Wirtschaftsgemeinschaft – das müßten die großen, übergreifenden Ziele, die Perspektiven einer ganz neuen politischen Weltsicht und einer von ihr geleiteten praktischen Politik sein.

Den zweiten Punkt hat Rathenau in einem zweiten großen Artikel in der «Neuen Freien Presse» vom 25. Dezember des gleichen Jahres 1913 noch einmal vertieft und akzentuiert, nachdem er seine diesbezüglichen Überlegungen schon ein Jahr vorher dem Reichskanzler, Theobald von Bethmann Hollweg, vorgetragen hatte.[2] Unter der Überschrift «Deutsche Gefahren und neue Ziele» präsentierte er einen Plan, wie man Deutschland aus seiner, wie er betonte, immer verzweifelter werdenden Lage befreien und zugleich Europa den Frieden sichern könne.[3] Es bleibe «eine letzte Möglichkeit: die Erstrebung eines wirtschaftlichen Zollvereins, dem sich wohl oder übel über kurz oder lang die westlichen Staaten anschließen würden». Sicher sei die Aufgabe, «den Ländern unserer europäischen Zone die wirtschaftliche Freizügigkeit zu schaffen» schwer, aber unlösbar sei sie nicht. Handelsgesetzgebungen seien auszugleichen, Syndikate zu entschädigen, für fiskalische Zolleinnahmen sei Aufteilung und für ihre Ausfälle sei Ersatz bereitzustellen: «Das Ziel würde eine wirtschaftliche Einheit schaffen, die der amerikanischen ebenbürtig, vielleicht überlegen wäre, und innerhalb des Bundes würde es zurückgebliebene, stockende und unproduktive Landesteile nicht mehr geben.

Gleichzeitig aber wäre dem, was die Konflikte der Nationen ständig anheize und damit den Nationalismus immer wieder zum Sieden bringe, der schärfste Stachel genommen.» Denn was die Nationen hindere, einander zu vertrauen, sich aufeinander zu stützen, ihre Besitztümer und Kräfte wechselweise mitzuteilen und zu genießen, seien nur mittelbar Fragen der Macht, des Imperialismus und der Expansion. Im Kern seien es «Fragen der Wirtschaft. Verschmilzt die Wirtschaft Europas zur Gemeinschaft, und das wird früher geschehen als wir denken, so verschmilzt auch die Politik. Das ist nicht der Weltfriede, nicht die Abrüstung und nicht die Erschlaffung, aber es ist Milderung der Konflikte, Kräfteersparnis und solidarische Zivilisation.»

Gerade einmal sieben Monate später, Ende Juli 1914, löste sich diese

Walther Rathenau und Wilhelm II., um 1914

Hoffnung und Perspektive schlagartig auf. Im Unterschied zu vielen anderen, die darin einen Ausbruch aus dem immer auswegloseren Geflecht der inneren und äußeren Bindungen und Verpflichtungen, der Gegensätze und Konfliktlagen, aus der Stickluft der bestehenden Ordnung sahen, erfüllte der Ausbruch des Krieges, der ein Weltkrieg werden sollte, Rathenau schon bald mit tiefer Verzweiflung – auch wenn er ganz am Anfang gemeint hatte: «Wie innerlich notwendig war dieser Krieg! Wie löst sich das Alte, Unerträgliche in neuer Hoffnung!»[4]

Und anders auch als viele andere, Militärs und Zivilisten, sah er angesichts ganz konkreter, aber vielerorts übersehener Tatsachen, nämlich der äußerst schmalen und durch alliierte Embargomaßnahmen sogleich tödlich bedrohten Rohstofflage des Reiches, einen raschen militärischen Zusammenbruch des Landes voraus. Eine solche schnelle Niederlage aber würde eine völlige Zerstörung des in Jahrzehnten, ja Jahrhunderten gewachsenen europäischen Mächtegefüges bedeuten mit unabsehbaren Folgen für die Zukunft. Sie gelte es einerseits mit allen Kräften zu verhindern, andererseits aber zugleich den Weg in eine Zukunft offenzuhalten, die nur über eine Verständigung mit den Gegnern im Sinne der Ziele erreicht werden könne, die er in seinem Aufsatz Ende des vergangenen Jahres skizziert hatte.

In diesem Sinne unternahm Rathenau sogleich, Anfang August 1914, zwei Vorstöße: einen in weitläufigere Dimensionen führenden, der sein politisches Konzept umriß; ihr Adressat war die politische Führung des Reiches und der Reichskanzler Bethmann Hollweg. Und der Adressat des anderen war das Kriegsministerium, das er auf die zentrale Bedeutung der Rohstoffrage für eine erfolgreiche Kriegsführung hinwies und seine persönliche Mitwirkung bei ihrer Lösung anbot. In der lakonischen Kürze seines Tagebuchs hieß es dazu: «Bald nach Kriegsbeginn tat ich zwei Schritte: 1. Ich bot dem Kanzler meine Dienste an und arbeitete ihm ein Projekt einer Zollunion für Deutschland, Österreich-Ungarn, Belgien, Frankreich aus[5]; 2. ich ging zu Oberst Scheüch ins Kriegsministerium und entwickelte ihm den Gedanken der Rohstofforganisation.»[6]

Während der erste Vorstoß angesichts der alles beherrschenden deutschen Siegeszuversicht der ersten Kriegswochen praktisch ohne Reaktion blieb, jedoch das ganze außenpolitische Denken und Handeln Rathenaus bis zu seinem Tode bestimmte, führte ihn der zweite unmittelbar ins Zentrum von Entscheidungen, die für den weiteren Gang der Dinge zumindest indirekt von ausschlaggebender Bedeutung wurden.[7]

Im Zuge des fortschreitenden Ausbaus der deutschen Industrie, vor allem auch ihrer neuen Zweige, der chemischen und zuletzt insbesondere der Elektroindustrie, war die Abhängigkeit Deutschlands von aus dem Ausland bezogenen Rohstoffen ständig gewachsen. Das galt speziell für Edel- und Nichteisenmetalle, für Salpeter, für Spinnstoffe und Baumwolle.

In der Wirtschaft war man sich dieser Abhängigkeit von ausländischen Importen in den Jahren vor 1914 durchaus bewußt gewesen; auch aus diesem Grunde hatte man hier vielfach die Politik imperialistischer Erwerbungen und der Sicherung von Einflußzonen unterstützt. Rohstoffvorräte aber hatte man auch hier nur in sehr begrenzter Form angelegt. Und im militärischen Bereich hatte man sich, bei aller forcierten Aufrüstung, so gut wie keine Gedanken darüber gemacht, was diese Abhängigkeit im Kriegsfall bedeuten werde und welche Maßnahmen man ergreifen könne, ja müsse, um ihr entgegenzuwirken. So trafen, als man sich im preußischen Kriegsministerium nach Kriegsausbruch der vor allem mit einer englischen Embargopolitik verbundenen Situation schlagartig bewußt wurde, Rathenaus Hinweise und praktische Vorschläge, was in dieser Beziehung zu tun sei, sogleich auf offene Ohren.[8]

Als aktuelle Maßnahme hatte ihm zunächst wohl vor allem die Beschlagnahme der reichen belgischen Rohstofflager vorgeschwebt, sobald das Land erobert sei. Dann aber erreichte ihn am 8. August 1914, unmittelbar vor einem geplanten Gespräch im Kriegsministerium, ein Brief von Wichard von Moellendorff, damals Direktionsassistent beim AEG-Kabelwerk Oberspree.[9] Moellendorff regte darin an, Rathenau möge eine Bestandsaufnahme der in Deutschland vorhandenen Rohstofflager vorschlagen und gleichzeitig für deren Verwaltung und Verteilung «unter zentraler Gewalt» plädieren. Moellendorff hatte dabei insbesondere die Bestände von Kupfer und Blei vor Augen, die die Grundlage zur Herstellung sowohl von Munition als auch von elektrotechnischen Materialien bildeten und an deren Gesamtverbrauch die AEG mit einem runden Siebtel beteiligt war.[10]

Obwohl Rathenau zunächst an seinem ursprünglichen Vorschlag festhielt, machte er sich nach einem weiteren Brief Moellendorffs vom folgenden Tag[11], in dem dieser seinen Vorschlag einer kriegsbedingten Beaufsichtigung der Industrie durch den Staat, also zu einem «raschen, autoritativen Eingriff» im Hinblick auf die zentrale Verwaltung der vorhandenen Rohstoffe näher aufführte, dessen Anregung zu eigen. In einer Denkschrift an den Kriegsminister von Falkenhayn vom 9. August 1914 entwickelte er den Plan, ein förmliches staatliches, wie er es nannte, «Rohmaterialamt» zu errichten.

Falkenhayn ging auf diesen Plan, der so sehr der Grundeinstellung der Militärs, möglichst alles einer zentralen Leitung zu unterstellen, entsprach, sogleich ein und verfügte die Gründung einer Kriegsrohstoffabteilung in seinem Ministerium. Zu ihrem Amtschef im Range eines Generals bestellte er neben dem Obersten Oehme, der mehr dekorative Funktionen wahrnahm und bald mit einer anderen Aufgabe betraut wurde, einen Zivilisten und Mann der Industrie, eben Walther Rathenau.

Bereits wenige Tage später, am 13. August 1914, begann das neue Amt mit zunächst fünf Mitarbeitern, die wie Wichard von Moellendorff, der mit ihm die Arbeit aufnahm, ganz überwiegend aus der AEG stammten, seine Tätigkeit, um bis Anfang November 1914 auf rund sechzig zu wachsen – am Ende des Krieges 1918 zählte die Kriegsrohstoffabteilung mehr als 2500 Beschäftigte. Sie war nach dem Urteil Gerald D. Feldmans «unbestreitbar die erfolgreichste Wirtschaftsorganisation, die während des Krieges in Deutschland geschaffen wurde».[12]

Die Einrichtung dieser Kriegsrohstoffabteilung war von Seiten des Ministers nicht nur als eine ad-hoc-Maßnahme verfügt worden. Er hatte dabei vielmehr, dem Optimismus hinsichtlich der Dauer und des siegreichen Ausgangs des Krieges entsprechend, auch einen sehr kurzen Zeitraum vor Augen, nach dem man zu den alten Verhältnissen zurückkehren und die ganze Abteilung wieder auflösen werde. Anders Rathenau. Er sah darin mit Moellendorff von Anfang an einen Schritt zu einer grundlegenden Veränderung der bestehenden wirtschaftlichen Verhältnisse und der wirtschaftlichen Ordnung. Er sei zwar kriegsbedingt, werde sich aber in seinen Folgen, ganz gleich wie lange der Krieg nun dauern und wie sein schließlicher Ausgang sein werde, nicht vollständig wieder rückgängig machen lassen. Vielmehr werde er den Weg in eine neue Zeit eröffnen, deren Gestalt er in Umrissen bereits vor 1914 andeutungsweise skizziert hatte. In einer Denkschrift, die unveröffentlicht blieb, hat Rathenau Anfang 1915 Überlegungen darüber angestellt, daß die «Kriegsrohstoffabteilung» auch nach einem Friedensschluß als «wirtschaftlicher Generalstab» in einer strukturell reformierten Gesellschaft wirken könne.[13]

Es ging, so sah er es, um eine an die Fundamente rührende Veränderung der Privatwirtschaft durch gezielte Staatseingriffe. Es sei ihm klar, bemerkte er bereits am 14. August, einen Tag nachdem die neue Abteilung ihre Arbeit aufgenommen hatte, in einem Brief an Hermann Stehr, einem langjährigen Volksschullehrer, der seit 1911 als freier Schriftsteller wirkte und mit dem Rathenau eng befreundet war, «daß die Methoden, nach denen ich vorgehen muß [...] tief in das Gefüge der kapitalistischen Wirtschaftsordnung eingreifen und dementsprechend auf starken Widerstand bei den Industriellen wie im Reichstag stoßen werden». Wenn er tief in sich hineinhöre, «meine ich, daß ich mich selbst damit zum Werkzeug einer Entwicklung mache, durch die ich dazu beitrage, die Götter zu stürzen, welche die Welt vor dem August 1914 anbetete, eine Welt, der ich angehöre und durch die ich wurde, was ich bin: ein Individualist». Er empfinde sich als ein Saulus, «der zwar längst bereit ist, abzuschwören und dennoch zögert, weil er fühlt, daß er auf dem Wege des Heils, für den er sich entschieden, eine Welt zurückläßt, die bunter, vielfältiger und alles in allem wohl reicher und glücklicher war als die, die nun anbricht». Dann, fuhr er in dem Ton eines Propheten eines ganz neuen Zeitalters fort, «das Paradies kommt auch in der sich neuformenden Welt nicht, im Gegenteil: wir stehen vor einer unabsehbaren Periode der Umschichtungen, intellektueller und materieller, einer Periode, ich scheue mich fast es auszusprechen, die Vielen als die des europäischen Niedergangs erscheinen wird. Doch nur wo Altes stürzt, kann Neues werden, und Menschen- wie Völkergeschichte haben sich noch nie aus Aufgängen, immer nur aus Erschütterungen geboren.»[14]

Die Kriegsrohstoffabteilung wuchs in raschem Tempo zu einem großen Behördenapparat heran mit einer großen Zahl von Einzelreferaten und Ämtern für Beschlagnahme, Transport und Überwachung; bei Rathenaus Ausscheiden am 1. April 1915 zählte die Abteilung bereits annähernd 500 Mitarbeiter.[15] Dazu kümmerte sie sich um Höchstpreisfestsetzungen, die Entwicklung von Ersatzstoffen und drängte auf den Bau neuer Fabrikanlagen, nicht zuletzt für die Stickstoffgewinnung nach dem neu entwickelten Haber-Bosch-Verfahren. In den ersten drei Wochen war die Abteilung unter der straffen Leitung ihres Chefs, der hier sein ganzes Organisationstalent und seine intime Kenntnis der einzelnen Industriebereiche zur Geltung bringen konnte, vor allem damit beschäftigt festzustellen, was an kriegswichtigen Rohstoffen in Deutschland vorhanden war und was fehlte und auf die eine oder andere Weise bereitgestellt werden mußte.

«Bereitstellung», das hieß in den folgenden Wochen und Monaten Kauf im neutral gebliebenen Ausland, soweit das die englischen Gegenmaßnahmen zuließen. Es hieß aber auch und vor allem Ausplünderung der eroberten Gebiete, also Belgiens, Nordfrankreichs und des seit mehr als einem Jahrhundert zu Rußland gehörenden Teils des zwischen Preußen, Österreich-Ungarn und Rußland aufgeteilten Polens. «Ein geographischer Glücksfall fügte es», so hat Rathenau diesen Vorgang rückblikkend euphemistisch umschrieben, «daß fast zu gleicher Zeit die gesamten Zentren des kontinentalen Wollhandels in unsere Hand fielen; beträchtliche Vorräte an Kautschuk und Salpeter traten hinzu. Nun hieß es, diese Schätze heben und nutzbar machen und dabei doch Recht und Gesetz wahren, Übersicht behalten und die Wirtschaft der Länder nicht mit einem Schlage vernichten.»[16]

Da aber dies bei weitem nicht ausreichte, galt es die Rohstoffverwaltung insgesamt von Staats wegen in die Hand zu nehmen, das heißt dafür zu sorgen, daß die für Kriegszwecke unentbehrlichen Rohstoffe nur noch für diese Zwecke verarbeitet werden konnten. Diese Aufgabe hat die neue Abteilung mit großem bürokratischem Aufwand, aber insgesamt gesehen durchaus erfolgreich bewältigt. Rathenaus eigentliche Leistung und sein Hauptinteresse aber galten einer grundsätzlichen Neuordnung und Neubestimmung des Verhältnisses von Staat und bisher weitestgehend privatwirtschaftlich organisierter Industrie durch die Gründung von sogenannten Kriegsrohstoffgesellschaften.

Im Kriegsministerium herrschte, anknüpfend an die tiefverwurzelten Traditionen des dirigistischen preußischen Verwaltungsstaats, vielfach die Meinung vor, man müsse, zumindest während der Kriegszeit, zu einem System der zentralen Wirtschaftslenkung durch einen großen staatlichen Behördenapparat übergehen. Dagegen hat sich Rathenau, der aus der Wirtschaft kam und mit den Funktionsweisen und Vorteilen einer vom Markt und vom freien Unternehmertum gesteuerten Wirtschaft aufs engste vertraut war, nachdrücklich gewehrt. Er trat dafür ein, beide Konzepte in ganz neuer Weise miteinander zu verknüpfen.

Schon in seinem erwähnten Entwurf für ein Reichselekrizitätsmonopol war von einer solchen Kombination von Elementen staatlicher Zielvorgaben sowie entsprechender finanzieller Beteiligung und privatwirtschaftlicher Lenkung und Führung die Rede gewesen. Auf diesem Wege schritt er nun weiter voran. Dabei war er sich völlig im klaren darüber, daß auf diese Weise Faktoren ins Spiel kamen, die mit der bestehenden privatwirtschaftlichen Ordnung nur schwer zu vereinbaren waren und in der Konsequenz zu ganz neuen, bisher unbekannten Formen der Leitung, der Planung und der Organisation führen mußten. «Auf der einen Seite war ein entscheidender Schritt zum Staatssozialismus geschehen», so hat er es selbst beschrieben: «der Güterverkehr gehorchte nicht mehr dem freien Spiel der Kräfte, sondern war zwangsläufig geworden. Auf der anderen Seite wurde eine Selbstverwaltung der Industrie, und zwar in größtem Umfang, durch die neuen Organisationen angestrebt.»[17]

Eine Selbstverwaltung allerdings, so hätte er hinzufügen können, deren Träger und bestimmende Elemente, den Konzentrationstendenzen in vielen Industriezweigen entsprechend, ihrerseits in kartellmäßiger und monopolartiger Form sich konstituiert hatten. Anders ausgedrückt: Das Ganze war von den Bedürfnissen und Erfahrungen der Großindustrie her konzipiert und gedacht, von jenem wirtschaftlichen Bereich her also, den er als einer der führenden Männer der AEG, als Bankier und als Aufsichtsratsmitglied zahlloser großer Unternehmen am besten kennengelernt hatte. Kleine und mittelständische Unternehmen traten hier ganz zurück und spielten in seinen weitausgreifenden Zukunftsüberlegungen stets nur eine marginale Rolle.

Von solchen Überlegungen und Zielvorstellungen geleitet, organisierte Rathenau im Herbst und Winter 1914/15 neben dem ganzen weitverzweigten System der Erfassung und Kontrolle der kriegswichtigen Rohstoffe – und was war am Ende nicht kriegswichtig – die sogenannten Kriegsrohstoffgesellschaften. Sie wurden, äußerlich Aktiengesellschaften ähnlich, aber ohne das Recht, Dividenden oder Liquidationsgewinne auszuschütten, in Anlehnung an die Kartelle, Syndikate und Verbände der einzelnen Industriezweige gebildet. Ihre Aufgabe war es, geleitet von Vorstand und Aufsichtsrat, denen eine von Handelskammermitgliedern oder Beamten geleitete Schätzungs- und Verteilungskommission zur Seite stand, die Beschaffung und Verteilung der verschiedenen Rohstoffarten zu übernehmen. Es gab eine Kriegsmetall AG, eine Kriegschemikalien AG, eine Kriegswollbedarf AG, eine Kammzug AG, eine Juteabrechnungsstelle sowie spezielle Abrechnungsstellen für Gummi, für Flachs, für Weißblech, für Leder. Reichsbehörden und Ministerien hatten zusätzlich Überwachungsrechte. «Auf diese Weise stehen sie da», so Rathenau selber, «als ein Mittelglied zwischen der Aktiengesellschaft, welche die freie wirtschaftlich-kapitalistische Form verkörpert, und einem behördlichen Organismus; eine Wirtschaftsform», fügte er hinzu, «die vielleicht in kommende Zeiten hinüberdeutet.»

Rathenau hat in Aufbau und Leitung jener in vieler Hinsicht neuen und unerprobten Formen der Beschaffung, der Bewirtschaftung und Verteilung der sogenannten Kriegsrohstoffe, oft bis zur völligen physischen und psychischen Erschöpfung, seine ganze Organisations- und Arbeitskraft investiert. Eine deutsche Tageszeitung nannte Rathenau damals den «wirtschaftlichen Generalstabschef hinter der Front».[18] Und so sehr manches im einzelnen und in den leitenden Ideen umstritten war und umstritten blieb, so ist doch unbezweifelbar, daß es entscheidend der Kriegsrohstoffabteilung und ihrem erfolgreichen Wirken zu verdanken war, daß sich das Reich von den materiellen Bedingungen her so lange zu behaupten vermochte. Im Zweiten Weltkrieg sollte sich das, unter ganz anderen Umständen, im Rahmen einer immer totalitärer werdenden Diktatur, wiederholen. Und derjenige, der damals in diesem Bereich die Hauptverantwortung trug und die Maßnahmen lenkte, Albert Speer, hat in seinen Memoiren die Ähnlichkeit der von Rathenau und von ihm verfolgten Linie, nämlich die Kräfte der sich in dem vom Staat gesetzten Rahmen selbstverwaltenden Industrie in Dienst zu nehmen, nachdrücklich betont. «Der eigentliche Urheber der ‹industriellen Selbstverwaltung›», so betonte er, «war Walther Rathenau, der große jüdische Organisator der deutschen Kriegswirtschaft des Ersten Weltkriegs.» An Rathenaus Konzept, mit erfahrenen Industriellen eine Behörde zu führen, die den Krieg wirtschaftlich absicherte, habe auch er, so ließ Speer durchblicken, sich orientiert. Speer maß sogar seinen Erfolg an Rathenaus Rationalisierungskonzept, das mit der Hälfte der Arbeitskräfte die gleichen Produktivitätsergebnisse erbracht habe.

Mit welchem Ziel allerdings sollte sich das Reich in diesem Krieg behaupten, den Rathenau von Anfang an für eine aus unzureichenden Gründen und aus letztlich nichtigem Anlaß herbeigeführte Katastrophe hielt, die ihn ungleich vielen anderen tief deprimierte und mit schlimmen Ahnungen hinsichtlich des Ausgangs dieses Krieges erfüllte? Im Herbst 1914 äußerte er zu dem linksliberalen Reichstagsabgeordneten Conrad Haußmann: «Wissen Sie, Herr Haußmann, weshalb wir diesen Krieg führen? Ich weiß es nicht, sagen Sie es mir. Was soll herauskommen?»[19]

Und Anfang Dezember in einem Brief an die mit ihm eng befreundete Schriftstellerin Fanny Künstler: «In diesem Kriege klingt ein falscher Ton, es ist nicht 1813, nicht 1866, nicht 1870. Notwendig oder nicht, höhere Gewalt oder nicht – so wie es hier geschah, mußte es nicht geschehen. Wie soll ein Siegespreis aussehen, der soviel Blut und Tränen rechtfertigt? Ich glaube an den Sieg, aber ich fürchte das Ende.»[20]

Die Frage begleitete von Anbeginn sein ganzes politisches Denken. Einen Sinn konnten, wenn überhaupt, ein solcher Krieg und die Selbstbehauptung Deutschlands in ihm nur haben, wenn sie zum Anlaß und Auftakt einer tiefgreifenden Umgestaltung und Veränderung der Verhältnisse in Kontinentaleuropa, vor allem in seinem westlichen Teil würden. In diesem Sinne und mit dieser Zielrichtung hatte er, wie erwähnt, gleich nach Kriegsbeginn Bethmann Hollweg seine Dienste angeboten und vor allem das Projekt einer Zollunion, einer Wirtschaftsgemeinschaft zwischen Deutschland, Österreich-Ungarn, Belgien und Frankreich ausgearbeitet, mit zwei Mächten also, mit denen Deutschland gerade im Krieg lag und auf deren Rohstoffvorräte der in diesen Tagen neuernannte zivile Chef der neugegründeten Kriegsrohstoffabteilung in den nächsten Wochen zugriff.[21]

Das hieß im Klartext, daß man sobald wie möglich einen Verständigungsfrieden mit den beiden kontinentalen Westmächten erreichen müsse, unter Ausgleich der politischen und vor allem der wirtschaftlichen Interessengegensätze. Durch Begründung einer Wirtschaftsgemeinschaft im Zuge eines solchen Ausgleichs würden nicht nur die Grenzfragen mitsamt dem Problem ihrer militärischen Absicherung relativiert, sondern die Basis für einen wirklichen Ausgleich und dauerhaften Frieden geschaffen werden auf der Grundlage vor allem der Verfolgung gemeinsamer wirtschaftlicher Interessen und Ziele. Daß sich, um einen solchen grundsätzlichen Wandel der Mächtebeziehungen insbesondere im westlichen und mittleren Kontinentaleuropa zu erreichen – Rußland und seinem europäischen Hegemonialanspruch begegnete er zunächst wie viele andere mit dem größten Mißtrauen –, innenpolitisch in Deutschland einiges grundlegend ändern müsse, war und blieb ihm nur zu bewußt.[22]

Zunächst, im August 1914, setzte er auf Bethmann Hollweg und auf dessen Einsicht und Friedenswillen. «Das Endziel», schrieb er dem Kanzler Anfang September 1914, «wäre der Zustand, der allein ein künftiges Gleichgewicht Europas bringen kann: Mitteleuropa geeinigt unter deutscher Führung, gegen England und Amerika, gegen Rußland andererseits politisch und wirtschaftlich gefestigt. Das Opfer, das wir zu bringen hätten, bestände im Verzicht auf französischen Landerwerb und in Ermäßigung der Kontribution.»[23] Und selbst die sogenannte Septemberdenkschrift des Kanzlers über die deutschen Kriegsziele raubte ihm dann noch nicht alle Hoffnungen. War in dieser doch neben vielen anderen auch die Anregung Rathenaus zur Errichtung einer Zollunion aufgegriffen, allerdings in entscheidend verkürzter, auf den Bundesgenossen Österreich-Ungarn konzentrierter Form, wie sie dann ein Jahr später Friedrich Naumann in seinem höchst erfolgreichen Buch «Mitteleuropa» mit seiner Idee einer mitteleuropäischen Wirtschaftsgemeinschaft präsentierte.

Im weiteren wurden jedoch entsprechende Planungen, für die Rathenau in Briefen und Denkschriften nach wie vor warb und gegen die vor allem der Staatssekretär des Innern, Clemens Delbrück, Front machte, fürs erste beiseite gelegt – zumal ein Bündnis mit Frankreich gerade auch nach einem erfolgreichen Kriegsverlauf kaum vorstellbar schien. An diesem Kriegsziel aber hielt Rathenau unbeirrt fest: «Was ich als höchstes und glücklichstes Ergebnis des Krieges ersehne», schrieb er Ende September 1914 an einen holländischen Freund, «ist ein unauflösliches Bündnis mit Frankreich.»[24] Und drei Wochen später an einen anderen Briefpartner: «Ich würde wünschen, daß dieser Separatfrieden mit Frankreich so milde gemacht würde, daß für alle Zeit der Rheinkonflikt sich erledigt, und nicht nur für den weiteren Krieg [gegen den Hauptfeind in Rathenaus Augen, gegen England], sondern für die künftige Politik eine veränderte Basis geschaffen bleibt.»[25]

Seither jedoch hatte Rathenau die Erwartung weitgehend aufgegeben, daß es unter dem Druck der Verhältnisse doch noch, innen- wie außenpolitisch, zu einem entscheidenden Kurswechsel kommen werde. Unter diesen Umständen sei ein deutscher Sieg für die Zukunft Deutschlands und Europas geradezu verhängnisvoll. Bei einem Spaziergang mit dem Fürsten Bülow, dem ehemaligen Reichskanzler, am Brandenburger Tor äußerte er sich zu diesem schon im Herbst 1914 in jenem Sinne mit den Worten: «Wenn durch dieses stolze Tor ein als Mensch interessanter und sympathischer, zum Regieren untauglicher Monarch wie Wilhelm II., rechts von sich einen total unzulänglichen Kanzler wie Bethmann, links einen so leichtfertigen Chef des Stabes wie Falkenhayn als Sieger einziehen sollte, so hätte die Weltgeschichte ihren Sinn verloren.»[26]

Vor diesem Hintergrund wird zumindest zu einem Teil verständlich, warum er Ende März 1915 seine Stellung als faktischer Leiter der Kriegsrohstoffabteilung aufgab; bereits im Februar hatten sich entsprechende Pläne bei ihm verdichtet. Seine ganzen Kräfte für einen Sieg einzusetzen, von dem bei Lage der Dinge weder auf dem Feld der Innenpolitik noch für die Zukunft der Staatenbeziehungen etwas Gutes zu erwarten stand, schien ihm geradezu widersinnig. Hinzu kam, daß nicht so sehr die sich häufende Arbeit der inzwischen weit über das ursprünglich ins Auge gefaßte Maß ausgebauten Abteilung als vielmehr die sich steigernden persönlichen Anfeindungen, denen er sich ausgesetzt sah, ihn zunehmend belasteten.

Vieles kam bei diesen Anfeindungen zusammen.[27] Zunächst einmal schlicht der Neid, daß hier ein Außenseiter, ein Zivilist, ein Mann außerhalb der militärischen und bürokratischen Hierarchie mit einem Schlag in eine führende Position im Kriegsministerium gelangt war und sich darin noch dazu erfolgreich bewährte. Dann, daß man ihn als Repräsentanten der AEG und der Elektroindustrie insgesamt verdächtigte, vornehmlich deren Interessen zu verfolgen. Auf der anderen Seite sahen in ihm viele einen Mann, der weit ausgreifende und mit der bestehenden Ordnung schwer zu vereinbarende Pläne hinsichtlich einer grundlegenden Umgestaltung von Staat, Wirtschaft und Gesellschaft verfolge und sein Amt insgeheim für diese zu instrumentalisieren suche.

Schließlich galten die, meist versteckten Angriffe auch dem Juden, dem man von Seiten der Rechten prinzipiell unterstellte, ein Kritiker, ja, ein Feind der bestehenden Ordnung und Gesellschaft zu sein. Man habe es, notierte er selber Anfang Juni 1916 in einem Brief an Kurt Riezler, den damals engsten Berater des Reichskanzlers Bethmann Hollweg, «an einflußreicher Stelle als peinlich empfunden [...], daß ein Außenstehender, noch dazu ein Jude, unaufgefordert sich dem Staatswesen nähert, noch peinlicher, daß das Preußische Kriegsministerium aus seiner schwierigen Lage befreit wird, und eine Organisation entsteht, die man als einwandfrei gelten lassen muß».[28] «Meine Mitwirkung an der Rohstoffversorgung hat man mir nicht verziehen», schrieb er Ende April 1916 an Felix Heimann, der durch seine Vermittlung in den Ministerialdienst gekommen war und seit 1919 dann im Reichsschatzamt wirkte, «und die Wirkung ist eine so nachhaltige, daß man in Deutschland jede Veröffentlichung über den Gegenstand, soweit er mit meiner Person zusammenhängt, untersagt und mich mit äußerster Sorgsamkeit aus allen, die Allgemeinheit betreffenden Fragen ausschaltet, soweit es sich nicht um klingende Mitwirkungen handelt.»[29]

Einen weiteren unmittelbaren Anstoß, sein staatliches Amt und damit die letzte noch verbliebene Hoffnung aufzugeben, im Rahmen der bestehenden Ordnung etwas Entscheidendes bewirken zu können, gab wohl die Tatsache, daß die Wahl Bethmann Hollwegs bei der Neubesetzung der Funktion des Staatssekretärs des Reichsschatzamtes nicht auf ihn, sondern auf Karl Helfferich fiel. Helfferich war wie Rathenau ein Mann der

Wirtschaft – er war bis dahin Direktor bei der Deutschen Bank gewesen und hatte sich wie Rathenau unter anderem mit Fragen der Kolonialpolitik beschäftigt. Er aber wurde ihm nun auf dem Feld, auf dem er als ein auch international anerkannter und angesehener Fachmann galt, deutlich vorgezogen. Diese Zurücksetzung empfand Rathenau auch insofern als besonders schmerzlich, als die von ihm geleitete Kriegsrohstoffabteilung finanziell in starkem Maße vom Reichsschatzamt abhängig war.

Ende März 1915 also verließ Rathenau die Kriegsrohstoffabteilung, obwohl ihn auf der anderen Seite auch viele zum Bleiben gedrängt hatten. Zu seinem Nachfolger wurde auf seinen eigenen Vorschlag hin Joseph Koeth ernannt, ein Artillerieoffizier, der bis zum Kriegsende in diesem Amt blieb, dann zum Staatssekretär des neu errichteten Demobilisierungsamtes unter dem Rat der Volksbeauftragten ernannt wurde und 1923 kurzzeitig Reichswirtschaftsminister im zweiten Kabinett Stresemann war. Rathenau zog sich, weiterhin Mitglied zahlreicher Aufsichtsräte mit demjenigen der AEG an der Spitze, nach außen hin wieder ganz in den Bereich der Wirtschaft zurück.

Doch die nun wieder aufgenommene Tätigkeit in dem von seinem Vater begründeten Unternehmen vermochte ihn nun noch weniger als in den Jahren unmittelbar vor 1914 wirklich auszufüllen und ernsthaft zu befriedigen, zumal nach den zwar außerordentlich arbeitsreichen und von vielerlei Konflikten erfüllten, aber insgesamt doch sehr erfolgreichen, vieles voranbringenden Monaten als Leiter der Kriegsrohstoffabteilung. So suchte er erneut nach einer Aufgabe, die seinem ausgeprägten Willen entsprach, in größeren Dimensionen und Zusammenhängen, mit Blick auf grundlegende Veränderungen und Neugestaltungen zu wirken.

Auf der Suche nach einer solchen Aufgabe und einem entsprechenden Wirkungsfeld hat Rathenau sich gemeinsam mit zahlreichen Vertretern des öffentlichen und kulturellen Lebens der Hauptstadt wie Hans Delbrück, Theodor Wolff, Albert Ballin, Richard Strauss, Gerhart Hauptmann, Robert Bosch oder Herbert Gutmann von der Dresdner Bank sehr aktiv an der Gründung der «Deutschen Gesellschaft 1914» beteiligt, die nach monatelangen Vorbereitungen am 28. November 1915 im Pringsheimschen Palais in der Wilhelmstraße ins Leben trat[30]; die vielbeachtete Eröffnungsrede hielt Helmuth von Moltke, der Vorgänger des derzeitigen Generalstabschefs und preußischen Kriegsministers Erich von Falkenhayn, der Anfang November in den vorläufigen Ruhestand verabschiedet worden war und sich seither offen zu den Reformideen bekannte, für die die neue Gesellschaft einzutreten versprach.[31]

Die Gründungsidee der neuen Gesellschaft war, die Einheit der Nation zu wahren und zu festigen, den «Geist von 1914» zu stärken, wie er sich in den ersten Kriegstagen so eindruckvoll gezeigt habe, mit dem Ziel, damit den Weg in eine friedliche, die inneren Gegensätze überwindende Zukunft zu bahnen. Einerseits ging man mehrheitlich von dem Gedanken aus, in diesen Krieg hineingezwungen worden zu sein und einen Verteidigungskrieg zu führen. Andererseits und vor allem aber wollte man die «Burgfriedensbereitschaft», wie sie sich zu Anfang des Krieges gezeigt habe, nutzen, zu einem politischen, wirtschaftlichen und kulturellen Neuanfang zu gelangen, jenseits der bisherigen politischen, sozialen und kulturellen Gegensätze und Spaltungen.

Der Krieg also sollte zu einer grundlegenden Neuorientierung führen, und über ihre Grundlinien wollte man sich in der Gesellschaft, deren Mitgliedschaft über die Konservativen und die verschiedenen Gruppen der Liberalen bis ins Lager der rechten Sozialdemokratie reichte, in Vorträgen und Diskussionen verständigen. Es sollte, so wurde wiederholt betont, «kein politischer Klub» und «noch weniger der Klub einer politischen Partei oder einer abgegrenzten politischen oder sozialen Gruppe» sein, sondern ein freies Diskussionsforum aller an der Zukunft Deutschlands Interessierten, eine Art Ideenlaboratorium. Frank Wedekind beispielsweise, den Rathenau noch vor ihrer offiziellen Gründung für die Gesellschaft geworben hatte, urteilte im Rückblick auf zwei Jahre ihres Bestehens über sie, sie sei «großartig, hochinteressant. Man setzt sich in ein Clubfauteuil. Da kommt ein Kaiserlicher Geheimer Admiralitätsrat und beginnt, auf den Krieg zu schimpfen. Paradox, wie? Aber: Ist das nicht interessant?»[32]

In Vorträgen in der «Deutschen Gesellschaft 1914» schilderte Rathenau sein Wirken in der Kriegsrohstoffabteilung und vor allem die Ziele, die er hierbei verfolgt habe; hier skizzierte er sein ökonomisches und soziales Programm und hier sondierte er als Mitglied des Präsidiums der Gesellschaft, die bereits 1916 mehr als 1200 Mitglieder hatte, die Basis für ein künftiges politisches Wirken in einer durch den Krieg zunehmend veränderten Situation. Er repräsentierte mit Robert Bosch, mit Hans Delbrück, mit Adolf von Harnack, Ernst Troeltsch, Hugo Preuß, den Historikern Hermann Oncken und Friedrich Meinecke und vielen anderen die reformorientierte Fraktion, die außenpolitisch auf einen Verständigungsfrieden und innenpolitisch auf einen grundlegenden Neuanfang hinarbeitete.

Ungeachtet seines sich immer stärker ausprägenden Zukunftspessimismus hatte Rathenau, der immer noch, ja mehr als je zuvor nach einer

Deutsche Gesellschaft, 1914

seinen Talenten und seinen Erwartungen entsprechenden Aufgabe suchte, die Hoffnung nicht ganz aufgegeben, der Krieg und die schwindenden Siegeserwartungen würden zu einer Situation führen, die ganz neue Männer und ganz neue Ideen in die Bahn bringen werde. Und diese Hoffnung fand vor allem in der Deutschen Gesellschaft 1914, bei allen in ihr vereinigten Meinungs- und Interessenunterschieden, eine nachhaltige Stütze, nicht zuletzt über die Fülle persönlicher Kontakte, die Rathenau hier knüpfte und vertiefte.

Während er vor allem seine wirtschafts- und sozialpolitischen Ideen, die er in seinem 1917 erschienenen Buch mit dem Titel «Von kommenden Dingen» zusammenfaßte, in den Diskussionen im Kreis der Gesellschaft propagierte, vollzog er hinsichtlich der von ihm vertretenen außenpolitischen Konzeption eine Wende. Er wandte sich bereits im Laufe des Jahres 1915 von seiner anfänglichen Idee mehr und mehr ab, über das Werben für eine west- und mitteleuropäische Wirtschaftsgemeinschaft unter Einschluß Frankreichs zu einem Verständigungsfrieden mit dem westlichen Kontinentaleuropa zu gelangen und auf diesem Wege die Grundlagen für eine den Frieden dann dauerhaft garantierende Nachkriegsordnung zu legen. In einer neuen Denkschrift, die er Bethmann Hollweg Ende August 1915 vorlegte[33], plädierte er angesichts der zunehmend im Stellungskrieg erstarrenden Situation im Westen dafür, die Entscheidung und die Zukunft des Reiches im Osten, im künftigen Verhältnis zu Rußland zu suchen. Rußland sei, auch und gerade in wirtschaftlicher Hinsicht, der sich anbietende künftige Bündnispartner.

«Rußland», so Rathenau in hochspekulativen Überlegungen, «braucht eine Finanzmacht, die Frankreich nicht mehr ist, England nicht werden darf; es braucht einen Schutz gegen England.» Beides könne das Reich bieten. Allerdings müsse man Rußland für ein solches Bündnis erst «reif machen» – durch Eroberung von St. Petersburg, von Moskau und eine lange Besatzungszeit. Im übrigen aber gelte, schrieb er Ende 1915 an den Dozenten für Elektrotechnik an der Technischen Hochschule Charlottenburg, Max Breslauer, der ihn für den Gedanken des Kampfes «gegen die Erwürgung aller menschlichen Kulturerrungenschaften durch die östliche Barbarei», also Rußlands, gewinnen wollte: «Wir müssen endlich anfangen, uns der Politik unserer nationalen Interessen zuzuwenden», nachdem wir «30 Jahre lang [...] Gefühlspolitik betrieben» haben, «das heißt eine Politik empfindungsvoller Schlagworte». Und da sehe «meines Erachtens die Sache so aus: zwischen Rußland und uns gibt es keine Interessengegensätze, die ein längeres Verhältnis unmöglich machen, wohl aber ist unsere Sicherung im Osten eine Kernfrage unserer Machtstellung» – hier zeichnete Rathenau bereits eine Linie seiner künftigen Haltung und Politik gegenüber Rußland bis hin zu Rapallo. Und er fügte hinzu: «Als Liberaler neige ich zu westlichen Kulturformen, jedoch nicht zu westlichen Bündnissen.»[34]

Wie schon seine Vorschläge am Beginn des Krieges, wurde auch Rathenaus neue Denkschrift in der Reichskanzlei zu den Akten gelegt, ja, anders als sein erster Vorstoß nicht einmal ernsthaft erörtert. Er hatte seine Denkschrift aber auch an Ludendorff gesandt, den Generalstabschef des «Oberbefehlshabers Ost», des Generalfeldmarschalls Paul von Hindenburg. Ludendorff galt in eingeweihten Kreisen schon damals als der eigentliche strategische Kopf und als der Vater des Sieges in der Schlacht bei Tannenberg Ende August 1915. Und bei Ludendorff war Rathenaus Denkschrift sogleich auf großes Interesse gestoßen.

Knapp drei Monate später, im November 1915, hatte ihn Rathenau gemeinsam mit Felix Deutsch, dem neuen Generaldirektor der AEG, im Hauptquartier von Kowno bei Wilna besucht – die AEG war damals mit der Wiedereröffnung ihrer Filialen im östlichen Polen beschäftigt – und sah in ihm fortan den ersehnten Mann der Zukunft. «Ich empfand», gab er noch vier Jahre später, im November 1919, öffentlich zu Protokoll, «daß er der Mann war, der uns, wo nicht zum Siege, so doch zu einem ehrenvollen Frieden führen könnte, und gesellte mich von diesem Tage

Erich Ludendorff, um 1910

an zur Zahl derer, die alles, was in ihrer Kraft stand, taten, um ihm den Weg zur Obersten Heeresleitung zu ebnen.»[35]

Ein gutes dreiviertel Jahr später, Ende August 1916, war dieses Ziel erreicht, und von diesem Zeitpunkt an setzte von Seiten Rathenaus ein intensiver Briefverkehr mit Ludendorff ein, in dem es vor allem um das sogenannte Hindenburg-Programm ging, also um die Steigerung der Waffen- und Munitionsproduktion um das zwei- bis dreifache und um die Beschaffung der dafür benötigten Arbeitskräfte und Materialien. Das war nur durch Zwangsverpflichtungen von Männern und Frauen einerseits und durch weiteren Ausbau des kriegswirtschaftlichen Systems andererseits zu erreichen, für das Rathenau als Chef der Kriegsrohstoffabteilung, insbesondere durch die Begründung der sogenannten Kriegsgesellschaften, schon entscheidende Grundlagen gelegt hatte.[36]

Rathenau rief in Bern unter Ausnutzung seiner internationalen Beziehungen eine «Metallum A. G.» nach Art der Kriegsrohstoffgesellschaften ins Leben und bezog über sie Zünderteile, Autos und Flugzeuge aus dem Ausland. Gleichzeitig betrieb er in Berlin die Errichtung einer Zünderfabrik, in der mehr als zehntausend Frauen beschäftigt wurden. Ludendorff gegenüber machte er weitere Vorschläge hinsichtlich der, wie er sich ausdrückte, «systematischen Ausschöpfung aller mobilen Bestände hinter der Front», sprich der Mobilisierung weiterer ziviler Arbeitskräfte. Und dabei hatte er nicht nur den deutschen Raum vor Augen, sondern auch die von Deutschland besetzten Gebiete, wobei ihm insbesondere Belgien vorschwebte. Das Arbeitskräfteproblem könne «ohne Rücksicht auf internationale Prestigefragen nur dadurch bewältigt werden [...], daß die dort [in Belgien] verfügbaren 700 000 Arbeiter dem heimischen Markt zugeführt werden», also im Klartext Zwangsarbeiter rekrutiert würden. Damit überschritt er, obwohl es bloß bei der Idee und vorbereitenden Planungen blieb, für diejenigen, die trotz allem an den Grundsätzen der Haager Konventionen festhielten, eine entscheidende Linie und provozierte im nachhinein, nach dem Ende des Krieges, auf Seiten der Alliierten kurzzeitig die Idee, gegen ihn ein Kriegsgerichtsverfahren zu eröffnen.

Ferner schlug er Ludendorff vor, die Kriegsrohstoffabteilung mit dem Munitionsbeschaffungsamt und der Freigabestelle der industriellen Arbeitskräfte zu vereinigen, das heißt einen weiteren Schritt zur staatswirtschaftlichen Zentralisierung aller kriegswirtschaftlich relevanten Bereiche – und was war nicht kriegswirtschaftlich relevant – zu unternehmen. Der Vorschlag wurde auch von anderer Seite an die Oberste Heeresleitung herangetragen, und so wurde am 1. November 1916 das Kriegsamt unter Groener errichtet, dem die gesamte Kriegsindustrie einschließlich weiter Bereiche der Ernährungswirtschaft unterstellt wurden.

Das alles waren tiefe Eingriffe in das bisherige, wesentlich am Markt und seinen Gesetzen orientierte und privatwirtschaftlich organisierte System der Wirtschaft, signalisierte den Übergang zu einer zentral gelenkten Staatswirtschaft. Zwar war immer wieder davon die Rede, daß all dies nur kriegsbedingt sei und nach dem Ende des Krieges wieder beseitigt werden würde. Aber es erhoben sich doch viele Stimmen, die meinten, der Krieg beschleunige hier nur eine Entwicklung, die ohnehin an der Zeit sei und sich mit innerer Logik über kurz oder lang, wenngleich vielleicht im einzelnen in anderen Formen, durchsetzen werde. Eine Art Staatssozialismus werde am Ende der Entwicklung stehen.

Auch Rathenau waren solche Überlegungen nicht fremd. Schon vor dem Krieg hatte er im Zusammenhang mit seinen Ideen und ganz konkreten Planungen für die Schaffung eines Elektrizitätsmonopols unter sehr aktiver Beteiligung des Staates ähnliche Vorstellungen entwickelt. Die Erfahrungen der Praxis, das weitgehende Scheitern des Hindenburg-Programms, ließen ihn allerdings bald skeptischer werden, was den konkret eingeschlagenen Weg anging. Wahrscheinlich werde sich eine neue wirtschaftliche und mit ihr auch eine neue politische Ordnung – die er beide im Prinzip für unvermeidlich hielt – nicht von oben, sondern von unten und damit auf revolutionärem Wege durchsetzen. Unter dem Eindruck des großen Aprilstreiks, der insbesondere auch die Berliner Werke der AEG stark betroffen hatte, äußerte er sich im Mai 1917 in einem Gespräch mit dem Journalisten Bernhard Guttmann, er sehe «eine völlig neue Epoche im Anzug»: «Die Arbeiter werden durchsetzen, was ohne den Krieg erst in hundert Jahren eintreten würde.» Von der gegenwärtigen Regierung erwarte er «nichts mehr: Bethmann Hollweg sei noch anständiger und noch unbedeutender als allgemein geglaubt werde». Hingegen wiederholte er auch in diesem Gespräch noch einmal, wie sehr sich seine Hoffnungen auf Ludendorff konzentrierten. Dieser sei «ein außerordentlich bedeutender Mensch, wenn auch ohne politisches Verständnis».

Letzteres bezog sich nicht auf die Entscheidung für den uneingeschränkten U-Bootkrieg, die im Januar 1917 wesentlich auf das energische Drängen der Obersten Heeresleitung und das hieß vor allem Ludendorffs gefallen war und die Rathenau zunächst – entgegen einer später auch in der wissenschaftlichen Literatur weitverbreiteten Meinung – lebhaft begrüßte. Er hatte sich von Anfang an nachdrücklich für eine solche Entscheidung ausgesprochen. Anders als Bethmann Hollweg und in Übereinstimmung mit dem überwiegenden Teil der öffentlichen Meinung in Deutschland sah er darin den einzigen Weg, England in die Knie zu zwingen. «Nur die rücksichtslose Anwendung der U-Boote kann den Krieg beenden und die, die sie verhindern, verlängern nur den Krieg», bemerkte er Ende Juni 1916 in einem Privatbrief. Den amerikanischen Kriegseintritt, der dann sicher unvermeidlich werde, müsse man hinnehmen. «Die richtigen Amerikaner werden immer unsere Feinde bleiben, wir sollten dies in unser Konto einstellen (aber wir scheuen uns ja immer Tatsachen, die unangenehm sind, ins Auge zu sehen); ob der Gegensatz latent oder akut ist, kann daran nichts ändern.»[37]

Andererseits, hatte er schon vier Monate früher an denselben Adressaten, einen mit ihm befreundeten Major, geschrieben, glaube er nicht an die Prophezeiungen der Marineleitung, daß England im Gefolge des dann uneingeschränkten U-Boot-Krieges binnen eines halben Jahres zum Frieden bereit sein werde. Er bezweifle, «genau wie im Vorjahr, die Behauptungen unserer Seemarschälle, die schon damals mit einem versenkten Schiff pro Tag uns die Aushungerung Englands versprachen und beides nicht hielten».[38] Für die Engländer – wie für die Deutschen – gebe es in dieser Situation nur die Devise: «siegen oder untergehen». Von den

Scharfmachern, die für den uneingeschränkten U-Boot-Krieg eintraten, unterschied sich das nicht.

In einem Brief an Albert Ballin, den Hamburger Reeder und engen Vertrauten Wilhelms II., vierzehn Tage später rückte er dann allerdings von dieser radikalen Position wieder etwas ab. Es handele sich jetzt «lediglich um diejenige Wartefrist, die erforderlich ist, um England zu überzeugen, daß weitere Kriegsjahre unrentabel bleiben». England werde dann einlenken: «Ich nehme an, daß diese Erkenntnis in etwa ein bis zwei Jahren gereift sein wird. Leider kostet bis dahin dieser entsetzlichste aller Kriege unendliche Opfer, aber ich wage nicht, irgendeine Friedensprognose mir anzueignen, bevor ich nicht in England Anzeichen einer kühleren Beurteilung sehe.»[39]

Ende Februar 1917 behauptete er dann in einem Brief an den österreichischen Baron Hugo von Lustig, Vertreter des österreichischen Kriegsministeriums beim Großen Generalstab in Berlin, sogar, er sei stets «ein Gegner des neuen U-Krieges gewesen, weil ich darin ein Experiment sehe, das, wie ein Sprung über den Abgrund, nur dann gelingt, wenn es mit 100 % gelingt. Diese 100 % schließen aber einen unbekannten Wirtschaftsfaktor und einen psychologischen Faktor ein, den man bei uns niemals richtig eingeschätzt hat.» Die «Aussicht auf Abkürzung» des Krieges durch den U-Boot-Krieg teile er «noch weniger», fügte er hinzu: «Ich fürchte, daß wir mit unabsehbarer Verlängerung zu rechnen haben.»[40] Nach dem Krieg behauptete er sogar: «Ich glaube nicht, daß es einen deutschen Privatmann gibt, der stärker für die Freundschaft mit Amerika und gegen die Verschärfung des U-Bootkrieges eintrat, als ich.»[41]

Von einer klaren Linie kann man also kaum sprechen, eher von von Fall zu Fall extrem divergierenden Meinungen, die ganz von der gegenwärtigen Konstellation und Einschätzung der Kriegslage abhingen und die er gleichzeitig mit weitreichenden Spekulationen begleitete. Das Mißtrauen, das seine Person von früh auf vielerorts begleitete, fand hier neuerliche Nahrung und erschwerte dann auch im weiteren seinen Weg in die Politik und seine Versuche, sich auf diesem Feld erfolgreich zu behaupten.

Am 10. Juli 1917, als sich das Scheitern des uneingeschränkten U-Boot-Krieges immer deutlicher abzeichnete und einerseits die Mehrheitsparteien im Reichstag und andererseits die Oberste Heeresleitung aus jeweils sehr unterchiedlichen Motiven immer nachdrücklicher den Rücktritt des Kanzlers forderten, bat Ludendorff Rathenau um einen Besuch im Hauptquartier in Kreuznach. Rathenau hielt ihm dort einen langen Vortrag über seine Vorstellungen hinsichtlich der weiteren Zukunft und den sich aus ihnen ergebenden Zwang zu einschneidenden politischen Änderungen. Sie zielten vor allem auf eine Neuordnung des Verhältnisses zwischen Parlament und Regierung, also auf die Durchsetzung des parlamentarischen Systems, und gleichzeitig auf einen Verzicht auf Annexionen im Sinne des Friedensprogramms der Reichstagsmehrheit. Es ging Rathenau insbesondere darum, Ludendorff von den Ideen der Alldeutschen und vom Programm speziell auch der Schwerindustrie mit ihren weitgespannten Kriegszielen abzuziehen, ihn dafür zu gewinnen, seine Macht im Sinne einer Reformdiktatur einzusetzen.

Ludendorff wich, nach Rathenaus eigener Aufzeichnung, einer Antwort dadurch aus, daß er bestritt, die ihm von Rathenau – in Übereinstimmung mit vielen Zeitgenossen – zugeschriebene Machtstellung und die aus ihr ableitbaren Entscheidungsmöglichkeiten zu besitzen. Wenn Rathenau behaupte, er, Ludendorff, sei «im Besitz einer an Diktatur streifenden Gewalt und somit auch Verantwortung, und an ihn würde sich die Geschichtsschreibung halten», so könne er nur sagen, daß Rathenau «diese Macht noch immer überschätze, daß er an den Kaiser nicht herankönne und daß er nach allen Seiten gehemmt sei».[42]

In Wirklichkeit freilich demonstrierte Ludendorff zwei Tage nach dem Gespräch mit Rathenau seine mittlerweile zentrale Machtstellung an der Seite Hindenburgs, des Generalfeldmarschalls und Chefs der Obersten Heeresleitung: Er stellte den Kaiser vor die Alternative, entweder ihn oder Bethmann Hollweg zu entlassen. Zwei Tage später, am 14. Juli 1917, trat Bethmann Hollweg zurück, und sein Nachfolger Michaelis ging weder die Frage der inneren Reformen an, noch stellte er sich hinter die Forderung der Reichstagsmehrheit – und Rathenaus – nach einem Frieden ohne Annexionen; in einem Privatbrief schrieb Rathenau: «Ich hoffe, mich in Michaelis zu täuschen. Ich finde jedes Wort, das er spricht, völlig ahnungslos, auf dem Niveau eines Abonnenten der Tägl. Rundschau. Er glaubt nicht nur an seinen eigenen Stuß, sondern auch an den der Andern.»[43] Die Macht lag nun immer eindeutiger bei der Obersten Heeresleitung und ihrem entscheidenden Kopf, bei Ludendorff, hinter dem sich die im September 1917 neugegründete Deutsche Vaterlandspartei formierte, die nachdrücklich für einen Sieg- und Annexionsfrieden eintrat.

Angesichts dieser Entwicklung versank Rathenau in immer tieferen Pessimismus, sah immer deutlicher eine verheerende deutsche Niederlage voraus, einen inneren und äußeren Zusammenbruch des Reiches. Gleichzeitig allerdings sah er doch in der Perspektive der weitgehenden

Vernichtung der alten Ordnung – des Kaisertums, der deutschen Machtstellung in Europa, der Position der alten Führungsschichten, ja auch entscheidender Elemente des privatkapitalistischen, vom Markt bestimmten wirtschaftlichen Systems –, die ihm nun mehr und mehr unvermeidlich schien, die Chance eines radikalen Neuanfangs, einer entschiedenen Neuordnung aller politischen, wirtschaftlichen und gesellschaftlichen Verhältnisse. Und für einen solchen Neubau hielt er sich bereit, seinem ganzen Selbstverständnis nach als jemand, der eine weitreichende Konzeption für einen solchen staatlichen, wirtschaftlichen und gesellschaftlichen Neuaufbau zu besitzen glaubte.

«Von kommenden Dingen»

Schon vor dem Ausbruch des Ersten Weltkrieges hatte Rathenau mit der Niederschrift seines dritten Buches nach der «Kritik der Zeit» und der «Mechanik des Geistes» begonnen. Es trug, als es 1917, mitten im Krieg, schließlich erschien, den Titel «Von kommenden Dingen» und verfolgte das Ziel, einen konkreten, einen praktischen Weg in die Zukunft zu skizzieren.[1] Allerdings betonte er gleichzeitig, daß es ihm darum gehe, «Fernziele» zu umreißen «und einen künftigen Gesellschaftsaufbau in großen Zügen vorzubereiten»: «Es handelt sich somit um Probleme der Weltanschauung und nicht der aktuellen politischen Gebarung», schrieb er am Tag eines Vortrags zum Thema «Probleme der Friedenswirtschaft» in der «Deutschen Gesellschaft 1914» an Georg Bernhard, leitenden Redakteur der «Vossischen Zeitung».[2] Es gehe also hier wie dort nicht um eine «politische Kundgebung». «In unserer Zeit, die vor lauter Realpolitik und Prüfung des Realisierbaren schon längst nicht mehr weiß, was sie eigentlich – abgesehen von Interessen – realisieren will, ist es nötig, Fernziele zu stabilisieren», schrieb er an anderer Stelle.[3]

Mit anderen Worten, Rathenau zielte auf Übergreifendes, auf Grundsätzliches; zu Recht hat Golo Mann dieses Buch als Rathenaus «ernsteste Botschaft an Mit- und Nachwelt, als eine Art Testament» bezeichnet.[4] In drei Teilen suchte er darin die zentralen Punkte und Elemente einer neuen Ordnung zu formulieren, in einem ökonomischen, einem ethischen und einem politischen. Es ging ihm teils um eine Fortentwicklung, teils auch um eine Überwindung des liberal-kapitalistischen Systems, freilich nicht in der vom marxistischen Sozialismus vorgezeichneten Richtung. Im Gegenteil. «Die Dienstbotenranküne, die wir Sozialismus nennen, muß gebrochen und durch einen neuen Aufbau des belebten Mechanismus ersetzt werden, welcher der Seele Raum gibt, ohne die Kultur zu vernichten», schrieb er im Januar 1914 in einem Brief.[5] Und in der Einleitung des neuen Buches hieß es, wie gesagt 1917, selbstbewußt: «Dies Buch trifft den dogmatischen Sozialismus ins Herz.»

Was er «dem Sozialismus vorzuwerfen habe», so begründete er seine Haltung in einem Brief an den SPD-Reichstagsabgeordneten und späteren preußischen Innenminister Wolfgang Heine von Anfang April 1917, sei zweierlei: «der Mangel einer beherrschenden, transzendenten Weltanschauung, ohne die eine Weltbewegung nicht möglich ist, weil an die Stelle der Seelengewalt das Interesse tritt; sodann der Mangel an positiver und konstruktiver Kraft, der auf dem unglücklichen Ausgang von pseudowissenschaftlichen Prinzipien beruht und auf der Verkennung der Tatsache, daß Ziele setzen Sache der Intuition ist.»[6]

Eine solche klare Abgrenzung und Positionsbestimmung gegenüber dem Sozialismus seiner Zeit erschien Rathenau auch insofern nötig, als ein Kernpunkt seiner Kritik am bestehenden politisch-sozialen System der sozialistischen Kritik zum verwechseln ähnlich sah. Auch er sah die größte Schwäche der bestehenden Ordnung, ihren entscheidenden Fehler in der Klassentrennung der Gesellschaft, in der, wie er es formulierte, «neuen erblichen Schichtung des Volkskörpers» durch das Bildungs- und Besitzmonopol des Bürgertums. Hier müsse jede Reform ansetzen, wolle man zu einer wirklichen Neuordnung der Verhältnisse gelangen.

Er plädierte daher in dem Teil seines Buches, der Fragen der künftigen Ökonomie und ihren gesellschaftlichen Grundlagen gewidmet war, für eine strenge Luxus- und vor allem Erbgesetzgebung, durch die die Vererbung größeren Besitzes jenseits sehr eng gezogener Grenzen praktisch ausgeschlossen werden sollte. Auch trat er darüber hinaus generell, insbesondere im Hinblick auf größere Unternehmen, für eine Entpersönlichung des Besitzes ein. Zugleich plädierte er für die Errichtung von Mischformen zwischen Privat- und Staatswirtschaft, also für die Errichtung von Betrieben, die, wie das von ihm schon 1913 verwendete[7] neue Schlagwort hieß, «gemeinwirtschaftlich» organisiert sein sollten. Der Staat sollte also im wirtschaftlichen Leben der Zukunft eine ganz neue, wesentlich aktivere Rolle spielen in der Art, wie Rathenau sie 1911 für den Bereich der Elektrizitätswirtschaft skizziert hatte. Als Grundsatz müsse gelten: «Wirtschaft ist nicht Privatsache, sondern Gemeinschaftssache [...], nicht Anspruch, sondern Verantwortung.»[8] Das war zugleich, wie Gustav Schmoller im Mai 1917 an Rathenau schrieb, ein «Bekenntnis zu einem weitgehenden Staatssozialismus», der bei ihm, Rathenau, noch «viel radikaler sei als der Meinige».[9]

Gleichzeitig schien es Rathenau zwingend, daß dieser intervenierende und dirigierende Staat sich auch von seiner politischen Struktur her grundlegend von dem bisherigen Staat unterscheiden müsse. In ihm müßten die gesellschaftlichen Kräfte – und zwar alle gesellschaftlichen Kräfte – einen bestimmenden Einfluß erhalten, und das in dem Maße, in dem immer mehr Menschen aus dem sogenannten vierten Stand, also aus der bisherigen Unterschicht, in Führungspositionen aufstiegen.

Wer habe voraussagen können, bemerkte er einmal gegen Ende des Krieges, «daß die tiefkümmerliche Landbevölkerung von Mittel- und Norddeutschschland in hundert Jahren in eine hochentwickelte Bourgeoisie und in einen intelligenten Facharbeiterstand sich verwandeln würde». Und woher seien «die Zehntausende und Hunderttausende gekommen, die heute die Intelligenz, das sittliche Rückgrat, die Verteidigungskraft unseres Landes ausmachen. Sie sind weder die Nachkommen des Patriziats noch des freien Bauerntums, sondern sie sind die umgewandelte Unterschicht, von der der Geschichtsschreiber nichts weiß und für die man keinen anderen Namen finden kann als den des vierten Standes.»[10] Daraus gelte es vor allem auch politische Konsequenzen zu ziehen, sich von dem bisherigen System mit seiner antiquierten und gleichzeitig zutiefst ungerechten Art der Rekrutierung der politischen Eliten zu verabschieden.

Konkret betraf das insbesondere die Parlamentarisierungsfrage, die 1917 im Zuge der verschärften Auseinandersetzungen zwischen den Parteien der Reichstagsmehrheit und den Verteidigern der bisherigen Ordnung immer mehr ins Zentrum rückte. Zwar legte Rathenau sich nicht so klar fest wie Max Weber in seinen wenig später erschienenen, unmittelbar auf die aktuelle politische Situation bezogenen Schriften, insbesondere in dem Beitrag «Parlament und Regierung im neugeordneten Deutschland», der im Mai 1918 herauskam. Aber die Richtung war doch sehr klar bestimmt, und in privaten Briefen hat er seine Position und Haltung noch sehr viel deutlicher umrissen.

«Zur Frage des Parlamentarismus bitte ich bemerken zu dürfen», schrieb er etwa im Mai 1917 an das Haupt der historischen Schule der Nationalökonomie und langjährigen Vorsitzenden des einflußreichen «Vereins für Sozialpolitik», den Berliner Professor Gustav Schmoller, «daß er meines Erachtens nichts weiter voraussetzt, als ein reifes Volk. Darunter verstehe ich ein Volk, das seine unmittelbaren Interessen hinter seine mittelbaren zurücktreten läßt». «Wir stehen», fügte er hinzu, «heute noch im naiven, brutalen und dialektischen Interessenkampf und sind eigentlich für den Parlamentarismus noch nicht reif. Wir können aber nicht anders für ihn reif werden als durch ihn; und es sind mir lieber die Fehler und Ausschreitungen auf dem Wege zum Neuen als die raffinierten Kindheitslaster einer überjährten Gouvernantenerziehung.» Entscheidend sei, so betonte er wie Max Weber, daß dadurch neue Führungspersönlichkeiten herangebildet würden. «Unentbehrlich ist uns der Parlamentarismus als Schule der Persönlichkeit, und zwar nicht der kommissionsberatenden, gesetzmacherischen, verwaltenden und treppenwidrigen, sondern der schöpferischen, disponierenden und unternehmenden.»[11]

Gerade auch die Haltung, die er zu der heiß umstrittenen Frage der Parlamentarisierung des Reiches einnahm, trug zu dem großen Erfolg bei, den Rathenaus drittes Buch sogleich nach seinem Erscheinen im März 1917 in breiten Kreisen der Öffentlichkeit erzielte; in den ersten drei Monaten nach seinem Erscheinen wurden 24 000 Exemplare gedruckt, bis zum Juli 1918 erreichte es eine Auflage von 65 000 Exemplaren.

Ein breites Spektrum von eingehenden Rezensionen erschien, angefangen mit Gustav von Schmoller über dessen Fachkollegen Lujo Brentano, Franz Oppenheimer und Leopold von Wiese, den Philosophen Max Scheler, den Soziologen Ferdinand Tönnies und den Theologen Ernst Troeltsch, der vor allem mit Schriften über die bis in die Gegenwart wirksame Rolle und Bedeutung der Religion Aufsehen erregt hatte, bis hin zu Schriftstellern und Publizisten wie Hermann Hesse, Stefan Zweig und Theodor Heuss. Sozialdemokraten und Vertreter der Gewerkschaften nahmen dazu ebenso Stellung wie Vertreter der Kirchen, der Arbeitgeberverbände, der Frauenbewegung, der Freimaurer und der Bodenreformer. Soldaten nahmen das Buch in ihrem Tornister ins Feld mit und Pfarrer handelten darüber auch außerhalb Deutschlands, etwa in Schweden und in der Schweiz, in ihren Predigten.

Kurz, das Buch entwickelte sich rasch zu einem Bestsellererfolg. Es beeinflußte die vor allem seit Kriegsbeginn, angestoßen von Nationalökonomen wie Johann Plenge und Edgar Jaffé, auch von Werner Sombart, lebhaft in Gang gekommene und von vielen, etwa von Wichard von Moellendorff[12], weitergeführte Diskussion über Staatssozialismus und «Gemeinwirtschaft» als leitende Prinzipien einer neu zu errichtenden postindividualistischen Ordnung von Wirtschaft und Gesellschaft.[13] Aber auch hinsichtlich der unmittelbar anstehenden politischen Fragen und dem von ihnen ausgehenden Zwang zu einschneidenden Strukturveränderungen gingen von dem Buch vielfältige Impulse aus.

Vor allem aber lenkte es den Blick in dem Bewußtsein, wirtschaftlich, gesellschaftlich und vor allem auch politisch vor einer entscheidenden Zäsur zu stehen, entschlossen auf die Zukunft und auf die Fragen eines grundlegenden Neuaufbaus. «Abgesehen von den äußeren Wirkungen langandauernder Verfeindungen», so umriß Rathenau im Sommer 1917 den Rahmen, der für die weitere Entwicklung bestimmend sein werde, «werden die Ergebnisse des Krieges vorwiegend das innere Leben der Nationen betreffen und in langsamer Erkenntnis die Tatsache verdeutlichen, daß das große Ereignis unter der Form eines nationalistischen Bürgerkrieges der Europäer eine Umwälzung vorwiegend sozialpolitischer Art gewesen ist. Ihre politischen Wirkungen werden für die Obrigkeitsstaaten demokratisierender Art, für die demokratischen Staaten konzentrierender Art sein, ihre sozialen Wirkungen werden auf dem Wege über eine neue Wirtschaftsordnung allmählich zu einer neuen Ordnung der gesellschaftlichen Schichtung führen.»[14]

Obwohl persönlich eher zu einer kulturkritisch-pessimistischen Haltung neigend, wie sie von den Zeitgenossen damals insbesondere von Oswald Spengler in zugespitzter Form verkörperte wurde, hielt Rathenau doch an dem Gedanken eines letztlich unaufhaltsamen gesellschaftlichen, wirtschaftlichen und politischen Fortschritts, oder, vorsichtiger gesagt, einer fortschreitenden Entwicklung im positiven Sinne fest. Ja, er wollte den Gang und die Richtung dieser Entwicklung sehr bewußt dadurch beeinflussen, daß er die Ziele klar markierte – hier ganz im Sinne und als Sprecher des «neuen Bürgertums».

Diese Ziele konnten seiner Auffassung nach nicht mehr in erster Linie – und hier entfernte er sich gleichzeitig wieder von den Plänen, die er Monate zuvor im Dialog mit Ludendorff skizziert hatte – in der äußeren Machtsteigerung und Machtentfaltung Deutschlands liegen, etwa in dem Mitteleuropakonzept, wie es Friedrich Naumann seit 1915 präsentiert hatte. Vielmehr mußte es vor allem um die innere Einigung der Nation gehen, um Propagierung und Durchsetzung einer ganz neuen Wirtschafts- und Staatsgesinnung, getragen von der Gesamtheit des Volkes. Hier trat zugleich ein vorherrschend idealistischer Grundzug zu Tage, den er, sehr viel abstrakter und auch vager, schon in seinem zweiten Buch über die «Mechanik des Geistes» mit der Vorstellung von der notwendigen inneren «Wiederbeseelung», der Rückgewinnung der «Seele», umkreist hatte.

Was ihm dabei letzten Endes vorschwebte, war eine «Gesinnungsänderung», sowohl bei den gesellschaftlichen Eliten als auch in breiten Volksschichten. Auf welchen Wegen sich diese vollziehen sollte, blieb freilich offen. Rathenau begnügte sich hier mit einigen eher abstrakt-allgemeinen historischen Hinweisen. So wenn er betonte, daß sich in der Geschichte «von Jahrhundert zu Jahrhundert die Änderung der herrschenden sittlichen Bewertungen» nachweisen lasse und als eines der Beispiele dafür anführte, wie sich klassenbewußte Bürger und Arbeiter aus untertänigen Leibeigenen entwickelten, die die Bedingungen ihres Daseins mehr oder weniger widerspruchslos hinnahmen. «Der Lauf der letzten beiden Jahrhunderte», konstatierte er, «hat größere Bewußseinswandlungen gebracht, als die wir fordern.» Veränderungen, so hieß das, könne man weniger durch direkte Appelle an einen Gesinnungswandel erzielen, vielmehr durch Propagierung von neuen Zielen, deren Durchsetzung dann einen solchen Gesinnungswandel herbeiführen werde. Um die Propagierung solcher neuen Ziele ging es ihm im Kern in seiner neuen Schrift – von daher auch der Titel «Von kommenden Dingen».

Um zwei derartige große Ziele ging es ihm dabei vor allem: einmal um die grundlegende Veränderung der Stellung, der Aufgaben und Funktionen des Staates, der «Volksstaat» werden müsse, und damit um die Begründung einer ganz neuen politischen Kultur. Und zum anderen um eine tiefgreifende Veränderung des Wirtschaftssystems.

Was den Staat anlangte, so sollten in ihm und durch ihn alle klassengebundenen und kapitalistischen Vorrechte abgeschafft und durch Steigerung und Vereinheitlichung der Produktion – und das berührte zugleich den zweiten Punkt – Wohlstand und soziale Gerechtigkeit für alle erreicht werden. Ein solcher Staat aber mußte mit innerer Logik über ein großes Machtpotential verfügen. Geführt von einer ständig veränderbaren Leistungselite, eben dem «neuen», nicht durch Herkunft und Vermögen, sondern durch die jeweils persönliche Leistung bestimmten Bürgertum, sollte er, in den Formulierungen Rathenaus, «das zweite, erweiterte und irdisch unsterbliche Ich des Menchen, die Verkörperung des sittlichen und tätigen Gemeinschaftswillens» bilden. «Er wird zum bewegenden Mittelpunkt alles wirtschaftlichen Lebens; was die Gesellschaft treibt und schafft, geschieht durch ihn und um seinetwillen; er verfügt über Kräfte und Mittel seiner Glieder mit größerer Freiheit als die alten Territorialherrschaften; der größere Teil des Wirtschaftsüberschusses fließt ihm zu; in ihm verkörpert sich der Wohlstand des Landes. Die wirtschaftlich-gesellschaftliche Schichtung ist aufgehoben, folglich übernimmt er die ganze Machtfülle der jetzt herrschenden Klassen.»

Von solchen Übersteigerungen in der Tradition des Hegelschen Staatsidealismus ist Rathenau dann rasch wieder abgekommen. Schon wenige Wochen nach Erscheinen seines Buches schickte er am 26. April 1917 an Bethmann Hollweg eine weitere Denkschrift, in der er die Grundsätze einer künftigen Friedenswirtschaft «mit einem Einschlage sozialer Erfordernisse» entwickelte.

Die Denkschrift knüpfte an einen Vortrag an, den er am 18. Dezember 1915 zum Thema «Probleme der Friedenswirtschaft» in der «Deutschen Gesellschaft 1914» gehalten hatte. Die bis zum Krieg bestehende Ordnung des freien Spiels der Kräfte sei, so betonte er nochmals, auf wirtschaftlichem Gebiet definitiv an ihr Ende gelangt. An ihre Stelle aber solle «weder die sozialistische noch die Zwangswirtschaft» treten, «sondern die Rationalisierung, die wissenschaftliche Durchdringung der Arbeits- und Verkehrsmethoden. Nicht auf einmal, nicht durch revolutionierenden Eingriff, sondern durch langsames, aber streng zielbewußtes, vor allem aber durch rechtzeitiges Einlenken.»

Als Endziel aber nannte Rathenau nun nicht mehr den alles dirigierenden, letztlich allmächtigen Staat, sondern eine institutionelle Organisation des Zusammenwirkens von Staat und Wirtschaft, wie er sie beim Aufbau der Kriegsrohstoffwirtschaft zu Beginn des Krieges ad hoc für einen einzelnen Bereich entwickelt hatte. Nun sollte diese unter Berücksichtigung entsprechender gewerkschaftlicher Forderungen auf die gesamte Wirtschaft ausgedehnt werden. «Der anzustrebende Endzustand» sei: «Gruppenbildung der einzelnen Industriegebiete möglichst vom Urprodukt bis zur Fertigware, ja bis an die Grenze des Einzelhandels. Unterteilung der Gruppen nach Produktionsstufen. Selbstverwaltung der Gruppen und Untergruppen unter behördlicher Mitwirkung. Die Behörde bildet eine beaufsichtigende und schiedsrichterliche Gewalt. Eine Mitwirkung der Arbeiter und Angestellten findet statt.»

Diese hier nur skizzenhaft präsentierten Gedanken hat Rathenau in einer weiteren Schrift seit dem Sommer 1917 weiter entfaltet. Sie trug, als sie im Januar 1918 veröffentlicht wurde, den Titel «Die neue Wirtschaft» und wurde noch intensiver diskutiert und weiter verbreitet als das Buch «Von kommenden Dingen». Er zeichnete darin ein differenziertes Bild der Wirtschaft im Übergang, wobei er die Organisation von Berufs- und Gewerbeverbänden, das sogenannte Gildensystem, als den eigentlich neuen Gedanken ins Zentrum rückte. Er erklärte diese Verbände, die schon in den von ihm ins Leben gerufenen Kriegsgesellschaften eine zentrale Rolle gespielt hatten, nun nicht nur für die besten Repräsentanten der Interessen spezieller Industriezweige, sondern auch gesamtgesellschaftlich für die Organisationsformen, die zugleich geeignet seien, zwischen Staat, Wirtschaft und sozialen Belangen erfolgreich zu vermitteln.

Gegen dieses Konzept erhob sich allerdings insbesondere von Seiten der Wirtschaft sogleich lebhafter, ja vielfach leidenschaftlicher Protest. Er kam für Rathenau nicht unerwartet. Die Schrift werde «unter meinen industriellen Berufskollegen noch mehr Erregung und Gegnerschaft stiften als mein letztes Buch», schrieb er bereits Ende August 1917, als sie erst zur Hälfte fertig war, an seinen Verleger Samuel Fischer.[15] In einem vertraulichen Schreiben bat der Centralverband Ende Februar 1918 seine Mitglieder um Spenden, um den Vorschlägen und Thesen Rathenaus auf breiter Front publizistisch entgegentreten zu können.

Der Nationalökonom Leopold von Wiese erklärte, das «System Rathenau» entferne sich von der liberalen Wirtschaftsordnung noch weiter als der Marxismus, weil es «eben auch den Konsum, nicht bloß die Produktion, in Fesseln legen will». «Die gewaltige Agitation, die seit Jahren gegen mich betrieben wird, ist nicht ohne Wirkung geblieben», zog Rathenau selber in einem Brief Ende Oktober 1918 Bilanz: «In einer Vollversammlung hat der Hansabund beschlossen, als Hauptpunkt seiner Tätigkeit die Bekämpfung meiner Gedanken und meiner Person zu wählen. Unzählige Schriften, tausende von Zeitungsartikeln, zahlreiche Vorträge sind gegen mich gerichtet worden. Die schwerindustriellen Organisationen tun das gleiche. Der Centralverband der Industriellen richtet den ganzen Kampf seiner Presseabteilung gegen mich, finanziert und versendet Schriften und Pamphlete.»[16]

Wie aufgeheizt die Stimmung war, belegt eine Tagebuchaufzeichnung Harry Graf Kesslers vom 18. Juli 1918, in der er über ein Gespräch des Vorsitzenden der nationalliberalen Reichstagsfraktion, Gustav Stresemann, mit den beiden Sowjetrussen Krassin und Joffe berichtet, die sich im Auftrag der neuen bolschewistischen Regierung zu Wirtschaftsverhandlungen in Berlin aufhielten. Krassin habe halb scherzhaft bemerkt, man werde in Rußland später auch wieder Luxusindustrien zulassen, wahrscheinlich sogar als Privateigentum. Man gehe nämlich mit den eigenen Maßnahmen nicht so weit wie Rathenau dies für Deutschland vorschlage. Stresemann habe darauf erwidert, «ein Bekannter habe von ihm verlangt, er solle durchsetzen, daß in Brest-Litowsk ein besonderer Artikel in das Friedensinstrument eingefügt werde, durch den die Russen verpflichtet würden, Walther Rathenau zu übernehmen». Ein anderer Bekannter, so Stresemann weiter, «habe die Absicht erwogen, Walther Rathenau zu töten; mehr könne man ihm dafür nicht antun, als ihn köpfen, und er habe doch eine patriotische Tat getan». Joffe habe zu diesen «Ausfällen» «milde lächelnd sanft den Kopf geschüttelt».[17]

Aber auch unabhängig von solchen Zuspitzungen, die allerdings zeigten, wie isoliert Rathenau mit seinen Vorschlägen im Lager der meisten

Walther Rathenau. Gemälde von Emil Orlik

seiner Kollegen im Bereich der Wirtschaft und speziell der Industrie war und welche feindselige Stimmung sich hier gegen ihn aufgebaut hatte, hat sich auch ein großer Teil der Wissenschaft und der Öffentlichkeit gegen seine Überlegungen ausgesprochen. Max Weber etwa verteidigte nachdrücklich das privatwirtschaftliche Prinzip, indem er prononciert die Leistungen des großen schöpferischen Unternehmers den Schwächen einer staatssozialistischen Bürokratie gegenüberstellte. Auch Joseph Schumpeter, damals Professor in Graz, der 1919 kurzzeitig österreichischer Finanzminister wurde, betonte nachdrücklich die Rolle von «dynamischen Unternehmern», von denen der nicht steuerbare Prozeß der – diskontinuierlich verlaufenden – wirtschaftlichen Entwicklung abhänge, da nur sie in der Lage seien, Innovationen durchzusetzen und mit dem technischen Fortschritt neues wirtschaftliches Wachstum in Gang zu bringen. Hingegen werde ein solches Wachstum, von dem die Volkswirtschaft zentral abhängig sei, sowohl durch die innerbetriebliche Bürokratisierung als auch und vor allem durch eine Verstärkung der Rolle des Staates entscheidend gebremst. Das war dann auch die Linie, die sich in den folgenden Jahren mehr und mehr durchsetzte, auch wenn die wesentlich von Rathenau mit angestoßenen Ideen einer künftigen «Gemeinwirtschaft» zunächst sehr lebhaft und von den verschiedensten Seiten erörtert wurden.

Auf ein ähnlich gespaltenes Echo trafen, wie schon gesagt, auch Rathenaus politische Reformvorschläge im engeren Sinne – nicht weil sie nicht entschieden genug waren, sondern weil sie in den damals entscheidenden Punkten zu unentschieden wirkten. So erklärte er die Frage der künftigen Staatsform für letztlich sekundär. Er trat zwar für die Parlamentarisierung und den «Volksstaat» ein, suchte aber dabei eine Haltung über den Parteien zu bewahren und erzeugte auf diese Weise sowohl bei der Rechten als auch bei der Linken ein Gefühl des Mißtrauens.

Dieses Mißtrauen wurde noch dadurch verstärkt, daß er die Bedeutung des Staates in preußisch-deutscher Tradition nachdrücklich unterstrich und dessen weitreichende Leitungsrechte betonte, ohne klar deutlich zu machen, in welche Richtung diese Rechte künftig benutzt werden sollten – außer daß er die antimarxistische Grundtendenz seiner Überlegung hervorhob, was 1917 angesichts der Annäherung zwischen Linksliberalismus und Sozialdemokratie seltsam zeitfremd wirkte. Hinzu kam, daß er ausdrücklich seine nun bereits seit zwei Jahren bestehende Distanz zur «Denkweise meines Volkes» betonte, zu der Kriegsbegeisterung und den lebhaft diskutierten deutschen Kriegszielen. Auch in dieser Hinsicht erschien er sowohl den Parteien der Rechten als auch denen der Linken als ein unsicherer Kantonist, wenngleich er in dieser Beziehung den Parteien der Linken und der sich bei ihnen mehr und mehr durchsetzenden Stimmung deutlich näher stand.

Gerade hier freilich erweckten sein Verhalten und seine Aktionen in der letzten Phase des Krieges zunehmende Zweifel an seiner grundsätzlichen Haltung und seiner politischen Position, nährten also zusätzlich das latente Mißtrauen, das seine Person seit jeher umgab. Rathenau hat das selber immer deutlicher gespürt. Mit einem Wort, er fühlte sich einmal mehr völlig isoliert.

Ungeachtet dessen warf er sich Anfang Oktober 1918, als die Nachricht bekannt wurde, Ludendorff habe die sofortige Regierungsumbildung und die Beendigung der Kämpfe verlangt, noch einmal in die Schlacht. Am 2. Oktober, einen Tat vor der Ernennung des Prinzen Max von Baden zum Reichskanzler, forderte er in einem Zeitungsartikel «Festigkeit»: «Wir haben unser unberührtes Land, unser Heer, unsere Versorgung und unsere Rüstung. Das übrige hängt vom Willen ab.» Für das überstürzte Waffenstillstandsangebot fehlte ihm zum Entsetzen der überwiegenden Mehrheit der Vertreter der Mitte und der Linken, die hofften, nun endlich aus diesem immer aussichtsloser werdenden Krieg herauszukommen, jedes Verständnis.

Vergeblich beschwor er in der «Deutschen Gesellschaft» die Mitglieder, sich für eine «Erhebung des Volkes» und für die Errichtung eines zentralen, die Kompetenzen bündelnden Verteidigungsamtes einzusetzen. Wenig später, am 7. Oktober, veröffentlichte er unter dem Titel «Ein dunkler Tag» einen Artikel gleichen Inhalts in der «Vossischen Zeitung».[18] Nicht «im Weichen» müsse man Verhandlungen beginnen, sondern «zuerst die Front befestigen». Wer «die Nerven verloren habe» – das richtete sich gegen den bisher so bewunderten Ludendorff –, müsse ersetzt werden. Auch er wolle «nicht Krieg, sondern Frieden. Doch nicht den Frieden der Unterwerfung.» Für diesen Fall sagte er ein doppeltes Ergebnis voraus: ein Zwangsdiktat von außen und Revolution und Bürgerkrieg im Inneren.

Die Öffentlichkeit freilich sah nur den Mann, der um seine Unternehmen und die Zukunft seiner Geschäfte fürchtete, denjenigen, der als Organisator des Krieges mit der Gruppe der entschiedenen Siegfriedensanhänger und der Vaterlandspartei für den Widerstand bis zum Letzten plädierte. Gegen die von ihm schon vor Jahr und Tag ausgegebene Parole: systematische «Ausschöpfung aller mobilen Bestände», also praktisch eine neue «levée en masse», erklärte Ludendorff auf eine entsprechende Anfrage des Kabinetts: «Levée en masse würde mehr zerstören als man ertragen kann.»

Außer bei Teilen der Vaterlandspartei stieß Rathenaus Aufruf nur in einzelnen Bereichen der militärischen Führung auf Zustimmung und ein positives Echo. Dieses verstärkte sich, als der amerikanische Präsident in einer Note vom 23. Oktober die Annahme des deutschen Waffenstillstandsangebots an die Bedingung knüpfte, daß eine Wiederaufnahme des Krieges in jedem Fall ausgeschlossen bleibe, man sich also auf Gedeih und Verderb ergeben müsse. Als daraufhin die Oberste Heeresleitung, sprich Ludendorff, ohne Abstimmung mit der Reichsregierung erwog, einen Armeebefehl mit Aufruf zum Widerstand herauszugeben, wurde der Generalstabschef vom Kaiser und der Reichsregierung am 26. Oktober seines Amtes enthoben, während der Chef der Obersten Heeresleitung, also Hindenburg, zur größten Empörung Ludendorffs, der fortan jeden Kontakt mit Hindenburg mied, im Amt blieb und von nun an ohne Unterstützung Ludendorffs seinen eigenen Weg ging.[19]

Damit waren die Würfel gefallen, die Kapitulation endgültig beschlossen und mit ihr, wie sich rasch zeigen sollte, nicht nur das Ende der Monarchie, sondern des bis dahin bestehenden politischen Systems, das schon durch die sogenannten Oktoberreformen in entscheidenden Punkten modifiziert worden war, besiegelt. Rathenau, obwohl tief deprimiert, stellte sich sogleich auf die neue Situation ein, die er in seinen Schriften, ganz anders als die Vertreter der politischen Rechten und der Vaterlandspartei, die vielfach in dumpfem inneren Widerstand verharrten, in vieler Hinsicht positiv antizipiert hatte, auch wenn er den revolutionären Umsturz ablehnte und nach wie vor auf eine evolutionäre Entwicklung setzte.

Diese Grundhaltung verband ihn allerdings nicht nur mit der Mehrheit der Repräsentanten des Bürgertums, sondern auch mit der Führung der Mehrheitssozialdemokratie unter Friedrich Ebert, der nun zur entscheidenden politischen Figur wurde. So konnte er, obgleich bisher nach wie vor mit keiner der bisherigen Mehrheitsparteien des Reichstags, die jetzt das Sagen hatten, als Mitglied verbunden, doch hoffen, unter den neuen Verhältnissen politisch Karriere zu machen.

In dieser Erwartung stellte er, gleichsam ein Fachmann auf dem Gebiet der Mobilisierung, sogleich Überlegungen hinsichtlich einer optimalen Organisation der unmittelbar drängenden Aufgabe der Demobilisierung an, in der auch Friedrich Ebert und der Rat der Volksbeauftragten eines der Kernprobleme sahen, an dessen erfolgreicher Bewältigung sich die Zukunft der jungen Republik zunächst wesentlich entscheiden werde.

Mit den Problemen der Demobilisierung hing die Frage des künftigen Verhältnisses zwischen Arbeitgebern und Arbeitnehmern, zwischen Unternehmern und Gewerkschaften aufs engste zusammen, die sich bisher in teilweise schroffem Gegensatz gegenübergestanden hatten. Unter der Devise «Ausgleich zwischen Kapital und Arbeit» suchten beide Seiten zu einem Kompromiß zu gelangen, der es vor allem auch ermöglichen sollte, die Wiedereingliederung des Millionenheeres der Soldaten in die Wirtschaft und in die Gesellschaft zu bewältigen.

Dieser Kompromiß wurde wenige Tage nach dem Umsturz des 9. November, am 12. November, in dem nach den Verhandlungsführern beider Seiten, dem Vertreter der Arbeitgeber, Hugo Stinnes, und dem Vorsitzenden der Generalkommission der Gewerkschaften Deutschlands, Karl Legien, sogenannten Stinnes-Legien-Abkommen erreicht. An dessen Vorbereitung hat Rathenau aktiv mitgewirkt und sich vor allem für die Einführung des Acht-Stunden-Tages eingesetzt, der sich dann, bisher von den Arbeitgebern leidenschaftlich bekämpft, als eine Arbeitsbeschaffungsmaßnahme größten Stils erwies.

In Rathenaus Augen sollte das zugleich den Auftakt zu umfassenden Reformen in der Wirtschaft bilden, wie er sie in seiner Broschüre über «Die neue Wirtschaft» vom Januar 1918 skizziert hatte. Damit aber geriet er wie mit vielen anderen Überlegungen und Plänen, die er bisher theoretisch entwickelt hatte und in eine bloß theoretische Diskussion gestellt hatte, unter den neuen Verhältnissen sogleich in eine unmittelbare praktische politische Auseinandersetzung, die ihn, den Unternehmer und politischen Schriftsteller, dann binnen weniger Monate zu einem aktiv handelnden und entscheidenden Politiker werden ließ.

Die Revolution von 1918/19: Der Idealist und die Mühen der Ebene

Zentral beteiligt an den Verhandlungen über das Stinnes-Legien-Abkommen, Verhandlungen, die bereits im August 1918 zwischen Unternehmern und Gewerkschaftsführern begonnen und sich im Oktober 1918 intensiviert hatten, suchte Rathenau darüber hinaus gleichzeitig für sich selber eine aktive Rolle bei dem politischen Neuanfang, der mit dem Umsturz vom 9. November und der Bildung des Rats der Volksbeauftragten, paritätisch besetzt mit Vertretern der Mehrheitssozialdemokraten und der Unabhängigen Sozialdemokraten, in Gang gekommen war. Er bejahte als «wertvolles» Ergebnis der revolutionären Ereignisse die «Vernichtung des alten militärisch-feudalen Systems» und erklärte sich sogleich bereit, an dem nun anstehenden Neubau der politischen, der gesellschaftlichen und der wirtschaftlichen Ordnung nicht nur als kommentierender Beobachter, sondern als unmittelbar Handelnder und Mitwirkender teilzunehmen – sei es als Berater der Revolutionsregierung oder, lieber noch, als Wortführer einer politisch-parlamentarischen Gruppe.

In beiden Bereichen aber scheiterte er anfangs mit seinen Ambitionen. Selbstbewußt formulierte er zunächst: «Mit den Mehrheitssozialisten werde ich an dem Tage zusammengehen, wo sie die marxistische Rechtgläubigkeit aufgeben. Ich habe mich nicht taufen lassen des Apostolikums wegen und ich werde kein Sozialist aufgrund des Glaubensbekenntnisses von Karl Marx, dem ich nach 70 Jahren unvergleichlich ruhmvollen Bestehens ein eigenes vielleicht bescheidenes, sicher aber verwirklichbares Glaubensbekenntnis gegenübergestellt habe.»[1]

Von der «marxistischen Rechtgläubigkeit» waren Ebert und seine politischen Freunde zumindest in der Praxis ein gutes Stück abgerückt. In die erste sogenannte Sozialisierungskommission jedoch, die der Rat der Volksbeauftragten noch im November 1918 eingesetzt hatte, wurde Rathenau nicht berufen, obwohl er beanspruchen konnte, gerade hinsichtlich des künftigen Verhältnisses von Staat und Wirtschaft wesentliche Ideen beigesteuert und mit den sogenannten Kriegsgesellschaften auch bereits praktische Modelle geliefert zu haben.

Weder die Vertreter der Wirtschaft noch auch die Repräsentanten der Revolutionsregierung wollten in der gegenwärtigen Situation offensichtlich, aus ganz unterschiedlichen Gründen, zu einer grundsätzlichen Neubestimmung des Verhältnisses von Staat und Wirtschaft gelangen. Die Vertreter der Wirtschaft nicht – ihr Hauptwortführer wurde mehr und mehr Hugo Stinnes[2] –, weil sie mehrheitlich für eine Rückkehr zu dem bisherigen privatwirtschaftlichen System eintraten. Und die neu, auf revolutionärem Wege in ihr Amt gekommenen Vertreter des Staates nicht, weil es ihnen primär um die Wiederankurbelung der Wirtschaft beziehungsweise um das Wiederingangsetzen der Friedenswirtschaft ging und sie daher geneigt waren, die ganze Frage der Sozialisierung – die ja an sich einen zentralen Programmpunkt der Sozialdemokratie bildete – zunächst auszuklammern und sich auf vage Verweise auf künftige Sozialisierungsvorhaben insbesondere hinsichtlich der Grundstoffindustrien zu beschränken.

Bei diesem Bemühen um kurzfristige pragmatische Verständigungen aber konnte ein Mann wie Rathenau, der in dieser Hinsicht ein klares Konzept besaß, nur stören. Da nützte es auch nichts, daß er sich beim Vorsitzenden des Rats der Volksbeauftragten, bei Friedrich Ebert selbst, bitter darüber beklagte, daß er aus der Liste der Mitglieder der Sozialisierungskommission gestrichen worden sei. «An den ersten Tagen der Revolution», so schrieb er, «habe ich, meinem Gewissen folgend, mich der Volksregierung zur Verfügung gestellt. Sie hat von meinen Diensten keinen Gebrauch gemacht, und mir kann nichts lieber sein, als zu wissen, daß es ihr an geeigneteren Kräften nicht fehlt. Wenn aber der neue Volksstaat, für dessen Errichtung ich zeitlebens eintrat, gerade mich ausersieht, um mir ein Mißtrauenszeugnis zu geben, indem er mich aus einer Zahl von Männern streicht, die nicht umhin kommen werden, auch meine Lebensarbeit zu erörtern, so hat außer mir, wie ich glaube, auch die Öffentlichkeit Anspruch, die Gründe zu erfahren.»[3]

Auch in der hier beschworenen Öffentlichkeit freilich fand er nur geringe Unterstützung. Ein Teil der Presse begegnete ihm sogar mit offenem Hohn. Seinen Höhepunkt erreichte das in dem Vorspann, mit dem die Zeitung «Die Republik» am 19. Dezember 1918 den Abdruck seiner Rede vor der Generalversammlung der AEG eröffnete. «Jesus im Frack, wie ihn sein witziger Kollege in der Berliner Handelsgesellschaft getauft hat», hieß es da, «Inhaber von 39 bis 43 Aufsichtsratsstellen und Philosoph von Kommenden Dingen, Schloßbesitzer und Mehrheitssozialist, erster Aufrufer – nach Ludendorffs Zusammenbruch – für die nationale Verteidigung und beinahiges Mitglied der revolutionären Sozialisierungskommission, Großkapitalist und Verehrer romantischer Poesie, kurz – der moderne Franziskus von Assisi, das paradoxeste aller paradoxen Lebewesen des alten Deutschlands».[4]

So fiel es jenen, die sich aus den unterschiedlichsten Motiven von ihm absetzen wollten, auch wenn sie wirtschaftspolitisch letztlich mit ihm übereinstimmten, leicht, sich von ihm zu distanzieren. Das galt vor allem für Wichard von Moellendorff, jetzt Unterstaatssekretär im Reichswirtschaftsamt und dann im Reichswirtschaftsministerium. Moellendorff hatte, damals Direktionsassistent beim AEG-Kabelwerk Oberspree, zu Beginn des Krieges den entscheidenden Anstoß zur Begründung der Kriegsrohstoffabteilung gegeben und in dieser mit Rathenau aufs engste zusammengearbeitet, auch hinsichtlich der weitergehenden Pläne, die beide mit den Kriegsgesellschaften verfolgten, dem engen institutionellen Zusammenwirken von staatlichen Stellen und unternehmerischem Management. Das war ihr gemeinsames Konzept, das insbesondere Rathenau in den nächsten Jahren immer weiter entwickelt und publizistisch verbreitet hatte. Auch Moellendorff hielt weiterhin daran fest und arbeitete an dem Aufbau von wirtschaftlichen Selbstverwaltungskörpern nach dem Modell der Kriegsgesellschaften mit, deren Ausdehnung zu «Gewerbeverbänden» Rathenau im weiteren vorgeschlagen hatte. Und auch Rudolf Wissell, seit Februar 1919 Reichswirtschaftsminister, verfolgte diesen Kurs. Gestützt auf Gesetze, die im Wirtschaftsministerium vor allem von Moellendorff konzipiert worden waren, wurden im März und April 1919 auf diese Weise zwei Grundstoffindustrien, die Kohlen- und Kaliwirtschaft, neu organisiert: ohne Sozialisierung, also ohne Enteignung der Unternehmen, aber unter Oberaufsicht und Mitwirkung des Reiches bei ihrer Leitung.

Von Rathenau aber, den Moellendorff einmal eine der «stärksten Hoffnungen unserer künftigen ideellen und praktischen Wirtschaftsgestaltung» genannt hatte[5], war bei diesen Bestrebungen, «gemeinwirtschaftliche» Organisationsformen zu schaffen, höchstens in Abgrenzung, unter Betonung der Unterschiede zu den von diesem propagierten

Ideen, die Rede. Er wolle, anders als Rathenau, die Wirtschaft nicht zu einer «riesenhaften, alles aufsaugenden Aktiengesellschaft, gewissermaßen zu einer großen AEG» machen, erklärte Wissell im März 1919 in der Weimarer Nationalversammlung.[6] Ihm gehe es um den Arbeiter als Menschen, während es Rathenau bei seinen Ideen und Plänen nur um die Steigerung der Arbeitsproduktivität und damit zugleich indirekt um die Interessen seiner AEG zu tun sei.

Gustav Stresemann, Gründer und Vorsitzender der Deutschen Volkspartei in Nachfolge der Nationalliberalen Partei, deren Fraktionsvorsitzender er seit 1917 gewesen war, schlug in die gleiche Kerbe und sprach von der «brutalen Rücksichtslosigkeit, mit der Herr Rathenau dem Mittelstand in Deutschland sein Todesurteil spricht». Der von weiten Teilen insbesondere auch der Großindustrie wegen seiner Pläne leidenschaftlich bekämpfte Rathenau erschien nun als einseitiger Interessenvertreter eben dieser Großindustrie. In einem offenen Brief hat Rathenau leidenschaftlich gegen diese Verdrehung seiner Absichten und Ziele protestiert, allerdings ohne viel Erfolg.

Die gleiche Erfahrung hatte er auch schon vorher bei seinem Versuch gemacht, im parlamentarisch-parteipolitischen Leben Fuß zu fassen, nachdem er während des Krieges Schritte in diese Richtung noch abgelehnt hatte. Bereits im November 1918 hatte er sich, getragen von dem Grundsatz, «daß nur dann gegen den äußersten Umsturz mit Erfolg gearbeitet werden kann, wenn ein Teil des Bürgertums sich zu einer weitgehenden Sozialisierung unseres Staats- und Wirtschaftswesens bekennt», an einer Initiative beteiligt beziehungsweise sie wesentlich mitveranlaßt, einen «Demokratischen Volksbund» als neue Partei ins Leben zu rufen.[7] Hierfür gewann er einige seiner Kollegen aus dem Bereich der Wirtschaft, die nicht ins Lager der Schwerindustrie gehörten, wie Carl Friedrich von Siemens und Robert Bosch, aber auch einen Kreis von persönlichen Freunden wie Gerhart Hauptmann, Friedrich Naumann oder Ernst Troeltsch; auch Albert Einstein gehörte im Kreis der Sympathisanten dazu, auch wenn er, wie er selber betonte, formell nie Mitglied wurde.[8]

Dieser «Volksbund» – unter den Einladenden zu einer ersten großen Versammlung am 16. November befanden sich auch Friedrich Meinecke, Adam Stegerwald und Alfred Weber – fiel aber schon nach wenigen Tagen auseinander, nicht zuletzt weil manche, unter ihnen Siemens, Rathenau vorwarfen, er ziele auf eine sozialistische Republik und wolle nicht, wie Siemens und Borsig rieten, erst die Beschlüsse der Nationalversammlung abwarten.[9] Hinter den sachlichen Vorbehalten steckten aber auch persönliche Gründe, das Mißtrauen gegenüber der allzu wandlungsfähigen, in vielerlei Farben schillernden Person. Rathenau selber räumte ein, daß «zu der Entfremdung zwischen den bürgerlichen Kreisen und mir, die eine Folge meiner Schriften war, eine neue Entfremdung getreten ist. Die Alten sahen in mir die Revolution, die Jungen in mir die Reaktion.»

Das war in der Tat die Situation, in der Rathenau sich befand. Sie dokumentierte symbolisch das Scheitern jener Kräfte des «neuen Bürgertums», die seit der Jahrhundertwende den Aufbruch in eine neue Zukunft, in eine andere Moderne auf den verschiedensten Feldern, in Kunst und Kultur, in der Gesellschaft, in der Politik und, verkörpert nicht zuletzt durch Rathenau, auch auf wirtschaftlichem Gebiet propagiert hatten, eine neue bürgerliche Epoche in Anknüpfung an die Ziele und Ideale des Bürgertums zu Beginn des 19. Jahrhunderts. Dieser Aufbruch war durch den Ersten Weltkrieg abrupt abgebremst worden und kam in der Revolution, bei der Bewältigung der unmittelbaren Folgen des verlorenen Krieges und angesichts der sich nicht zuletzt durch die Inflation in außerordentlichem Maße verschärfenden inneren und äußeren Konflikte, dann endgültig zum Erliegen.

Unmittelbar nach dem 9. November 1918 war das allerdings noch nicht so deutlich sichtbar. Im Gegenteil, gerade im Lager des «neuen», mehrheitlich dem linken Flügel des Liberalismus zuneigenden Bürgertums regte sich die Hoffnung, daß man nun, unter den neuen Verhältnissen, in Kultur und Gesellschaft, in Politik und Wirtschaft einen großen Schritt vorankommen werde.

Aus dieser Stimmung und Haltung heraus kam es, parallel zum «Volksbund», zur Gründung einer weiteren Partei, nämlich der «Deutschen Demokratischen Partei», die, personell wie sachlich, an das Erbe der «Fortschrittlichen Volkspartei» des Kaiserreichs anknüpfte, dabei aber in dem anfänglichen Versuch, den gesamten bürgerlichen Liberalismus zusammenzufassen, ein sehr viel breiteres Spektrum an Personen und Meinungen repräsentierte. In sie trat später dann auch Rathenau ein.[10] Auch hier aber blieb er, belastet durch seinen Durchhalteaufruf am Ende des Krieges und seine vielfach als unklar und widersprüchlich empfundene politische Haltung wie durch seine vielerorts umstrittenen wirtschaftlichen Thesen, ein Außenseiter. Von einem Listenplatz für die Wahlen zur konstituierenden Nationalversammlung, den man ihm zunächst eingeräumt hatte, wurde er Ende Dezember 1918 wieder verdrängt. «Das gesättigte Bürgertum verfolgt mich mit wütendem Haß, das Proletariat mißtraut mir», notierte er im Dezember 1918 in einem Privatbrief.[11]

Rathenau blieb nach wie vor politisch heimatlos und vollzog, als immer schärferer Kritiker auch der neuen Politik der pragmatischen, sich an den Möglichkeiten des Augenblicks orientierenden Diagonale und ihrer Vertreter, eine Reihe von verwirrenden Kehrtwendungen. So wenn er im Februar 1919, Harry Graf Kessler gegenüber, den Bolschewismus als ein im Prinzip großartiges System bezeichnete, dem wahrscheinlich die Zukunft gehören werde – auch wenn er im Augenblick wie ein wunderbares Theaterstück erscheine, das von Schmierenschauspielern gespielt werde. Oder wenn er sich im gleichen Monat auf eine Anfrage der Münchener Revolutionsregierung, des Revolutionären Zentralrats, hin zunächst prinzipiell bereit erklärte, an der Beratung entsprechender planwirtschaftlicher Pläne mitzuwirken – als ihm die damit verbundenen politischen Implikationen klar wurden, zog er sich dann allerdings rasch wieder zurück. Während dieser widersprüchlichen Positionsbestimmungen und Aktionen hatte er sich gleichzeitig seit Beginn des Jahres 1919 Anschuldigungen von alliierter Seite zu erwehren, die auch in Deutschland ein Echo fanden, er habe als Leiter der Kriegsrohstoffabteilung die Deportation belgischer Arbeiter und die Zerstörung belgischer Industrieunternehmen mit veranlaßt. Bis Anfang 1920 fürchtete er sogar, auf die Liste der Kriegsverbrecher gesetzt zu werden.

Politisch und vor allem auf dem nun immer wichtiger gewordenen Feld der Parteipolitik weitgehend isoliert, aber als politischer Schriftsteller viel gelesen und stets aufs neue heftig diskutiert, konzentrierte sich Rathenau in den nächsten Monaten ganz auf diesen Bereich, auf die politische Schriftstellerei. Im September 1918, noch vor Ausbruch der Revolution, war als erste Bilanz seines bisherigen politisch-literarischen Lebenswerkes, eine fünfbändige Ausgabe seiner «Gesammelten Schriften» erschienen, auch sie von Publikum und Öffentlichkeit lebhaft aufgenommen. Nun, 1919, erschienen in rascher Folge in Broschürenform fünf größere Essays, die hieran anknüpfend, aber das Spektrum zugleich erweiternd und manches bisherige modifizierend, seine publizistische Produktion de facto abschlossen. Bis zu seiner Ermordung im Sommer 1922 hat er außer einigen Zeitungsartikeln dann nichts mehr publiziert.

Den Auftakt machte im März 1919 ein Essay mit dem Titel «Der Kaiser». Was vordergründig als eine Abrechnung mit Wilhelm II. und seinem Regime erschien, war in Wahrheit eine eindringliche Kritik an dem unpolitischen, selbst zu keinem entschlossenen Handeln fähigen Bürgertum des Kaiserreichs, das den Monarchen genauso gewollt habe, wie er gewesen war.[12] Dem folgte im Mai 1919 mit dem Titel «Der neue Staat» eine nicht minder scharfe Kritik an dem Verhalten und dem bisherigen Werk der Weimarer Nationalversammlung.

Was man hier beobachten könne, seien «Spießbürger im Parkett, Spießbürger auf der Szene; statt Goethe Kotzebue».[13] Ihre Exponenten hätten in ihrer überwiegenden Mehrheit die Revolution und das, was auf ihrer Agenda stand oder doch hätte stehen müssen, beenden wollen, noch ehe sie die anstehenden Probleme überhaupt ins Auge gefaßt hätten. Man brauche zu ihrer Lösung ein nicht nur auf Arbeitnehmer wie in Rußland beschränktes Rätesystem. Man brauche ein System vieler Selbstverwaltungen, ein, wie Rathenau sich ausdrückte, «System der Fachstaaten» anstelle eines einzigen Staates und Staatssystems, das nicht in der Lage sei, alle Fragen zu kennen und alle Lösungen zu organisieren. Man brauche viele spezielle Parlamente statt eines einzigen, vielfach sachlich überforderten Parlaments. Es müsse mit einem Wort mehr diskutiert, ernsthafter um eine dauerhafte Lösung der vielen Probleme gerungen werden, die nun anstünden, also ein permanenter Diskussionsprozeß zwischen allen Gruppen und Schichten der Gesellschaft begonnen werden.

Das war ein Rundumschlag gegen das, was die Weimarer Nationalversammlung mühsam und mit vielen pragmatischen und sicher in manchen Punkten zweifelhaften Kompromissen in die Bahn zu bringen versuchte. Aus ihm sprach vor allem Rathenaus Enttäuschung darüber, daß sich die Politik als unfähig erwiesen habe zu den grundlegenden Reformen von Staat, Wirtschaft und Gesellschaft, wie er sie in seinen Werken in den vergangenen Jahren skizziert habe. Und insbesondere auch seine Enttäuschung, ja Verbitterung darüber, daß man ihn persönlich beiseite geschoben, nicht einmal ernsthaft angehört hatte.

In seiner «Kritik der dreifachen Revolution», die im Juni 1919 erschien, hat er den Ton schonungsloser Abrechnung noch verschärft. «Es ist kein Zweifel mehr», so begann er: «Was wir deutsche Revolution nennen, ist eine Enttäuschung. Nicht wurde eine Kette gesprengt durch das Schwellen eines Geistes und Willens, sondern ein Schloß ist durchgerostet. Die Kette fiel ab, und die Befreiten standen verblüfft, hilflos, verlegen und mußten sich wider Willen rühren. Am schnellsten rührten sich, die ihren Vorteil erkannten.»

Zum einen sei es eine «Revolution aus Versehen» gewesen, verbunden zum andern mit einer «Revolution aus Rankiine», in der, primitiv und interessengebunden, eine herrschende Schicht durch eine andere ersetzt worden sei. Als drittes könne man von einer steckengebliebenen «Revolution des Güterausgleichs» sprechen, bei der es schlicht um die Abschaffung des Kapitalismus und um die Sozialisierung nach den Lehren von Karl Marx gegangen sei. Alle drei «Revolutionen» verdienten nicht ihren Namen. Worum es gehen müsse, sei eine «Revolution der Verantwortung», für die er eingetreten sei und für die er nach wie vor eintrete. Ihr Ziel müsse sein: «innere Solidarität des Volkes, Veredelung und Würdigung der Arbeit, Ausgleich des Lebensanspruchs, Aufhebung des proletarischen Verhältnisses, Verantwortung eines jeden für die Gemeinschaft, Verantwortung der Gemeinschaft für einen jeden, Wandlung der Herrschaft in Führung, der Unterworfenheit in Mitbestimmung und Führungsanrecht.»

Das waren hohe, idealistische, aber letztlich vage, ja, in vielem inhaltsleere Formeln, die vor allem sein Mißbehagen darüber zum Ausdruck brachten, daß die Chance des 9. November 1918 vertan worden sei – und auch noch einmal seine Verbitterung, daß er von keiner Seite hinzugezogen oder auch nur um seinen Rat gebeten worden sei. Ungeachtet dessen veröffentlichte er drei Monate später, im September 1919 einen weiteren Essay mit dem Titel «Autonome Wirtschaft», der anfangs unter dem thesenhaft zuspitzenden Titel erscheinen sollte: «Wirtschaft ohne Unternehmer» und letztlich nun ganz konkret die Abschaffung des privaten Unternehmers forderte.

Den unmittelbaren Anstoß dazu hatte ihm die Tatsache gegeben, daß im Juli 1919 nicht nur alle Sozialisierungs-, sondern auch alle Gemeinwirtschaftspläne praktisch auf Eis gelegt worden waren. Reichswirtschaftsminister Wissell und sein Unterstaatssekretär Wichard von Moellendorff hatten daraufhin ihre Ämter aufgegeben. Und obwohl Wissell im März in der Nationalversammlung sich scharf von Rathenau distanziert und behauptet hatte, diesem gehe es nur um die Steigerung der Arbeitsproduktivität, während es ihm, Wissell, in erster Linie um den arbeitenden Menschen und seine Stellung zu tun sei, sah Rathenau in dem Rückzug der beiden doch den Verlust der letzten politisch einflußreichen Bundesgenossen auf diesem Feld.

Um die in vielem gemeinsame Position noch einmal scharf zu akzentuieren, erklärte er nun zuspitzend, daß der strukturbedingte Interessenkonflikt zwischen Kapital und Arbeit in der gegenwärtigen Ausprägung in dem Gegensatz zwischen der Arbeiterschaft und dem privatkapitalistischen Unternehmer letztlich nur zu überwinden sei, wenn man letzteren abschaffe. Allerdings, so räumte er ein, müsse man gleichzeitig Ersatz zu schaffen versuchen für das nach wie vor unerläßliche Element der Unternehmerinitiative als solcher.

Dies ist in der Praxis, durch die immer weitere Verbreitung der Institution des Managerunternehmers, ja auch geschehen. Damals jedoch erhob sich gegen Rathenaus fraglos zugespitzte und scharf akzentuierte Forderung aus der Wirtschaft ein Sturm der Entrüstung. Damit werde die Axt an die Wurzel einer privatwirtschaftlich organisierten freien Marktwirtschaft gelegt, ja, mit der Freiheit des wirtschaftlichen Handelns die Grundlage jeder Freiheit untergraben – von den verheerenden Folgen für den nationalen Wohlstand und damit für die innere Stabilität der gesellschaftlichen Ordnung ganz zu schweigen. Rathenau erschien nun endgültig als potentieller Sozialrevolutionär, als Feind aller bestehenden Verhältnisse, wenngleich, wie viele doch einräumten, geleitet von idealistischen Zielvorstellungen, eben als eine Art «Jesus im Frack».

Mit dem letzten Essay, der einen Monat später, im Oktober 1919, erschien, vertiefte er den Eindruck noch, hier schreibe kein nüchterner Wirtschafts- und Sozialreformer, der praktische Vorschläge mache, sondern ein von apokalyptischen Stimmungen beherrschter, missionarisch gesinnter Mann, der einen dunklen Prophetengestus entwickelt habe.

Dieser Essay trug den Titel «Die neue Gesellschaft» und entwarf ein makabres Zukunftsbild einer Gesellschaft, in der sich auf dem faktisch unveränderten Fundament der bestehenden Interessen und Überzeugungen ganz äußerlich die Ideen und Pläne des marxistischen Sozialismus durchgesetzt und die vorhandenen Spannungen und Gegensätze ins Unerträgliche gesteigert hätten. Dieser sich ankündigenden Hölle könne sich die Gesellschaft nur entziehen, indem sie sich selber, in dem sie tragenden Kern, in ihrer Gesinnung grundlegend ändere. «Unserer Beschreibung des künftigen Gesellschaftszustands», so Rathenau, «haben wir eine unscheinbare Voraussetzung zugrundegelegt: die Andauer unserer Gesinnung, Ethik und geistigen Einstellung. Diese Voraussetzung ist wahrscheinlich, aber nicht unumgänglich.»

Rathenau plädierte jedoch nicht mehr einfach für einen persönlichen Gesinnungswandel, für eine innere Umkehr, sondern er griff zurück auf das, was die Wortführer der frühen bürgerlichen Gesellschaft des ausgehenden 18. und beginnenden 19. Jahrhunderts als den Königsweg zu einer freiheitlichen klassenlosen Bürgergesellschaft propagiert hatten: die Verbreitung einer überständischen, auf der prinzipiellen Gleichheit aller Menschen gründenden, durch Kommunikation vermittelten und Kommunikation fördernden Bildung.

Es gelte, so Rathenau, die nichtgebildeten Massen, das ganze Volk also zu «bilden», nicht im Sinne einer Fachausbildung, sondern im Sinne einer allgemeinen, zum geistigen Austausch und zur geistigen Selbständigkeit befähigenden Bildung und es so zur «Befreiung aus der geistigen

Unmündigkeit» zu führen, wie Immanuel Kant das eigentliche Ziel der Aufklärung definiert hatte. Dieses Ziel vor Augen, machte er einige praktische Vorschläge, die freilich gleichfalls sehr im Allgemeinen blieben. Auch war er selber im Zweifel, ob man in Anknüpfung an den Bildungsoptimismus der Zeit von vor hundert Jahren dem Weg in das in apokalyptischen Wendungen beschriebene Unheil noch werde ausweichen können. Man müsse versuchen, «den Weg der Dämmerung» zu beschreiten, bemerkte er in einem Brief Mitte Februar 1920. «Wenn ich schreibe, so glaube ich: wir können. Wenn ich geschrieben habe, so weiß ich: nein. Der Weg führe unweigerlich ins Dunkel.»[14]

Das klang endgültig nach Resignation, und in dieser Grundstimmung blieb er bis zu seinem Ende befangen. Äußere Ereignisse aber brachten ihn, der sich in seinen fünf Essays des Jahres 1919 in – im wesentlichen unfreiwilliger – Abkehr von aller praktischen Politik immer radikaler geäußert hatte, zurück in die praktische politische Wirksamkeit. Dabei kam ihm zur Hilfe, daß er sich, bei allen scharfen Tönen auch gegen die sozialdemokratische Linke, insbesondere gegen die marxistischen Dogmatiker, vor allem die politische Rechte und auch weite Kreise der zumeist rechts stehenden Wirtschaft zu Feinden gemacht hatte.

Vor allem seine Äußerung, die Weltgeschichte würde ihren Sinn verlieren, wenn der Kaiser als Sieger durch das Brandenburger Tor reite, hatte ihm die erbitterte Feindschaft speziell der Vertreter der äußersten Rechten zugezogen. Gerade sie aber hatten im März 1920 einen gewaltsamen Putsch nicht nur gegen die amtierende Regierung, sondern gegen die gesamte verhaßte Weimarer Ordnung, das System der, wie sie sich ausdrückten, «Novemberverbrecher», unternommen.

Schon seit Anfang Juli 1919 liefen, angeführt von einer Gruppe von Rechtsextremen um General Ludendorff und den ostpreußischen Generallandschaftsdirektor Wolfgang Kapp, 1917 einer der Mitbegründer der Vaterlandspartei, konkrete Planungen für einen solchen Putsch. Als organisatorischer Kristallisationskern diente die im Oktober 1919 gegründete «Nationale Vereinigung». Die Verschwörer suchten neben rechten Politikern insbesondere Offiziere der demobilisierten und in Zukunft auf 100 000 Mann zu beschränkenden Armee zu gewinnen, die in ihrer großen Mehrheit aus ihrem bisherigen Beruf ausscheiden mußten und vor einer höchst unsicheren Zukunft standen. Vor allem zu dem sogenannten «Vater der Freikorps», dem General von Lüttwitz, dem seit Frühjahr 1919 alle Truppen östlich der Elbe sowie die Verbände in Sachsen, Thüringen und Hannover unterstanden, gab es von früh auf enge Kontakte.

Als Anfang März 1920 die Regierung nach einer Reihe von Schritten zur Reduzierung der Armeestärke unter anderem die Auflösung der Marinebrigade Ehrhardt anordnete, die in der Nähe von Berlin lag, war das für die Verschwörer das Signal zum Handeln. Am 10. März 1920 forderte Lüttwitz von Reichspräsident Ebert in ultimativer Form den Verzicht auf einen weiteren Truppenabbau, den Rücktritt von Reichspräsident und Reichsregierung und die sofortige Ausschreibung von Neuwahlen. Von der Regierung seines Amtes enthoben, besetzte Lüttwitz drei Tage später, am 13. März, mit der Brigade Ehrhardt das Berliner Regierungsviertel. Kapp wurde zum neuen Reichskanzler ausgerufen, und die Verschwörer appellierten an die Reichswehrführung, sich der neuen Regierung zu unterstellen. Das tat diese zwar nicht, aber sie verweigerte sich auch dem Hilferuf der legitimen Regierung und ihres Reichswehrministers Gustav Noske. Reichspräsident Ebert und die Reichsregierung flohen daraufhin zuerst nach Dresden und dann nach Stuttgart.

Der sogenannte Kapp-Lüttwitz-Putsch brach allerdings binnen weniger Tage zusammen, als die Gewerkschaften den Generalstreik ausriefen, die Arbeiter im ganzen Reich sich diesem Aufruf spontan anschlossen und die Ministerialbürokratie in Preußen wie im Reich sich weigerte, den Anordnungen Kapps Folge zu leisten. Bereits am 17. März flüchteten Kapp und Lüttwitz mitsamt ihren engsten Mitarbeitern ins Ausland.

Das Ganze blieb also eine ganz kurzfristige Episode. Sie veranlaßte jedoch die Regierung, nicht zuletzt unter massivem Druck der Gewerkschaften, sich entschiedener als bisher gegen rechts abzugrenzen. Man beließ es dabei nicht bei konkreten Maßnahmen gegen alle, die der Verschwörung nahegestanden hatten. Man erwog vielmehr auch schärfere Eingriffe in die bestehende wirtschaftliche und soziale Ordnung, da diese offenkundig nach wie vor republikfeindlichen Kräften ein starkes Fundament bot.

Zu den ins Auge gefaßten Eingriffen gehörte auch, daß man bereit war, den Forderungen der Linken und der Gewerkschaften nach weitergehenden Sozialisierungsmaßnahmen nachzukommen. Die erste, im November 1918 berufene sogenannte Sozialisierungskommission – in die Rathenau zu seiner großen Enttäuschung nicht aufgenommen worden war – hatte ein Schattendasein geführt und war im weiteren praktisch entschlafen. Nun wurde, im April 1920, von der Regierung eine zweite derartige Kommission berufen. Sie bestand aus dreiundzwanzig Mitgliedern. Und in ihr fand als Vertreter der Wirtschaft neben Männern wie Carl Friedrich von Siemens oder Carl Melchior zu seiner Überraschung auf Drängen des eben berufenen neuen Finanzministers vom linken Flügel der Zentrumspartei, Joseph Wirth, auch Walther Rathenau Platz, Seite an Seite mit führenden sozialdemokratischen Politikern wie Rudolf Wissell, Rudolf Hilferding und Karl Kautsky und angesehenen Nationalökonomen wie Emil Lederer, Joseph Schumpeter, Alfred Weber und Robert Kuczynski.

Damit war, so empfand er es, zugleich anerkannt, daß er in allen Fragen der wirtschaftlichen Ordnung und vor allem ihrer künftigen Gestaltung in Deutschland einer der führenden Experten sei, und er machte sich mit der ihm eigenen Energie sogleich an die Arbeit. Dabei zeigte er, zur allgemeinen Überraschung, nicht in erster Linie das Gesicht des in vieler Hinsicht radikalen Theoretikers, als der er vor allem in den vergangenen Monaten hervorgetreten war, sondern eines nüchtern und pragmatisch handelnden Praktikers, der doch zugleich weitläufigere Ziele verfolgte. Damit aber begann zugleich seine Zeit als aktiv und in vielem erfolgreich wirkender Politiker, eine Laufbahn, die er seit langem erstrebt und die ihn binnen kurzem an die Spitze des Wiederaufbauministeriums und schließlich des Auswärtigen Amtes führte.

Im Dienst der Politik

Mit der Berufung in die zweite Sozialisierungskommission im April 1920 hatte Rathenau erstmals seit dem August 1914 wieder eine konkrete politische Aufgabe übernommen.[1] Es war zwar bloß die Mitgliedschaft in einer Sachverständigenkommission, aber doch eine Funktion, die ihn zu der Hoffnung berechtigte, von hier aus unmittelbaren Einfluß auf die künftige wirtschaftliche Ordnung und damit auf entscheidende Rahmenbedingungen der Politik nehmen zu können.

Die Kommission sollte zunächst die Sozialisierung zweier Schlüsselindustrien, des Kohlebergbaus und der Kali-Produktion, erörtern.[2] Hatte Rathenau in seinen Schriften bisher die Umstrukturierung der Wirtschaft so radikal wie pauschal gefordert, so entwickelte er nun, offiziell zu konkreten und unmittelbar realisierbaren Änderungsvorschlägen aufgefordert, Pläne, die, pragmatisch und vom Bestehenden ausgehend, schrittweise Veränderungen vorsahen, dabei mit längeren Fristen rechnend.

Das Dringendste sei, so Rathenau, eine bessere und das hieß zugleich effektivere Strukturierung des Reichskohlenverbandes, in dem seit 1919 die bestehenden Kohlensyndikate in einer Form zusammengefaßt waren, die sich an traditionellen Aktiengesellschaften orientierte. In ähnlicher Weise waren schon die von Rathenau als Leiter der Kriegsrohstoffabteilung nach deren Begründung im August 1914 ins Leben gerufenen Kriegsrohstoffgesellschaften aufgebaut gewesen. Auf diesem Wege weiterschreitend, sollte, so Rathenau, aus dem gesamten Kohlebergbau ein einheitlicher «Staatstrust» entstehen, der «absolut nur im Interesse der Gemeinschaft arbeitet». Als ihm der Nationalökonom Robert Kuczynski entgegenhielt, sie, die Sachverständigen, seien doch alle davon ausgegangen, «daß die Kohle das erste ist, was sozialisierungsreif ist», erwiderte ihm Rathenau, hier nun ganz pragmatischer Politiker aus dem bürgerlichen Lager, es sei «unter den heutigen politischen Verhältnissen gänzlich ausgeschlossen, daß eine Vollsozialisierung des Bergbaues durchkommt».

Rathenau ging aber, nun zugleich das Prinzip herauskehrend, noch einen Schritt weiter. Man lebe nun einmal in einem kapitalistischen Wirtschafts- und Gesellschaftssystem, und es könne «nicht unsere Aufgabe» sein, «einen einzelnen Betriebszweig so zu behandeln, als ob er in einer anderen Gesellschaft lebte, das heißt an ihm zu seinem Schaden, zu seinen Lasten Sozialisierungen vorzunehmen, die nicht mit dem allgemeinen Leben der Wirtschaft hinsichtlich der Gerechtigkeit der Prinzipien übereinstimmen». So kam es am Ende zu einer Spaltung der Kommission. Das radikalere Mehrheitsvotum verband sich mit dem Namen des Nationalökonomen Emil Lederer, das Minderheitsvotum, das sich für langsame und schrittweise Veränderungen der Unternehmensstruktur, der schließlichen Ablösung des Eigentümerunternehmers aussprach, mit demjenigen Rathenaus.

Im Oktober 1920, als die sogenannte Weimarer Koalition aus Sozialdemokraten, Zentrum und Deutscher Demokratischer Partei ihre bisherige Mehrheit verloren hatte und die politische Lage noch unübersichtlicher geworden war, erläuterten Rathenau und der Sozialdemokrat Rudolf Hilferding beide Vorschläge vor dem vorläufigen Reichswirtschaftsrat. Allerdings fand hier auch der vorsichtigere und zurückhaltendere Vorschlag Rathenaus keine einhellige Zustimmung. Die ganze Frage wurde in Ausschüsse verwiesen, also vertagt.

Dabei spielten zwei Faktoren eine entscheidende Rolle: Einmal das mit dem Reparationsproblem und dessen Bewältigung auf der Hand liegende Argument, wenn man privates Eigentum praktisch verstaatliche, eröffne man den Alliierten eine direkte Zugriffsmöglichkeit. Und zum anderen das Auftreten des Großindustriellen Hugo Stinnes, der, unterstützt von der Schwerindustrie und der rechtsliberalen Deutschen Volkspartei Gustav Stresemanns, schon als Sachverständiger in der Sozialisierungskommission und dann verstärkt in der Öffentlichkeit ein großangelegtes Gegenkonzept entwickelte, von dem er schon in den vergangenen Jahren bei dem Aufbau seines eigenen Wirtschaftsimperiums geleitet worden war.[3]

Stinnes empfahl mit seinem Konzept die Errichtung von, wie er es nannte, «Vertikalkonzernen», regional gegliederten großwirtschaftlichen Organisationen aus Kohleproduzenten und Kohleverbrauchern, also den räumlichen Zusammenschluß von Kohleproduktion, Energiewirtschaft und Verkehrswirtschaft in einem großen Trust. Im Prinzip trat auch Rathenau schon seit Jahren für eine derartige Rationalisierung und Vereinheitlichung ein. Die dabei entstehenden Gebilde sollten allerdings unter der Kontrolle des Gemeinwesens, konkret gesagt des inzwischen demokratisierten Staates stehen und unter dem, freilich vieldeutigen Begriff der «Sozialisierung», in noch zu findenden Formen «gemeinwirtschaftlich» organisiert und geleitet werden. Entschieden sprach sich Rathenau gegen die Bildung «industrieller Herzogtümer», noch dazu unter Führung der Schwerindustrie aus – hier argumentierte er zugleich als Wortführer der verarbeitenden Industrie. Dadurch würden vor allem die schwerindustriellen Unternehmer eine noch stärkere Macht erhalten, als industrielle Herzöge gleichsam einen Staat im Staate bilden.

In einer Aufsehen erregenden Rede vor dem Parteitag der Deutschen Demokratischen Partei, trat er statt für die «Vertikalisierung», wie sie Stinnes propagierte, für den «wichtigeren Gedanken der horizontalen Vereinigung» ein, also für die Verbindung von Firmen gleicher Produktion. Einen solchen Zusammenschluß hatte es eben, im Jahre 1920, in seinem ureigensten Bereich und mit seiner tätigen Mithilfe gegeben, als sich die Glühlampenproduzenten der AEG, von Siemens & Halske und der Auergesellschaft in der Osram GmbH vereinigten. Solchen Verbindungen gegenüber könne die nötige und wünschenswerte Idee der Mitwirkung und Kontrolle durch das Gemeinwesen, den Staat sehr viel leichter verwirklicht werden und in ihnen könnten sich auch «gemeinwirtschaftliche» Strukturen und Formen, wie man sie anstrebe, sehr viel ungehemmter entwickeln.

Auch mit den Problemen der Kali-Wirtschaft, den Fragen der Kommunalisierung und des Wohnungswesens, mit denen die zweite Sozialisierungskommission zugleich befaßt war, hat Rathenau sich intensiv beschäftigt und eigene Vorschläge entwickelt. Gleichzeitig aber rückte ein anderer Fragenkomplex immer mehr ins Zentrum seiner Aufmerksamkeit und seiner praktischen Tätigkeit, der die deutsche und die internationale Öffentlichkeit stärker als alles andere beschäftigte und für das weitere Schicksal der Weimarer Republik von entscheidender Bedeutung werden sollte: die Reparationsfrage.

Hugo Stinnes

Im Versailler Vertrag, den die deutsche Seite widerstrebend hatte akzeptieren müssen, war in Artikel 231 festgehalten worden, daß Deutschland mit seinen Verbündeten «als Urheber» für alle Schäden verantwortlich sei, welche die Alliierten infolge des ihnen durch den «Angriff Deutschlands und seiner Verbündeten» aufgezwungenen Krieges erlitten hätten. Die Verpflichtung, Wiedergutmachung mittels Reparationen zu leisten, erhielt durch dieses, wenn auch erzwungene, Schuldanerkenntnis einerseits gleichsam ein juristisches Fundament, da man sich auf alliierter Seite nicht mehr allein auf die jahrhundertealte Praxis stützen zu können glaubte, vom unterlegenen Gegner eine Kriegskontribution als Entschädigung zu verlangen. Andererseits wurde dadurch eine pragmatische Entscheidung nach dem Prinzip: der Unterlegene hat für die entstandenen Schäden aufzukommen, zusätzlich moralisiert. Zahlungsverpflichtung und moralische Schuldanerkenntnis wurden in unheilvoller Weise miteinander verknüpft. Jede Verhandlung über die Höhe der Reparationsverpflichtung und die Art, wie sie konkret eingelöst werden solle, stand also auf deutscher Seite von vornherein unter dem Verdacht, sich damit dem moralischen Machtspruch der Sieger eventuell ein weiteres Mal zu beugen – von den erheblichen wirtschaftlichen Belastungen durch die Reparationsforderungen ganz zu schweigen.

Unter solchen Vorzeichen stand bereits die erste Begegnung der deutschen mit den alliierten Regierungen im Juli 1920 in Spa, die der Erörterung von Einzelheiten der Reparationsfrage gewidmet war. Sowohl Rathenau als auch Hugo Stinnes waren dazu als Sachverständige geladen, und auch hier traten, wie dann später hinsichtlich der Sozialisierungsfrage, entscheidende Auffassungsunterschiede zwischen den beiden zutage.[4]

Es ging insbesondere um angeblich zu geringe deutsche Kohlelieferungen an Frankreich. Stinnes, obwohl ja nur Sachverständiger, trat als Sprecher derjenigen auf deutscher Seite auf, die die von der französischen Regierung in scharfer Form vorgetragenen Forderungen in noch schärferer Form ablehnten. Die deutsche Eisen- und Stahlindustrie sei durch die Trennung von den lothringisch-luxemburgischen Erzvorkommen bereits entscheidend geschwächt worden, und diese Verluste seien bei der Festlegung des Reparationsbudgets so gut wie gar nicht berücksichtigt worden. Durch Kohleneinfuhr aus Deutschland zu günstigsten Bedingungen versuche nun Frankreich nicht nur den Wiederaufbau, sondern die Expansion seiner Industrie voranzutreiben. Diese Argumentation traf in Deutschland auf ein breites positives Echo. Im Verhältnis zu Frankreich aber vereiste es die Atmosphäre noch zusätzlich, und in Paris erhoben sich Stimmen, die im Sinne der Erwerbung eines Pfandes gegenüber dem zahlungsunwilligen Schuldner die militärische Besetzung des Rheinlandes forderten.

Rathenau beobachtete diese wesentlich von Stinnes herbeigeführte Verschärfung des deutsch-französischen Verhältnisses mit wachsendem Unbehagen.[5] Er war, wie schon während des Krieges, nach wie vor davon überzeugt, daß von der Gestaltung des Verhältnisses zwischen den beiden Staaten die Zukunft Europas entscheidend abhänge, und zwar in wirtschaftlicher wie ganz allgemein in politischer Beziehung. Nur wenn zwischen Paris und Berlin wenn nicht ein Ausgleich, so doch ein halbwegs erträglicher modus vivendi gefunden werde, gebe es überhaupt die Chance, aus dem gegenwärtigen schroffen Gegeneinander langsam zu einem Miteinander zu kommen und Voraussetzungen zu schaffen für eine Ordnung im Sinne des eben ins Leben getretenen Völkerbundsgedankens.

Gemeinsam mit dem Nationalökonomen Moritz Julius Bonn benutzten beide ihre persönlichen Beziehungen zur britischen Delegation, um diese zu einem Vermittlungsversuch zu veranlassen. Gleichzeitig überredeten er und Bonn sowie die übrigen deutschen Sachverständigen, die nicht zur Fraktion von Stinnes gehörten, das Berliner Kabinett einzulenken. Damals sei, so der damalige Finanzminister, der Zentrumsabgeordnete Joseph Wirth, «die Erfüllungspolitik geboren» worden, also durch Eingehen auf die alliierten Forderungen und unter Betonung des guten Willens dazu längerfristig die Unerfüllbarkeit dieser Forderungen zu beweisen.

Stinnes freilich beharrte auf seiner Position, ja, griff zu immer schärferen Attacken gegen diejenigen, die auf deutscher Seite anderer Meinung waren als er. Als der Steiger Werner, einziger Kohlenexperte in der zweiten Sozialisierungskommission, sich öffentlich gegen die arbeiterfeindliche Haltung von Stinnes wandte, die dessen Pläne für die Bildung großwirtschaftlicher Organisationen von Kohleproduzenten und Kohleverbrauchern in ein dunkles Licht rücke, erwiderte ihm dieser ebenfalls öffentlich, Werner wolle nur Unruhe stiften und seine Äußerungen nützten nur den Alliierten. Und er fügte hinzu: «Sie werden dann einen Schaden stiften wie eine Anzahl Vertreter in Spa, die aus einer fremdländischen Psyche heraus den deutschen Widerstand gegen unwürdige Zumutungen gebrochen haben.»[6]

«Aus einer fremdländischen Psyche heraus» – das war eine mehr als deutliche Anspielung auf nicht mehr allein konfessionell, sondern rassistisch begründete antisemitische Vorurteile, die Rathenau tief traf, gerade weil er sein Deutschtum, seine tiefe Verwurzelung in der deutschen Geschichte und Kultur, stets so nachhaltig empfunden und betont hatte. Der bisher vielfach nur latent vorhandene Antisemitismus brach nun nach der Niederlage und bei der Suche nach denjenigen, die daran letztlich schuld seien, mächtig auf. Von der jüdisch-bolschewistischen Weltverschwörung begann man hier und da zu reden, und nur zu leicht fiel es interessierten Kreisen auch, Rathenaus wirtschaftspolitische Bestrebungen mit ihrer Betonung «gemeinwirtschaftlicher» Elemente in die Nähe staatssozialistischer, ja bolschewistischer Vorstellungen und Ziele zu schieben. Ein antinationaler Jude mit Sympathien für den Bolschewismus – dieses von rechtsradikalen Kreisen propagierte Zerrbild begleitete ihn bis zu seinem gewaltsamen Ende und motivierte die Tat seiner Mörder.

In welcher Gefahr er dadurch auch persönlich schwebte, war ihm schon damals sehr bewußt. Es hat ihn aber nicht davon abgehalten, sich öffentlich weiter für einen Ausgleich insbesondere auch mit Frankreich einzusetzen. Das war, wie alle Beteiligten auf deutscher Seite wußten, ein langer und mit vielen Risiken behafteter Weg. Aber es war nach Rathenaus fester Überzeugung der einzig gangbare.

In diesem Sinne beschwor er die Regierung in mehreren Zeitungsartikeln, nicht untätig zu bleiben, sondern unter Hinweis auf die verheerende Wirtschaftslage Deutschlands den Alliierten einsehbare, an ihre wirtschaftliche und politische Vernunft appellierende Gegenvorschläge zu machen. Bei dem Kabinett Fehrenbach, das seit den Reichstagswahlen von Anfang Juni 1920 als Minderheitskabinett ohne SPD, aber mit Einschluß der rechtsliberalen DVP Gustav Stresemanns amtierte, stieß er damit jedoch auf taube Ohren. Insbesondere der Außenminister Walter Simons, engster Mitarbeiter Brockdorff-Rantzaus bei den Versailler Friedensverhandlungen, erklärte sich dagegen, etwas vorzuschlagen und zu unterschreiben, was man am Ende doch nicht erfüllen könne.

So sah sich Deutschland nach einer weiteren ergebnislosen Verhandlungsrunde, der Konferenz von London Anfang März 1921, der schon mehrfach angedrohten militärischen Sanktion, der Besetzung von Düsseldorf, Duisburg und Ruhrort ausgesetzt, und mit der definitiven einseitigen Festlegung der Reparationsschuld konfrontiert. Diese wurde am 27. April 1921 auf 132 Milliarden Goldmark beziffert, zahlbar binnen 42 Jahren in steigenden Raten zuzüglich 26 % des Wertes der jährlichen Ausfuhr. Am 5. Mai wurde dem Reich eine Frist von sechs Tagen gesetzt, innerhalb deren es seine unbedingte Bereitschaft zur Zahlung bekunden sollte. Andernfalls würde das gesamte Ruhrgebiet besetzt.

In Reaktion auf dieses Ultimatum trat die Regierung Fehrenbach zurück, und der bisherige Finanzminister Joseph Wirth, der gleichfalls dem Zentrum angehörte, allerdings, wie schon gesagt, zu dessen linken Flügel gerechnet wurde, übernahm die Neubildung der Regierung, nun wieder auf der Basis der sogenannten Weimarer Koalition.[7] Gegen heftigen öffentlichen Widerstand von Seiten des Wirtschaftsflügels der DVP, aber auch starker Kräfte innerhalb der DDP, ernannte er Rathenau, den er seit längerem persönlich kannte und schon als Finanzminister mehrfach als Berater hinzugezogen hatte, Ende Mai 1921 zum Wiederaufbauminister. Dabei setzte er vor allem auf dessen internationale Beziehungen und seine in den letzten Monaten eindringlich bewiesene Verhandlungskunst.[8]

Allerdings war auch Rathenau über das rabiate und wirtschaftlich wie politisch höchst kurzsichtige Vorgehen der Alliierten, insbesondere der französischen Regierung, entsetzt und hatte dem öffentlich in sehr markanter Weise Ausdruck gegeben. Am 10. Mai 1921 hatte er einen Artikel im «Berliner Tageblatt» veröffentlicht, in dem es hieß: «Deutschland soll nie in der Lage sein, zu leisten, was es versprochen hat. Es soll jedes Jahr winseln und betteln, entschuldigen und versprechen, und die anderen wollen, je nach ihrer Interessenkonstellation, barmherzig, schnöde, drohend oder vernichtend auftreten und Recht zu jeder Repressalie und Folter haben. Das ist unmöglich, und deshalb dürfen wir nicht unterschreiben.» Allerdings hatte er gleich einschränkend bemerkt: «Wir dürfen aber nicht rundweg ablehnen.»

Im Sinne dieses letzten Satzes mußte er nun als Minister in einem Kabinett agieren und handeln, das zumindest verbal die Erfüllungspolitik auf seine Fahnen geschrieben hatte und dafür im nationalen wie im internationalen Rahmen warb. Gleichzeitig galt es, die mit seiner Person verknüpften Befürchtungen zu zerstreuen, er werde versuchen, in seinem neuen Amt nun mit einer grundsätzlichen Umgestaltung der Wirtschaft zu beginnen, wie er sie in den letzten Jahren wiederholt gefordert hatte.

In seiner ersten Rede vor dem Reichstag am 2. Juni erklärte Rathenau, der sofort von seinem Amt in der AEG zurückgetreten war und sämtliche Aufsichtsratsmandate niedergelegt hatte, er wolle seine wirtschaftspolitischen Zukunftsvorstellungen, die er als seine «wissenschaftliche Vortätigkeit» bezeichnete, nicht verleugnen, aber «eine allgemeine Reform des gesamten deutschen Wirtschaftslebens mit meiner Tätigkeit zu verquicken, würde ich nicht wagen, zumal jetzt nicht. Der deutsche Wirtschaftskörper ist viel zu krank, als daß es heute möglich wäre, ihn auf neue Lebensformen einzustellen. Zunächst gilt es, ihn zu heilen.» Er denke nicht daran, versicherte er zwei Tage später dem Direktor der Gutehoffnungshütte, Paul Reusch, in einem Privatbrief, «in der schweren Not unseres Landes Experimentalpolitik zu treiben».[9]

Zwischen seinem wirtschafts- und vor allem sozialpolitischen Programm, wie er es, in ständiger Verschärfung, seit 1917 entwickelt und präsentiert hatte, und seinem praktischen Handeln nach seiner Ernennung zum Minister tat sich ein großer, ja eklatanter Unterschied auf. Das hing sicher mit den Umständen und den sich unmittelbar stellenden Aufgaben zusammen. Aber es beleuchtete doch auch den tiefen Unterschied zwischen Theorie und Praxis, zwischen einem allgemeinen, übergreifenden Konzept und den Bedingungen, mit denen sich jeder konkret Handelnde gerade in einer Zeit konfrontiert sah, in der sehr verschiedenartige Konzepte einander gegenüberstanden.

Kaum zwei Jahre zuvor hatte Rathenau in scharfer Kritik an der DDP, jener Partei, der er im Prinzip am nächsten stand, das Auseinanderfallen zwischen theoretischen Postulaten und Überlegungen und praktischem Handeln gegeißelt und ihr jede Fähigkeit abgesprochen, die Zukunft wirklich zu gestalten. «Als die DDP errichtet wurde», schrieb er im Juni/Juli 1919 in einem wohl an Bernhard Dernburg gerichteten, für den Vorstand der Partei bestimmten, aber am Ende nicht abgeschickten Brief, «bestand die Hoffnung, sie möchte die Bestimmung übernehmen, die deutschen Geisteskräfte, die bis dahin überwiegend bürgerlich und individual-wirtschaftlich gerichtet waren, zu sammeln und einer neuen sozialen Denk- und Handelnsweise zuzuführen.» Diese Hoffnung müsse man mittlerweile aufgeben. Die Partei habe «weder ein politisches noch ein wirtschaftliches System aufgestellt, sondern mühsame Konzessionen gemacht. Sie ist in republikanischer Aufmachung die alte Fortschrittspartei geblieben. Ohne jedoch diesen Namen zu rechtfertigen: Denn im Kampf gegen den reaktionären Umsturz von rechts und gegen das soziale Vorwärtsstreben von links ist sie heute, neben ihrer Bundesgenossin, dem Zentrum, die konservative Partei des Landes. Sie wünscht das Bestehende zu erhalten, nämlich die bürgerlich-individualistische Republik und betrachtet jeden Schritt zum sozialen Aufbau als ein Zugeständnis, nicht als eine innere Notwendigkeit. Eine Partei, die das Bestehende verteidigt, ist unschöpferisch und unfruchtbar; doppelt in einer Zeit, die sich neu gebiert.» Schon vor Wochen habe er ihm seine «Besorgnis und Enttäuschung ausgesprochen. Seitdem ist meine Befürchtung übertroffen.» Die Partei habe «die Fühlung mit den wirkenden Kräften des Landes verloren und bloß die Fühlung mit Interessengruppen sich erhalten. Sie scheint nicht zu ahnen, welche Gewalten uns in den Abgrund ziehen, denn sie benimmt sich, als gälte es nicht, ein verendendes Volk zu retten, sondern ein friedliches Land, etwa die Schweiz oder Holland, zu verwalten.»[10]

Genau diesen Weg «mühsamer Konzessionen» und einer Politik der «Fühlung mit Interessengruppen» aber beschritt er selber, als er zwei Jahre später als Repräsentant der DDP in die Regierung des Zentrumsvertreters Wirth berufen wurde. Dieser Weg vom entschieden grundsatztreuen Programmatiker zum pragmatisch handelnden Politiker, der sich an den Umständen und der von seiner Partei verfolgten Linie orientierte, wurde Rathenau allerdings dadurch erleichtert, daß er seine Hauptaufgabe zunächst, darin von Wirth nachdrücklich bestärkt, auf dem Feld der internationalen Politik, in dem Bestreben sah, hier das Klima zu verbessern.

Dabei ging er davon aus, daß die Wirtschaft und vor allem auch die Finanzmärkte, zumindest was Europa und die Vereinigten Staaten anging, bereits so weit verflochten und letztlich voneinander abhängig seien, daß eine Lösung der anstehenden Probleme nur durch internationale Zusammenarbeit und eine Politik des Ausgleichs zu erreichen sein werde. Allein im nationalen Rahmen und in Konfrontation mit den jeweils anderen Mächten, durch kurzatmige und kurzsichtige Verfolgung einzelstaatlicher Interessen und Machtansprüche werde man, so berechtigt diese im Einzelfall auch waren oder jedenfalls erschienen, nicht vorankommen.

Das gelte für das Reparationsproblem, wo die internationale Verflechtung mit Händen zu greifen sei. Es gelte aber auch für die Welt der Wirtschaft und der Finanzen im allgemeinen, von der die Politik stärker als je zuvor und stärker, als den meisten ihrer Vertreter bewußt sei, abhängig sei. «Das erste, was geschehen muß, ist nicht die grundsätzliche Umgestaltung unserer Wirtschaft – das ist ein Prozeß, der mehr als ein Menschenalter braucht und nicht von einzelnen durchgeführt werden kann und darf – sondern die Aufgabe, die übernommenen Lasten überhaupt tragbar zu machen. Diese Rechnung aber kann nicht ohne die Gegenseite gemacht werden, der wir verschuldet sind», schrieb er wenige Tage nach seiner Ernennung an Ernst Lehmann, einen entfernteren Verwandten, der, christlicher Theologe in Baden, politisch auf dem linken Flügel der DDP angesiedelt war.[11]

Vor dem Hintergrund solcher Einsichten und Überzeugungen begann Rathenau seine Arbeit, und sie bildeten den Rahmen und den steten Bezugspunkt seiner praktischen Tätigkeit. Das Wiederaufbauministerium, in das ihn Wirth berufen hatte, war im Oktober 1919 eingerichtet worden, freilich nach kurzer Zeit für Monate unbesetzt geblieben. Zu seinen zentralen Aufgaben gehörten Fragen der Erfüllung der wirtschaftlichen Bedingungen des Versailler Vertrages, darunter insbesondere die Organisation der Sachlieferungen in die kriegszerstörten Gebiete Nordfrankreichs und Belgiens. Es war also ein eng begrenztes Aufgabengebiet, dem Rathenau allerdings sogleich eine größere Dimension zuschrieb und entsprechend handelte. Schon im Juni 1919 hatte er in einem Brief an Matthias Erzberger, dem gleichfalls aus der Zentrumspartei stammenden Reichsfinanzminister, erklärt, daß er in diesem Wiederaufbau den Punkt sehe, von dem aus sich das Verhältnis zu Frankreich entspannen und neu regeln lasse und von dem aus man zugleich international wieder Vertrauen gewinnen könne.

In solcher Perspektive begann Rathenau schon zwei Wochen nach seiner Ernennung zum Wiederaufbauminister, am 12. Juni 1921 in dem von den Alliierten besetzten Wiesbaden zunächst geheime persönliche Verhandlungen mit dem französischen Wiederaufbauminister, dem «Minister für die befreiten Gebiete», Louis Loucheur, auch er übrigens ein Mann der Elektroindustrie, den Rathenau aus der Vorweltkriegszeit kannte und der, ebenso wie Rathenau, während des Krieges in den Staatsdienst getreten war, Loucheur als Staatssekretär und dann als Minister für Munition und Kriegsrüstung.[12]

Es war das erste direkte Zusammentreffen eines deutschen Regierungsmitgliedes mit einem französischen Minister seit dem Ende des Krieges. Nach vier Monaten, am 6. Oktober 1921, schlossen beide Seiten das Wiesbadener Abkommen über privatwirtschaftliche deutsche Sachlieferungen, die bis zu einer bestimmten Höhe direkt an die französischen Kriegsgeschädigten geleistet und zum Teil mit den Reparationen verrechnet werden sollten; das Abkommen trat dann allerdings erst am 29. Juni des folgenden Jahres, fünf Tage nach der Ermordung Rathenaus, in Kraft.

Verhandlungen mit Louis Loucheur in Wiesbaden, 1921

Rathenaus Ziel war es dabei, die Reparationsverpflichtung aus dem unmittelbaren Streit der Meinungen herauszunehmen, sie vor allem aus der direkten Bindung an die moralisch verstandene Kriegsschuldfrage zu lösen und sie auf diese Weise in gewissem Sinne zu entpolitisieren. Dementsprechend widersprach er auch entschieden dem Wunsch des Außenministers, Friedrich Rosen, einem Berufsdiplomaten noch aus der Zeit des Kaiserreichs – der sich im übrigen nachdrücklich gegen die Ernennung Rathenaus zum Wiederaufbauminister ausgesprochen hatte –, den endgültigen Abschluß des Abkommens von einem Entgegenkommen Frankreichs auf anderen Gebieten abhängig zu machen: Dies führe nur zu einer erneuten weiteren Politisierung der ganzen Frage und damit unweigerlich zu neuen Komplikationen statt zu sachlichen Fortschritten.

Auf einem ähnlichen Wege hoffte Rathenau auch mit England voranzukommen, das er über die Wiesbadener Verhandlungen genau informierte. Auch hier sollten an die Stelle von Überweisungen in Barbeträgen auf Goldmarkbasis Sachlieferungen treten. Rathenau schwebte eine Art Dreiecksgeschäft vor: Deutsche Privatgesellschaften sollten veranlaßt werden, sich in Rußland, der jetzigen Sowjetunion, deren Industrie infolge der bolschewistischen Revolution weitgehend zusammengebrochen war, verstärkt zu engagieren.[13] Die dabei erzielten Gewinne sollten dann direkt auf das englische Reparationskonto überwiesen werden. Theoretisch wären damit zwei Fliegen mit einer Klappe geschlagen worden: Die deutsche Wirtschaft hätte einen starken zusätzlichen Impuls erhalten und die Reparationslasten hätten sich vermindert, ohne die Kasse des Reiches direkt zu belasten.

In der Praxis aber stieß die Idee auf vielfältige Widerstände. Schon das Wiesbadener Abkommen war vor allem in Deutschland von verschiedenen Seiten aus ganz unterschiedlichen Motiven heftig kritisiert worden. Die deutsche Schwerindustrie artikulierte einmal mehr unter dem Einfluß von Hugo Stinnes, wie suspekt ihr der ganze hiermit eingeschlagene Kurs war. Statt auf der Unerfüllbarkeit der alliierten Forderungen zu beharren, versuche man insbesondere Frankreich durch Entgegenkommen zu gewinnen und seinerseits zum Einlenken zu bewegen – noch dazu, wie Stinnes am 19. Oktober 1921 an Rathenau schrieb, durch einen «Optionsvertrag zugunsten eines Anderen».[14]

Auf der anderen Seite meldete auch die französische Industrie Kritik an, die den Wiederaufbau lieber selber in die Hand nehmen wollte und die deutsche Konkurrenz fürchtete. Schließlich rückte auch die französische Regierung angesichts erneuter Zahlungsverzögerungen von deutscher Seite mehr und mehr von der von Aristide Briand propagierten «politique de la confiance à Wirth» ab. Kurz, die Voraussetzungen, auf dem von Rathenau eingeschlagenen Weg voranzukommen, wurden beiderseits des Rheins immer zweifelhafter und demgemäß verminderten sich auch die Chancen für den Versuch, mit England indirekt über Rußland ins Geschäft zu kommen. Einen zumindest vorläufigen Schlußpunkt aber setzte die Entscheidung des Völkerbunds vom 20. Oktober 1921, das oberschlesische Industriegebiet zwischen Deutschland und Polen zu teilen.

Alles Entgegenkommen, alle Bereitwilligkeit von deutscher Seite, sich auf die Friedensbedingungen, so hart sie waren, ehrlich einzulassen – sei es auch mit dem Hintergedanken, ihre Unerfüllbarkeit zu demonstrieren – nützten offenbar nichts. Im Gegenteil. Der von den Alliierten beherrschte Völkerbund, an dem sich die Vereinigten Staaten nicht beteiligten, verschärfte offensichtlich bei ihrer praktischen Durchsetzung diese Bedingungen noch. Die Regierung Wirth trat zwei Tage später geschlossen zurück. Wirth bildete allerdings sogleich ein neues Kabinett, in dem er anstelle von Rosen auch das Außenministerium übernahm und, wenngleich vorsichtig, einen Kurswechsel ins Auge faßte – insbesondere in dem bisherigen Verhältnis Deutschlands zur bolschewistischen Sowjetunion mit dem gleichzeitigen Ziel, ein mögliches Gegengewicht gegenüber den Alliierten ins Spiel zu bringen.

Rathenau allerdings trat nicht wieder in das neue Kabinett ein. Das Amt eines Wiederaufbauministers schien in der veränderten Situation, der sich die Regierung gegenübersah, zumindest in der Art, wie Rathenau es aufgefaßt und auszufüllen versucht hatte – gleichsam als wirtschaftspolitisches Hilfsorgan der deutschen Außenpolitik – seine innere Ratio verloren zu haben. Es wurde denn auch nicht wieder besetzt. Hinzu kam, daß auch seine Partei, die DDP, darauf drängte, daß er sich und mit ihm die Partei gewissermaßen aus der Schußlinie nahm, in die beide im Augenblick geraten waren.[15]

Als Sachverständiger blieb er der Regierung Wirths allerdings weiterhin verbunden. Ja, er wandte sich, wie seine Reden vor der DDP Ende Okober/Anfang November 1921 zeigen, nun, von unmittelbaren Aufgaben entlastet, verstärkt den übergreifenden Problemen der internationalen Politik zu, in einer, wie er betonte, grundlegend veränderten Situation. Diese sei, so Rathenau, dadurch charakterisiert, daß der Versailler Vertrag das organisch gewachsene System der Weltwirtschaft zerschlagen habe. Hilfe sei nur von einer planmäßigen Wiederherstellung dieses auf wechselseitigem wirtschaftlichen Austausch beruhenden Systems des freien Warenverkehrs und des weltweiten Austauschs der Produkte zu erwarten.

Auf diesen Weg zwinge schon die «Kette der materiellen Verschuldung» und die allgemeine Entwertung der Geldmittel, solle nicht alles im Chaos versinken. Es sei nicht mehr die an den Nationalstaat und seine egoistischen Machtinteressen gebundene herkömmliche Politik, die die Zukunft bestimmen werde. Vielmehr werde es eine Politik sein, die sich, im weltweiten Maßstab, an den wirtschaftlichen Verhältnissen und Interessen orientiere. In diesem Sinne sei, wie er, wie schon erwähnt, anknüpfend an die bekannte Formulierung des ersten Napoleon erklärte, nicht mehr die Politik, sondern die Wirtschaft «das Schicksal». «Schon in wenigen Jahren wird die Welt erkennen», betonte er Ende September 1921 auf einer Tagung des Reichsverbandes der Deutschen Industrie, «daß die Politik nicht das Letzte entscheidet.»[16]

Rathenau beließ es nicht bei solchen allgemeinen, theoretischen Darlegungen und Überlegungen. Seit Ende November 1921 führte er in geheimem Auftrag Wirths in London lange Gespräche mit Männern der Wirtschaft, aber auch der Politik aus England, Frankreich und den Vereinigten Staaten. Thema dieser Gespräche war vor allem die Lage der Weltwirtschaft und die Behandlung des Reparationsproblems in

Außenminister Walther Rathenau auf der Gare du Nord in Paris, Januar 1922

diesem Rahmen – in dem Geist und in dem Problembewußtsein, wie sie von John Maynard Keynes, dem Hauptvertreter des britischen Schatzkanzlers auf der Versailler Friedenskonferenz, in seinem rasch berühmt gewordenen und viel zitierten Buch über «Die wirtschaftlichen Folgen des Friedensvertrages» ein Jahr zuvor auf den Punkt gebracht worden waren.

Ende Dezember fuhr er dann nach Paris und nahm dort inoffiziell an Beratungen von Finanzleuten und Industriellen zu ähnlichen Themen teil, die von Loucheur geleitet wurden. Anfang 1922 wurden diese Verhandlungen, nun unter Beteiligung der politischen Spitzen aus England und Frankreich, Lloyd Georges und Briands, in Cannes fortgesetzt, und hieran nahm Rathenau als Leiter einer deutschen Delegation jetzt offiziell teil.

Und nicht nur das. Er gab in einer großen dreistündigen Rede, die er zuerst auf französisch, dann auf englisch hielt, den entscheidenden Impuls für den nächsten Schritt. Nachdem er zunächst noch einmal Deutschlands prekäre finanzielle Situation dargelegt hatte, die es im Augenblick daran hindere, die Reparationsraten in voller Höhe zu leisten, erklärte er, Deutschland sei jedenfalls willens, bis an die Grenzen seiner Leistungsfähigkeit zu gehen. Vor allem aber sei man bereit, gemeinsam sowohl mit den Westmächten als auch mit der Sowjetunion, Ost- und Zentraleuropa wirtschaftlich wiederaufzubauen und so eine wirtschaftliche Interessengemeinschaft für den Wiederaufbau Europas zu bilden – unter Absehung von allen Interessengegensätzen und Konflikten der Vergangenheit.

Die Konferenz beschloß daraufhin, für Anfang April 1922 eine förmliche Weltwirtschaftskonferenz unter Beteiligung nicht nur der deutschen, sondern auch der sowjetrussischen Seite nach Genua einzuberufen. «Wenn es auch noch nicht gelungen ist, eine grundlegende Neuregelung unserer Reparationspflichten zu erreichen, so ist doch für die nächste Zeit eine wesentliche Erleichterung erlangt», schrieb der Reichspräsident an Rathenau kurz vor dessen Ernennung zum Außenminister: «Daß dies möglich wurde, ist in erster Linie Ihrer hingebenden Arbeit, Ihrer Kenntnis der Weltwirtschaft und der großen Achtung, die Sie sich in langjähriger erfolgreicher Tätigkeit auf diesem Gebiet erworben haben, zu verdanken.»[17]

Mittlerweile jedoch hatte sich der politische Horizont entscheidend verdüstert. Noch vor Rathenaus großer Rede in Cannes war Briand nach Paris zurückgefahren, um seine Politik gegen die in den letzten Wochen immer schärfer gewordenen Angriffe zu verteidigen, die ihm vorwarfen, gemeinsam mit Lloyd George einen Kurs zu verfolgen, der zumindest in seinen Konsequenzen sowohl Deutschland als auch Rußland gegenüber zu entgegenkommend, ja, unangemessen kompromißlerisch und versöhnlerisch sei. Briands Erklärung, dieser Kurs entspreche, indem er einer wirklichen künftigen Friedensordnung in Europa den Weg bereite, zugleich am besten den französischen Interessen, fand im Parlament wie in der Öffentlichkeit nur die Zustimmung einer Minderheit. Daraufhin war Briand zurückgetreten, und an seine Stelle war Poincaré getreten, dessen Credo lautete, Frankreichs Sicherheit sei nur dann garantiert, wenn man Deutschland auf Dauer niederhalte und ihm, wenn irgend möglich, die linksrheinischen Gebiete und die Rheinlande abnehme. Auch lehnte er es in diesem Geist strikt ab, auch nur in Verhandlungen über Frankreichs Reparationsansprüche einzutreten. Damit war auch die Position Loucheurs, des französischen Wiederaufbauministers, mit dem Rathenau ein halbes Jahr zuvor das Wiesbadener Abkommen ausgehandelt hatte, unhaltbar geworden.

So waren wesentliche Voraussetzungen für einen Erfolg der von Rathenau propagierten Politik entfallen. Der geplante Weltwirtschaftsgipfel in Genua schien aus deutscher Sicht von vornherein zum Scheitern verurteilt. Auch von der englischen Politik und von Lloyd George war bei Lage der Dinge kaum noch etwas Positives zu erwarten, die Fronten drohten sich im Gegenteil erneut und dauerhaft zu verhärten. Es stand sogar zu befürchten, daß es Frankreich und England gelingen werde, das dringend auf finanzielle Unterstützung angewiesene bolschewistische Rußland über entsprechende Vereinbarungen in der Reparationsfrage auf ihre Seite zu bringen.

Rußland seinerseits suchte aus dieser Situation Nutzen zu ziehen. Unter Führung von Karl Radek, dem inoffiziellen Verbindungsmann Lenins zu Deutschland, stellte es in direkten Verhandlungen in Berlin Deutschland vor die Wahl, auf die Beteiligung an dem vor allem von Rathenau vorgeschlagenen internationalen Konsortium – in dem Moskau den Versuch sah, Rußland wirtschaftlich und politisch zu beherrschen – zu verzichten oder zu gewärtigen, daß sich Rußland auf die Basis des Artikels 116 des Versailler Vertrags stelle.

Dieser Artikel hatte den Russen das Recht vorbehalten, ihrerseits von Deutschland Reparationen zu fordern. Darauf gestützt, so Radek, könne Rußland seine Ansprüche an Frankreich abtreten und damit den Verzicht auf die hohen Vorkriegsschulden erreichen, die Frankreich seinerseits dem bolschewistischen Rußland gegenüber geltend machte. Die schon unerträglich hohe Reparationslast Deutschlands werde sich dadurch noch weiter erhöhen und damit zugleich die Gefahr, daß Frankreich unter Hinweis auf die dann praktisch unvermeidlich werdenden deutschen Zahlungsrückstände zu der schon mehrfach angedrohten Politik der produktiven Pfänder greifen werde.

Diese von der russischen Seite einerseits unter erpresserischem Druck, andererseits mit der Perspektive enger wirtschaftlicher und auch politischer Zusammenarbeit geführten deutsch-russischen Verhandlungen fanden seit Mitte Januar, also seit dem Zeitpunkt von Briands Rücktritt, in der deutschen Hauptstadt statt. Auch Rathenau nahm daran neben Industrievertretern wie Hugo Stinnes und Felix Deutsch von der AEG teil – sehr zum Mißvergnügen der Russen, die in ihm, zu Recht, den Hauptvertreter der Konsortiumsidee unter Führung von Frankreich und Deutschland mit dem Ziel sahen, Rußland passiv einzubinden. Wesentlich auf Rathenaus Betreiben wurden die Verhandlungen, die auf deutscher Seite vor allem von dem Vortragenden Rat im Auswärtigen Amt, Ago Freiherr von Maltzan, geführt und vorangetrieben wurden, schließlich abgebrochen, obwohl der Reichskanzler und Außenminister Wirth diesen Versuch, mit Rußland wieder ins Gespräch zu kommen und damit zumindest Wege zu außenpolitischen Alternativen zu eröffnen, zunächst jedenfalls, nachdrücklich unterstützt hatte.

Wie aber sollte es nun weitergehen? Die deutsche Position war nach dem Rücktritt Briands und der Ernennung Poincarés, dem Zurücklenken Lloyd Georges auf die jetzt von Frankreich propagierte härtere, ja, intransingente Linie und dem Abbruch der deutsch-russischen Sondierungsgespräche im Vorfeld der insbesondere von deutscher Seite und speziell von Rathenau mit so großen Erwartungen begrüßten Weltwirtschaftskonferenz von Genua schwächer als je zuvor.

In dieser Situation trug Wirth Rathenau Ende Januar 1922 das bisher von ihm mitverwaltete Amt des Außenministers an. Dies lag in gewisser Weise in der Logik der Sache, da Rathenau den Weg von Cannes nach Genua wesentlich mit vorbereitet und dabei zugleich, ungeachtet aller sachlichen Gegensätze, erhebliches Prestige auf der internationalen Bühne erworben hatte. Wenn auf dem Verhandlungswege vielleicht doch noch etwas zu retten sein würde, so war Rathenau, der in den letzten Wochen über das bloß taktisch gemeinte Konzept der Erfüllungspolitik hinaus die Idee und den Plan einer wirtschaftlich fundierten europäischen Friedensordnung entwickelt hatte, auf der einen Seite dafür sicher der richtige Mann. Auf der anderen Seite ist kaum zu übersehen, daß Wirth für den wahrscheinlicheren Fall des Scheiterns der ganzen Konferenz an der Reparationsfrage sich und seine Politik nicht ganz persönlich mit diesem Scheitern belasten, also mit Rathenau einen potentiellen Sündenbock bereithalten wollte – zu dem dieser ja dann auch in tragischer Weise wurde.

Am 31. Januar 1922 wurde Rathenau ernannt – gegen erhebliche Widerstände nicht zuletzt von Seiten des Reichspräsidenten, aber auch der DVP, deren Vorsitzender Stresemann sich selber in einer ursprünglich geplanten großen Koalition Hoffnungen auf diese Position gemacht hatte. Nachdem er freilich das Amt, selber innerlich widerstrebend, übernommen hatte, bewies er ein durch seine Professionalität viele überraschendes Geschick. Er zeichnete sich vor allem dadurch aus, daß er pragmatisches, an den rasch wechselnden Konstellationen des Augenblicks orientiertes Handeln mit der Verfolgung weitausgreifender Pläne und Zielvorstellungen verband. Dabei lagen ihm Überlegungen, auf mehreren Klaviaturen gleichzeitig zu spielen und immer orientiert an dem übergreifenden Ziel, das jeweils Machbare zu erproben, durchaus nicht fern.

So hat er vor allem die russische Karte nicht endgültig verworfen, sie nur nicht vorzeitig ins Spiel bringen wollen. Andererseits wollte er weder die Brücke zu England noch die sehr brüchig gewordene zu Frankreich über Gebühr beschädigen oder gar abbrechen. «Der Versuch, Rußland von Frankreich oder England abzusprengen», erklärte er Ende Februar 1922, vier Wochen nachdem er sein Amt übernommen hatte, «wäre ein politischer Fehler, ebenso groß wie der Versuch, Frankreich und England untereinander zu verfeinden. Eine Verständigung zwischen Rußland und Frankreich wird sicher kommen. Wir müssen zu erreichen suchen, daß sie nicht dazu führt, uns von einer wirtschaftlichen Betätigung in Rußland auszuschalten.»

Vor allem Frankreich unter Poincaré machte es ihm allerdings zunehmend schwerer, diesen Kurs durchzuhalten. Am 25. Februar 1922 hatte der französische Ministerpräsident den englischen Premierminister Lloyd George darauf verpflichtet, in Genua nicht über Reparationen, also nicht über das zu verhandeln, was nach deutscher und nicht nur nach deutscher Ansicht den Kern aller Gespräche bilden mußte. Folgerichtig sagte die amerikanische Regierung ihre Teilnahme an der Konferenz ab. Rathenau selber erklärte am 29. März 1922, knapp vierzehn Tage vor Beginn der Konferenz, vor dem Reichstag in Berlin, mit der von Poincaré erzwungenen, von England offensichtlich mitgetragenen Entscheidung der Alliierten, in Genua nicht über die Reparationsfrage zu sprechen, habe die Konferenz zwar nicht ihren eigentlichen Gegenstand, die wirtschaftspolitische Reorganisation Europas, verloren, wohl aber einen entscheidenden Ausgangspunkt, von hier aus zu einer allgemeinen Befriedung und zu einem wirklichen Neuanfang zu gelangen. Deswegen habe Amerika den sehr zu bedauernden Entschluß gefaßt, sich gar nicht erst zu beteiligen. Als Antwort auf diese Entwicklung fügte er andeutungsweise hinzu, daß man hinsichtlich des Wiederaufbaus Rußlands, der im Prinzip eine gemeinsame europäische Aufgabe sei, wie er immer betont habe, nun verstärkt eine direkte Hilfe durch das Reich ins Auge fassen müsse.

Wenig später, am 1. April 1922, traf die russische Delegation für Genua in Berlin ein und suchte die deutsche Seite, an die Gespräche Radeks vom Januar anknüpfend, erneut für einen deutsch-russischen Sondervertrag zu gewinnen.[18] Mit diesem Vertrag sollten diplomatische Beziehungen zwischen den beiden Ländern aufgenommen und die Frage der Entschädigungen geregelt werden. Zusammen mit Maltzan wurden entsprechende Entwürfe aufgesetzt. Der Außenminister zeigte sich jedoch immer noch nicht zu einem entsprechenden Abkommen bereit, jedenfalls nicht zum gegenwärtigen Zeitpunkt, so kurz vor Beginn der Konferenz in Genua. Sein russischer Gegenpart Tschitscherin berichtete über ein Gespräch, das er darüber mit Rathenau geführt habe. Dieser sei «vor freundschaftlichen Gefühlen» förmlich übergeflossen. «In Wirklichkeit zeigte er sich in den Grundfragen völlig unnachgiebig, bei großem Verschleiß an freundschaftlichen Gesten.»[19]

In dieser Haltung wurde Rathenau auch in der Kabinettssitzung vom

Walther Rathenau in Genua

5. April 1922 bestärkt, der letzten vor der Konferenz in Genua. In dieser bestand Ebert sogar darauf, daß keine konkreten Absprachen mit den Russen getroffen werden sollten, ohne daß er und die in Berlin verbleibenden Kabinettsmitglieder vorher darüber verständigt würden und ihr Einverständnis gegeben hätten.

Die Konferenz, auf der sich die europäischen Siegermächte erstmals mit den Vertretern des geschlagenen Deutschland und den Repräsentanten der international nicht anerkannten russischen Revolutionsregierung trafen – 29 Staaten mit insgesamt annähernd 2000 Konferenzteilnehmern kamen in Genua zusammen –, begann in mehr oder weniger offenem Dissens zwischen allen Beteiligten, beziehungsweise, vorsichtiger ausgedrückt, mit stark divergierenden Zielen und Interessen der einzelnen Mächte.[20]

Dem Gastgeber Italien war es vor allem um eine rasche Normalisierung der europäischen Wirtschaftsbeziehungen zu tun, darunter speziell auch derjenigen zu Rußland. Dieses, der von allen Seiten mißtrauisch beäugte «outlaw», erstrebte einerseits die Aufnahme diplomatischer Beziehungen mit den übrigen Mächten, ohne bereit zu sein, dafür als Preis die Anerkennung der russischen Vorkriegsschulden aus zaristischer Zeit zu leisten. Andererseits ging es Rußland um wirtschaftliche Hilfe, um Kreditgewährung durch die Westmächte und durch Deutschland, wobei man allerdings unbedingt vermeiden wollte, daß diese, wie es unter anderen auch Rathenau vorgeschlagen hatte, eine Art internationales Syndikat der, wie man sich aus Moskauer Sicht ausdrückte, «kapitalistischen Staaten» bildeten.

Rathenau hingegen wollte gerade ein solches wirtschaftspolitisches Zusammengehen mit den Westmächten erreichen, um auf diesem Wege, zumindest mittelfristig, zu Erleichterungen in der Reparationsfrage zu kommen und gleichzeitig in den Beziehungen zu Rußland nicht isoliert zu werden; das war der Grund, warum Rathenau sich zunächst strikt gegen einen Sondervertrag mit Rußland aussprach, zu dem ihn der im Oktober 1921 zum Leiter der Ostabteilung des Auswärtigen Amts ernannte Ago von Maltzan und auch Wirth drängten.

Frankreich wiederum war unter Poincarés Führung entschlossen, die ganze Frage der deutschen Reparationen überhaupt nicht auf die Tagesordnung gelangen zu lassen und mit Rußland nur zu verhandeln, wenn Moskau zunächst die russischen Vorkriegsschulden anerkenne – für eine solche Anerkennung stellte man, und auch dies nur indirekt, Gespräche über eine Abgeltung dieser Schulden zu Lasten der auf diese Weise noch weiter aufzustockenden deutschen Reparationsverpflichtung in Aussicht. England, das den Impuls zu dieser ersten europäischen Konferenz nach dem Kriege gegeben hatte und dem es weniger um die Zahlung der Schulden als um die Normalisierung der Wirtschaftsbeziehungen ging, versuchte sich, vor allem zumindest an einem Teilerfolg der Konferenz lebhaft interessiert, in der Rolle des ehrlichen Maklers, ohne freilich dafür ein wirkliches Konzept zu besitzen.

Das wurde schon bei dem ersten Schritt, den London in diesem Sinne unternahm, recht deutlich. England schlug vor, daß sowohl Deutschland als auch Rußland, die beiden «outlaws», in allen Unterkommissionen vertreten sein sollten. Während die Russen mit dem Hinweis darauf, daß sie das von den Alliierten ausgearbeitete Memorandum, das als Verhandlungsgrundlage dienen sollte, eben erst erhalten hätten und noch nicht hinreichend vorbereitet seien, den Beginn der Verhandlungen verzögerten, überredete der französische Außenminister Barthou Lloyd George, zunächst eine interne Besprechung mit den Russen ohne deutsche Beteiligung durchzuführen.

Es war jedermann klar, daß Deutschland – in diese Richtung ging offensichtlich das Bestreben Frankreichs – aus den Verhandlungen herausgehalten werden sollte. Dabei irritierte es die deutsche Delegation zusätzlich, daß man nach dem Memorandum vermuten konnte, Rußland solle nach Artikel 116 des Versailler Vertrages ein Entschädigungsrecht für seine Kriegsschäden gegenüber Deutschland zugestanden werden. Da die russische Seite nach der Abfuhr, die sie in Berlin erhalten hatte, nichts tat, um diese Vermutung zu widerlegen, und damit den Verdacht nährte, ein Abkommen zwischen Moskau und den Alliierten zu Lasten Deutschlands stehe unmittelbar bevor, bestand nach deutscher Einschätzung die Gefahr völliger Isolierung.

Vor allem Rathenau sah sich in seinen Plänen, in seinen Hoffnungen und Erwartungen tief enttäuscht. Er hatte, um den Weg einer Verständigung mit den Alliierten, vor allem auch mit Frankreich, offenzuhalten, ein Eingehen auf die russischen Avancen im Unterschied zu Wirth und Maltzan strikt abgelehnt und befand sich nun plötzlich zwischen allen Stühlen. Dieser Eindruck verstärkte sich bei ihm noch dadurch, daß das von Journalisten förmlich belagerte Genua – rund 700 waren als offizielle Berichterstatter bei der Konferenz akkreditiert, darunter auch Ernest Hemingway, der pointierend-ausführlich berichtete – vor Gerüchten schwirrte, die Verhandlungen zwischen Rußland und den Alliierten seien schon sehr weit gediehen.

Eine Art amtliche Bestätigung dafür schien der Besuch zu bieten, den der Leiter des Pressebüros des italienischen Außenministers Schanzer, Giannini, am Abend des Karfreitag, dem 14. April, im Auftrag seines Ministers Wirth und Rathenau in ihrem Hotel abstattete. Bei diesem Besuch berichtete Giannini, in der Villa Lloyd Georges seien in den letzten Tagen Verhandlungen auf der Grundlage des alliierten Memorandums geführt worden, die kurz vor einem positiven Abschluß stünden.

In der Aufzeichnung des Auswärtigen Amtes über dieses Gespräch[21] heißt es dann weiter, Rathenau habe Giannini «in herzlichen Worten» für seinen Besuch gedankt und erklärt, «daß Deutschland unter diesen Umständen an den Vorgängen ein Interesse zu nehmen nicht in der Lage sei». Auf Gianninis Rückfrage, was er damit meine, habe ihm Rathenau erklärt, offensichtlich seien «die Abmachnungen ohne uns mit Rußland getroffen worden»: «Man habe ein schönes Diner arrangiert, uns nicht dazu eingeladen, aber gefragt, wie uns das Menu gefalle.» Rathenau habe ihm außerdem «zu verstehen» gegeben, daß Deutschland nun nach anderen Wegen Ausschau halten müsse. Rathenau, so die Aufzeichnung weiter, habe Maltzan anschließend den Auftrag gegeben, «nunmehr mit den Russen eine Verbindung zu suchen, um die in Berlin unterbrochenen Besprechungen wiederaufzunehmen».

Dieser ihm hochwillkommenen Weisung ist Maltzan sogleich gefolgt und hat am Vormittag des folgenden Tages mit den beiden russischen Delegierten, Joffe und Rakowski, gesprochen, die ihrerseits auf den Vorschlag, die Gespräche wiederaufzunehmen, bereitwillig eingingen. Gleichzeitig teilten sie Maltzan auf ausdrückliche Anweisung des Leiters der russischen Delegation, des Außenministers Tschitscherin, mit, daß Rußland die Gespräche mit den Ententemächten abgebrochen habe.

Diese Mitteilung aber hat Maltzan offensichtlich nicht an Rathenau weitergegeben, um dessen Bereitschaft, nun endgültig und rasch den Rubikon zu überschreiten, nicht wieder ins Wanken zu bringen. Jedenfalls drängten die Russen, wohl in geheimem Einverständnis mit Maltzan, darauf, rasch zum Abschluß zu kommen, auch in der Sorge, daß sich Lloyd George jetzt wieder mit der deutschen Seite in Verbindung setzen und Rathenau dann erneut auf sein ursprüngliches Konzept zurückkommen werde, gemeinsam mit den Alliierten zu übergreifenden Lösungen zu gelangen. Sie erklärten, nicht mehr allein mit Maltzan, sondern sogleich direkt mit Wirth und Rathenau verhandeln zu wollen, um rasch zu einem Abschluß zu gelangen.

Rathenau freilich zögerte bis zuletzt. Es sei ihm klar, daß die Russen ihn unter Druck setzen wollten. Er werde, erklärte er Maltzan, nachdem ihm dieser in einem nächtlichen Gespräch zwischen Karsamstag und Ostersonntag von der russischen Haltung berichtet hatte, zu Lloyd George gehen, ihm die Situation darlegen, und hoffen, mit ihm zu einer Verständigung zu gelangen. Damit sah Maltzan seine ganzen Planungen durchkreuzt. Aufgeregt erwiderte er: «Unmöglich – es wäre ehrlos gehandelt. Wenn Sie es tun, werde ich sofort meine Demission einreichen und mich ins Privatleben zurückziehen. Zu einem solchen Verrat an Tschitscherin werde ich mich nicht hergeben.»[22]

Da auch Wirth, der inzwischen zu dem nächtlichen Gespräch zwischen Rathenau und Maltzan gemeinsam mit dem Staatssekretär Ernst von Simson hinzugekommen war, die Meinung vertrat, daß man nun nicht mehr zurück könne, beugte sich Rathenau, freilich nach wie vor innerlich widerstrebend. Man beschloß, daß zwar nicht Wirth, aber Rathenau am nächsten Tag mit großen Teilen der deutschen Delegation ins nahegelegene Rapallo, wo die Russen Quartier bezogen hatten, fahren und dort nach letzten Gesprächen über den ja schon seit längerem praktisch fertigen Vertrag zum Abschluß kommen sollte.

Nach wenigen Stunden Schlaf trafen Rathenau und die deutsche

Delegation am Ostersonntagmorgen in Rapallo ein, und gegen Abend war der Vertrag endgültig unterschriftsreif. Noch einmal gab es für Maltzan eine kurze Schrecksekunde, als Rathenau erfuhr, daß Lloyd George, den er in den vergangenen vierundzwanzig Stunden mehrfach vergeblich versucht hatte, telefonisch zu erreichen, ihn und Wirth plötzlich zum Tee und damit praktisch zur Wiederaufnahme der Gespräche eingeladen hatte. Nun aber gab es endgültig kein Zurück mehr. Mit den Worten: «Le vin est tiré, il faut le boire» fuhr Rathenau zur Unterzeichnung.

Die Nachricht von der Unterzeichnung des Vertrages verbreitete sich rasch, und die Sensation war perfekt. Die zwei Mächte, die als Bittsteller gekommen waren, die immer noch in gewisser Weise außerhalb der Staatengemeinschaft standen, hatten sich gleichsam hinter dem Rücken der anderen verständigt. Der Inhalt des Abkommens war an sich nicht weiter sensationell. Beide Mächte nahmen diplomatische Beziehungen auf und vereinbarten wirtschaftliche Hilfen und Handelsbeziehungen nach dem Grundsatz der Meistbegünstigung. Weiterhin verzichteten sie wechselseitig auf Forderungen aus der Zeit des Krieges und auf Entschädigung für Zivilschäden. Sicher, man vereinbarte in geheimen Noten, daß die deutsche Teilnahme am geplanten internationalen Wirtschaftskonsortium von vorhergehenden deutsch-russischen Beratungen abhängig gemacht werden solle. Davon sickerte einiges durch und nährte die Vermutung, daß man sich auch über ein geheimes Militärabkommen verständigt habe.

Aufsehen aber erregten vor allem Ort und Zeitpunkt: Im Schatten einer Konferenz von Siegern und Besiegten, der ersten seit dem Ende des Krieges, die gemeinsame Lösungen für die zwischenstaatlichen und internationalen Probleme erarbeiten und wenn irgend möglich in Kraft setzen sollte, hatten zwei der Mächte aus dem Lager der Besiegten beziehungsweise bisher international Geächteten in geradezu verschwörerischer Form außerhalb des eigentlichen Konferenzortes ein Sonderabkommen geschlossen, das, so schien es, allem Bemühen, zu neuer internationaler Gemeinsamkeit zu gelangen, widersprach.

Kaum jemand hat diesen Widerspruch schärfer empfunden und sich daher bis fast ganz zuletzt gegen den Vertragsabschluß gewehrt als der deutsche Außenminister. Aber gerade er wurde im In- und Ausland als der eigentliche Hauptverantwortliche gesehen und dafür neben vielfach nur zurückhaltend geäußerter Zustimmung mit feindseligen Angriffen und mit weit hergeholten, teils wirren Verdächtigungen überhäuft. Diese gingen im Inland so weit, ihn der heimlichen Komplizenschaft mit den Bolschewisten zu verdächtigen, wobei ein kaum noch verschleierter Antisemitismus zusätzlich eine Rolle spielte.

Was die Konferenz von Genua anging, so suchte vor allem Lloyd George, dem abgesehen von Rathenau an einem Erfolg der Konferenz im Interesse Englands am meisten gelegen war, zu retten, was zu retten war. Im Zeichen der Drohung mehrerer Delegationen mit der französischen an der Spitze, die Konferenz sogleich zu verlassen, suchte er die deutsche Seite erneut einzubinden. Nachdem er zunächst, sicher von vornherein ohne große Hoffnung auf Erfolg, von den Deutschen die Rücknahme des Vertrages verlangt hatte, um wieder eine Basis für gemeinsame Verhandlungen zu schaffen, forderte er in einem weiteren Gespräch die deutsche Delegation auf, ihren nun verstärkten Einfluß auf die Russen geltend zu machen, um diese doch noch für ein gemeinsames Abkommen der europäischen Mächte zu gewinnen.

Dieser neuerliche Versuch, für die Verhandlungen gewissermaßen den status quo ante, vor Rapallo, wiederherzustellen, hatte, man möchte sagen, naturgemäß keinen Erfolg, zumal Lloyd George bezüglich des deutschen Hauptinteresses bei der ganzen Konferenz, einer Neufestlegung der Reparationsrate, angesichts der starren Haltung Frankreichs nichts anzubieten hatte. Immerhin gelang es Rathenau in seiner Schlußrede zu der am 19. Mai erfolglos endenden Konferenz noch einmal in viele beeindruckender Weise den Blick auf das eigentlich zentrale Problem zurückzulenken, an dessen Lösung alle gemeinsam arbeiten müßten: auf die höchst bedrohliche Lage der Weltwirtschaft, deren Überwindung das vertrauensvolle Zusammenwirken aller Beteiligten erfordere.

In Deutschland freilich baute sich gerade im rechten Lager nach Rapallo ein solches Haßpotential gegen Rathenau auf wie gegen kaum einen anderen Weimarer Politiker. Er galt nun nicht mehr allein als Hauptvertreter einer Erfüllungspolitik, die Deutschland dem für die Friedensbedingungen letztlich verantwortlichen internationalen Judentum, seinen, wie man immer offener erklärte, «Rassegenossen», ausliefern wolle. Man sprach jetzt auch von ihm als einem Anhänger des «schleichenden Bolschewismus».

In diesem Sinne nannte ihn der «Völkische Beobachter» am 22. April 1922, also noch während der Verhandlungen in Genua, den Prototyp eines «Börsen- und Sowjetjuden». Rathenau selber wußte, daß in dieser sich ins Maßlose steigernden Feindschaft der politischen Rechten, die in ihm zugleich den Renegaten sah, auch eine ganz persönliche Bedrohung steckte. «Ich weiß», erklärte er schon im Februar 1922, wenige Tage nach seinem Amtsantritt als Außenminister, «daß mein Leben ständig bedroht ist. Aber», so zu Hellmuth von Gerlach, «was wollen Sie, dagegen kann man sich nicht schützen, wenn man nicht selbst ein Gefangener werden, sich einschließen oder sich ständig von Polizei bewachen lassen will.»

Einlenken, sich von seinem Kurs abbringen lassen oder sich gar in Sorge um seine persönliche Sicherheit von seinem Amt ins Privatleben zurückziehen aber wollte er nicht. Er nahm im Gegenteil, in Verteidigung seiner und der Politik seiner Regierung, den Kampf mit dem politischen Gegner auf der Rechten auf, der die sogenannte Erfüllungspolitik immer schärfer angriff.

Besonders hervor tat sich dabei der ehemalige Reichsschatz- und dann Innenstaatssekretär Karl Helfferich, der, wie Rathenau, während des Krieges für innenpolitische Reformen eingetreten und gleichfalls, im Unterschied zu Rathenau, von Anfang an ein Gegner des uneingeschränkten U-Boot-Krieges gewesen war, allerdings schon früh in einem scharfen Spannungs- und Konkurrenzverhältnis zu Rathenau gestanden hatte. Helfferich, mittlerweile Vorsitzender der Deutschnationalen Volkspartei und einer der entschiedensten Kritiker der Erfüllungspolitik, nahm die Rede von Rathenau, die er als zu «matt» und «abgeklärt» angriff, zum Anlaß einer Generalabrechnung mit der gesamten, vor allem auch von Rathenau zu verantwortenden Politik.

«Die Politik der Erfüllung hat uns», erklärte er am 23. Juni 1922 im Reichstag, «das will ich einmal kurz zusammenfassen, die furchtbare Entwertung des deutschen Geldes gebracht, hat unseren Mittelstand zermalmt, hat zahllose Menschen und Familien in Not und Elend gebracht, hat zahllose Menschen in Verzweiflung und Selbstmord getrieben, sie hat große, wertvolle Teile unseres nationalen Produktionskapitals dem Ausland ausgeliefert, sie hat unsere wirtschaftliche und soziale Ordnung in ihren Grundfesten erschüttert.»[23] Kurz – sie sei an dem Unglück Deutschlands schuld, und ihre Urheber und Verteidiger müßten daher mit allen Mitteln und mit aller Härte bekämpft werden.

Mit allen Mitteln – das empfanden junge Rechtsradikale, die sich unter anderem in der «Organisation Consul» zusammengefunden hatten, als eine direkte Aufforderung zum Handeln.[24] Am nächsten Morgen, dem 24. Juni – es war ein Samstag – wurde Rathenau, der sich im offenen Wagen auf dem Weg ins Auswärtige Amt befand, aus einem vorbeifahrenden Auto heraus erschossen. Das Tatwerkzeug war eine Maschinenpistole, ergänzt durch eine Eierhandgranate.[25]

Im Reichstag, der am Nachmittag zusammentrat, kam es in Reaktion auf die Todesnachricht zu Tumulten. Vor allem Helfferich wurde als «Mörder» attackiert, der mit seinen Reden geistig den Boden für das

Ermordung von Walther Rathenau: Tatort im Grunewald

Attentat bereitet habe. Auch Reichskanzler Wirth schloß sich dem indirekt an. «Nennen Sie», erklärte er, «einen prononcierten Vertreter rechtsgerichteter Auffassungen im deutschen Lande, dem auch nur ein Haar gekrümmt worden ist!» In einer großen Rede am nächsten Tag schlug er insofern versöhnlichere Töne an, als er die Hauptschuld an der vergifteten Atmosphäre in Deutschland den Alliierten zuschrieb, die dem demokratischen Deutschland im Verlauf des letzten Jahres nur Demütigungen zugefügt hätten. Rathenau habe versucht, diesen Ring von Demütigungen und über jedes Ziel hinausschießenden und zugleich fruchtlosen deutschen Gegenreaktionen zu durchbrechen. Das sei sein Vermächtnis. «In diesem Sinne müssen alle Hände, muß jeder Mund sich regen, um endlich in Deutschland die Atmosphäre des Mordes, des Zankes, der Vergiftung zu zerstören.»

Nach diesem Appell an alle politischen Gruppen, sich ungeachtet der sachlichen Gegensätze im einzelnen in nationaler Solidarität zu vereinigen und dem blinden Radikalismus eine Absage zu erteilen, wandte Wirth sich jedoch plötzlich an die rechte Seite des Hauses und erklärte, ein Wort von Philipp Scheidemann aus dem Jahre 1919 aufgreifend: «Da steht der Feind, der sein Gift in die Wunden eines Volkes träufelt. – Da steht der Feind – und darüber ist kein Zweifel: dieser Feind steht rechts!»

Aufruf!

Der Mord an dem Reichsminister Dr. Rathenau

hat die **schweren Gefahren enthüllt,** denen Deutschland durch innerpolitische Gärungen ausgesetzt ist. Die Mahnungen, **den Zwist der Parteien und den Streit um Vergangenes ruhen zu lassen und alle Kräfte der Nation dem Aufbau und der Rettung des Vaterlandes zu weihen, sind ungehört verhallt.** Eine ruhelose und **nichtswürdige Verhetzung,** welche sich gegen die Staatsreform richtet und ihre Diener für vogelfrei erklärt, treibt immer wieder unklare, politisch verblendete oder verwilderte Köpfe zu Mordversuch und Mord. **Ein Netz von Verschwörungen droht den inneren Frieden,** die Grundlage einer deutschen Erneuerung, zu zerstören. Der Mord an Rathenau ist nur ein Glied in einer Kette

wohl vorbereiteter Anschläge auf die Republik.

Zuerst sollen die Führer der Republik, dann soll **die Republik selbst fallen.** In der Verteidigung gegen den verbrecherischen Anschlag muß Durchgreifendes geschehen. Dem wachsenden Terror, dem Nihilismus, der sich vielfach unter dem Deckmantel nationaler Gesinnung verbirgt, darf nicht mehr mit Nachsicht begegnet werden. Der Ruf:

„Die Republik ist in Gefahr“

muß alle freiheitlichen, für den Aufbau eines demokratischen Staatswesens arbeitenden Schichten der Bevölkerung zusammenschließen und einigen. Das Reichskabinett, eines seiner fähigsten und besten Mitarbeiter durch Meuchelmord beraubt, erkennt in der Stunde tiefster Trauer die politische Forderung dieser Stunde.

Da Gefahr im Verzug ist, muss schnell gehandelt werden.

Die Reichsregierung hat daher dem Reichspräsidenten empfohlen, von seiner verfassungsmaßigen Befugnis Gebrauch zu machen und durch Verordnung den Schutz des Staates und das Leben seiner **durch politische Mordorganisationen** bedrohten Vertreter zu sichern. Sie **wird für strengste Durchführung dieser Verordnung Sorge tragen** und sofort die Vorbereitungen treffen, um durch gesetzliche Vorschriften der moralischen und politischen Zersetzung entgegenzuwirken, **die den Staat in seinen Grundlagen auf das schwerste bedroht.**

Die Reichsregierung versteht die tiefe Erregung des Volkes. Sie bedauert die wirtschaftlichen Rückschläge eines solchen politischen Wahnsinns, **welche die arbeitenden Klassen am meisten treffen.** Die Reichsregierung hofft, daß das deutsche Volk in seiner verständlichen Erregung **sich nicht zu Schritten verleiten läßt, welche die wirtschaftlichen und politischen Schäden und Wirren noch vermehren würden.**

Sie erwartet vielmehr, daß das deutsche Volk sich hinter die Bemühungen der Regierung stellen wird und richtet daher an die Beamtenschaft, an die Arbeiter aller Parteien und an das ganze freiheitliche Bürgertum **die ernste und dringliche Mahnung zum Schutze des Staates in Not und Gefahr zusammenzustehen.**

Es lebe die Republik!

Die Reichsregierung **Dr. Wirth.**	**Der Reichspostminister** **Giesberts.**

Plakat der Regierung

Trauerfeier im Reichstag

Damit aber gab er zwar eine wirkungsvolle Parole für die republikanischen Kräfte, für SPD und Gewerkschaften, für die linksbürgerliche DDP und für große Teile des Zentrums aus, die dann auch eine gewaltige Trauerfeier für den ermordeten Außenminister in Szene setzten. Indem er jedoch die Deutschnationalen und größere Teile der rechtsbürgerlichen Deutschen Volkspartei, die der Republik zumindest kritisch gegenüberstanden, indirekt zu «Sympathisanten» der Attentäter erklärte, vergiftete er, statt unter dem Eindruck des Mordes, der auch hier für die meisten ein Schock gewesen war, versöhnend zu wirken, die Atmosphäre noch weiter. Die gewaltigen Demonstrationen, zu denen es nach dem Tode Rathenaus kam und ihn, der Zeit seines Lebens umstritten gewesen war, fortan als demokratischen Volkshelden, als einen Säulenheiligen der Republik bis zu ihrem Ende erscheinen ließen, verdeckten so, daß er ein Symbol nicht für die Überwindung, sondern für die fortbestehende, ja, sich verhärtende Spaltung der Nation blieb.[26]

Sie verdeckten vor allem, daß er mit dem, was zeitlebens sein großes Ziel gewesen war, letztlich gescheitert war: das Bürgertum seiner Zeit, das in der Wirtschaft, in der Gesellschaft, im kulturellen Leben immer stärker geworden war, gleichzeitig aber seine innere Einheit, seinen einheitlichen Willen mehr und mehr verloren hatte, zu einer neuen, handlungsfähigen, die Zukunft entscheidend gestaltenden Einheit zusammenzuführen. Es war im Gegenteil zu einem bloßen Anhängsel einer verbürgerlichten und gleichzeitig von links entscheidend herausgeforderten Sozialdemokratie auf der einen, zu einem solchen der ganz vergangenheitsorientierten Kräfte der politischen Rechten auf der anderen Seite geworden. War schon der Anlauf vom November 1918 gescheitert, eine gemeinsame bürgerliche Partei ins Leben zu rufen, so verhärtete sich die Spaltung zwischen den beiden bürgerlichen Lagern in den folgenden Jahren immer mehr.

Den Hauptgrund dafür sah Rathenau vor allem darin, daß sie, und das galt seiner Meinung nach für beide Seiten, keine Vision für die wirtschaftliche, die gesellschaftliche, die kulturelle, die politische Zukunft Deutschlands und darüber hinaus Europas besaßen. Um eine solche Vision eines erneuerten bürgerlichen Deutschland und zugleich in weiterer Zukunft eines bürgerlichen Europa hatte er sich zeit seines Lebens bemüht und versucht, sie in seinen Schriften zu entwickeln und zu verbreiten. Der Einsicht, daß er damit weitgehend erfolglos geblieben war, konnte er sich am Ende immer weniger entziehen. Von daher erklären sich der von dunklen Todesahnungen begleitete tiefe Pessimismus seiner letzten Lebensphase und der gleichsam resignative Gleichmut, mit dem er sich seinen Mördern förmlich darbot. Sein Tod erhält in dieser Perspektive, so sinnlos er für sich genommen war, seinen tieferen Sinn – freilich im Sinne eines Menetekels für das Scheitern des bürgerlichen Aufbruchs, der erst Jahrzehnte später nach einer fürchterlichen Katastrophe wieder eine Chance bekommen sollte.

Zusammenfassung und Ausblick:

Der Mann und seine Zeit

Bei aller Individualität und Unverwechselbarkeit seines Lebensweges und seines Charakters war Walther Rathenau doch zugleich ein Repräsentant, eine Symbolfigur seiner Epoche, ihrer tiefen inneren Gegensätze, ja Unvereinbarkeiten, ihrer elementaren Aufbruchstimmung wie auch ihres tiefen Zukunftspessimismus, ihrer alle Grenzen des Bisherigen sprengenden überschäumenden Erwartungen und des gegenläufigen Gefühls vieler Zeitgenossen, vor einem Abgrund zu stehen.

Rathenau hatte in seiner Person und in seinem Wirken an beidem Anteil, und nicht zuletzt das bewirkte, daß er in keinem der Lager wirklich zu Hause war, von ihren Repräsentanten und Wortführern als überzeugter Parteigänger anerkannt wurde. Das galt für die Industrie und die Bankenwelt ebenso wie für die vielfältigen Bereiche des kulturellen Lebens, für die Literatur und das Theater, für die bildende Kunst und die Musik, und letztlich sogar, auch wenn er sein Leben als deutscher Außenminister beendete, für die Politik. Überall hier trat er mit eigenen, oft stark beachteten Beiträgen hervor, die verrieten, wie beschlagen er war, wie vertraut mit den zentralen Problemen und der jeweils aktuellen Diskussion. Und überall wurden sie zugleich als Beiträge eines Außenseiters verstanden, der nicht wirklich dazugehörte. Was er repräsentierte, war die Stimmung des Auf- und Umbruchs, nicht aber, wie so viele andere, eine klare Richtung jenes Auf- und Umbruchs, auch wenn diese, bei Licht betrachtet, schon zeitgenössisch und auch im Rückblick vielfach eine bloße Konstruktion war.

In seinem nach dem Ersten Weltkrieg verfaßten Roman «Der Mann ohne Eigenschaften» hat Robert Musil in der Gestalt des Dr. Paul Arnheim die Substanz- und Ziellosigkeit der Aufbruchserwartungen, die dieser verkörperte, satirisch überhöht glossiert. Arnheim erscheint hier als jemand, der pompös, mit großen Gesten und Versprechungen ein Projekt auf einem ihm von seiner Herkunft und seiner beruflichen Tätigkeit her fremden Feld vorantreibt, dessen Substanz, bei aller großspurigen Ankündigung, völlig nebelhaft bleibt. Das wird, mit tiefer Ironie, breit ausgeführt und Arnheim als jemand dargestellt, der in seiner Person und in seinem Wirken all das widerspiegele, was die Fragwürdigkeit der ganzen Epoche und ihrer Führungsschicht ausgemacht habe, ihre innere Brüchigkeit und Substanzlosigkeit, das Vorherrschen der letztlich inhaltsleeren großen Geste.[1] Überall, in Fragen der Wirtschaft wie auch der Politik, hinsichtlich der Literatur, der Kunst, der Musik, auf dem Gebiet der Architektur und der Philosophie und auch im Hinblick auf Probleme der Religion und der Weltanschauung habe er sich als intimer Kenner, als Mann origineller und weiterführender Einsichten und Ideen präsentiert. Und überall sei doch bei genauem Hinsehen deutlich geworden, daß bei ihm die bloße Pose, der nackte Geltungsanspruch dominierten, daß sich hinter diesem Anspruch in Wahrheit nichts verbarg, kein wirklich origineller Gedanke, keine tiefere Einsicht, daß er stets nur den Parolen eines ständig wechselnden und schwankenden Zeitgeistes folgte, ja, nichts anderes als dessen Schwanken repräsentierte, in dem sich die Haltlosigkeit einer niedergehenden, dem Untergang entgegentaumelnden Zeit widerspiegelte.

An diesem, auf einen Typus zielenden und die konkrete Biographie entsprechend behandelnden und auch umformenden Zerrbild der Person und des Auftretens Rathenaus[2] war so viel richtig, daß dieser sich ständig bemühte, in den verschiedensten Bereichen jeweils auf der Höhe der Zeit zu sein und daß er dabei doch stets ein Außenseiter blieb. Von früh auf bestrebt, dem Schatten und der Lebenswelt des in seinem Bereich, dem Aufbau eines ganz neuen Industriezweiges, der Elektroindustrie, so erfolgreichen Vaters zu entfliehen, blieb er doch in seiner beruflichen Existenz an diese Lebenswelt gebunden. Und in ihr galt er, trotz vielfacher eigenständiger Leistungen auf diesem Gebiet, in erster Linie als Sohn des Vaters.

Dieses Urteil verstärkte er indirekt dadurch, daß er mit Aktivitäten auf ganz anderen Gebieten hervortrat, in der Publizistik, als Schriftsteller, im Bereich von Kunst und Architektur, dann zunehmend auch in der Politik – all das sehr ernsthaft und mit großem Engagement. Für die eine Seite, für die Vertreter der Wirtschaft, der Technik, des Bankwesens, aber erschien das alles als irritierende und befremdliche Fluchtbewegung. Und für die anderen, die Repräsentanten und Wortführer des kulturellen Lebens und auch diejenigen der Politik, galt, was er tat und zu Papier brachte in einer sich auch hier mehr und mehr professionalisierenden Welt als Freizeitbeschäftigung eines Außenseiters, eines auf unterschiedlichen Gebieten dilettierenden reichen Mannes, dem man teils wohlwollend, teils skeptisch begegnete.

Das Menschenbild des 18. Jahrhunderts, des auf den verschiedensten Gebieten aktiv tätigen und dabei allgemein anerkannten Mannes, wie es an seiner Spitze ein Montesquieu, ein Voltaire, ein Goethe, viele Vertreter der Aufklärung verkörperten, dieses Menschenbild, von dem sich Rathenau so deutlich leiten ließ, es versank seit Ende des 19. Jahrhunderts mehr und mehr. Nur in manchen Hervorbringungen der Literatur und in den Ansprüchen der Kunst überlebte es, wobei man auch hier immer schärfer, was die Träger und Repräsentanten anging, zwischen Profis und den eher mitleidig betrachteten Dilettanten unterschied.

Mit einem Wort: Rathenau erschien außer auf dem vom Vater übernommenen und stets mit einem gewissen Widerwillen verfolgten Gebiet, auf dem ihm zugleich vielfältiges unterschwelliges Mißtrauen begegnete – eben weil er sich auf so vielen anderen Gebieten betätigte –, auf diesen anderen Gebieten für die meisten hier Tätigen als ein Außenseiter, der sich mit seinem Reichtum ein ganz äußerliches Prestige erkaufte, so wie das später Robert Musil scharf karikierte. Das hat ihn persönlich zeit seines Lebens aufs äußerste belastet und immer wieder in Sinnkrisen geführt. Es machte ihn jedoch zugleich zu jemandem, der die Entwicklungen und Tendenzen seiner Zeit auf den verschiedensten Gebieten mit großem Scharfsinn und erhöhter Sensibilität beobachtete und registrierte. Er war so, als Außenseiter, in intensivem Sinne ein Zeitzeuge, und darin besteht seine eigentliche, seine überindividuelle Bedeutung. Kaum jemand erlaubt mit seinem Leben und seinem Werk einen tieferen Einblick in die Epoche, nicht weil er ihre vorherrschenden Tendenzen, wie Musil meinte, direkt widerspiegelte, sondern weil er an ihnen, trotz intensiver Bemühungen um eine aktive Teilhabe, in Wahrheit nur begrenzt teilhatte.

Das galt, um mit dem zu beginnen, was am Ende seines Lebens im Zentrum stand, aber ihn schon viel früher beschäftigte und begleitete, für die Politik. Auch diese war in zunehmendem Maße, was die an ihr beteiligten Personen anging, von der grundlegenden Tendenz zur Professionalisierung erfaßt und bestimmt. Und zwar galt das nicht nur für die politische Rechte, sondern ganz ebenso für die Mitte und die Linke. Das verhinderte, daß Rathenau, der als Mann der Wirtschaft und mit Einschränkungen auch der kulturellen Szene galt, hier in der Zeit des Kaiserreichs und auch, entgegen dem äußeren Anschein, nach dessen Zusammenbruch wirklich Eingang fand, obwohl er sich durchaus nachdrücklich darum bemühte.

Zunächst hatte er es, nach dem Umschwung von 1906/7, in Kontakt zu Reichskanzler Bülow, von in engerem Sinne staatlicher Seite aus versucht, dann, unmittelbar vor 1914 und vor allem nach 1918, an der Seite der parteipolitischen und parlamentarischen Kräfte – jedesmal mit sehr begrenztem Erfolg, obwohl er es, nach 1918 selbst der linksliberalen Deutschen Demokratischen Partei zugerechnet, gestützt von dem einflußreichen Vertreter der Zentrumspartei beziehungsweise ihres linken Flügels, von Joseph Wirth, am Ende zum Wiederaufbauminister und dann zum Außenminister der Weimarer Republik brachte.

Statt als Akteur und unmittelbar Beteiligter in der Politik zu wirken, trat er während der größten Zeit seines Lebens als außenstehender Betrachter und kritischer Analytiker auf, als jemand, der die Politik kritisch von außen betrachtete und kommentierte, ohne aber zugleich dazu in den Augen der Zeitgenossen als Journalist oder Wissenschaftler gleichsam professionell legitimiert zu sein. Es war die Position eines gewissermaßen freischwebenden Intellektuellen, die er dabei einnahm, wobei sich viele fragten, welche Position und welches Interesse er damit eigentlich verband.

Im Verlauf des 18. Jahrhunderts war zwar eine Theorie der öffentlichen Meinung entwickelt worden, wonach an deren Bildung jeder Interessierte und Informierte teilhabe, ja teilzuhaben verpflichtet sei. Diese öffentliche Meinung müsse in Zukunft zugleich die oberste Instanz im Leben von Staat und Gesellschaft darstellen. Aber in der Praxis war man davon mehr und mehr abgerückt. In zunehmendem Maße dominierte die Tendenz, gerade die Äußerungen von auf den ersten Blick unabhängigen Personen ideologiekritisch zu befragen und einzuordnen, also hinter jeder Meinung eine bestimmte Absicht und ein bestimmtes Interesse zu wittern und die entscheidende Prämisse jener Theorie praktisch aufzugeben, die da lautete, im Prozeß der öffentlichen Meinungsbildung werde jede Einseitigkeit und Parteilichkeit gleichsam von selbst ausgeschieden. Wer an diese Theorie noch glaubte, galt bestenfalls als naiv.

So wurden Rathenaus publizistische Beiträge und Stellungnahmen zu einzelnen Fragen der Politik und vor allem auch zu grundsätzlichen Problemen der Struktur und Entwicklung des politischen Lebens, der Auswahl und Rekrutierung ihrer Repräsentanten, des Verhältnisses von politischer und gesellschaftlicher Verfassung, die er zunächst vor allem in der von seinem Freund Maximilian Harden herausgegebenen «Zukunft» und dann in Tageszeitungen veröffentlichte, vielfach als Äußerungen eines Amateurs abgetan, dem letzten Endes persönliche Geltungssucht die Feder führe, der Wunsch, sich außerhalb des ihm zugeschriebenen eigenen Feldes, der Industrie- und Bankenwelt, einen Namen zu machen.

Zwar war der Anspruch, sich über den Bereich der persönlichen Interessen und gruppenspezifischen Bindungen zu erheben und jeweils das Übergreifende, das Allgemeine ins Auge zu fassen und zu formulieren, im Lager der meinungsbildenden «Intellektuellen», das sich inzwischen mehr und mehr herausgebildet hatte, weit verbreitet. Aber einer solchen Gruppe wirklich zugerechnet und mit diesem Anspruch prinzipiell anerkannt wurden doch nur diejenigen, die weder persönlich noch beruflich mit einer der etablierten wirtschaftlich-sozialen Großgruppen identifiziert werden konnten, sowie andererseits diejenigen, die einem bestimmten politischen Lager fest verbunden waren. Beides aber galt für Rathenau nicht.

Das traf nicht so sehr für das zu, was er anfangs zur Kolonialpolitik und zu den deutsch-französischen Beziehungen publizierte, da man hier wirtschaftspolitische Interessen zumindest vermuten und seine Darlegungen entsprechend einzuordnen vermochte. Es galt jedoch im weiteren sehr entschieden für das, was er in verschiedenen Artikeln und vor allem in seinen 1912, 1913 und 1917 erscheinenden Büchern, vor allem in «Von kommenden Dingen», zu dem Verhältnis und der Struktur von Staat, Gesellschaft und Wirtschaft und dazu darlegte, wie diese sich künftig gestalten sollten. Hier erhob er Deutungsansprüche und vermittelte praktische Gestaltungsvorschläge an Politik und Öffentlichkeit für die, so meinte mancher, ihm sowohl das politische Fundament als auch, jenseits wirtschaftlicher und wirtschaftspolitischer Fragen und Interessen, nachweisbare professionelle Erfahrungen und Einsichten fehlten.

Auf der anderen Seite fanden seine Darlegungen und Vorschläge in den verschiedensten politischen und sozialen Lagern zwar durchaus ein Echo – allerdings meist nur in einzelnen Aspekten und nicht in ihrem vom Autor ins Auge gefaßten Gesamtzusammenhang. So wurde etwa die von ihm propagierte Idee einer radikalen Reduzierung des Erbrechts lebhaft und höchst kontrovers diskutiert, nicht aber das dahinter stehende Gesellschaftsmodell, das nicht, wie die Gegner behaupteten, auf sozialistische Egalisierung, sondern auf eine vom Individualitätsprinzip bestimmte liberale Leistungsgesellschaft zielte, jenseits von Stand und Klasse. Oder man hob von verschiedenen Seiten hervor, daß hier das Verhältnis von Wirtschaft und Staat, konkreter von großen Unternehmen und den politischen Entscheidungsträgern, für grundsätzlich revisionsbedürftig erklärt wurde, ließ sich jedoch auf die dahinter stehende Idee einer «Gemeinwirtschaft», die von Rathenau gemeinsam mit reformorientierten Vertretern der bürgerlichen Linken propagiert wurde, nur begrenzt und wenn, dann von Seiten etablierter Wirtschaftskreise, höchst kritisch ein.

Diese Idee sollte das Verhältnis von politischer Gemeinschaft und Wirtschaft auf eine ganz neue Grundlage stellen und letztere den Überlegungen unterordnen, die sich aus dem Gedanken eines übergreifenden Gesamtwohls ergeben würden. Ihn zu formulieren und praktisch durchzusetzen aber seien, das war der entscheidende Punkt, nur die gewählten Vertreter des politischen Gemeinwesens imstande und in der Lage. Zentral sei also auch in dieser Hinsicht der Umbau der politischen Verfassung.

Dem konnten abstrakt die meisten Vertreter der Mitte und der Linken zustimmen. Mit der konkreten Form, die Rathenau dieser Forderung gab, aber entfernte er sich einmal mehr von der Mehrheit seiner Zeitgenossen auch im Lager der fortschrittsorientierten politischen Kräfte. Statt sich entschlossen für die Parlamentarisierung des Reiches und für die sich abzeichnende Republik zu erklären, unterstrich er noch in der Endphase des Krieges seine kritische Haltung gegenüber den real vorhandenen politisch-parlamentarischen Kräften und betonte, geradezu in Anknüpfung an Hegel und seinen Staatsgedanken, die entscheidende Bedeutung einer auch von ihnen unabhängigen Staatsgewalt, einer Regierung über den Parteien – ohne sich über die Art ihrer Bestellung und ihrer Legitimation näher auszulassen. Darin spiegelte sich zugleich seine innere Distanz zu allen Fragen der konkreten Politik, die ja immer zugleich eine Parteinahme, ein Abweichen von einem angeblich stets vorhandenen übergreifenden Standpunkt in sich schloß. Die Politik der Zukunft sollte sich nach seiner Meinung, auch wenn er das nicht so offen aussprach, nach übergreifenden Vernunftgesetzen vollziehen und aus diesen ihre innere Legitimation erhalten.

So bewahrte er sich eine kritische Grundhaltung auch gegenüber dem sich abzeichnenden, demokratisch legitimierten parlamentarischen Staat, wobei die von ihm selber verfolgten politischen, vor allem auch institutionellen Ziele eher vage blieben. Das aber verstärkte ihm gegenüber bis in die Zeit seiner Ministertätigkeit die Skepsis und Distanz auch bei der Mehrheit der Vertreter der politischen Mitte, von der politischen Linken ganz zu schweigen. Und oft wurde zur Erklärung dabei seine trotz aller inneren Gegensätze fortbestehende geistige Verankerung in einem bestimmten politisch-sozialen Milieu angeführt, das prinzipiell dem Obrigkeitsstaat und vor allem obrigkeitsstaatlichem Denken zuneige.

Davon war Rathenau in Wahrheit weit entfernt. Im Gegenteil, er kritisierte in seinen Schriften an vielen Stellen dezidiert das obrigkeitsstaatliche Denken zumindest eines Teils auch des deutschen Bürgertums, insbesondere auch des Wirtschaftsbürgertums und machte es zugleich für das von ihm kritisierte politische Verhalten vieler seiner politisch aktiven Vertreter in seiner unmittelbaren Gegenwart verantwortlich. Aber indem er das tat und gleichzeitig eindeutige Festlegungen und Parteinahmen in Fragen der konkreten aktuellen Politik vermied, vergrößerte er zugleich die Distanz, die sich im Bereich der Politik zwischen ihm und der Mehrheit seiner Zeitgenossen selbst in dem Lager auftat, dem er sich prinzipiell zurechnete und dem er auch allgemein zugerechnet wurde.

Rathenau selber hat das zunehmend bitter empfunden. Im Juli 1918, kurz vor dem Ende des Weltkrieges und der Revolution, bemerkte er in einer «An Deutschlands Jugend» betitelten Broschüre: «Den Genossen meines Alters habe ich nicht mehr viel zu sagen. Mein Herz habe ich vor ihnen ausgeschüttet, mein Glauben und Schauen, Vertrauen und Sorgen ihnen vor die Seele gehalten. Viele haben meine Schriften gelesen, die Gelehrten, um sie zu belächeln, die Praktiker, um sie zu verspotten, die Interessenten, um sich zu entrüsten und sich ihrer eigenen Güte und Tugend zu erfreuen.»[3]

Im Bereich der Politik also blieb Rathenau, obwohl ihr zum Ende seines Lebens immer enger verbunden und zuletzt, wenn man so will, ihr Opfer, ein bis zuletzt skeptisch beäugter und auch heftig bekämpfter Außenseiter, ein, um es bewußt paradox auszudrücken, außenstehender Repräsentant, jemand, der von dieser Position aus die inneren Widersprüche seiner Epoche widerspiegelte und zugleich formulierte. Wie aber stand es auf dem Feld, dem er, neben seinem «Brotberuf», von früh auf zugeneigt war, auf dem er den eigentlichen Sinn seines Lebens, seinen Platz und seine allgemeine Anerkennung suchte, in dem geistig-kulturellen Bereich, in dem, wie nirgends sonst, die Kräfte, des Alten, des Etablierten und Überlieferten und die Kräfte eines radikalen Neuanfangs, des Aufbruchs in ein ganz neues Zeitalter aufeinanderprallten?

Rathenau begann auf diesem Feld mit einem bewußt provozierend formulierten Aufsatz zur Rassenfrage, genauer dem Verhältnis der Juden, seiner Glaubensgenossen, zur deutschen Nation, zur deutschen Kultur und Lebensart. Unter dem Titel «Höre Israel!» forderte er sie auf, alle Eigenheiten aufzugeben und sich in jeder Hinsicht, vor allem in geistig-kultureller Beziehung und auch in ihrem Lebensstil, ganz dem Deutschtum anzupassen. Nur so würden sie verhindern, daß die zur Rassenfrage stilisierten religiösen Gegensätze – die ja bei vielen Juden und Nichtjuden kaum noch vorhanden seien – immer mehr überhand nähmen. Das Ganze war zugleich ein glühendes persönliches Bekenntnis zum Deutschtum und zur deutschen Kultur, das er als das eigentlich integrierende, ja diese überhaupt erst schaffende Element der deutschen Nation bezeichnete.

Und auf diesem Wege schritt er in den folgenden Jahren mit einer Fülle von Aufsätzen zu sehr unterschiedlichen Themen fort, die immer zugleich die Ausbildung und Entwicklung der deutschen Kulturnation und die daran hervortretenden übergreifenden Tendenzen zum Gegenstand hatten. Das galt etwa für seinen Beitrag über Berlin unter dem Titel «Die schönste Stadt der Welt», in dem er die Entwicklung der Stadt vom «Spree-Athen» zur «Parvenupolis» als Abkehr von dem einst alle Bereiche durchdringenden Kulturideal geißelte, in dem die deutsche Nation zu sich selbst gelangt sei. Überall sah er dabei das die Ausbildung und Entwicklung der deutschen Nation ursprünglich bestimmende deutsche Kulturideal durch einen Teil der voranschreitenden Moderne, durch die ihr innewohnende Rationalisierung und Mechanisierung bedroht. Aber überall sah er andererseits in der Moderne auch die Gegenkräfte dagegen wirken, in der Literatur, in der Kunst, in der Architektur, in der Musik, so unterschiedlich im einzelnen die hier hervortretenden Tendenzen waren. Und an sie, an die zeitgenössischen Strömungen und Richtungen und die sie repräsentierenden Personen, suchte er Anschluß zu gewinnen und hier als Autor, als Publizist eine aktive Rolle zu spielen.

Das galt in erster Linie für die Literatur und Publizistik, auch für die Welt des Theaters. Eingeführt durch Maximilian Harden, dem er die Publikation seines provozierenden Aufsatzes «Höre Israel!» 1897 in der von diesem herausgegebenen Zeitschrift «Zukunft» verdankte, fand der eben Dreißigjährige, der kurz darauf aus Bitterfeld endgültig nach Berlin, in die Zentrale der AEG, übersiedelte, Zugang zu dem in Berlin konzentrierten Kreis von Schriftstellern und Theaterleuten. Zu ihm zu gehören, war von Anfang an sein Ziel gewesen, und er pflegte seine diesbezüglichen Kontakte sehr gezielt.

Dabei kam ihm zu Hilfe, daß seine materielle Lage es ihm von früh auf erlaubte, Einladungen größeren Stils zu veranstalten und auf diesem Wege Gesellschaften um sich zu versammeln, die weit über sein engeres berufliches Umfeld hinausgingen. Auf diesem Wege machte er beispielsweise die Bekanntschaft mit Schriftstellern wie Gerhart Hauptmann, Fritz von Unruh, Hugo von Hofmannsthal oder Stefan Zweig, mit Gelehrten wie Ernst Troeltsch und Martin Buber, mit Theaterleuten wie Max Reinhardt oder Frank Wedekind. Gleichzeitig verkehrte er, schon früh als Sammler und Förderer neuerer Kunst hervortretend – bereits 1895 erwarb er beispielsweise ein Gemälde von Edvard Munch und wenig später Bilder von Lesser Ury –, in Künstlerkreisen, wurde Mitglied der 1894 gegründeten Pan-Genossenschaft, die unter Leitung des Schriftstellers Otto Julius Bierbaum und des Kunsthistorikers Julius Meier-Graefe insbesondere für die damals in Deutschland jüngste Kunstrichtung, den Impressionismus, eintrat.

Kurz, er war, Neffe eines der Häupter der Berliner «Sezession», Max Liebermanns, der Kunst- und Literaturszene der Hauptstadt von Jugend auf eng verbunden, nicht nur als Förderer und Mäzen, sondern schon bald als jemand, der sich selber als Publizist, als Schriftsteller, als Maler betätigte und hier ernsthaft um Anerkennung rang. Freilich begegnete die große Mehrheit jener, die als Maler, als Komponisten, als Schriftsteller hier ihren Lebensberuf – und ihre, meist schmale, materielle Lebensgrundlage – gefunden hatten, diesem Bestreben des im industriellen Bereich und im Bankgewerbe – auch in materieller Hinsicht – offenbar höchst Erfolgreichen mit abwehrender Skepsis, sahen darin die Freizeitbeschäftigung eines auf ihren Gebieten tätigen Amateurs und Dilettanten, den man nicht so ganz ernst nehmen müsse.

Das hat Rathenau selber sehr genau gespürt und schmerzlich empfunden, und eine Art Nebenergebnis war, daß er sich immer neuen Gebieten zuwandte, was wiederum den Eindruck des Amateurhaften und Dilettantischen noch verstärkte, den Robert Musil dann im Rückblick als das eigentlich für ihn Charakteristische, den Kern seines Wesens Bestimmende höhnisch hervorhob: Es sei ihm stets nur – freilich auf Dauer vergeblich – darum gegangen, äußeren Eindruck zu machen. Auch hier also erschien er dadurch im Letzten als jemand, dem es auf den vielen Feldern, auf denen er sich bewegte, stets nur um den äußeren Eindruck und nicht um die Substanz zu tun war.

Als jemand, wie Musil zusätzlich betonte, der als der «unermeßlich reiche» Sohn des «mächtigsten Beherrschers des ‹eisernen Deutschland›» nur ein einziges wirkliches Ziel gehabt habe: Macht zu erringen, Macht über die Gemüter, Macht über die Köpfe und auch Macht in und über die Institutionen. Darauf sei alles ausgerichtet gewesen: Er habe «durchaus nicht bloß nach der Stellung seines Vaters» gestrebt, sondern sich gestützt «auf den Zug der Zeit und seine internationalen Beziehungen» planmäßig auf eine «Reichsministerschaft» vorbereitet.

Gerade das, was Musil als den eigentlichen festen Zielpunkt dieses Lebens beschreibt, gerade das war es jedenfalls nicht, nicht was die Erlangung der Stellung des Vaters anging, und schon gar nicht, was die politisch führende Position betraf. Auch wenn er für kurze Zeit die – von Anfang an wenig erfolgversprechende und am Ende mit seinem Leben bezahlte – Stellung des Reichsaußenministers erlangte, zielbewußt angestrebt hat er sie nicht, und was die Position seines Vaters als Chef der AEG anging, so hat er auf dem Weg dahin, wenn er ihn je ernsthaft beschritten hat, so viele taktische Fehler begangen, daß man von einem allem anderen übergeordneten Lebensziel schwer sprechen kann.

Rathenaus ganzes Leben war im Gegenteil, so kann man zuspitzend sagen, eine Flucht aus dem Schatten des Vaters und aus allem, was damit zusammenhing. Und wenn diese Flucht nie wirklich gelang und er zeit seines Lebens an die AEG gebunden blieb, so kann man das kaum umdrehen und behaupten, auf sie habe sich letztlich alles gerichtet und sie sei von ihm als Sprungbrett für eine große politische Karriere betrachtet worden. Eher wird man sagen können, daß für ihn und für dieses Leben charakteristisch war, daß Rathenau ein übergreifendes, Richtung gebendes, seine Kräfte konzentrierendes und leitendes Lebensziel letztlich gefehlt habe, daß also auch er in diesem, aber nur in diesem Sinne letztlich ein «Mann ohne Eigenschaften» gewesen sei. Freilich auch jemand, der gerade deshalb wie kaum ein anderer geeignet ist, im Rückblick als Spiegel seiner Zeit und der sich in ihr kreuzenden und überschneidenden Kräfte und Ideen zu dienen.

Anmerkungen

1. Die Kräfte des Aufbruchs und der Dynamik

Das «neue Bürgertum»

1 Vgl. dazu und zum Folgenden allgemein Lothar Gall, Stadt und Bürgertum im 19. Jahrhundert. Ein Problemaufriß, in: ders. (Hrsg.), Stadt und Bürgertum im 19. Jahrhundert. München 1990, 1–18.
2 Sog. Heringsdorfer Testamentsklausel, erstmals veröffentlicht in: Die Wandlung 3, 1948, 69 f., wiederabgedr. bei: Alfred Heuß, Theodor Mommsen und das 19. Jahrhundert. Kiel 1956, 282.
3 Vgl. Ulrich Engelhardt, «Bildungsbürgertum». Begriffs- und Dogmengeschichte eines Etiketts. Stuttgart 1986.
4 Hans-Ulrich Wehler, Deutsche Gesellschaftsgeschichte. Dritter Band: Von der «Deutschen Doppelrevolution» bis zum Beginn des Ersten Weltkrieges 1849–1914. München 1995, 734.
5 Erlebtes. 1862–1919. Stuttgart 1964, 227.
6 Brief vom Dezember 1901: Ausgewählter Briefwechsel, hrsg. u. eingel. von Ludwig Dehio und Peter Classen. Stuttgart 1962, 27.
7 Wahlrecht und Demokratie in Deutschland (Dezember 1917), in: Gesammelte Politische Schriften. 3. Aufl., hrsg. v. Johannes Winckelmann. Tübingen 1971, 248.
8 Heringsdorfer Testamentsklausel (wie Anm. 2).

Alltags- und Lebenswelt des «neuen Bürgertums»

1 Vgl. a. Manfred Hettling/Stefan-Ludwig Hoffmann (Hrsg.), Der bürgerliche Wertehimmel. Innenansichten des 19. Jahrhunderts. Göttingen 2000.
2 Vgl. dazu ausführlich unten.
3 Vgl. Ute Frevert (Hrsg.), Bürgerinnen und Bürger. Geschlechterverhältnisse im 19. Jahrhundert. Göttingen 1988; Ute Gerhard, Verhältnisse und Verhinderungen. Frauenarbeit, Familie und Rechte der Frauen im 19. Jahrhundert. Frankfurt a. M. 1978; Ute Frevert, Frauen-Geschichte. Zwischen bürgerlicher Verbesserung und Neuer Weiblichkeit. Frankfurt a. M. 1986.
4 Vgl. in diesem Zusammenhang a. Hannes Stekl (Hrsg.), Bürgerliche Familien. Lebenswege im 19. und 20. Jahrhundert. Wien/Köln/Weimar 2000.
5 Vgl. Dieter Hein/Andreas Schulz (Hrsg.), Bürgerkultur im 19. Jahrhundert. Bildung, Kunst und Lebenswelt. München 1996; s. a. Wolfgang R. Krabbe, Gesellschaftsveränderung durch Lebensreform. Strukturmerkmale einer sozialreformerischen Bewegung im Deutschland der Industrialisierungsperiode. Göttingen 1954.
6 Andreas Hansert/ Ulrich Oevermann, Bürgerkultur und Kulturpolitik in Frank-

furt am Main. Eine historisch-soziologische Rekonstruktion. Frankfurt a. M. 1992.

7 Vgl. für den Zusammenhang allgemein a. Andreas W. Daum, Wissenschaftspopularisierung im 19. Jahrhundert. Bürgerliche Kultur, naturwissenschaftliche Bildung und die deutsche Öffentlichkeit 1848–1914. 2. erg. Aufl. München 2002, und Carsten Kretschmann, Wissenskanonisierung und -popularisierung in Museen des 19. Jahrhunderts – das Beispiel des Senckenbergmuseums in Frankfurt am Main, in: Lothar Gall/Andreas Schulz (Hrsg.), Wissenskommunikation im 19. Jahrhundert. Stuttgart 2003, 171–213.

8 Vgl. in diesem Zusammenhang a. Ursula A. J. Becher, Geschichte des modernen Lebensstils. Essen, Wohnen, Freizeit, Reisen. München 1990.

Um eine Erneuerung der Gesellschaft

1 Vgl. allgemein Lothar Gall, Bürgertum in Deutschland. Berlin 1989; ders., Stadt und Bürgertum im 19. Jahrhundert. Ein Problemaufriß, in: ders. (Hrsg.), Stadt und Bürgertum im 19. Jahrhundert. München 1990, 1–18.

2 Vgl. exemplarisch Ralf Roth, Stadt und Bürgertum in Frankfurt am Main. Ein besonderer Weg von der ständischen zur modernen Bürgergesellschaft 1776–1914. München 1996.

3 Carsten Kretschmann, Wissenskanonisierung und -popularisierung in Museen des 19. Jahrhunderts – das Beispiel des Senckenbergmuseums in Frankfurt am Main, in: Lothar Gall/Andreas Schulz (Hrsg.), Wissenskommunikation im 19. Jahrhundert. Stuttgart 2003, 171–213; s. a. Walter Grasskamp, Museumsgründer und Museumsstürmer. Zur Sozialgeschichte des Kunstmuseums. München 1981.

4 Vgl. Rüdiger vom Bruch, Bürgerliche Sozialreform im Deutschen Kaiserreich, in: ders., Bürgerlichkeit, Staat und Kultur im Deutschen Kaiserreich, hrsg. v. Hans-Christoph Liess. Stuttgart 2005, Teil 2, 166–272; s. a. die einzelnen Beiträge in: Lothar Gall (Hrsg.), Stadt und Bürgertum im 19. Jahrhundert. München 1990.

5 Vgl. Max Weber, Parlament und Regierung im neugeordneten Deutschland. Zur politischen Kritik des Beamtentums und Parteiwesens (Mai 1918), wiederabgedr. in: ders., Gesammelte Politische Schriften. 3. Aufl., hrsg v. Johannes Winckelmann. Tübingen 1971, 306 ff. Allgemein zu Einordnung und Interpretation v. a. Wolfgang Mommsen, Max Weber und die deutsche Politik 1890–1920. 2. überarb. u. erw. Aufl. Tübingen 1974.

2. Sprachrohr und Repräsentant des kulturellen Aufbruchs

Lebensbeginn im Schatten des väterlichen Aufstiegs

1 Zu der Jugend Walther Rathenaus jetzt am intensivsten und detailreichsten Wolfgang Brenner, Walther Rathenau. Deutscher und Jude. München/Zürich 2005.

2 Vgl. zum Folgenden Peter Strunk, Die AEG. Aufstieg und Niedergang einer Industrielegende. Berlin 1999; ders., Die Karriere Walther Rathenaus in der AEG, in: Hans Wilderotter (Hrsg.), Die Extreme berühren sich. Walter Rathenau 1867–1922. Berlin 1994 und Alois Riedler, Emil Rathenau und das Werden der

Großwirtschaft. Berlin 1916. S. a. Jürgen Kocka, Siemens und der aufhaltsame Aufstieg der AEG, in: Tradition 17, 1972, Heft 1, 125 ff.

3 Zit. nach Kessler, Rathenau, 33 f.

4 Christian Schölzel, Rathenau, 35.

5 Gesammelte Schriften, Bd. 1, Berlin 1925.

6 Neudruck mit einem Nachwort von Edwin Redslob. Berlin 1947. Vgl. dazu vor allem Dieter Heimböckel, Walther Rathenau und die Literatur seiner Zeit. Studien zu Werk und Wirkung. Würzburg 1996, 39 ff.

7 Vgl. dazu u. zum Folgenden die noch in der DDR begonnene, ganz aus den Quellen gearbeitete Untersuchung von Ursula Mader, Emil und Walther Rathenau in der elektrochemischen Industrie (1888–1907). Eine historische Studie. Berlin 2001; vgl. a. dies., Walther Rathenau und die Elektrochemischen Werke im Wirkungsfeld der AEG, Teil 1: 1893–1896 (Bitterfeld), in: Jahrbuch für Wirtschaftsgeschichte, 1991, Heft 3, 159–214, sowie dies., Walther Rathenau und Bitterfeld. Direktorenzeit für die «Elektrochemischen Werke» (1893–1907), in: Zur Industriegeschichte der Bitterfelder Region. Bitterfeld 2000, 5–27.

8 An Emil Rathenau, Neuhausen, 14. 2. 1892: Briefe, Bd. 1, 387.

9 An Mathilde Rathenau, Neuhausen, 25. 12. 1891: Briefe, Bd. 1, 372.

10 An Mathilde Rathenau, Neuhausen, 19. 12. 1892: Briefe, Bd. 1, 429.

11 Mathilde Rathenau an Walther Rathenau, (30. 12. 1892, datiert n. d. Poststempel): Briefe, Bd. 1, 432 f.

12 Wie Anm. 8.

13 An Mathilde Rathenau, [Neuhausen], 1. 1. 1893: Briefe, Bd. 1, 433 ff.

14 Vgl. dazu den Bericht von Walther Rathenau an Adolf Arndt, Direktor der Chemischen Fabrik Einergraben AG bei Barmen und Mitglied des ersten Verwaltungsrats der Elektrochemischen Werke Bitterfeld, 23. 6. 1893 samt Anmerkungen: Briefe, Bd. 1, 450 f.; vgl. a. Peter Strunk, Die Karriere Walther Rathenaus in der AEG, 45 ff.

15 An Mathilde Rathenau, [Neuhausen], 1. 1. 1893: Briefe, Bd. 1, 433.

16 Schwedisches Vorwort zu seiner 1917 publizierten Schrift «Von kommenden Dingen», zit. nach Kessler, Rathenau, 33 f.

17 Alfred Kerr, Walther Rathenau. Erinnerungen eines Freundes. Amsterdam 1935, 157 f.

18 Walther Rathenau an Erich Rathenau, Berlin, 9. 3. 1895: Briefe, Bd. 1, 488.

19 Vgl. zur Entwicklung des Bitterfelder Werkes während seiner Direktorenzeit Ursula Mader, Walther Rathenau und Bitterfeld, 5–27.

20 Peter Strunk, Die AEG, 30.

21 Hartmut Pogge von Strandmann, Hochmeister des Kapitalismus. Walther Rathenau als Industrieorganisator, Politiker und Schriftsteller, in: Hans Wilderotter (Hrsg.), Die Extreme berühren sich. Walther Rathenau 1867–1922. Berlin 1994, 35; hier a. die folgende Angabe.

22 Peter Strunk, Die AEG, 46 f.

23 Seine Einkünfte erreichten in den Jahren vor dem Ersten Weltkrieg 300 000 Goldmark, sein persönliches Vermögen betrug schließlich zwei Millionen Goldmark: Walther Rathenau, Tagebuch 1907–1922, hrsg. u. kommentiert von Hartmut Pogge von Strandmann, 118, aus den Quellen erarbeiteter Kommentar d. Hrsg.s.

24 Etta Federn-Kohlhaas, Walther Rathenau. Sein Leben und sein Werk. Dresden 1927, 53.

25 Vgl. dazu Rathenaus Briefe an Ernst Körting aus dem Jahre 1903: Briefe, Bd. 1, 653 ff.

26 In dem Artikel «Unser Nachwuchs» in der Weihnachtsnummer 1909 der Wiener «Neuen Freien Presse», wiederabgedr. im Anhang seines Buches «Zur Kritik der Zeit» von 1912: Der Artikel wurde als angebliches Selbstzeugnis der neuen kapitalistischen Führungsschicht von Kritikern der Entwicklung immer wieder zitiert, nicht selten mit antisemitischen Untertönen.

27 Vgl. zum Folgenden mit schärfster Kritik an Rathenau: Rudolf Kallner, Herzl und Rathenau. Stuttgart 1976, und Clemens Picht, «Er will der Messias der Juden werden». Walther Rathenau zwischen Antisemitismus und jüdischer Prophetie, in: Hans Wilderotter (Hrsg.), Die Extreme berühren sich. Walther Rathenau 1867–1922. Berlin 1994, 117 ff., vgl. a. ders., Antisemitismus und jüdische Prophetie. Walther Rathenaus ambivalentes Verhältnis zum Judentum, in: Jüdischer Almanach des Leo-Baeck-Instituts, 1996, 112–125, sowie Shulamit Volkov, «Ich bin ein Deutscher jüdischen Stammes». Walther Rathenau als Jude, in: Hans Wilderotter (Hrsg.), Die Extreme berühren sich. Walther Rathenau 1867–1922. Berlin 1994, 129 ff.

28 Zu Herzl und Rathenau allgemein vgl. a. Rudolf Kallner, Herzl und Rathenau. Wege jüdischer Existenz an der Wende des 20. Jahrhunderts. Stuttgart 1976.

29 In dem von den Nationalsozialisten beschlagnahmten und von den Russen nach 1945 nach Moskau verbrachten und in einem selbst für russische Historiker unzugänglichen Sonderarchiv bewahrten Nachlaß, dessen Existenz erst nach dem Ende der Sowjetunion bekannt wurde. Seither ist er zwar nicht im Original, aber in Kopien auch wieder in Deutschland zugänglich und steht im Bundesarchiv der Forschung zur Verfügung: Vgl. Ernst Schulin/Wolfgang Michalka, Walther Rathenau im Spiegel seines Moskauer Nachlasses (Kleine Schriften der Stiftung Reichspräsident-Friedrich-Ebert-Gedenksätte, 14). Heidelberg 1993.

30 Vgl. die Briefe Herzls an Rathenau, in: Briefe, Bd. 1, insbes. v. 24. 11. 1902 (aus Anlaß des Wiederabdrucks des Aufsatzes in Rathenaus gerade veröffentlichtem Aufsatzband «Impressionen»): ebd., 643.

31 So vor allem in seinem Aufsatz «Staat und Judentum» von 1911: Gesammelte Schriften, Bd. 1. Von seiner Schrift «Höre, Israel!», die er noch 1902, nun unter seinem Namen, in seine erste Essaysammlung mit dem Titel «Impressionen» aufgenommen hatte – der Vater soll wegen dieses Aufsatzes versucht haben, möglichst die ganze Auflage aufzukaufen – hat er sich später distanziert und sie auch nicht in den «Gesammelten Schriften» abgedruckt.

32 An Wilhelm Schwaner, einen dezidierten Antisemiten, mit dem ihn, seltsam genug, eine enge persönliche Freundschaft verband und mit dem er die Frage «Rasse», «Volk», «Nation», «Stamm» usw. immer wieder erörterte und hin- und herdrehte: 18. August 1916: Briefe, Bd. 2, 1556.

33 10. 10. 1917: Briefe, Bd. 2, 1777.

34 Kessler, Rathenau, 44 f.

35 Staat und Judentum (1911), in: Ges. Schriften, Bd. I, 190.

36 Ebd., 186.

37 Ebd., 197.

38 Rathenau an Maximilian Harden, 25. 4. 1908: Walther Rathenau – Maximi-

lian Harden, Briefwechsel 1897–1920, hrsg. v. Hans Dieter Hellige (Walther Rathenau-Gesamtausgabe, Bd. VI). München/Heidelberg 1983, 551.

39 Nachgel. Schriften, Bd. 2, 166 ff.

40 Nietzsche, Werke, Bd. II, 196, zit. n. Hans Dieter Hellige, Rathenau und Harden in der Gesellschaft des Deutschen Kaiserreichs. Eine sozialgeschichtlich-biographische Studie zur Entstehung neokonservativer Positionen bei Unternehmern und Intellektuellen, in: Walther Rathenau – Maximilian Harden. Briefwechsel 1897–1920 (Walther Rathenau-Gesamtausgabe, Bd. VI). München/Heidelberg 1983, 98.

41 Vgl. dazu allgemein Michael Dorrmann, «Wenn Bismarck wiederkäme». Kunst, Ideologie und Rathenaus Engagement für ein Bismarck-National-Denkmal, in: Hans Wilderotter (Hrsg.), Die Extreme berühren sich. Walther Rathenau 1867–1922. Berlin 1994, 99–108.

42 Neue Freie Presse, 12. 6. 1912, zit. nach Ernst Schulin, Zu Rathenaus Hauptwerken, in: Walther Rathenau, Hauptwerke und Gespräche, hrsg. v. Ernst Schulin (Walther Rathenau-Gesamtausgabe, Bd. II). München/Heidelberg 1977, 509.

Wortführer des kulturellen Aufbruchs

1 Vgl. Peter Berglar, Harden und Rathenau. Zur Problematik ihrer Freundschaft, in: Historische Zeitschrift 209, 1969, 75–94, und Martin Sabrow, Walther Rathenau und Maximilian Harden. Facetten einer intellektuellen Freund-Feindschaft (Freienwalder Hefte, 3). Leipzig 2000.

2 Walther Rathenau an Erich Rathenau, B[erlin], 18. Dez. 1893: Briefe, Bd. 1, 460.

3 Walther Rathenau an Edvard Munch, Berlin, 25. 7. 1893: Briefe, Bd. 1, 454 f.; s. a. ders. an Erich Rathenau, Berlin, 24. 11. 1893: Briefe, Bd. 1, 458. Rathenau erwarb in der Folgezeit noch weitere Gemälde und Radierungen Munchs.

4 Vgl. dazu Werner Timm, Zum Bildnis Walther Rathenaus von Edvard Munch, in: Forschung und Berichte. Staatliche Museen und Berichte zu Berlin. Kunsthistorische Beiträge 7, 1965, 58–61.

5 Vgl. Stefan Pucks, Walther Rathenau als Kunstsammler, in: Henrike Junge (Hrsg.), Avantgarde und Publikum. Zur Rezeption avantgardistischer Kunst in Deutschland 1905–1933. Köln/Weimar/Wien 1992, 253–259.

6 Vgl. dazu allgemein a. Dieter Heimböckel, Im Dialog. Walther Rathenau und die Literatur seiner Zeit, in: Hans Wilderotter (Hrsg.), Die Extreme berühren sich. Walther Rathenau 1867–1922. Berlin 1994, 67 ff.

7 Vgl. dazu Peter Honigmann, Die Austritte aus der Jüdischen Gemeinde Berlin 1873–1941. Frankfurt a. M. 1988, 14 f.

8 Vgl. Carsten Hecht, Die Harden-Prozesse. Strafverfahren, Öffentlichkeit und Politik im Kaiserreich. Diss. München 1997.

9 Harden an Rathenau, 15. 1. 1897: Walther Rathenau – Maximilian Harden, Briefwechsel 1897–1920 (Walther Rathenau-Gesamtausgabe, Bd. VI). München/Heidelberg 1983, 303.

10 Walther Rathenau, Vom Garten der Hesperiden, Januar und Mai 1898, wiederabgedr. in: ders., Impressionen. Leipzig 1902, 49 f.

11 Walther Rathenau, Die schönste Stadt der Welt, 1899, wiederabgedr. in: ders., Impressionen. Leipzig 1902, 144 ff.

12 Vgl. Thomas Nipperdey, Deutsche Geschichte 1866–1918. Bd. 1: Arbeitswelt und Bürgergeist. 3. Aufl. München 1993, 715 ff.; s. a. Henry Russel Hitchcock, Die Architektur des 19. und 20. Jahrhunderts. Mit einer Einführung von Heinrich Klotz. München 1994; Helmut Engel, Die Architektur der Wilhelminischen Zeit in Berlin, in: Wolfgang Ribbe (Hrsg.), Berlin-Forschungen IV. Berlin 1989, 53–104.

13 Vgl. a. Helga Behn, Die Architektur des deutschen Warenhauses von ihren Anfängen bis 1933. Diss. Köln 1984.

14 Berlin, 20. 10. 1904: Walther Rathenau – Maximilian Harden, Briefwechsel 1892–1920 (Walther Rathenau-Gesamtausgabe, Bd. VI). München/Heidelberg 1983, 383.

15 Vgl. Stefan Muthesius, Das englische Vorbild. Eine Studie zu den deutschen Reformbewegungen in Architektur, Wohnbau und Kunstgewerbe im späteren 19. Jahrhundert (Studien zur Kunst des 19. Jahrhunderts, 26). München 1974.

16 Rathenau, in den Vorstand gewählt, lehnte es freilich ab, das Mandat anzunehmen: «Welche Stellung zur Kunst ich einnehme», schrieb er an Behrens, «brauche ich Ihnen nicht zu sagen, und daß auch Geschäfte mein Interesse und meine große Achtung besitzen, versteht sich von selbst. Aber ich gestehe Ihnen offen, daß die Berührungsflächen dieser beiden großen menschlichen Gebiete mir niemals sympathische Gebiete des Studiums gewesen sind, ohne daß ich darum irgendwie ihre große ökonomische Bedeutung verkenne»: An Peter Behrens, Berlin, 9. 1. 1909, Briefe, Bd. 1, 874. Offenbar zögerte Rathenau, sich in dem dem Ganzen zugrundeliegenden Streit politisch zu exponieren.

17 Carl Benno Heller (Bearb.), Jugendstil. Kunst um 1900. Darmstadt 1982.

18 Rathenau an Harden, 19. 4. 1906: Walther Rathenau – Maximilian Harden, Briefwechsel 1897–1920 (Walther Rathenau-Gesamtausgabe, Bd. VI). München/Heidelberg 1983, 477.

19 Tilmann Buddensieg hat einen kunsttheoretischen Gegensatz und eine entsprechende Kontroverse zwischen Rathenau und Behrens konstruiert (Tilmann Buddensieg/Henning Rogge, Industriekultur. Peter Behrens und die AEG 1907–1914, Berlin 1979, 63 ff., u. a. ders., Der Vater, der Sohn und der künstlerische Beirat. Noch einmal zu Emil Rathenau, Walther Rathenau und Peter Behrens, in: Thomas Hughes u. a., Ein Mann vieler Eigenschaften. Walther Rathenau und die Kultur der Moderne. Berlin 1990, 123 ff.), die sich allerdings weder aus den angeführten Zitaten noch vor allem aus Rathenaus allgemeiner Haltung zu den Bestrebungen des «neuen Bauens» wirklich belegen läßt.

20 Vgl. dazu allgemein Thomas Nipperdey, Deutsche Geschichte 1866–1918. Bd. 1: Arbeitswelt und Bürgergeist. 3. Aufl. München 1993, 698 ff.

21 Vgl. a. Hermann Bausinger, Bürgerlichkeit und Kultur, in: Bürger und Bürgerlichkeit im 19. Jahrhundert, hrsg. v. Jürgen Kocka. Göttingen 1987, 121–142; Dieter Hein/Andreas Schulz (Hrsg.), Bürgerkultur im 19. Jahrhundert. Bildung, Kunst und Lebenswelt. München 1996.

22 Vgl. Lothar Gall, Die Stadt der bürgerlichen Gesellschaft – das Beispiel Mannheim, in: Forschungen zur Stadtgeschichte. Drei Vorträge, hrsg. v. d. gemeinsamen Kommission d. Rheinisch-Westfälischen Akademie der Wissenschaften u. d. Gerda-Henkel-Stiftung. Opladen 1986, 55–71.

23 Vgl. Ernst Schulin, Walther Rathenaus Diotima. Lili Deutsch, ihre Familie und der Kreis um Gerhart Hauptmann, in: Hans Wilderotter (Hrsg.), Die Extreme berühren sich. Walther Rathenau 1867–1922. Berlin 1994, 55 ff.

Träger, Zielsetzung und Schwerpunkte der Aufbruchsbewegung

1 Vgl. Kai Buchholz u. a. (Hrsg.), Die Lebensreform. Entwürfe zur Neugestaltung von Leben und Kunst um 1900. 2 Bde. Darmstadt 2001; Florentine Fritzen, «Gesünder Leben». Die Lebensreformbewegung im 20. Jahrhundert (Frankfurter Historische Abhandlungen, 45). Stuttgart 2006.
2 Wolfgang R. Krabbe, Die Lebensreformbewegung, in: Die Lebensreform. Entwürfe zur Neugestaltung von Leben und Kunst um 1900. Bd. 1, hrsg v. Kai Buchholz/Rita Latocha/Hilke Peckmann und Klaus Wolbert. Darmstadt 2001, 28.
3 An Hermann Burte-Strübe, Grunewald, 22. 3. 1912: Briefe, Bd. 1, 1073. Zu dem sehr ins Grundsätzliche gehenden Konflikt um das Wasserkraftwerk Laufenburg vgl. allgem. Ulrich Linse, «Der Raub des Rheingoldes». Das Wasserkraftwerk Laufenburg, in: ders u. a. (Hrsg.), Von der Bittschrift zur Platzbesetzung. Konflikte um technische Großprojekte. Berlin/Bonn 1988, 11–62.
4 Vgl. Thomas Rohkrämer, Eine andere Moderne? Zivilisationskritik, Natur und Technik in Deutschland 1880–1933. Paderborn 1999, 117 ff.
5 Friedrich Nietzsche, Sämtliche Werke. Bd. 4. München/Berlin/New York 1980, 39.
6 Friedrich Nietzsche, Nachgelassene Fragmente. Sämtliche Werke. Bd. 13. München/Berlin/New York 1980, 521.
7 Zur Bedeutung von «Jugend» und den Erwartungen, die sich damit verbanden – «Jugend wird zum positiven Reizwort, das vielfältige Assoziationen und oft diffuse Vorstellungen alternativer Lebensformen weckt» – vgl. allgemein Thomas Koebner u. a. (Hrsg.), «Mit uns zieht die neue Zeit». Der Mythos Jugend. Frankfurt a. M. 1985; s. a. August Nitschke u. a.(Hrsg.), Jahrhundertwende. Der Aufbruch in die Moderne 1880–1930. 2 Bde. Reinbek 1990.
8 Vgl. dazu mit der älteren Literatur Thomas Rohkrämer, Eine andere Moderne? 141 ff.
9 Winfried Mogge/Jürgen Reulecke (Hrsg.), Hoher Meißner 1913. Der erste Freideutsche Jugendtag in Dokumenten, Deutungen und Bildern. Köln 1988.
10 Vgl. dazu Ulrich Aufmuth, Die deutsche Wandervogelbewegung unter soziologischem Aspekt. Göttingen 1979.
11 Ulrich Engelhardt, «Bildungsbürgertum». Begriffs- und Dogmengeschichte eines Etiketts. Stuttgart 1986.
12 Vgl. dazu Peter Walkenhorst, Nation – Volk – Rasse. Radikaler Nationalismus im Deutschen Kaiserreich 1890–1914 (Kritische Studien zur Geschichtswissenschaft, 176). Göttingen 2007.
13 Walther Rathenau, Zur Mechanik des Geistes oder Vom Reich der Seele. Neudruck in: Walther Rathenau, Hauptwerke und Gespräche, hrsg. v. Ernst Schulin (Walther Rathenau-Gesamtausgabe, Bd. II). München/Heidelberg 1977, 190, 123.
14 Ebd., 132.
15 Sog. Heringsdorfer Testamentsklausel, erstmals veröffentlicht in: Die Wand-

lung 3, 1948, 69 f., wiederabgedr. bei Alfred Heuß, Theodor Mommsen und das 19. Jahrhundert. Kiel 1956, 282.

16 Vgl. a. allgemein Wolfgang Mommsen, Die Kultur der Moderne im Deutschen Kaiserreich, in: Wolfgang Hardtwig (Hrsg.), Deutschlands Weg in die Moderne. Politik, Gesellschaft und Kultur im 19. Jahrhundert. München 1993; Wolfgang Mommsen, Bürgerliche Kultur und künstlerische Avantgarde. Kultur und Politik im deutschen Kaiserreich 1870–1918. Berlin 1994.

17 Der Ausgang der Moderne, 1909.

18 Vgl. allgemein Carl Dahlhaus, Die Musik des 19. Jahrhunderts. Wiesbaden 1980.

19 Der Blaue Reiter, hrsg.v. Wassily Kandinsky und Franz Marc. München 1912, 9 u. 12.

3. Grenzgänger zwischen zwei Welten

Industrieller, Bankier und kulturpolitischer Publizist

1 Zum Verhältnis zwischen der RWE und Stinnes auf der einen Seite, der Berliner Handels-Gesellschaft und Walther Rathenau auf der anderen, der die beiden Figuren im gemeinsamen Kampf gegen den Staat, aber mit durchaus unterschiedlichen Zielsetzungen zusammenführte, vgl. neben der übergreifenden Darstellung bei Feldman (Hugo Stinnes. Biographie eines Industriellen 1870–1924. München 1998) ausführlich Wolfgang Brenner, Walther Rathenau. Deutscher und Jude. München/Zürich 2005, bes. 133 ff.

2 Zitiert nach Ernst Schulin, Walther Rathenau. Repäsentant, Kritiker und Opfer seiner Zeit. Göttingen/Zürich/Frankfurt a. M. 1979, 30.

3 Walther Rathenau an Emil Rathenau, 3. 10. 04; Emil Rathenau an Walther Rathenau, Berlin 3. 10. 04: Briefe, Bd. 1, 693 ff.

4 Alois Riedler, Emil Rathenau und das Werden der Großwirtschaft. Berlin 1916, 188.

5 Thomas Rohkrämer, Eine andere Moderne? Zivilisationskritik, Natur und Technik in Deutschland 1880–1933. Paderborn/München/Wien 1999.

6 Vgl. Klaus Hildebrand, Gerhart Hauptmanns Freundschaft mit dem Industriellen, Politiker und Schriftsteller Walther Rathenau (1867–1922), in: Ders. (Hrsg.), Gerhart Hauptmanns Freundeskreis. Internationale Studien. Włocławek 2006, 109–141.

7 Zit. n. Harry Graf Kessler, Walther Rathenau. Sein Leben und sein Werk (1928). Wiesbaden 1963, 75.

8 An Deutschlands Jugend (1918), wiederabgedruckt in: Gesammelte Schriften. Bd. 6. Berlin 1929, 212.

9 Vgl. Dieter Heimböckel, Im Dialog. Walther Rathenau und die Literatur seiner Zeit, in: Hans Wilderotter (Hrsg.), Die Extreme berühren sich. Walther Rathenau 1867–1922. Berlin 1994, 78.

Im Wartestand

1 Vgl. s. Brief an Harden v. 19. 6. 1906: Walther Rathenau – Maximilian Harden, Briefwechsel 1897–1920 (Walther Rathenau-Gesamtausgabe, Bd. VI). München/Heidelberg 1983, 482.

2 Vgl. dazu Wolfgang Michalka, Rathenaus politische Karriere, in: Karl-Heinz Hense/Martin Sabrow (Hrsg.), Leitbild als Erinnerungsort? Neue Beiträge zu Walther Rathenau. Berlin 2003, 67–84.
3 Vgl. dazu Harden an Rathenau, Weihnachten 1906: Walther Rathenau – Maximilian Harden, Briefwechsel 1897–1920 (Walther Rathenau-Gesamtausgabe, Bd. VI). München/Heidelberg 1983, 509 ff.
4 Zur Entwicklung der Beziehung zwischen Rathenau und Harden vgl. generell, auch für das Folgende, Martin Sabrow, Walther Rathenau und Maximilian Harden. Facetten einer intellektuellen Freund-Feindschaft (Freienwalder Hefte, 3). Leipzig 2000.
5 An Hermann Pachnicke, Berlin, Neujahr 1908: Briefe, Bd. 1, 811.
6 Walther Rathenau – Maximilian Harden, Briefwechsel 1897–1920 (Walther Rathenau-Gesamtausgabe, Bd. VI). München/Heidelberg 1983, 498.
7 Alfred Kerr, Walther Rathenau. Erinnerungen eines Freundes. Amsterdam 1935, 124 f.
8 Nach Rathenaus Ermordung war das Haus bis 1934 Gedenkstätte. Nach seiner Schließung durch die Nationalsozialisten übernahm es Rathenaus Schwager, der Bankier Fritz Andrae, der es 1938 seiner Tochter Barbara vererbte, die es 1941 an den Bildhauer Arno Breker vermietete.
9 An Albert Kollmann, Schloß Freienwalde, 10. 7. 1914: Briefe, Bd. 2, 1334.
10 Vgl. zu den beiden Afrikareisen Rathenaus 1907 und 1908 zuletzt ausführlich Wolfgang Brenner, Walther Rathenau. Deutscher und Jude. München/Zürich 2005, 165 ff.
11 Zu dem Verlauf beider Reisen ausführlich seine Berichte an die Mutter und an den Vater: Briefe, Bd. 1, 792 ff. und 838 ff.
12 Bernhard von Bülow, Denkwürdigkeiten, 40 f.
13 «Erwägungen über die Erschließung des deutsch-ostafrikanischen Schutzgebietes» (1907) und «Denkschrift über den Stand des südwestafrikanischen Schutzgebietes» (1908). Beide wiederabgedr. in: Nachgelassene Schriften. Bd. 2. Berlin 1928.
14 Vgl. Hartmut Pogge von Strandmann, Hochmeister des Kapitalismus. Walther Rathenau als Industrieorganisator, Politiker und Schriftsteller, in: Hans Wilderotter (Hrsg.), Die Extreme berühren sich. Walther Rathenau 1867–1922. Berlin 1994, 40 f.
15 Vgl. Schölzel, Rathenau, 59 ff.
16 Vgl. dazu a. Hartmut Pogge von Strandmann, Rathenau, die Gebrüder Mannesmann und die Vorgeschichte der Zweiten Marokkokrise, in: Immanuel Geiss/Bernd Jürgen Wendt (Hrsg.), Deutschland in der Weltpolitik des 19. und 20. Jahrhunderts. Unter Mitarbeit von Peter Christian Witt. Fritz Fischer zum 65. Geburtstag. Gütersloh 1973, 251–270.
17 Vgl. dazu im einzelnen Schölzel, Rathenau, 79 f.
18 Vgl. dazu im einzelnen Schölzel, Rathenau, 66 ff.
19 Über ein Reichselektrizitätsmonopol (1911), Nachgelassene Schriften. Bd. 1, Berlin 1928, 165 ff.
20 Emil Rathenau an Carl Fürstenberg, 25. Oktober 1912: Briefe, Bd. 1, 1148, Anm. 1.
21 Vgl. dazu die Briefe Rathenaus an Harden zwischen dem 20. 12. 1912 und 11. 1. 1913, an deren Ende eine – von Harden abgelehnte – Duellforderung

Rathenaus stand: Walther Rathenau – Maximilian Harden, Briefwechsel 1897–1920 (Walther Rathenau-Gesamtausgabe, Bd. VI). München/Heidelberg 1983, 685 ff. Endgültig zerbrach die Beziehung nach 1918, als Rathenau im Unterschied zu Harden, der das gleiche erstrebte, politische Karriere machte und keinen Finger für Harden rührte: vgl. Manfred Neumann, Reichsaußenminister Rathenau und der Publizist Harden. Das Ende einer Freundschaft, in: Historische Mitteilungen 16, 2003, 131–139.

22 Zit. nach Ernst Schulin, Walther Rathenau, 35.

23 Vgl. zu ihrer Beziehung eingehend Ernst Schulin, Walther Rathenaus Diotima. Lili Deutsch, ihre Familie und der Kreis um Gerhart Hauptmann, in: Hans Wilderotter (Hrsg.), Die Extreme berühren sich. Walther Rathenau 1867–1922. Berlin 1994, 55–66, und zuletzt Wolfgang Brenner, Walther Rathenau. Deutscher und Jude. München/Zürich 2005, 243 ff.

24 An Lili Deutsch, [Jahreswechsel 1912/13]: Briefe, Bd. 1, 1153.

25 An Stefan Zweig, 65 Königsallee, Grunewald, [28. 11. 1911]: Briefe, Bd. 1, 1026.

26 14. 12. 1928: Hugo von Hofmannsthal/Harry Graf Kessler, Briefwechsel 1898–1929. Frankfurt a. M. 1968, 408.

Der politische Schriftsteller

1 An Moritz Heimann, Westerland, Sylt, 29. 9. 1911: Briefe, Bd. 1, 1016.

2 Zum Begriff der «Mechanisierung» bei Rathenau jetzt vor allem Thomas Rohkrämer, Eine andere Moderne? Zivilisationskritik, Natur und Technik in Deutschland 1880–1933. Paderborn 1999, 71 ff.

3 An Georg Teply, 1. 2. 1918: Briefe, Bd. 2, 1846.

4 Zur Kritik der Zeit (1912) bzw. Zur Mechanik des Geistes (1913), in: Walther Rathenau, Hauptwerke und Gespräche, hrsg. v. Ernst Schulin (Walther Rathenau-Gesamtausgabe, Bd. II). München/Heidelberg 1977, 75 bzw. 294.

5 An Wilhelm Solf, Berlin, 4. 5. 1914: Briefe, Bd. 2, 1306.

6 Walther Rathenau an Meissner, 26. 11. 1907, Briefe, Bd. 1, Nr. 29, 53 f.

7 Thomas Hughes, Networks of Power. Electrification in Western Society, 1880–1930. Baltimore 1983; vgl. a. ders., The Evolution of Large Technological Systems, in: Wiebe E. Bijker (Hrsg.), The Social Construction of Technological Systems. New Directions in the Sociology and History of Technology. Cambridge/Ma. 1989, 51 ff.

8 Vgl. a. Thomas Hughes, Walther Rathenau – «System Builder», in: Thomas Hughes u. a. (Hrsg.), Ein Mann vieler Eigenschaften. Walther Rathenau und die Kultur der Moderne. Berlin 1990, 9 ff.

9 Max Weber, Gesammelte Aufsätze zur Religionssoziologie. Bd. 1. Tübingen 1920, 204.

10 Ungeachtet vieler sachlicher Berührungspunkte zwischen den Auffassungen und Positionen Walther Rathenaus und Max Webers und der Ähnlichkeit vieler in ihren Schriften verfolgten Grundfragestellungen bestand zwischen ihnen persönlich wie literarisch, wie Ernst Schulin in Kenntnis der gesamten Schriften einschließlich der persönlichen Zeugnisse festgestellt hat, «ein Nicht-Verhältnis», man könne also nur über einen – sich von der Sache her durchaus anbietenden – «nicht stattgefundenen Dialog» sprechen. Schulin führt das zu-

rück auf weitgehende Ignorierung von nicht akademisch begründeten Positionen seitens Max Webers und auf Rathenaus bewußten Verzicht auf – seine Originalität möglicherweise in Frage stellende – Berufung und Auseinandersetzung mit anderen zeitgenössischen Schriften und Positionen, es sei denn, daß sie direkt auf ihn Bezug nahmen: Ernst Schulin, Max Weber und Walther Rathenau, in: Wolfgang J. Mommsen (Hrsg.), Max Weber und seine Zeitgenossen. Göttingen/Zürich 1988, 434–447.

11 An Frank Wedekind, Berlin, 21. 11. 1904: Briefe, Bd. 1, 714.

12 Dieter Heimböckel, Walther Rathenau und die Literatur seiner Zeit. Studien zu Werk und Wirkung. Würzburg 1996, bes. 257 ff.

13 Vgl. Christine Holste, Der Forte-Kreis (1910–1915). Rekonstruktion eines utopischen Versuchs. Stuttgart 1992, und Dieter Heimböckel, «Es werden keine esoterischen Gemeinden die Führung ergreifen.» Walther Rathenau und der Forte-Kreis, in: Richard Faber/Christine Holste (Hrsg.), Der Potsdamer Forte-Kreis. Eine utopische Intellektuellenassoziation zur europäischen Friedenssicherung. Würzburg 2001, 163–184. Rathenau trat dem Bund wenige Tage nach seiner Gründung am 12. Juni 1914 bei.

14 Walther Rathenau, Zur Kritik der Zeit (1912), neu hrsg. v. Ernst Schulin, Walther Rathenau, Hauptwerke und Gespräche (Walther Rathenau-Gesamtausgabe, Bd. II). München/Heidelberg 1977, 61.

15 Ebd., 63.

16 Ebd.

17 Zur Mechanik des Geistes: Walter Rathenau, Hauptwerke und Gespräche, hrsg. v. Ernst Schulin (Walther Rathenau-Gesamtausgabe, Bd. II). München/ Heidelberg 1977, 279 f.

18 Harry Graf Kessler, Walter Rathenau. Sein Leben und sein Werk (1928). Unveränderte Neuauflage Wiesbaden 1963, 81 ff.

19 Johann Gottlieb Fichte, Über die Bestimmung des Gelehrten. Jena/Leipzig 1794, 8 ff.

20 Ein Buch der Zeit. Berliner Tageblatt v. 2. April 1914, zit. nach Ernst Schulin, Zu Rathenaus Hauptwerken, in: Walther Rathenau, Hauptwerke und Gespräche, hrsg. v. Ernst Schulin (Walther Rathenau-Gesamtausgabe, Bd. II). München/Heidelberg 1977, 536.

21 Robert Musil, Anmerkung zu einer Metaphysik, in: Neue Rundschau, April 1914. Wiederabgedr. in: ders., Tagebücher, Aphorismen, Essays und Reden, hrsg. v. A. Frisé. Hamburg 1955, 647 ff.

22 An Franz Blei, Freienwalde, 30. 7. 1914: Briefe, Bd. 2, 1345.

23 Emil Ludwig, Rathenaus neues Buch. Der Tag v. 6. 1. 1914, zit. nach Ernst Schulin, Zu Rathenaus Hauptwerken, in: Walther Rathenau, Hauptwerke und Gespräche., hrsg. v. Ernst Schulin (Walther Rathenau-Gesamtausgabe, Bd. II). München/Heidelberg 1977, 540.

4. Der Erste Weltkrieg: Das Ende aller Erwartungen und Versuch eines pragmatischen Neuanfangs

Der Organisator der Kriegswirtschaft

1 Von kommenden Dingen (1917): Walther Rathenau, Hauptwerke und Gespräche, hrsg. v. Ernst Schulin (Walther Rathenau-Gesamtausgabe, Bd. II). München/Heidelberg 1977, 422 ff.
2 25.7.1912: Walther Rathenau, Tagebuch 1907–1922, hrsg. u. kommentiert v. Hartmut Pogge von Strandmann. Düsseldorf 1967, 169.
3 Wiederabgedr. in: Walther Rathenau, Gesammelte Schriften in fünf Bänden. Bd. 1. Berlin 1928, 264 ff.
4 An Wilhelm Schwaner, Grunewald, 24.8.1914: Briefe, Bd. 2, 1361.
5 Für den Gedanken einer solchen Zollunion hatte Rathenau sich schon seit längerem eingesetzt: Vgl. Wolfgang Michalka, «Mitteleuropa geeinigt unter deutscher Führung». Europäische Wirtschaftsgemeinschaft als Friedens- und Kriegsziel, in: Hans Wilderotter (Hrsg.), Die Extreme berühren sich. Walther Rathenau 1867–1922. Berlin 1994, 179–188.
6 Walther Rathenau, Tagebuch 1907–1922, hrsg. u. kommentiert von Hartmut Pogge von Strandmann. Düsseldorf 1967, 185 f.
7 Vgl. zum Folgenden a. Wolfgang Kruse, Kriegswirtschaft und Gesellschaftsvision. Walther Rathenau und die Organisierung des Kapitalismus, in: Hans Wilderotter (Hrsg.), Die Extreme berühren sich. Walther Rathenau 1867–1922. Berlin 1994, 151 ff.
8 Vgl. hierzu u. z. Folgenden Lothar Burchard, Walther Rathenau und die Anfänge der deutschen Rohstoffbewirtschaftung im Ersten Weltkrieg, in: Tradition. Zeitschrift für Firmengeschichte und Unternehmerbiographie 15, 1970, 169–196.
9 Vgl. zu ihm Klaus Braun, Konservatismus und Gemeinwirtschaft. Eine Studie über Wichard von Moellendorff. Duisburg 1978.
10 Abgedr. bei Burchard (Anm. 8), 194.
11 Ebd., 194 f.
12 Gerald D. Feldman, Armee, Industrie und Arbeiterschaft 1914–1918. Dt. Übers. Bonn 1985, 57.
13 Aufbau und Aufgaben der Kriegsrohstoff-Abteilung im Frieden: Nachlaß Rathenau, zit. n. Schölzel, Rathenau, 241.
14 Hermann Stehr – Walther Rathenau. Zwiesprache über den Zeiten. Geschichte einer Freundschaft in Briefen und Dokumenten, hrsg. v. Ursula Meridies-Stehr. Leipzig/München 1946, 26 f.; der Brief an Hermann Stehr jetzt a. in Briefe, Bd. 2, 1356.
15 Vgl. Rathenaus abschließenden Bericht: Deutschlands Rohstoffversorgung, 1915, in: Walther Rathenau, Gesammelte Schriften in fünf Bänden. Bd. 5. Berlin 1928, 23 ff.; es handelte sich um einen nach längeren Auseinandersetzungen mit dem Kriegsministerium und entsprechenden Korrekturwünschen von dieser Seite dann doch in der «Deutschen Gesellschaft 1914» gehaltenen und anschließend veröffentlichten Vortrag Rathenaus.
16 Walther Rathenau, Gesammelte Schriften in fünf Bänden. Bd. 1. Berlin 1928, 68.

17 «Deutschlands Rohstoffversorgung». Vortrag vor der «Deutschen Gesellschaft 1914», 20. 12. 1915, in: Walther Rathenau, Wirtschaft, Staat und Gesellschaft (Gesammelte Schriften, Bd. 5). Berlin 1925, 39 f.
18 Zit. n. Wolfgang Kruse, Kriegswirtschaft und Gesellschaftsversion. Walther Rathenau und die Organisation des Kapitalismus, in: Hans Wilderotter (Hrsg.), Die Extreme berühren sich. Walther Rathenau 1867–1922. Berlin 1994, 151.
19 Conrad Haußmann, Schlaglichter, 13.
20 An Fanny Künstler, Berlin, 6. 12. 1914: Briefe, Bd. 2, 1401 f.
21 Der handschriftliche Entwurf dieser ersten Kriegsdenkschrift mit dem unscheinbaren Titel «Promemoria über die Niederlegung des österreichisch-ungarischen Grenzzolls» von Anfang August 1914 findet sich in dem Anfang der 1990er Jahre in einem Moskauer Sonderarchiv wiederaufgetauchten, inzwischen in Kopie im Bundesarchiv zugänglichen Nachlaß Rathenaus. Vgl. dazu Wolfgang Michalka, Mitteleuropa, Kriegsrohstoffversorgung und ‹Von kommenden Dingen›. Walther Rathenau im Ersten Weltkrieg, in: Ernst Schulin/Wolfgang Michalka, Walther Rathenau im Spiegel seines Moskauer Nachlasses (Kleine Schriften der Stiftung Reichspräsident-Friedrich-Ebert-Gedenkstätte, 14). Heidelberg 1993, 23 ff.
22 Vgl. a. Wolfgang Michalka, «Mitteleuropa geeinigt unter deutscher Führung». Europäische Wirtschaftsgemeinschaft als Friedens- und Kriegsziel, in: Hans Wilderotter (Hrsg.), Die Extreme berühren sich. Walther Rathenau 1867–1922. Berlin 1994, 179 ff.
23 Rathenau an Bethmann Hollweg, 7. Sepember 1914, in: Walther Rathenau, Politische Briefe. Dresden 1929, 12.
24 An Frederik van Eeden, Berlin, 28. 9. 1914: Briefe, Bd. 2, 1375.
25 An den Reichstagsabgeordneten und Landesdirektor der Provinz Brandenburg Joachim von Winterfeld, Berlin, 19. 10. 1914: Briefe, Bd. 2, 1384.
26 Bernhard Fürst von Bülow, Denkwürdigkeiten. 4 Bde., Berlin 1930 f., Bd. 3, 42.
27 Zu den Motiven seines Rücktritts und zur Diskussion um sein Ausscheiden ausführlich Gerhard Hecker, Walther Rathenau und sein Verhältnis zu Militär und Krieg (Wehrwissenschaftliche Forschungen. Abteilung Militärgeschichtliche Studien, 30). Boppard am Rhein 1983, 237 ff.
28 Rathenau an Kurt Riezler, 8. 6 1916; fast gleichlautend a. an Emil Ludwig, 17. 5. 1916: Briefe, Bd. 2, 1529 f.
29 An Felix Heimann, 25. 4. 1916: Briefe, Bd. 2, 1525.
30 Vgl. Bernd Sösemann, Politische Kommunikation im «Reichsbelagerungszustand». Programm, Struktur und Wirkungen des Klubs «Deutsche Gesellschaft 1914», in: Manfred Bobrowsky/Wolfgang R. Langenbucher (Hrsg.), Wege zur Kommunikationsgeschichte. München 1987, 630 ff.; ders., Jenseits von Partei und Parlament. Walther Rathenaus «aufbauende Ideenpolitik» in der Deutschen Gesellschaft 1914, in: Hans Wilderotter (Hrsg.), Die Extreme berühren sich. Walther Rathenau 1867–1922. Berlin 1994, 169 ff.
31 Vgl. Thomas Meyer/Andreas Bracher (Hrsg.), Helmuth von Moltke 1848–1916. Dokumente zu seinem Leben und Wirken. 2 Bde. Basel 1993, Bd. 2, 360.
32 Wilhelm Herzog, Menschen, denen ich begegnete. Bern/München 1959, 223.
33 Rathenau an Bethmann Hollweg, 30. August 1915, in: Walther Rathenau, Politische Briefe. Dresden 1929, 48 f.

34 An Max Breslauer, 30. 12. 1915: Briefe, Bd. 2, 1489. Zur Entwicklung seines Verhältnisses zu Rußland vgl. a. Gerd Koenen, Die «Völkerwanderung von unten». Walther Rathenau über Russland und Sowjets, in: Gerd Koenen/Lew Kopelew (Hrsg.), Deutschland und die russische Revolution. 1917–1924. München 1998, 240–274.

35 Zit. n. Ernst Schulin, Walther Rathenau, 86 f.

36 Vgl. in diesem Zusammenhang a. Regina Roth, Staat und Wirtschaft im Ersten Weltkrieg. Kriegsgesellschaften als kriegswirtschaftliche Steuerungsinstrumente (Schriften zur Wirtschafts- und Sozialgeschichte, 51). Berlin 1997.

37 An Georg von Diezelsky, 30. 6. 1916: Briefe, Bd. 2, 1539.

38 An Georg von Diezelsky, 8. 3. 1916: Briefe, Bd. 2, 1520.

39 An Albert Ballin, 17. 7. 1916: Briefe, Bd. 2, 1548.

40 26. 2. 1917: Briefe, Bd. 2, 1621.

41 An den Frankfurter Bankier und Wirtschaftssachverständigen Walter Loeb, 17. 12. 1918: Briefe, Bd. 2, 2062.

42 Walther Rathenau, Tagebuch 1907–1922, 223.

43 An den Schriftsteller Gustav Steinbömer, im Ersten Weltkrieg Generalstabsmajor, nach 1918 Dramaturg bei Max Reinhardt, 22.8.1917: Briefe, Bd. 2, 1751.

«Von kommenden Dingen»

1 Von kommenden Dingen (1917): Walther Rathenau, Hauptwerke und Gespräche, hrsg. v. Ernst Schulin (Walther Rathenau-Gesamtausgabe, Bd. II). München/Heidelberg 1977.

2 8. 1. 1917: Briefe, Bd. 2, 1604.

3 An den Schriftsteller Rudolf Manasse in Dresden, 14. 4. 1917: Briefe, Bd. 2, 1684.

4 Golo Mann, Walther Rathenau. Praktiker und Philosoph (Stifterverband-Schriftenreihe zur Förderung der Wissenschaft, 1963/1). Essen 1963.

5 Am 29. 1. 1914 an Karl Joël: Briefe, Bd. 2, 1270.

6 5. 4. 1917: Briefe, Bd. 2, 1644.

7 So bereits in dem Abschnitt «Reichsmonopole» seiner «Denkschrift betreffend ein Reichs-Elektrizitätsmonopol» von 1913.

8 Von kommenden Dingen, 348.

9 10. 5. 1917: Briefe, Bd. 2, 1676.

10 An den preußischen Landrat Freiherrn von Müffling, 14. 4. 1917: Briefe, Bd. 2, 1649.

11 12. 5. 1917: Briefe, Bd. 2, 1682.

12 Mitte 1916 erschien dessen Broschüre «Deutsche Gemeinwirtschaft» in der Reihe «Schützengraben-Bücher für das deutsche Volk».

13 Vgl. Friedrich Zunkel, Industrie und Staatssozialismus. Der Kampf um die Wirtschaftsordnung in Deutschland 1914–1918. Düsseldorf 1974.

14 Zit. n. Schölzel, Rathenau, 216.

15 Freienwalde, 31. 8. 1917: Briefe, Bd. 2, 1758.

16 An den Schriftsteller und Zeitschriftenherausgeber Wilhelm Kiefer, 31. 10. 1918: Briefe, Bd. 2, 2012.

17 Harry Graf Kessler, Das Tagebuch. Sechster Band 1916–1918, hrsg. v. Günter Riederer unter Mitarbeit von Christoph Hise. Stuttgart 2006, 461.

18 Wiederabgedr. in: Walther Rathenau, Gesammelte Schriften in sechs Bänden. Bd. 6. Berlin 1929, 258 ff.

19 Vgl. Wolfram Pyta, Hindenburg. Herrschaft zwischen Hohenzollern und Hitler. Berlin 2007, bes. 344 ff.

Die Revolution von 1918/19: Der Idealist und die Mühen der Ebene

1 Rathenau an Björn Björnson, 14. Januar 1919: Walther Rathenau, Briefe. Neue Folge. Dresden 1928, 180.

2 Vgl. zu ihm, zu seiner Grundhaltung und seiner Politik vor allem die umfangreiche, ganz aus den Quellen gearbeitete Biographie von Gerald D. Feldman, Hugo Stinnes. Biographie eines Industriellen 1870–1924. Aus dem Amerikanischen übersetzt von Karl Heinz Siber. München 1998.

3 Rathenau an Ebert, 16. Dezember 1918, in: Walther Rathenau, Briefe. Bd. 2. Dresden 1927, 88.

4 Zit. n. Ernst Schulin, Walther Rathenau, 98.

5 An den Journalisten und ehemaligen Privatsekretär Friedrich Naumanns Erich Schairer, 24. 9. 1917: Briefe, Bd. 2, 1772.

6 Verhandlungen des Reichstages 1919, Protokolle Bd. 326, 604.

7 Vgl. Hans Martin Barth, Der Demokratische Volksbund. Zu den Anfängen des politischen Engagements der Unternehmer der Berliner Elektrogroßindustrie im November 1918, in: Jahrbuch für die Geschichte Mittel- und Ostdeutschlands, 16/17, 1968, 254–266.

8 Vgl. s. Artikel «Die neue Demokratische Partei», in: Berliner Tageblatt v. 19.11. 1918, zit. n. Hubert Goenner/Giuseppe Castagnetti, Albert Einstein as Pacifist and Democrat during World War I, in: Science in Context 9, 1996, 365. Dazu generell: Britta Scheideler, Albert Einstein in der Weimarer Republik. Demokratisches und elitäres Denken im Widerspruch, in: Vierteljahrshefte für Zeitgeschichte 53, 2005, 381 ff.

9 Vgl. Carl Friedrich von Siemens an Rathenau, 25. November 1918, Rathenau an Siemens, 26. November 1918: Briefe, Bd. 2, 2030 ff.

10 Vgl. Jörg Hentzschel-Fröhlings, Walther Rathenau als Politiker der Weimarer Republik (Historische Studien, 490). Husum 2007, 17 ff. Erst Ende November 1920 trat er einem Ortsverein der DDP an seinem Wohnort Berlin-Grunewald bei.

11 Rathenau an Minna Cauer, 10. 12. 1918: Briefe, Bd. 2, 2049.

12 Vgl. a. Hartmut Pogge von Strandmann, Rathenau, Wilhelm II., and the Perception of ‹Wilhelminismus›, in: Annika Mombauer (Hrsg.), The Kaiser. New Research on Wilhelm II's Role in Imperial Germany. Cambridge 2003, 259–280.

13 Der Neue Staat (1919), in: Gesammelte Schriften in sechs Bänden. Berlin 1929, Bd. 5, 284.

14 An Walther Kröner, 15. 2. 1920: Briefe, Bd. 2, 2374.

Im Dienst der Politik

1 Vgl. allgem. Fritz Stern, Walther Rathenau. Der Weg in die Politik, in: Helmut Schmidt (Mitverf.), Die Grenzen sprengen. Edzard Reuter zum Sechzigsten. Berlin 1988, 311–341.

2 Vgl. zum Folgenden Hans Jürgen Meinik, Walther Rathenau und die Sozialisierungsfrage. Ein Beitrag zur Wirtschaftspolitik in den Anfangsjahren der Weimarer Republik. Berlin 1973.

3 Vgl. dazu generell vor allem Gerald D. Feldman, Hugo Stinnes. Biographie eines Industriellen 1870–1924. Aus dem Amerikanischen übersetzt von Karl Heinz Siber. München 1998.

4 Vgl. a. Jörg Hentzschel-Fröhlings, Walther Rathenau und Hugo Stinnes. Rivalen voller Respekt, in: Ders. (Hrsg.), Gesellschaft, Region, Politik. Festschrift für Hermann de Buhr, Heinrich Küppers und Volkmar Wittmütz. Norderstedt 2006, 369–393.

5 Vgl. zum Folgenden a. Peter Krüger, «Es handelt sich darum, einen Kontinent wiederherzustellen». Walther Rathenau als Außenpolitiker, in: Hans Wilderotter (Hrsg.), Die Extreme berühren sich. Walther Rathenau 1867–1922. Berlin 1994, 189ff.

6 Peter Wulf, Hugo Stinnes. Wirtschaft und Politik 1918–1924. Stuttgart 1979, 215.

7 Vgl. zu ihm Heinrich Küppers, Joseph Wirth. Parlamentarier, Minister und Kanzler der Weimarer Republik. Stuttgart 1997, und Ulrike Hörster-Philipps, Joseph Wirth 1879–1956. Eine politische Biographie. Paderborn 1998.

8 Zu dem engen Verhältnis Wirths zu Rathenau seit Herbst 1919 vgl. David Felix, Walther Rathenau and the Weimar Republic. The Politics of Reparations. Baltimore/London 1971, 60 ff.

9 4.6.1921: Briefe, Bd. 2, 2573.

10 An Bernhard Dernburg [?], zwischen Frühjahr und Ende Juli 1919: Briefe, Bd. 2, 2233.

11 21.6.1921: Briefe, Bd. 2, 2584.

12 Vgl. dazu ausführlich Jörg Hentzschel-Fröhlings, Walther Rathenau als Politiker der Weimarer Republik. Husum 2007, bes. 145 ff. Zu den Wiesbadener Verhandlungen und deren Ergebnissen hat sich Rathenau selber in einer ausführlichen Rede vor dem Reparationsausschuß des Reichswirtschaftsrates am 9. November geäußert, in der er nach seinem Rücktritt als Wiederaufbauminister auf seine Motive und auch auf die Argumente seiner Kritiker einging. Vgl. den vollständigen Text der Rede mit einem einführenden Kommentar von Ursula Mader. Leipzig 2002 (Freienwalder Hefte 6).

13 In diesem Sinne forderte er in einer gemeinsam mit dem Vorstandsvorsitzenden der AEG, Felix Deutsch, und dem Direktor der Orientbank, Erich Bauer, verfaßten Denkschrift am 17. Februar 1920 die Regierung Bauer auf, wieder offizielle Wirtschaftsbeziehungen zu Rußland aufzunehmen: Horst Günter Linke, Deutsche-sowjetische Beziehungen bis Rapallo. Köln 1970, 94.

14 Zit. n. Gerald D. Feldman, Hugo Stinnes. Biographie eines Industriellen 1970–1924. München 1998, 723.

15 Vgl. dazu Jörg Hentzschel-Fröhlings, Walther Rathenau als Politiker der Weimarer Republik, 184 ff.

16 28.9.1921: Reden, 264.

17 Friedrich Ebert an Walther Rathenau, Ende Januar 1922: BA Koblenz, NL Rathenau, Bd. 2, Bl.2.

18 Zu Vorgeschichte und Abschluß des Rapallovertrags vgl. jetzt ausführlich unter Heranziehung sämtlichen bisher bekannt gewordenen Quellenmaterials einschließlich des russischen und der gesamten einschlägigen Literatur Eva Ingeborg Fleischhauer, Rathenau in Rapallo. Eine notwendige Korrektur des Forschungsstandes, in: Vierteljahrshefte für Zeitgeschichte 54, 2006, Heft 3, 365–415. Die Verfasserin betont dabei, vor allem gestützt auf Wirths spätere,

nach 1933 formulierte Darlegungen, dessen neben Maltzan und Seeckt zentrale Rolle bei der Vorberatung und dem Abschluß des Vertrages und Rathenaus bis zuletzt widerstrebende Haltung. Gleichzeitig arbeitet sie das Bestreben der sich aus unterschiedlichen Motiven für den Vertrag einsetzenden deutschen Seite heraus, den Ablauf der Gespräche und Verhandlungen nach Möglichkeit zu vernebeln, um den Gegnern im eigenen Lager – zu denen ja auch der Reichspräsident gehörte – möglichst wenig Anhaltspunkte zu liefern.

19 Zit. nach Ernst Schulin, Walther Rathenau, 122.

20 Vgl. zum Folgenden a. Harry Graf Kessler, Walther Rathenau. Sein Leben und sein Werk (1928). Neuaufl. Wiesbaden 1963, bes. 326ff. Kessler war, als Privatmann, selber in Genua dabei und hat seine Beobachtungen, die er unmittelbar in Tagebuchnotizen festgehalten hat, durch entsprechende Quellenstudien ergänzt, vor allem durch Benutzung der Niederschriften des 1927 verstorbenen Leiters der Ostabteilung des Auswärtigen Amtes, Ago Freiherrn von Maltzan, die ihm aufgrund seiner guten Kontakte zum Auswärtigen Amt zugänglich gemacht wurden. Vgl. dazu a. die folgende Anmerkung.

21 Vgl. dazu a. Ernst Laubach, Maltzans Aufzeichnungen über die letzten Vorgänge vor dem Abschluß des Rapallo-Vertrags, in: Jahrbücher für Geschichte Osteuropas 22, 1974, 556–579, und Ernst Schulin, Noch etwas zur Entstehung des Rapallo-Vertrages, in: Hartmut von Hentig/August Nitschke (Hrsg.), Was die Wirklichkeit lehrt. Golo Mann zum 70. Geburtstag. Frankfurt a. M. 1979, 177–202.

22 So rückblickend (1926) Maltzan zu Viscount d' Abernon: Viscount d' Abernon. Ein Botschafter der Zeitenwende. Bd. 1. Leipzig 1929, 352f.

23 Verhandlungen des Reichstags. Stenographische Berichte. 1. Wahlperiode 1920–1924, 233. Sitzung, 23. Juni 1922, Bd. 355, 7992.

24 Vgl. a. Martin Sabrow, Märtyrer der Republik. Zu den Hintergründen des Mordanschlags vom 24. Juni 1922, in: Hans Wilderotter (Hrsg.), Die Extreme berühren sich. Walther Rathenau 1867–1922. Berlin 1994, 221ff.

25 Vgl. die eingehende Schilderung des Mordes und seiner Hintergründe und vor allem die nationale und internationale Reaktion auf ihn bei Martin Sabrow, Der Rathenaumord. Rekonstruktion einer Verschwörung gegen die Republik von Weimar (Schriftenreihe der Vierteljahrshefte für Zeitgeschichte, 69). München 1994; ders., Märtyrer der Republik, 221–236; ders., Der Mord an Walther Rathenau und die Zerstörung der Weimarer Republik, in: Hans Erler u. a. (Hrsg.), «Gegen alle Vergeblichkeit». Jüdischer Widerstand gegen den Nationalsozialismus. Frankfurt a. M./New York 2003, 55–67.

26 Gerald D. Feldman, Der unschlüssige Staatsmann. Rathenaus letzter Tag und die Krise der Weimarer Republik, in: Thomas Hughes u.a. (Hrsg.), Ein Mann vieler Eigenschaften. Walther Rathenau und die Kultur der Moderne (Kleine kulturwissenschaftliche Bibiliothek, 21). Berlin 1990, 84–98, und Martin Sabrow, Walther Rathenau, in: Etienne François/Hagen Schulze (Hrsg.), Deutsche Erinnerungsorte II. München 2001, 601–619, 725–727.

Zusammenfassung und Ausblick:

Der Mann und seine Zeit

1 Vgl. dazu a. Barbara Czarniawska/Bernward Joerges, The Man With All the Qualities. Musil's Arnheim/Rathenau or: Can Business, Science and Arts Go Hand in Hand? (Schriftenreihe der Forschungsgruppe «Große technische Systeme» des Forschungsschwerpunkts Technik – Arbeit – Umwelt am Wissenschaftszentrum Berlin für Sozialforschung). Berlin 1999.

2 Die Neigung insbesondere der Germanistik, Musils Charakterisierung eines Typus mit Elementen aus der Biographie Rathenaus einseitig zur Deutung dieser Biographie zu verwenden, scheint nach wie vor weit verbreitet: Vgl. dazu Dieter Heimböckel, Walther Rathenau und die Literatur seiner Zeit. Studien zu Werk und Wirkung. Würzburg 1996.

3 An Deutschlands Jugend. Berlin 1918, 6 f.

Quellen und Literatur

Quellen

Greve, Uwe (Hrsg.), Walther Rathenau. Wirtschaft ist Schicksal. Husum 1990.
Hartung, Arnold (Hrsg.), Walther Rathenau. Schriften. Mit einem Beitrag von Golo Mann, 2. Aufl. Berlin 1981 (zuerst 1965).
Hellige, Hans Dieter (Hrsg.),Walther Rathenau – Maximilian Harden, Briefwechsel 1897–1920 (Walther Rathenau-Gesamtausgabe, Bd. VI). Heidelberg/München, 1983.
Jaser, Alexander/Picht, Clemens/Schulin, Ernst (Hrsg.), Walther Rathenau. Briefe. Teilband I: 1871–1913. Teilband II : 1914–1922 (Walther Rathenau-Gesamtausgabe, Bd. V). Düsseldorf 2006.
Kerr, Alfred, Walther Rathenau, Erinnerungen eines Freundes. Amsterdam 1935.
Pfeiffer, A. Ch. (Bearb.), Das Welt–Echo des Rathenau–Mordes. Stimmen und Urteile des Auslandes über Deutschland aus Anlaß der Ermordung Rathenaus. Berlin 1922.
Rathenau, Walther, Impressionen. 2. Aufl. Leipzig 1902.
Ders., Höre Israel! in: Walther Rathenau, Impressionen. 2. Aufl. Leipzig 1902, S. 1–20 (zuerst: 6. März 1897).
Ders., Zur Physiologie der Moral, in: Die Zukunft 44, 1903, 383–396.
Ders., Reflexionen. Leipzig 1908.
Ders., Erwägungen über die Erschliessung des Deutsch-ostafrikanischen Schutzgebietes, in: Walther Rathenau. Nachgelassene Schriften, zweiter Band. Berlin 1928, 9–73 (verfaßt Oktober 1907, erstmalig veröffentlicht 23. Mai 1908).
Ders., Denkschrift über den Stand des südwestafrikanischen Schutzgebietes (September 1908), wiederabgedr. in: Nachgelassene Schriften, zweiter Band. Berlin 1928, 74–141.
Ders., Unser auswärtiger Dienst, in: Die Zukunft 81, 1912, 103–108.
Ders., Gedächtnisrede für Emil Rathenau, gehalten am Tage der Beisetzung, 23. Juni 1915, in Oberschöneweide. Berlin, Allgemeine Elektrizitäts-Gesellschaft, Literarisches Büro 1915.
Ders., Die Organisation der Rohstoffversorgung. Vortrag geh. 1915. O.O. 1915.
Ders., Deutschlands Rohstoffversorgung. Berlin 1916.
Ders., Probleme der Friedenswirtschaft. Vortrag geh. 1916. Berlin 1917.
Ders., Vom Aktienwesen. Eine geschäftliche Betrachtung. Berlin 1917.
Ders., Von kommenden Dingen. Berlin 1917.
Ders., Die neue Wirtschaft. Berlin 1918.
Ders., An Deutschlands Jugend. Berlin 1918.
Ders., Gesammelte Schriften, 5 Bde. Berlin 1918.
Ders., Autonome Wirtschaft. Jena 1919.

Ders., Der Kaiser. Eine Betrachtung. Berlin 1919.
Ders., Die neue Gesellschaft. Berlin 1919.
Ders., Nach der Flut. Berlin 1919 (zuerst: März 1919).
Ders., Kritik der dreifachen Revolution. Apologie. Berlin 1919.
Ders., Der neue Staat. Berlin 1919.
Ders., Was wird werden? Berlin 1920.
Ders., Cannes und Genua. 4 Reden zum Reparationsproblem. Mit einem Anhang. Berlin 1922.
Ders., Zur Kritik der Zeit. Berlin 1922.
Ders., Gesammelte Reden. Berlin 1924.
Ders., Reflexionen und Aufsätze. Berlin 1925.
Ders., Briefe, Bd. 1. Dresden 1926.
Ders., Briefe, Bd. 2. 2. Aufl. Dresden 1926.
Ders., Neue Briefe. Dresden 1927.
Ders., Nachgelassene Schriften, 2 Bde. Berlin 1928.
Ders., Über ein Reichselektrizitätsmonopol (zwei Briefe an den Staatssekretär des Reichsschatzamtes Adolf Wermuth vom 6. Januar 1911 und vom 27. April 1911), in: Walther Rathenau. Nachgelassene Schriften, erster Band. Berlin 1928, 165–177.
Ders., Schriften aus Kriegs- und Nachkriegszeit. Berlin 1929.
Ders., Politische Briefe. Dresden 1929.
Ders., Briefe. Neue endgültige Ausgabe in drei Bänden. Dresden 1930.
Ders., Tagebuch 1907–1922, hrsg. und kommentiert von Hartmut Pogge von Strandmann. Mit einem Beitrag von James Joll und einem Geleitwort von Fritz Fischer. Düsseldorf 1967.
Ders., Schriften und Reden. Frankfurt a. M. 1986.
Ders., Kritik der dreifachen Revolution. Apologie. Nördlingen 1987.
Ders., Das Wiesbadener Abkommen. Rede am 9. November 1921. Mit einem einführenden Kommentar von Ursula Mader. Leipzig 2003.
Schulin, Ernst (Hrsg.),Walther Rathenau. Hauptwerke und Gespräche (Walther Rathenau-Gesamtausgabe, Bd. II). Heidelberg/München 1977.
Ders. (Hrsg.), Gespräche mit Rathenau. München 1980.

Literatur

Adler, Hans G., Die Juden in Deutschland. Von der Aufklärung bis zum Nationalsozialismus. München/Zürich 1987.
AEG (Hrsg.), Walther Rathenau – Industrieller, Politiker und Schriftsteller. Berlin/Frankfurt a. M. 1992 (Informationen aus der AEG-Geschichte, 1/92.).
AIAG Direktorium (Hrsg.), Geschichte der Aluminium-Industrie-Aktien-Gesellschaft Neuhausen 1888–1938. Erster Band: die Jahre von 1888–1920. Chippis 1942.
Anderle, Alfred, Die deutsche Rapallo-Politik. Deutsch-sowjetische Beziehungen 1922–1929 (Veröffentlichungen des Instituts für Geschichte der Völker der UdSSR an der Martin-Luther-Universität Halle-Wittenberg; Reihe: B Abhandlungen, 4). Berlin 1962.
Augustine, Dolores L., Patricians and Parvenus. Wealth and High Society in Wilhelmine Germany. Oxford 1994.

Azzaro, Pierluca, Deutsche Geschichtsdenker am Anfang des 20. Jahrhunderts und ihr Einfluß in Italien. Kurt Breysig, Walther Rathenau, Oswald Spengler, in: Helmut Fleischer (Hrsg.), Das Zwanzigste Jahrhundert. Zeitalter der tragischen Verkehrungen. Forum zum 80. Geburtstag von Ernst Nolte. München 2003, 243–272.

Bade, Klaus J. (Hrsg.), Imperialismus und Kolonialmission. Kaiserliches Deutschland und koloniales Imperium (Beiträge zur Kolonial- und Überseegeschichte, 22). Wiesbaden 1982.

Bald, Detlef, Deutsch-Ostafrika 1900–1914. Eine Studie über Verwaltung, Interessengruppen und wirtschaftliche Erschließung. München 1970.

Barth, Hans Martin, Der Demokratische Volksbund. Zu den Anfängen des politischen Engagements der Unternehmer der Berliner Elektrogroßindustrie im November 1918, in: Jahrbuch für die Geschichte Mittel- und Ostdeutschlands, 16/17, 1968, 254–266.

Baudis, Dieter/Nussbaum, Helga, Wirtschaft und Staat in Deutschland vom Ende des 19. Jahrhunderts bis 1918/19. Berlin 1978.

Bausinger, Hermann, Bürgerlichkeit und Kultur, in: Jürgen Kocka (Hrsg.), Bürger und Bürgerlichkeit im 19. Jahrhundert. Göttingen 1987, 121–142.

Becher, Ursula A. J., Geschichte des modernen Lebensstils. Essen, Wohnen, Freizeit, Reisen. München 1990.

Behn, Helga, Die Architektur des deutschen Warenhauses von ihren Anfängen bis 1933. Diss. Köln 1984.

Benker, Gertrud, Bürgerliches Wohnen. Städtische Wohnkultur in Mitteleuropa von der Gotik bis zum Jugendstil. München 1984.

Berding, Helmut, Moderner Antisemitismus in Deutschland. Frankfurt a. M. 1988.

Berghahn, Volker R., Der Erste Weltkrieg. München 2003.

Ders. (Hrsg.), Die deutsche Wirtschaftselite im 20. Jahrhundert. Kontinuität und Mentalität (Bochumer Schriften zur Unternehmens- und Industriegeschichte, 11). Essen 2003.

Ders., Imperial Germany, 1871–1914. Economy, Society, Culture, and Politics. Providence 1994.

Berglar, Peter, Walther Rathenau. Ein Leben zwischen Philosophie und Politik. Graz/Wien/Köln 1987.

Ders., Walther Rathenau. Seine Zeit, sein Werk, seine Persönlichkeit. Diss. Bremen 1970.

Ders., Harden und Rathenau. Zur Problematik ihrer Freundschaft, in: Historische Zeitschrift 209, 1969, 75–94.

Besier, Gerhard (Hrsg.), Die Mittwochs-Gesellschaft im Kaiserreich – Protokolle aus dem geistigen Deutschland 1863–1919. Berlin 1990.

Blackbourn, David/Evans, Richard (Hrsg.), The German Bourgeoisie. Essays on the Social History of the German Middle Class from the Late Eighteenth to the Early Twentieth Century. London/New York 1991.

Ders./Eley, Geoff, The Peculiarities of German History. Bourgeois Society and Politics in Nineteenth-Century Germany. Oxford 1984.

Ders. The Mittelstand in German Society and Politics 1871–1914, in: Social History 2, 1977, 409–433.

Blaschke, Olaf, Katholizismus und Antisemitismus im Deutschen Kaiserreich (Kritische Studien zur Geschichtswissenschaft, 122). Göttingen 1997.

Ders./Kuhlemann Frank-Michael (Hrsg.), Religion im Kaiserreich. Milieus – Mentalitäten – Krisen (Religiöse Kulturen der Moderne, 2). Gütersloh 1996.

Bracher, Karl Dietrich/Funke, Manfred/Jacobsen, Hans-Adolf (Hrsg.), Die Weimarer Republik 1918–1933. Politik, Wirtschaft, Gesellschaft (Bonner Schriften zur Politik und Zeitgeschichte, 22). Düsseldorf 1987.

Braun, Klaus, Konservatismus und Gemeinwirtschaft. Eine Studie über Wichard von Moellendorff (Duisburger Hochschulbeiträge, II). Duisburg 1978.

Brenner, Wolfgang, Walther Rathenau. Deutscher und Jude. München/Zürich 2005.

Bruch, Rüdiger vom, Bürgerlichkeit, Staat und Kultur im Deutschen Kaiserreich, hrsg. v. Hans-Christoph Liess. Stuttgart 2005.

Ders., Gelehrtenpolitik und politische Kultur im späten Kaiserreich, in: Gustav Schmidt (Hrsg.), Gelehrtenpolitik und politische Kultur in Deutschland 1830–1930. Referate und Diskussionsbeiträge. Bochum 1986, 77–106.

Buchholz, Kai u.a. (Hrsg.), Die Lebensreform. Entwürfe zur Neugestaltung von Leben und Kunst um 1900. 2 Bde. Darmstadt 2001.

Budde, Gunilla-Friederike, Auf dem Weg ins Bürgerleben. Kindheit und Erziehung in deutschen und englischen Bürgerfamilien 1840–1914 (Bürgertum. Beiträge zur europäischen Gesellschaftsgeschichte, 6). Göttingen 1994.

Buddensieg, Tilmann/Rogge, Henning, Industriekultur. Peter Behrens und die AEG 1907 – 1914. Berlin 1979.

Burchardt, Lothar, Eine neue Quelle zu den Anfängen der Kriegswirtschaft in Deutschland 1914. Das Tagebuch Wichard von Moellendorffs vom 13. August bis zum 14. Oktober 1914, in: Tradition. Zeitschrift für Firmengeschichte und Unternehmerbiographie 16, 1971, Heft 2, 72–92.

Ders., Walther Rathenau und die Anfänge der deutschen Rohstoffbewirtschaftung im Ersten Weltkrieg, in: Tradition. Zeitschrift für Firmengeschichte und Unternehmerbiographie 15, 1970, 169–196.

Ders., Friedenswirtschaft und Kriegsvorsorge. Deutschlands wirtschaftliche Rüstungsbestrebungen vor 1914 (Wissenschaftliche Forschungen, 6). Boppard a.Rh. 1968.

Cecil, Lamar, Jew and Junker in Imperial Berlin, in: Yearbook of the Leo Baeck Institute XX, 1975, 47–58.

Ders., Albert Ballin. Business and Politics in Imperial Germany 1888–1918. Princeton 1967.

Chickering, Roger, Das Deutsche Reich und der Erste Weltkrieg. München 2002.

Conte, Francis, Lloyd George et la traité de Rapallo, in : Revue d'histoire moderne et contemporaine 23, 1976, 44–67.

Czarniawska, Barbara/Joerges, Bernward, The Man with all the Qualities. Musil's Arnheim-Rathenau or: Can Business, Science and Arts go Hand in Hand? (Schriftenreihe der Forschungsgruppe «Große technische Systeme» des Forschungsschwerpunkts Technik – Arbeit – Umwelt am Wissenschaftszentrum Berlin für Sozialforschung). Berlin 1993.

Dahlhaus, Carl, Die Musik des 19. Jahrhunderts (Neues Handbuch der Musikwissenschaft, 6). Wiesbaden 1980.

Daum, Andreas W., Wissenschaftspopularisierung im 19. Jahrhundert. Bürgerliche Kultur, naturwissenschaftliche Bildung und die deutsche Öffentlichkeit 1848–1914. 2. erg. Aufl. München 2002.

Didry, Claude/Wagner, Peter, Transformation des europäischen Kapitalismus. Der

Erste Weltkrieg und die Nationalisierung der Wirtschaft in Frankreich und Deutschland, in: Peter Wagner (Hrsg.), Arbeit und Nationalstaat. Frankreich und Deutschland in europäischer Perspektive. Frankfurt a. M./New York 2000, 45–74.

Dietrich, Yorck, Die Mannesmannröhren-Werke 1888 bis 1920. Organisation und Unternehmensführung unter der Gründerfamilie, Bankiers und Managern (Zeitschrift für Unternehmensgeschichte, Beihefte 66). Stuttgart 1991.

Doerry, Martin, Übergangsmenschen. Die Mentalität der Wilhelminer und die Krise des Kaiserreichs. Weinheim/München 1986.

Dolgner, Dieter, Historismus. Deutsche Baukunst 1815–1900. Leipzig 1993.

Dorrmann, Michael, «Wenn Bismarck wiederkäme». Kunst, Ideologie und Rathenaus Engagement für ein Bismarck-National-Denkmal, in: Hans Wilderotter (Hrsg.), Die Extreme berühren sich. Walther Rathenau 1867–1922. Berlin 1994, 99–108.

Dowe, Dieter (Hrsg.), Parteien im Wandel. Vom Kaiserreich zur Weimarer Republik. Rekrutierung – Qualifizierung – Karrieren (Schriftenreihe der Stiftung Reichspräsident-Friedrich-Ebert-Gedenkstätte, 7). München 1999.

Dunk, Hermann W. von der, Walther Rathenau (1867 – 1922). Ein Leben zwischen Anpassung und Kritik (Freienwalder Hefte, 2). Leipzig 1999.

Ehlert, Hans Gotthard, Die wirtschaftliche Zentralbehörde des Deutschen Reiches 1914–1919. Das Problem der «Gemeinwirtschaft» in Krieg und Frieden (Beiträge zur Wirtschafts- und Sozialgeschichte, 19). Diss. Wiesbaden 1982.

Eksteins, Modris, Tanz über Gräben. Die Geburt der Moderne und der Erste Weltkrieg. Reinbek bei Hamburg 1990.

Eley, Geoff (Hrsg.), Society, Culture, and the State in Germany, 1870–1930. Ann Arbor, Michigan 1996.

Engel, Helmut, Die Architektur der Wilhelminischen Zeit in Berlin, in: Wolfgang Ribbe (Hrsg.), Berlin-Forschungen IV (Einzelveröffentlichungen der Historischen Kommission zu Berlin, 70 / Publikationen der Sektion für die Geschichte Berlins, 6). Berlin 1989, 53–104.

Engelhardt, Ulrich, «Bildungsbürgertum». Begriffs- und Dogmengeschichte eines Etiketts (Industrielle Welt, 43). Stuttgart 1986.

Erdmann, Karl Dietrich, Deutschland, Rapallo und der Westen, in: Vierteljahrshefte für Zeitgeschichte 11, 1963, Heft 2, 105–165.

Evans, Richard J. (Hrsg.), Society and Politics in Wilhelmine Germany. London 1978.

Ders./Lee, W. Roberts (Hrsg.), The German Family. Essays on the Social History of the Family in Nineteenth- and Twentieth-Century Germany. London 1981.

Federn-Kohlhaas, Etta, Walther Rathenau. Sein Leben und Wirken. Dresden 1927.

Feldman, Gerald D., Max Warburg, Hugo Stinnes und das Problem des Antisemitismus in der frühen Weimarer Republik, in: Michael Grüttner u.a. (Hrsg.), Geschichte und Emanzipation. Festschrift für Reinhard Rürup. Frankfurt a. M./ New York 1999, 315–332.

Ders., Hugo Stinnes. Biographie eines Industriellen 1870–1924. München 1998.

Ders., Politische Kultur und Wirtschaft in der Weimarer Zeit. Unternehmer auf dem Weg in die Katastrophe, in: Zeitschrift für Unternehmensgeschichte 43, 1998, Heft 1, 3–18.

Ders., The Great Disorder. Politics, Economics and Society in the German Inflation, 1914–1924. New York/Oxford 1993.
Ders., Der unschlüssige Staatsmann. Rathenaus letzter Tag und die Krise der Weimarer Republik, in: Thomas Hughes u.a. (Hrsg.), Ein Mann vieler Eigenschaften. Walther Rathenau und die Kultur der Moderne (Kleine kulturwissenschaftliche Bibiliothek, 21). Berlin 1990, 84–98.
Ders., The Politics of Stabilization in Weimar Germany, in: Tel Aviver Jahrbuch für deutsche Geschichte XVII, 1988, 19–41.
Ders., Armee, Industrie und Arbeiterschaft in Deutschland 1914–1918. Berlin/Bonn 1985.
Ders., Industrie und Gewerkschaften 1918–1924. Die überforderte Zentralarbeitsgemeinschaft (Schriftenreihe der Vierteljahrshefte für Zeitgeschichte, 50). Stuttgart 1985.
Ders., Vom Weltkrieg zur Weltwirtschaftskrise. Studien zur deutschen Wirtschafts- und Sozialgeschichte 1914–1932 (Kritische Studien zur Geschichtswissenschaft, 60). Göttingen 1984.
Ders./Homburg, Heidrun, Industrie und Inflation. Studien und Dokumente zur Politik der deutschen Unternehmer 1916–1923 (Historische Perspektiven, 5). Hamburg 1977.
Ders., Iron and Steel in the German Inflation 1916–1923. Princeton 1977.
Ders., Army, Industry and Labor in Germany 1914–1918. Princeton 1966.
Ferguson, Niall, Der falsche Krieg. Der Erste Weltkrieg und das 20. Jahrhundert. Stuttgart 1999.
Ferro, Marc, Der große Krieg 1914–1918. Frankfurt a.M. 1988 (zuerst: 1969).
Fink, Carole (Hrsg.), Genoa, Rapallo and European Reconstruction in 1922. Cambridge 1991.
Dies., The Genoa Conference. European Diplomacy, 1921–1922. Chapel Hill/London 1984.
Fischer, Jens-Malte, Identifikation mit dem Aggressor? Zur Problematik des jüdischen Selbsthasses um 1900, in: Menora. Jahrbuch für deutsch-jüdische Geschichte 3, 1992, 23–48.
Fischer, Fritz, Griff nach der Weltmacht. Die Kriegspolitik des kaiserlichen Deutschland 1914/18. Nachdruck der Sonderausgabe 1967, 2. Aufl. Königstein Ts. 1979.
Ders., Krieg der Illusionen. Die deutsche Politik von 1911–1914, unveränd. Nachdr. d. 2. Aufl. 1970. Königstein Ts. 1978.
Ders., Deutsche Kriegsziele. Revolutionierung und Separatfrieden im Osten 1914–1918, in: Historische Zeitschrift 188, 1959, 249–310.
Fleischhauer, Eva Ingeborg, Rathenau in Rapallo. Eine notwendige Korrektur des Forschungsstandes, in: Vierteljahrshefte für Zeitgeschichte 54, 2006, Heft 3, 365–415.
Frankel, Jonathan (Hrsg.), Assimilation and Community. The Jews in Nineteenth-Century Europe. Cambridge u.a. 1992.
Frevert, Ute (Hrsg.), Bürgerinnen und Bürger. Geschlechterverhältnisse im 19. Jahrhundert (Kritische Studien zur Geschichtswissenschaft, 11). Göttingen 1988.
Dies., Frauen-Geschichte. Zwischen bürgerlicher Verbesserung und neuer Weiblichkeit. Frankfurt a.M. 1986.
Frie, Ewald, Das Deutsche Kaiserreich. Darmstadt 2004.
Fritsch, Herbert (Red.), Gründerzeitarchitektur. 3. erw. Aufl. Stuttgart 1995.

Fritzen, Florentine, «Gesünder Leben». Die Lebensreformbewegung im 20. Jahrhundert (Frankfurter Historische Abhandlungen, 45). Stuttgart 2006.

Fuchs, Robert, Ola Hansson – Antisemitismus und Kritik an der Moderne. Das geistige Klima im Deutschen Kaiserreich um die Jahrhundertwende (Arbeitspapiere «Gemeinschaften», 11). Berlin 1997.

Gall, Lothar (Hrsg.), Krupp im 20. Jahrhundert. Die Geschichte des Unternehmens vom Ersten Weltkrieg bis zur Gründung der Stiftung. Berlin 2002.

Ders., Krupp. Der Aufstieg eines Industrieimperiums. Berlin 2000.

Ders. u. a., Die Deutsche Bank 1870–1995. München 1995.

Ders., Stadt und Bürgertum im 19. Jahrhundert. Ein Problemaufriß, in: Ders. (Hrsg.), Stadt und Bürgertum im 19. Jahrhundert. München 1990, 1–18.

Ders., Bürgertum in Deutschland. Berlin 1989.

Ders., «... ich wünschte ein Bürger zu sein.» Zum Selbstverständnis des deutschen Bürgertums im 19. Jahrhundert, in: Historische Zeitschrift 245, 1987, 601–623.

Ders., Die Stadt der bürgerlichen Gesellschaft – das Beispiel Mannheim, in: Forschungen zur Stadtgeschichte. Drei Vorträge, hrsg. v. d. gemeinsamen Kommission d. Rheinisch-Westfälischen Akademie der Wissenschaften u. d. Gerda-Henkel-Stiftung. Opladen 1986, 55–71.

Ders., Bismarck. Der weiße Revolutionär. Frankfurt a. M./Berlin 1980.

Geipel, Kaye (Red.), Historismus – neuere Literatur zur Baugeschichte. 2. erw. Aufl. Stuttgart 1991.

Gelber, Mark, Wandlungen im Bild des «Gebildeten Juden» in der deutschen Literatur, in: Jahrbuch des Institutes für Deutsche Geschichte XIII, 1984, 165–178.

Gerhard, Ute, Verhältnisse und Verhinderungen. Frauenarbeit, Familie und Rechte der Frauen im 19. Jahrhundert. Frankfurt a. M. 1978.

Geyer, Martin H., Verkehrte Welt. Revolution, Inflation und Moderne. München 1914–1924 (Kritische Studien zur Geschichtswissenschaft, 128). Göttingen 1998.

Gilman, Sander, Jüdischer Selbsthaß. Antisemitismus und die verborgene Sprache der Juden. Frankfurt a. M. 1993.

Glaser, Hermann, Bildungsbürgertum und Nationalismus. Politik und Kultur im Wilhelminischen Deutschland. München 1993.

Ders., Die Kultur der Wilhelminischen Zeit. Topographie einer Epoche. Frankfurt a. M. 1984.

Görner, Eberhard, Thomas Mann, Annette Kolb, Walther Rathenau. Drei Schriftsteller – eine Freundschaft. Hrsg. v. Schloß Freienwalde, Bad Freienwalde 1998.

Goldbach, Marie-Luise, Karl Radek und die deutsch-sowjetischen Beziehungen 1918–1923 (Schriftenreihe des Forschungsinstitutes der Friedrich-Ebert-Stiftung, 97). Bonn 1973.

Grasskamp, Walter, Museumsgründer und Museumsstürmer. Zur Sozialgeschichte des Kunstmuseums. München 1981.

Grekow, Boris, «Russland ist unser künftiges Absatzgebiet». Walther Rathenau und Rußland zwischen 1914 und 1922, in: Hans Wilderotter (Hrsg.), Die Extreme berühren sich. Walther Rathenau 1867–1922. Berlin 1994, 203–208.

Ders., Zur Entwicklung der außenpolitischen Ansichten von Dr. Walther Rathenau (vom Vorabend des Ersten Weltkrieges bis zur Unterzeichnung des Rapallo-Vertrages), in: Ulrike Hörster-Philipps (Hrsg.), Rapallo – Modell für Europa? Friedliche Koexistenz und internationale Sicherheit heute (Kleine Bibliothek, 433). Köln 1987, 245–251.

Gruson, Pascall, Die Krise der Moderne in europäischer Perspektive. Walther Rathenau, Ernst Troeltsch und die Weimarer Republik, in: Kurt Nowak/Gèrard Raulet (Hrsg.), Protestantismus und Antisemitismus in der Weimarer Republik. Frankfurt a. M./New York 1994, 43–83.

Halder, Winfrid, Innenpolitik im Kaiserreich 1871–1914. Darmstadt 2003.

Hamburger, Ernest, Juden im öffentlichen Leben Deutschlands. Regierungsmitglieder, Beamte und Parlamentarier in der monarchischen Zeit 1848–1918. Tübingen 1968.

Hammerschmidt, Valentin W., Anspruch und Ausdruck in der Architektur des späten Historismus in Deutschland (1860–1914) (Europäische Hochschulschriften: Reihe XXXVII, Architektur, 3). Frankfurt a. M./Bern/New York 1985.

Hansert, Andreas/Oevermann, Ulrich, Bürgerkultur und Kulturpolitik in Frankfurt am Main. Eine historisch-soziologische Rekonstruktion. Frankfurt a. M. 1992.

Hardtwig, Wolfgang, Bürgertum, Staatssymbolik, Staatsbewußtsein im Deutschen Kaiserreich 1871–1914, in: Geschichte und Gesellschaft 16, 1990, Heft 3, 269–295.

Hartmann, Kristiana, Deutsche Gartenstadtbewegung. Kulturpolitik und Gesellschaftsreform. München 1976.

Hecht, Karsten, Die Harden-Prozesse. Strafverfahren, Öffentlichkeit und Politik im Kaiserreich. Diss. München 1997.

Heimböckel, Dieter, «Unsere Zeit ist reicher an Ausdrucksmitteln als an Persönlichkeiten». Walther Rathenaus Verhältnis zur Literatur und Kunst, in: Karl-Heinz Hense/Martin Sabrow (Hrsg.), Leitbild als Erinnerungsort? Neue Beiträge zu Walther Rathenau. Berlin 2003, 107–121.

Ders., «Es werden keine esoterischen Gemeinden die Führung ergreifen.» Walther Rathenau und der Forte-Kreis, in: Richard Faber/Christine Holste (Hrsg.), Der Potsdamer Forte-Kreis. Eine utopische Intellektuellenassoziation zur europäischen Friedenssicherung. Würzburg 2001, 163–184.

Ders., Walther Rathenau und die Literatur seiner Zeit. Studien zu Werk und Wirkung (Epistemata: Reihe Literaturwissenschaft, 214). Würzburg 1996.

Ders., Im Dialog. Walther Rathenau und die Literatur seiner Zeit, in: Hans Wilderotter (Hrsg.), Die Extreme berühren sich. Walther Rathenau 1867–1922. Berlin 1994, 67–82.

Hein, Dieter/Schulz, Andreas (Hrsg.), Bürgerkultur im 19. Jahrhundert. Bildung, Kunst und Lebenswelt. Festschrift für Lothar Gall zum 70. Geburtstag. München 1996.

Helbig, Herbert, Die Träger der Rapallo-Politik (Veröffentlichungen des Max-Planck-Instituts für Geschichte, 3). Göttingen 1958.

Heller, Carl Benno (Bearb.), Jugendstil. Kunst um 1900. Darmstadt 1982.

Hellige, Hans Dieter, Dauerhaftes Wirtschaften contra Wirtschaftsliberalismus. Die Entstehung von Rathenaus Wirtschaftsethik, in: Karl-Heinz Hense/Martin Sabrow (Hrsg.), Leitbild als Erinnerungsort? Neue Beiträge zu Walther Rathenau. Berlin 2003, 85–105.

Ders., Walther Rathenaus Entwicklung vom Neokonservatismus zum «Corporate Collectivism». Entgegnung auf den Beitrag Pogge von Strandmanns, in: Werner E. Mosse/Hans Pohl (Hrsg.), Jüdische Unternehmer in Deutschland im 19. und 20. Jahrhundert (Zeitschrift für Unternehmensgeschichte, Beihefte, 64). Stuttgart 1992, 366–372.

Ders., Walther Rathenau. Ein Kritiker der Moderne als Organisator des Kapitalismus. Entgegnung auf T. P. Hughes' systemhistorische Rathenau-Interpretation, in: Thomas Hughes u.a. (Hrsg.), Ein Mann vieler Eigenschaften. Walther Rathenau und die Kultur der Moderne (Kleine kulturwissenschaftliche Bibliothek, 21). Berlin 1990, 32–54.

Ders., Generationskonflikt, Selbsthaß und die Entstehung antikapitalistischer Positionen im Judentum. Der Einfluß des Antisemitismus auf das Sozialverhalten jüdischer Kaufmanns- und Unternehmersöhne im Deutschen Kaiserreich und in der K. und K. Monarchie, in: Geschichte und Gesellschaft 5, 1979, Heft 4, 476–518.

Hentschel, Volker, Wirtschaft und Wirtschaftspolitik im wilhelminischen Deutschland. Organisierter Kapitalismus und Interventionsstaat? Stuttgart 1978.

Hentzschel-Fröhlings, Jörg, Walther Rathenau und Hugo Stinnes. Rivalen voller Respekt, in: Ders. (Hrsg.), Gesellschaft, Region, Politik. Festschrift für Hermann de Buhr, Heinrich Küppers und Volkmar Wittmütz. Norderstedt 2006, 369–393.

Hertz-Eichenrode, Dieter, Deutsche Geschichte 1890–1918. Das Kaiserreich in der Wilhelminischen Zeit. Stuttgart/Berlin/Köln 1996.

Hettling, Manfred/Hoffmann, Stefan-Ludwig (Hrsg.), Der bürgerliche Wertehimmel. Innenansichten des 19. Jahrhunderts. Göttingen 2000.

Ders., Politische Bürgerlichkeit. Der Bürger zwischen Individualität und Vergesellschaftung in Deutschland und der Schweiz von 1860 bis 1918. Göttingen 1999.

Hildebrand, Klaus, Gerhart Hauptmanns Freundschaft mit dem Industriellen, Politiker und Schriftsteller Walther Rathenau (1867–1922), in: Ders. (Hrsg.), Gerhart Hauptmanns Freundeskreis. Internationale Studien. Włocławek 2006, 109–141.

Ders., Der deutsche Nationalstaat als Großmacht 1871–1918, in: Walther L. Bernecker (Hrsg.), Deutschland in den internationalen Beziehungen des 19. und 20. Jahrhunderts. Festschrift für Josef Becker zum 65. Geburtstag (Schriften der Philosophischen Fakultät der Universität Augsburg, 50). Berlin 1996, 109–124.

Ders., Walther Rathenau. «System Builder», in: Thomas Hughes u.a. (Hrsg.), Ein Mann vieler Eigenschaften. Walther Rathenau und die Kultur der Moderne (Kleine kulturwissenschaftliche Bibiliothek, 21). Berlin 1990, 9–31.

Hitchcock, Henry Russel, Die Architektur des 19. und 20. Jahrhunderts. Mit einer Einführung von Heinrich Klotz. München 1994.

Hobsbawm, Eric J., Das imperiale Zeitalter 1875–1914. Frankfurt a.M. 1995.

Höpker, Thomas/Petschull, Jürgen, Der Wahn vom Weltreich. Die Geschichte der deutschen Kolonien. Herrsching 1986.

Hoffmann, Godehard, Architektur für die Nation? Der Reichstag und die Staatsbauten des Deutschen Kaiserreichs 1871–1918. Köln 2000.

Holtfrerich, Carl-Ludwig, Die deutsche Inflation 1914–1923. Ursachen und Folgen in internationaler Perspektive. Berlin 1980.

Horne, John (Hrsg.), State, Society and Mobilization in Europe during the First World War. Cambridge 1997.

Hughes, Thomas u.a. (Hrsg.), Ein Mann vieler Eigenschaften. Walther Rathenau und die Kultur der Moderne (Kleine kulturwissenschaftliche Bibliothek, 21). Berlin 1990.

Ders., Walther Rathenau. «System Builder», in: Thomas Hughes u.a. (Hrsg.), Ein

Mann vieler Eigenschaften. Walther Rathenau und die Kultur der Moderne (Kleine kulturwissenschaftliche Bibiliothek, 21). Berlin 1990, 9–31.

Hübinger, Gangolf, Rathenau. Das Opfer. Zum posthumen Wandel des Rathenau-Bildes, in: Karl-Heinz Hense/Martin Sabrow (Hrsg.), Leitbild als Erinnerungsort? Neue Beiträge zu Walther Rathenau. Berlin 2003, 123–132.

Jaeger, Hans, Unternehmer in der deutschen Politik (1890–1918) (Bonner historische Forschungen, 30). Bonn 1967.

Jochmann, Werner, Gesellschaftskrise und Judenfeindschaft in Deutschland 1870–1945 (Hamburger Beiträge zur Sozial- und Wirtschaftsgeschichte, 23). Hamburg 1988.

Joll, James, Walther Rathenau – Intellektueller oder Industrieller, in: Bernd Hüppauf (Hrsg.), Expressionismus und Kulturkrise. (Tagung zu dem Thema ‹Expressionism and the Crisis in German and Austrian Culture and Society, 1910 to 1920›, Sidney 1979) Heidelberg 1983, 159–181.

Ders., Walther Rathenau – Intellectual or Industrialist? in: Volker R. Berghahn/Martin Kitchen (Hrsg.), Germany in the Age of Total War. London u.a. 1981, 46–62.

Kaelble, Hartmut, Industrielle Interessenpolitik in der Wilhelminischen Gesellschaft – Centralverband Deutscher Industrieller 1895–1914. Mit einem Vorwort von Gerhard A. Ritter. Berlin 1967.

Kallner, Rudolf, Herzl und Rathenau. Wege jüdischer Existenz an der Wende des 20. Jahrhunderts. Stuttgart 1976.

Kaplan, Marion A., Tradition and Transition. The Acculturation, Assimilation and Integration of Jews in Imperial Germany. A Gender Analysis, in: Yearbook of the Leo Baeck Institute XXVII, 1982, 3–35.

Kerkhof, Stefanie van de, Von der Friedens- zur Kriegswirtschaft. Unternehmensstrategien der deutschen Eisen- und Stahlindustrie vom Kaiserreich bis zum Ende des Ersten Weltkrieges. Essen 2006.

Kerkhoff, Ulrich, Eine Abkehr von Historismus oder ein Weg zur Moderne. Stuttgart 1987.

Kessler, Harry Graf, Walther Rathenau. Sein Leben und sein Werk. Mit einem Nachwort und Anmerkungen versehen von Cornelia Blasberg (Harry Graf Kessler. Gesammelte Schriften in drei Bänden, 3). Frankfurt a.M. 1988.

Klingenburg, Karl-Heinz (Hrsg.), Historismus. Aspekte zur Kunst im 19. Jahrhundert. Leipzig 1985.

Kocka, Jürgen, (Hrsg.), Bürgertum im 19. Jahrhundert. Deutschland im europäischen Vergleich. Eine Auswahl, 3 Bde. Göttingen 1995.

Ders., Großunternehmen und der Aufstieg des Manager-Kapitalismus im späten 19. und frühen 20. Jahrhundert. Deutschland im internationalen Vergleich, in: Historische Zeitschrift 232, 1981, 39–60.

Ders., Die Angestellten in der deutschen Geschichte 1850–1980. Vom Privatbeamten zum angestellten Arbeitnehmer. Göttingen 1981.

Ders., Klassengesellschaft im Krieg. Deutsche Sozialgeschichte 1914–1918, 2. durchges. u. erg. Aufl. (Kritische Studien zur Geschichtswissenschaft, 8). Göttingen 1978.

Ders., Siemens und der aufhaltsame Aufstieg der AEG, in: Tradition. Zeitschrift für Firmengeschichte und Unternehmerbiographie 17, 1972, Heft 1, 125–142.

Koenen, Gerd/Kopelew, Lew (Hrsg.), Deutschland und die Russische Revolution 1917–1924 (West-östliche Spiegelungen; Reihe A, 5). München 1998.

Ders., Die «Völkerwanderung von unten». Walther Rathenau über Russland und Sowjets, in: Ders./Lew Kopelew (Hrsg.), Deutschland und die russische Revolution. 1917–1924. München 1998, 240–274.

Kolb, Eberhard, Die Weimarer Republik. 6. erw. u. überarb. Aufl. (Oldenbourg Grundriß der Geschichte, 16). München 2002.

Krabbe, Wolfgang R., Gesellschaftsveränderung durch Lebensreform. Strukturmerkmale einer sozialreformerischen Bewegung im Deutschland der Industrialisierungsperiode. Göttingen 1974.

Krämer, Andreas, «Fort mit Erzberger!». «Knallt ab den Walther Rathenau». Zwei politische Morde im Spiegel der Presse, in: Horst Dieter Schlosser (Hrsg.), Das Deutsche Reich ist eine Republik. Beiträge zur Kommunikation und Sprache der Weimarer Zeit. Frankfurt a. M./Berlin/Bern 2003, 79–90.

Kraus, Elisabeth, Die Familie Mosse. Deutsch-Jüdisches Bürgertum im 19. und 20. Jahrhundert. München 1999.

Dies., Jüdisches Mäzenatentum im Kaiserreich. Befunde, Motive, Hypothesen, in: Jürgen Kocka (Hrsg.), Bürgerkultur und Mäzenatentum. Berlin 1998, 38–53.

Kretschmann, Carsten, Wissenskanonisierung und -popularisierung in Museen des 19. Jahrhunderts – das Beispiel des Senckenbergmuseums in Frankfurt am Main, in: Lothar Gall/Andreas Schulz (Hrsg.), Wissenskommunikation im 19. Jahrhundert. Stuttgart 2003, 171–213.

Krüger, Peter, «Es handelt sich darum, einen Kontinent wiederherzustellen». Walther Rathenau als Außenpolitiker, in: Hans Wilderotter (Hrsg.), Die Extreme berühren sich. Walther Rathenau 1867–1922. Berlin 1994, 189–202.

Ders., Schubert, Maltzan und die Neugestaltung der auswärtigen Politik in den 20er Jahren, in: Auswärtiges Amt (Hrsg.), Gedenkfeier des Auswärtigen Amtes zum 60. Todestag von Staatssekretär Ago Freiherr von Maltzan (31. Juli 1877–23. September 1927) und zum 40. Todestag von Staatssekretär Dr. Carl von Schubert (15. Oktober 1882–1. Juni 1947), Bonn, 18. September 1987. Bonn 1987, 9–38.

Ders., Versailles. Deutsche Außenpolitik zwischen Revisionismus und Friedenssicherung. München 1986.

Ders., Das Reparationsproblem der Weimarer Republik in fragwürdiger Sicht, in: Vierteljahrshefte für Zeitgeschichte 29, 1981, Heft 1, 21–47.

Ders., Die Rolle der Banken und der Industrie in den deutschen reparationspolitischen Entscheidungen nach dem Ersten Weltkrieg, in: Hans Mommsen u.a. (Hrsg.), Industrielles System und politische Entwicklung in der Weimarer Republik. Düsseldorf 1974, 568–582.

Kruse, Wolfgang, Kriegswirtschaft und Gesellschaftsversion. Walther Rathenau und die Organisierung des Kapitalismus, in: Hans Wilderotter (Hrsg.), Die Extreme berühren sich. Walther Rathenau 1867–1922. Berlin 1994, 151–168.

Küppers, Heinrich, Zwischen Londoner Ultimatum und Rapallo. Joseph Wirth und die deutsche Außenpolitik 1921/22, in: Historische Mitteilungen der Ranke-Gesellschaft 13, 2000, 150–173.

Langewiesche, Dieter, Liberalismus in Deutschland. Frankfurt a. M. 1988.

Lässig, Simone, Juden und Mäzenatentum in Deutschland. Religiöses Ethos, kompensierendes Minderheitsverhalten oder genuine Bürgerlichkeit? in: Zeitschrift für Geschichtswissenschaft 46, 1998, Nr. 3, 211–236.

Laux, Frank, Rathenau und das Verhältnis von staatlicher Souveränität und Wirtschaft, in: Peter Schröder (Hrsg.), Souveränitätskonzeptionen. Beiträge zur

Analyse politischer Ordnungsvorstellungen im 17. bis zum 20. Jahrhundert. Berlin 2000, 131–156.

Lenger, Friedrich, Werner Sombart (1863–1941). Eine Biographie. München 1994.

Létourneau, Paul, Walther Rathenau 1867 – 1922. Strasbourg 1995.

Linke, Horst Günther, Der Weg nach Rapallo. Strategie und Taktik der deutschen und der sowjetischen Außenpolitik, in: Historische Zeitschrift 264, 1997, 55–109.

Loeffler, Hans F., «Creabismus» – Walther Rathenau 1898–1998, in: Historische Mitteilungen 12, 1999, Heft 2, 207–220.

Ders., Walther Rathenau – ein Europäer im Kaiserreich. Berlin 1997.

Loth, Wilfried, Das Kaiserreich. Obrigkeitsstaat und politische Mobilisierung. München 1996.

Mader, Ursula, Emil und Walther Rathenau in der elektrochemischen Industrie (1888–1907). Eine historische Studie (Gesellschaft, Geschichte, Gegenwart, 20). Berlin 2001.

Dies., Walther Rathenau und Bitterfeld. Direktorenzeit für die «Elektrochemischen Werke» (1893–1907), in: Zur Industriegeschichte der Bitterfelder Region. Hrsg. v. Verein der Freunde u. Förderer des Kreismuseums Bitterfeld e.V. Bitterfeld 2000, 5–27.

Dies., Walter Rathenau und die Elektrochemischen Werke im Wirkungsfeld der AEG. Teil 1: 1893–1896 (Bitterfeld), in: Jahrbuch für Wirtschaftsgeschichte, 1991, Heft 3, 159–214.

Mann, Golo, Walther Rathenau. Praktiker und Philosoph. (Vortrag) (Stifterverband-Schriftenreihe zur Förderung der Wissenschaft, 1963/1). Essen 1963.

Mauter, Horst/Timm, Ingo/Weigle, Friederike, Das Porträtgemälde Walther Rathenaus von Edvard Munch 1907 (Patrimonia, 76). Berlin 1993.

Melber, Hennig, Kontinuität totaler Herrschaft. Völkermord und Apartheid in «Deutsch-Südwestafrika». Zur kolonialen Herrschaftspraxis im Deutschen Kaiserreich, in: Jahrbuch für Antisemitismusforschung 1, 1992, 91–116.

Meyer, Michael A. u.a. (Hrsg.), Deutsch-jüdische Geschichte in der Neuzeit, 4 Bde. München 1996/97.

Michalka, Wolfgang, Vernetzt auf unterschiedlichen Ebenen. Walther Rathenau als Krisenmanager und Visionär «kommender Dinge», in: Botho Brachmann (Hrsg.), Die Kunst des Vernetzens. Festschrift für Wolfgang Hempel. Potsdam 2006, 235–249.

Ders. /Scheidemann, Christiane, Walther Rathenau. Berlin 2006.

Ders. (Hrsg.), Judenemanzipation und Antisemitismus in Deutschland im 19. und 20. Jahrhundert. Ein Tagungsband. Eggingen 2003.

Ders., Rathenaus politische Karriere, in: Karl-Heinz Hense/Martin Sabrow (Hrsg.), Leitbild als Erinnerungsort? Neue Beiträge zu Walther Rathenau. Berlin 2003, 67–84.

Ders., «Mitteleuropa» geeinigt unter deutscher Führung. Europäische Wirtschaftsgemeinschaft als Friedens- und Kriegsziel, in: Hans Wilderotter (Hrsg.), Die Extreme berühren sich. Walther Rathenau 1867–1922. Berlin 1994, 179–188.

Ders. (Hrsg.), Der Erste Weltkrieg. Wirkung, Wahrnehmung, Analyse. München 1994.

Mignot, Claude, Architektur des 19. Jahrhunderts. Stuttgart 1983.

Moellendorff, Wichard von, Wirtschaftliche Selbstverwaltung, in: Handbuch der

Politik, Bd. 4.: Der Wirtschaftliche Wiederaufbau, Berlin/Leipzig 1921, 160–163.
Ders., Deutsche Gemeinwirtschaft. Berlin 1916.
Möller, Horst, Die Weimarer Republik. Die unvollendete Demokratie, 7. erw. u. akt. Aufl. München 2004.
Mommsen, Hans (Hrsg.), Der Erste Weltkrieg und die europäische Nachkriegsordnung. Sozialer Wandel und Formveränderung der Politik (Industrielle Welt, 60). Köln/Weimar/Wien 2000.
Ders., Die verspielte Freiheit. Der Weg der Republik von Weimar in den Untergang 1918 bis 1933. Frankfurt a. M./Berlin 1990.
Mommsen, Wolfgang J., Der Erste Weltkrieg. Anfang vom Ende des bürgerlichen Zeitalters. Bonn 2004.
Ders., Das Zeitalter des Imperialismus, (Weltgeschichte, 28). Augsburg 2000.
Ders., Das Ringen um den nationalen Staat. Teil 2: Bürgerstolz und Weltmachtstreben. Deutschland unter Wilhelm II. 1890 bis 1918. Berlin 1995.
Ders., Bürgerliche Kultur und künstlerische Avantgarde. Kultur und Politik im Deutschen Kaiserreich 1870–1918. Frankfurt a. M./Berlin 1994.
Ders., Die Herausforderung der bürgerlichen Kultur durch die künstlerische Avantgarde. Zum Verhältnis von Kultur und Politik im Wilhelminischen Deutschland, in: Geschichte und Gesellschaft 20, 1994, Heft 3, 424–444.
Ders., Die Kultur der Moderne im Deutschen Kaiserreich, in: Wolfgang Hardtwig (Hrsg.), Deutschlands Weg in die Moderne. Politik, Gesellschaft und Kultur im 19. Jh. München 1993, 254–274.
Ders., Max Weber und die deutsche Politik 1890–1920. 2. überarb. u. erw. Aufl. Tübingen 1974.
Mosse, Werner E., Juden im Wilhelminischen Deutschland 1890–1914. Ein Sammelband herausgegeben von Werner E. Mosse unter der Mitwirkung von Arnold Paucker (Schriftenreihe wissenschaftlicher Abhandlungen des Leo Baeck Instituts, 33). Tübingen 1976.
Ders. u.a. (Hrsg.), Deutsches Judentum in Krieg und Revolution 1916–1923. Ein Sammelband herausgegeben von Werner E. Mosse unter der Mitwirkung von Arnold Paucker (Schriftenreihe wissenschaftlicher Abhandlungen des Leo Baeck Instituts, 25). Tübingen 1971.
Müller, Alfred, Die Kriegsrohstoffbewirtschaftung 1914–1918 im Dienste des deutschen Monopolkapitals. Berlin 1955.
Muthesius, Stefan, Das englische Vorbild. Eine Studie zu den deutschen Reformbewegungen in Architektur, Wohnbau und Kunstgewerbe im späteren 19. Jahrhundert (Studien zur Kunst des 19. Jahrhunderts, 26). München 1974.
Neumann, Manfred, Reichsaußenminister Rathenau und der Publizist Harden. Das Ende einer Freundschaft, in: Historische Mitteilungen 16, 2003, 131–139.
Niethammer, Lutz (Hrsg.), Wohnen im Wandel. Beiträge zur Geschichte des Alltags in der bürgerlichen Gesellschaft. Wuppertal 1979.
Nipperdey, Thomas, Deutsche Geschichte 1866–1918. Bd. 1: Arbeitswelt und Bürgergeist. 3. Aufl. München 1993; Bd. 2: Machtstaat vor der Demokratie. 2. Aufl. München 1993.
Ders., Wie das Bürgertum die Moderne fand. Berlin 1988.
Peschke, Hans-Peter von, Elektroindustrie und Staatsverwaltung am Beispiel Siemens. 1847–1914. (Europäische Hochschulschriften. Reihe 3, Geschichte u. Sozialwissenschaft, 154). Frankfurt a. M. Diss. 1981.

Picht, Clemens, Antisemitismus und jüdische Prophetie. Walther Rathenaus ambivalentes Verhältnis zum Judentum, in: Jüdischer Almanach des Leo-Baeck-Instituts, 1996, 112–125.

Ders., «Er will der Messias der Juden werden». Walther Rathenau zwischen Antisemitismus und jüdischer Prophetie, in: Hans Wilderotter (Hrsg.), Die Extreme berühren sich. Walther Rathenau 1867–1922. Berlin 1994, 117–128.

Plaschka, Richard Georg (Hrsg.), Mitteleuropa-Konzeptionen in der ersten Hälfte des 20. Jahrhunderts (Zentraleuropa-Studien, 1). Wien 1995.

Pogge von Strandmann, Hartmut, Rathenau, Wilhelm II., and the Perception of ‹Wilhelminismus›, in: Annika Mombauer (Hrsg.), The Kaiser. New Research on Wilhelm II's Role in Imperial Germany. Cambridge 2003, 259–280.

Ders., Hochmeister des Kapitalismus. Walther Rathenau als Industrieorganisator, Politiker und Schriftsteller, in: Hans Wilderotter (Hrsg.), Die Extreme berühren sich. Walther Rathenau 1867–1922. Berlin 1994, 33–44.

Ders., Rathenau – ein liberaler Unternehmer? in: Werner E. Mosse/Hans Pohl (Hrsg.), Jüdische Unternehmer in Deutschland im 19. und 20. Jahrhundert (Zeitschrift für Unternehmensgeschichte, Beihefte, 64). Stuttgart 1992, 356–365.

Ders., Der Kaiser und die Industriellen. Vom Primat der Rüstung, in: John C. G. Röhl (Hrsg.), Der Ort Kaiser Wilhelms II. in der deutschen Geschichte (Schriften des Historischen Kollegs, Kolloquien, 17). München 1991, 111–129.

Ders., Unternehmenspolitik und Unternehmensführung. Der Dialog zwischen Aufsichtsrat und Vorstand bei Mannesmann 1900 bis 1919. Düsseldorf/Wien 1978.

Ders., Rathenau, die Gebrüder Mannesmann und die Vorgeschichte der Zweiten Marokkokrise, in: Imanuel Geiss/Bernd Jürgen Wendt (Hrsg.), Deutschland in der Weltpolitik des 19. und 20. Jahrhunderts. Fritz Fischer zum 65. Geburtstag. Düsseldorf 1973, 251–270.

Pucks, Stefan, «Eine weichliche, leidende, dem Beruf nicht genügende Natur»? Walther Rathenau im Spiegel der Kunst, in: Hans Wilderotter (Hrsg.), Die Extreme berühren sich. Walther Rathenau 1867–1922. Berlin 1994, 83–98.

Ders., Walther Rathenau als Kunstsammler, in: Henrike Junge (Hrsg.), Avantgarde und Publikum. Zur Rezeption avantgardistischer Kunst in Deutschland 1905–1933. Köln/Weimar/Wien 1992, 253–259.

Rahden, Till van, Weder Milieu noch Konfession. Die situative Ethnizität der deutschen Juden im Kaiserreich in vergleichender Perspektive, in: Olaf Blaschke (Hrsg.), Religion im Kaiserreich. Milieus, Mentalitäten, Krisen (Religiöse Kulturen der Moderne, 2). Gütersloh 1996, 409–434.

Reif, Heinz (Hrsg.), Adel und Bürgertum in Deutschland. Teil 1: Entwicklungslinien und Wendepunkte im 19. Jahrhundert. Berlin 2000.

Reitmayer, Morten, Bankiers im Kaiserreich. Sozialprofil und Habitus der deutschen Hochfinanz (Kritische Studien zur Geschichtswissenschaft, 136). Göttingen 1999.

Ders., Bankiers als Bildungsbürger. Sozialprofil und kulturelle Praxis der Großbankiers im Kaiserreich, in: Geschichtswerkstatt 5, 1996, Heft 14, 39–56.

Reulecke, Jürgen (Hrsg.), Geschichte des Wohnens. Bd. 3: 1800–1918. Das bürgerliche Zeitalter. Stuttgart 1997.

Rohkrämer, Thomas, Eine andere Moderne? Zivilisationskritik, Natur und Technik in Deutschland 1880–1933 (Stadt und Bürgertum, 7). Paderborn/München/Wien 1999.

Roth, Ralf, Stadt und Bürgertum in Frankfurt am Main. Ein besonderer Weg von der ständischen zur modernen Bürgergesellschaft 1760–1914. München 1996.

Roth, Regina, Staat und Wirtschaft im Ersten Weltkrieg. Kriegsgesellschaften als kriegswirtschaftliche Steuerungsinstrumente (Schriften zur Wirtschafts- und Sozialgeschichte, 51). Berlin 1997.

Sabrow, Martin, Der Mord an Walther Rathenau und die Zerstörung der Weimarer Republik, in: Hans Erler u. a. (Hrsg.), «Gegen alle Vergeblichkeit». Jüdischer Widerstand gegen den Nationalsozialismus. Frankfurt a. M./New York 2003, 55–67.

Ders., Walther Rathenau. Preuße, Deutscher, Europäer? in: Christof Müller-Wirth (Red.), Dem Ideal der Freiheit dienen. Ihrer Vorkämpfer gedenken. Festgabe für Wolfgang Michalka. Rastatt 2003, 179–186.

Ders., Walther Rathenau, in: Etienne François/Hagen Schulze (Hrsg.), Deutsche Erinnerungsorte II. München 2001, 601–619, 725–727.

Ders., Walther Rathenau und Maximilian Harden. Facetten einer intellektuellen Freund-Feindschaft (Freienwalder Hefte, 3). Leipzig 2000.

Ders., Die verdrängte Verschwörung. Der Rathenau-Mord und die deutsche Gegenrevolution. Frankfurt a. M. 1999.

Ders., Der Rathenaumord. Rekonstruktion einer Verschwörung gegen die Republik von Weimar (Schriftenreihe der Vierteljahrshefte für Zeitgeschichte, 69). München 1994.

Ders., Märtyrer der Republik. Zu den Hintergründen des Mordanschlags vom 24. Juni 1922, in: Hans Wilderotter (Hrsg.), Die Extreme berühren sich. Walther Rathenau 1867–1922. Berlin 1994, 221–236.

Scharabi, Mohamed, Architekturgeschichte des 19. Jahrhunderts. Tübingen 1993.

Schieder, Theodor, Walther Rathenau und die Probleme der deutschen Außenpolitik, in: Marc Sieber (Hrsg.), Discordia concors. Festgabe für Edgar Bonjour zu seinem siebzigsten Geburtstag am 21.8.1968. Bd. 1. Basel u.a. 1968, 239–268.

Schieder, Wolfgang, Sozialgeschichte der Religion im 19. Jahrhundert. Bemerkungen zur Forschungslage, in: Ders. (Hrsg.), Religion und Gesellschaft im 19. Jahrhundert (Industrielle Welt, 54). Stuttgart 1993, 11–28.

Ders. (Hrsg.), Erster Weltkrieg. Ursachen, Entstehung und Kriegsziele. Köln/Berlin 1969.

Schildt, Axel, Die Republik von Weimar. Deutschland zwischen Kaiserreich und «Drittem Reich». (1918–1933). Erfurt 1997.

Schöllgen, Gregor, Das Zeitalter des Imperialismus, 4. durchges. Aufl. (Oldenbourg Grundriß der Geschichte, 15). München 2000.

Schölzel, Christian, Walther Rathenau. Eine Biographie. Paderborn/München/Wien 2006.

Ders., Die Konstruktion «des Juden» in der Rezeption Walther Rathenaus, in: Klaus Hödl (Hrsg.), Der «virtuelle Jude». Konstruktion des Jüdischen (Schriften des Centrums für Jüdische Studien, 7). Innsbruck/Wien/Bozen 2005, 83–97.

Ders., Walther Rathenau. Industrieller, Schriftsteller, Politiker (Jüdische Miniaturen, 2). Teetz 2003.

Schulin, Ernst, Der Biograph und sein Held. Harry Graf Kessler und Walther Rathenau, in: Gerhard Neumann (Hrsg.), Harry Graf Kessler. Ein Wegbereiter der Moderne. Freiburg/Br. 1997, 307–325.

Ders., Walther Rathenaus Diotima. Lili Deutsch, ihre Familie und der Kreis um Gerhart Hauptmann, in: Hans Wilderotter (Hrsg.), Die Extreme berühren sich. Walther Rathenau 1867–1922. Berlin 1994, 55–66.

Ders./Michalka, Wolfgang, Walther Rathenau im Spiegel seines Moskauer Nach-

lasses (Kleine Schriften. Stiftung Reichspräsident-Friedrich Ebert-Gedenkstätte, 14). Heidelberg 1993.
Ders., Walther Rathenau. Repräsentant, Kritiker und Opfer seiner Zeit. 2. verb. Aufl. (Persönlichkeit und Geschichte, 104/104a). Zürich/Frankfurt a. M. 1992.
Ders., Krieg und Modernisierung. Rathenau als philosophierender Industrieorganisator im Ersten Weltkrieg, in: Thomas Hughes u.a. (Hrsg.), Ein Mann vieler Eigenschaften. Walther Rathenau und die Kultur der Moderne (Kleine kulturwissenschaftliche Bibiliothek, 21). Berlin 1990, 55–69.
Ders., Max Weber und Walther Rathenau, in: Wolfgang J. Mommsen (Hrsg.), Max Weber und seine Zeitgenossen (Veröffentlichungen des Deutschen Historischen Instituts London, 21). Göttingen/Zürich 1988, 434–447.
Schulz, Andreas, Lebenswelt und Kultur des Bürgertums im 19. und 20. Jahrhundert (Enzyklopädie Deutscher Geschichte, 75). München 2005.
Sösemann, Bernd, Jenseits von Partei und Parlament. Walther Rathenaus «aufbauende Ideenpolitik» in der Deutschen Gesellschaft 1914, in: Hans Wilderotter (Hrsg.), Die Extreme berühren sich. Walther Rathenau 1867–1922. Berlin 1994, 169–178.
Stegmann, Dirk, Hugenberg contra Stresemann. Die Politik der Industrieverbände am Ende des Kaiserreichs, in: Vierteljahrshefte für Zeitgeschichte 24, 1976, Heft 4, 329–378.
Stekl, Hannes (Hrsg.), Bürgerliche Familien. Lebenswege im 19. und 20. Jahrhundert (Bürgertum in der Habsburgermonarchie, 8). Wien/Köln/Weimar 2000.
Stern, Fritz, Walther Rathenau. Der Weg in die Politik, in: Helmut Schmidt (Mitverf.), Die Grenzen sprengen. Edzard Reuter zum Sechzigsten. Berlin 1988, 311–341.
Stevenson, David, Der Erste Weltkrieg 1914–1918. Düsseldorf 2006.
Strunk, Peter, Die AEG. Aufstieg und Niedergang einer Industrielegende. Berlin 1999.
Ders., Die Karriere Walther Rathenaus in der AEG, in: Hans Wilderotter (Hrsg.), Die Extreme berühren sich. Walther Rathenau 1867–1922. Berlin 1994, 45–54.
Stürmer, Michael, Das ruhelose Reich. Deutschland 1866–1918 (Die Deutschen und ihre Nation, 3). Berlin 1983.
Timm, Werner, Zum Bildnis Walther Rathenaus von Edvard Munch, in: Forschung und Berichte. Kunsthistorische Beiträge 7, 1965, 58–61.
Trachtenberg, Marc, Reparation in World Politics. France and European Economic Diplomacy, 1916–1923. New York 1980.
Ullmann, Hans-Peter, Politik im Deutschen Kaiserreich 1871–1918. 2. durchges. Aufl. (Enzyklopädie deutscher Geschichte, 52). München 2005.
Ders., Das deutsche Kaiserreich 1871–1918 (Moderne Deutsche Geschichte, 7). Frankfurt a. M. 1996.
Volkov, Shulamit, Die Juden in Deutschland 1780–1918. 2. verb. Aufl. (Enzyklopädie deutscher Geschichte, 16). München 2000.
Dies., «Ich bin ein Deutscher jüdischen Stammes». Walther Rathenau als Jude, in: Hans Wilderotter (Hrsg.), Die Extreme berühren sich. Walther Rathenau 1867–1922. Berlin 1994, 129–138.
Wehler, Hans-Ulrich, Deutsche Gesellschaftsgeschichte. 5 Bde. München 1987–2008.
Ders., Wie «bürgerlich» war das Deutsche Kaiserreich? in: Jürgen Kocka (Hrsg.), Bürger und Bürgerlichkeit im 19. Jahrhundert. Göttingen 1987, 243–280.

Wellhöner, Volker, Großbanken und Großindustrie im Kaiserreich (Kritische Studien zur Geschichtswissenschaft, 85). Göttingen 1989.

Wenzel, Cornelia (Red.), Stilstreit und Einheitskunstwerk. Internationales Historismus-Symposium, Bad Muskau, 20. bis 22. Juni 1997 (Muskauer Schriften, 1). Amsterdam/Dresden 1998.

Wilderotter, Hans, «Das Geheimnis des Ganzen». Mythos, Geschichte und Politik, in: Hans Wilderotter (Hrsg.), Die Extreme berühren sich. Walther Rathenau 1867–1922. Berlin 1994, 17–32.

Williamson, David G., Walther Rathenau: Patron Saint of the German Liberal Establishment (1922–1972), in: Yearbook of the Leo Baeck Institute XX, 1975, 207–222.

Winkler, Heinrich August (Hrsg.), Organisierter Kapitalismus. Voraussetzungen und Anfänge (Kritische Studien zur Geschichtswissenschaft, 9). Göttingen 1974.

Wixforth, Harald, The Economic Consequences of the First World War, in: Contemporary European History 11, 2002, 233–488.

Wulf, Peter, Hugo Stinnes. Wirtschaft und Politik 1918–1924. Stuttgart 1979.

Ziegler, Dieter (Hrsg.), Großbürger und Unternehmer. Die deutsche Wirtschaftselite im 20. Jahrhundert (Bürgertum, 17). Göttingen 2000.

Zietz, Peer, Franz Heinrich Schwechten. Ein Architekt zwischen Historismus und Moderne. Stuttgart /London 1999.

Zunkel, Friedrich, Industrie und Staatssozialismus. Der Kampf um die Wirtschaftsordnung in Deutschland 1914–1918 (Tübinger Schriften zur Sozial- und Zeitgeschichte, 3). Düsseldorf 1974.

Personenregister

Bildnachweis

akg-images – Archiv für Kunst und Geschichte, Berlin: *S. 71, 72 (© The Munch Museum/The Munch Ellingsen Group/VG Bild-Kunst, Bonn 2008), 81, 82 (Foto: Schütze/Rodemann), 84 (Foto: Hilbich), 86, 89 (© The Munch Museum/The Munch Ellingsen Group/VG Bild-Kunst, Bonn 2008), 99 (© VG Bild-Kunst, Bonn 2008), 114 (© VG Bild-Kunst, Bonn 2008), 122, 124, 128, 133, 143, 205, 246*
Bildarchiv Preußischer Kulturbesitz (bpk), Berlin: *S. 20*
The Bridgeman Art Library, London/Berlin: *S. 123*
Ullstein Bild, Berlin: *S. 24, 30, 40, 41, 48, 49, 51 (© The Munch Museum/The Munch Ellingsen Group/VG Bild-Kunst, Bonn 2008), 65, 78, 88, 102, 103, 126, 147, 148, 164, 170, 178, 190, 192, 223, 230, 233, 238, 245 (Foto: Robert Sennecke), 247*
Walther Rathenau Gesellschaft, Berlin: *S. 56*

Die übrigen Abbildungen wurden folgenden Büchern entnommen:

Brenner, Wolfgang: Walther Rathenau. Deutscher und Jude, München/Zürich 2007: *S. 52, 53, 61, 92, 136*
Wagner, Manfred: Alfred Roller in seiner Zeit, Salzburg 1996: *S. 127*

Leider war es nicht in allen Fällen möglich, die Inhaber der Rechte zu ermitteln. Wir bitten deshalb gegebenenfalls um Mitteilung. Der Verlag ist bereit, berechtigte Ansprüche abzugelten.

Biographien bei C. H. Beck

John C.G. Röhl
Wilhelm II.

Band 1: Die Jugend des Kaisers 1859–1888
2., durchgesehene Auflage 2001.
980 Seiten mit 32 Abbildungen. Leinen

«Was der Autor alles aufgespürt hat und vor uns ausbreitet, das ist höchst beeindruckend, manchmal geradezu sensationell. Unsere Kenntnisse über die frühen Jahre Wilhelms II. werden dadurch nicht nur ergänzt und vertieft, sondern in wesentlichen Punkten korrigiert.» *Volker Ullrich, Die Zeit*

Band 2: Der Aufbau der Persönlichen Monarchie 1888–1900
2001. 1437 Seiten mit 55 Abbildungen. Leinen

«Der britische Historiker John C. G. Röhl hat sich mit Wilhelm II. und seiner Hofgesellschaft seit Jahrzehnten beschäftigt, was sich in verschiedenen viel beachteten Büchern niederschlug. Vor acht Jahren erschien der erste Band seiner Wilhelm-Biografie, die die Jugend- und Kronprinzenjahre beschreibt. Röhls Arbeit wurde von der Kritik nahezu einhellig gepriesen, von ‹Sensation› war da sogar zu lesen. Der nun vorgelegte zweite Band umfaßt den Zeitraum von der Thronbesteigung 1888 bis zum Jahr 1900. (...) Kein Historiker hat bislang so akribisch die Archive durchstöbert und genutzt, um sich dem Charakter und der Politik Wilhelms II. zu nähern. Den Leser erwarten Hunderte von Zitaten aus Briefen, Tagebüchern oder Dokumenten, die das verhängnisvolle Handeln eines Herrschers nachzeichnen, der an sich selbst und an einer Umgebung scheiterte, der der Mut zum Widerspruch fehlte. (...) Röhls Werk wird niemand übersehen können, der sich künftig mit Wilhelm II. und seiner Zeit beschäftigen will.» *Frankfurter Rundschau, 10. Oktober 2001*

Band 3: Der Weg in den Abgrund 1900-1941
2008. 1611 Seiten mit 67 Abbildungen. Leinen

«Röhl legt den dritten und letzten Teil seiner Biographie vor. Auf 1600 Seiten verfolgt er jedes Detail, jede Regung und jeden einzelnen Gedanken des Monarchen mit einem schier manischen Ehrgeiz. Das Buch ist mitunter so spannend geschrieben wie ein Krimi. Besonders die vier Kapitel vor dem Eintritt in den Ersten Weltkrieg gehören zum Besten, was bislang über die Zeitspanne vor Kriegsausbruch geschrieben wurde.»
Michael Hesse, Kölner Stadt-Anzeiger,
Literaturbeilage zur Frankfurter Buchmesse, 14. Oktober 2008

Verlag C. H. Beck München